周易探原

鄭衍通著

文史哲學集成
文史哲出版社印行

國家圖書館出版品預行編目資料

周易探原 / 鄭衍通著. -- 修正增訂一版 --
臺北市：文史哲, 民 91
　　面；　　公分（文史哲學集成；460）
ISBN 978-957-549-446-9（平裝）

1 易經－天文曆數－研究與考訂

121.17　　　　　　　　　　　　　　91009881

文 史 哲 學 集 成　　<small>460</small>

周 易 探 原

著　　　者：鄭　　　衍　　　通
出 版 者：文 史 哲 出 版 社
　　　　　http://www.lapen.com.tw
　　　　　.e-mail:lapen@ms74.hinet.net
登記證字號：行政院新聞局版臺業字五三三七號
發 行 人：彭　　　正　　　雄
發 行 所：文 史 哲 出 版 社
印 刷 者：文 史 哲 出 版 社
　　　　　臺北市羅斯福路一段七十二巷四號
　　　　　郵政劃撥帳號：一六一八〇一七五
　　　　　電話886-2-23511028・傳真886-2-23965656

定價新臺幣七二〇元

一 九 七 二 年 五 月 新 加 坡 出 版
二 〇 〇 二 年（民 國 九 十 一）六月修正增訂一版

再版前言

　　先父鄭異字亦同號衍通，於 1955 年定居星加坡，以號為名，曾任前南洋大學中文系教授。窮十年之探究於 1971 年三月完成創新巨著「周易探原」，以天文曆數為圭臬，以獨見之八端為準繩：「一曰：明辨易之體系本於天文曆數；二曰：釐定八卦方位而糾舊說之失；三曰：揭櫫重卦之體用，端在時位與星次之錯綜；四曰：證實牽牛初度為易之冬至曆元；五曰：改正八卦二十四爻皆作豎畫，相連周環；六曰：發明元亨利貞為時區之符號，所以別象限；七曰：確立悔吝吉凶孚厲无咎諸字之涵義，以為玩辭之準繩；八曰：編訂八卦曆譜以為探索爻象之依據。」書成出版，維廉有勞，先父曾題數語付之，以茲紀念；先父摯友陳立夫世伯亦曾題字嘉勉。

　　「周易探原」出版後，先父曾作若干修訂，惟自先父母辭世後，遺物因數次搬遷，修訂手稿遍尋不得，幸於今年三月清理遺物時尋獲，時乃「周易探原」出版後整卅一年。現再版修正增訂本紀念先父逝世十八周年，以了先父創新之作免絕於世之心願。

鄭 維 廉　謹識

2002 年 6 月 1 日於台北

時年七十有五

此為余精心之作多創見而

步依夢自信可傳書成得以

付梓問世廉兒甚有勢為

因題數語付之以資紀念

父字

七二、六、廿

生子當如

鄭繼康

喬姬之　斑正

澤之人題

Y 哆稿紙 A 20 × 20 = 400.

承正、故曰潜龍勿用。

安回：潜龍勿用、陽在下也。

比釋爻辭、謂之小象。潜在印文、月不在龍

若陽在上云九三、如月下處猶是陽潜爾、卒

因爲卯行二之隔故相同、初爲三月十八日

一、三爲三月十八日。

九二、見龍在田、利見大人。

九二之動天於井正。若爲月之所在、刘曰晝

龍不可得見。故約而因爲乃相對卯之中文、往

於五正。九三第三爻之應故爲三月廿五日、

相對卯中文爲九月廿七日。按此臤依刘九月

廿五日也。弘矢見龍在田、又月入壁宿七度、亦見於

東方、故曰利見大人。九孫亥大人、陽月也、

家回：見龍在田、德施普也。

深見龍而不見大、乃從九月廿七□□□□□□

日僭卯之中文□□□、夕陽若。屬、无於。

九三、之勃天於中正。君子、日也。夕陽在

中正、不合將伏、故陽惑不雅。屬爲時室深

面正為時見中，日臨其地，故曰文在中。
此中字非指六五而言。
上六：龍戰於野，其血玄黃。
六三終於上六之辰初。秋日出矣，陽息陰消。日在氐，其前為角亢，皆龍也。日出龍沒，陰陽相爭消長之際，故曰龍戰於野。日初出，紅如血，漸變為黃，故曰，其血玄黃。蓋天際青雜赤黃色，象龍之出血。
象曰：龍戰於野，其道窮也。
龍星隱沒，故其道窮。由此一文可見龍在坤不在乾。乾稱龍見，乃其相对之星見也。故以龍為乾德者誤矣。
用六：利永貞。
用六數為坤陰文之符號。利永貞，言坤自利前行至於永貞，即自旦至暮也。
象曰：用六，利永貞，以大終也。
大為日，日之終即是黃昏。以此釋利永貞，得之。

目　錄

自序⋯⋯⋯⋯⋯⋯⋯⋯⋯⋯⋯⋯⋯⋯⋯⋯⋯⋯ 1

第一篇　周易探原概説⋯⋯⋯⋯⋯⋯⋯⋯⋯ 3—107

　　Ⅰ　八卦與十二辰之關係圖⋯⋯⋯⋯⋯ 5

　　Ⅱ　八卦與十二次之關係圖⋯⋯⋯⋯⋯ 6

　　Ⅲ　周易八卦天運圖⋯⋯⋯⋯⋯⋯⋯⋯ 7

　　Ⅳ　宋蘇頌渾象圖⋯⋯⋯⋯⋯⋯⋯⋯⋯ 8

　易旨第一⋯⋯⋯⋯⋯⋯⋯⋯⋯⋯⋯⋯⋯⋯11

　易經第二⋯⋯⋯⋯⋯⋯⋯⋯⋯⋯⋯⋯⋯⋯15

　易傳第三⋯⋯⋯⋯⋯⋯⋯⋯⋯⋯⋯⋯⋯⋯21

　　象傳⋯⋯⋯⋯⋯⋯⋯⋯⋯⋯⋯⋯⋯⋯⋯22

　　大象⋯⋯⋯⋯⋯⋯⋯⋯⋯⋯⋯⋯⋯⋯⋯23

　　小象⋯⋯⋯⋯⋯⋯⋯⋯⋯⋯⋯⋯⋯⋯⋯25

　　繫辭傳⋯⋯⋯⋯⋯⋯⋯⋯⋯⋯⋯⋯⋯⋯29

　　文言⋯⋯⋯⋯⋯⋯⋯⋯⋯⋯⋯⋯⋯⋯⋯33

　觀象第四⋯⋯⋯⋯⋯⋯⋯⋯⋯⋯⋯⋯⋯⋯34

　　晝夜之象⋯⋯⋯⋯⋯⋯⋯⋯⋯⋯⋯⋯⋯37

　　憂虞之象⋯⋯⋯⋯⋯⋯⋯⋯⋯⋯⋯⋯⋯39

　　進退之象⋯⋯⋯⋯⋯⋯⋯⋯⋯⋯⋯⋯⋯40

失得之象 ……………………………… 40

明數第五 …………………………………… 41

天地之數 ……………………………… 41

大演撲蓍之數 ………………………… 42

大演之曆數 …………………………… 46

八卦與曆數 …………………………… 46

八卦與十二次 ………………………… 48

八卦與二十八宿 ……………………… 49

八卦與干支紀日 ……………………… 51

周易冬至用牛宿初度 ………………… 53

陽爻用九陰爻用六 …………………… 46

卦位第六 …………………………………… 58

體用第七 …………………………………… 68

別內外體 ……………………………… 68

六十四卦之體系 ……………………… 70

爻變 …………………………………… 75

四德第八 …………………………………… 77

元亨利貞 ……………………………… 77

屬 ……………………………………… 81

悔吝 …………………………………………… 83

吉凶 …………………………………………… 84

孚无咎 ………………………………………… 85

八卦曆譜 ……………………………………… 86

第二篇　六十四卦新解上 …………………109—263

V　第一組相綜卦圖 …………………110

乾 ………………………………………………111

坤 ………………………………………………118

震 ………………………………………………125

巽 ………………………………………………130

坎 ………………………………………………135

離 ………………………………………………140

艮 ………………………………………………144

兌 ………………………………………………149

VI　第二組相綜卦圖 ……………………154

履 ………………………………………………155

謙 ………………………………………………160

大壯 ……………………………………………165

觀 ………………………………………………169

屯 ……………………………………… 173

鼎 ……………………………………… 178

蒙 ……………………………………… 182

革 ……………………………………… 186

VII　第三組相綜卦圖 ………………… 192

同人 …………………………………… 193

師 ……………………………………… 197

歸妹 …………………………………… 201

漸 ……………………………………… 205

需 ……………………………………… 209

晉 ……………………………………… 213

頤 ……………………………………… 217

大過 …………………………………… 221

VIII　第四組相綜卦圖 ………………… 226

姤 ……………………………………… 227

復 ……………………………………… 232

豐 ……………………………………… 237

渙 ……………………………………… 242

節 ……………………………………… 246

旅 ……………………………………… 250

大畜 ……………………………………… 254

萃 ……………………………………… 258

第三篇 六十四卦新解下 …………………… 265—423

IX　第五組相綜卦圖 …………………… 266

否 ……………………………………… 267

泰 ……………………………………… 272

恆 ……………………………………… 277

益 ……………………………………… 281

既濟 ……………………………………… 286

未濟 ……………………………………… 291

損 ……………………………………… 295

咸 ……………………………………… 300

X　第六組相綜卦圖 …………………… 304

遯 ……………………………………… 305

臨 ……………………………………… 309

豫 ……………………………………… 314

小畜 ……………………………………… 318

井 ……………………………………… 322

噬嗑 ······················· 327

賁 ······················· 332

困 ······················· 336

XI 第七組相綜卦圖 ······················· 342

訟 ······················· 343

明夷 ······················· 348

小過 ······················· 354

中孚 ······················· 359

比 ······················· 364

大有 ······················· 368

蠱 ······················· 372

隨 ······················· 378

XII 第八組相綜卦圖 ······················· 382

无妄 ······················· 383

升 ······················· 388

解 ······················· 392

家人 ······················· 397

蹇 ······················· 401

睽 ······················· 406

剝 ……………………………………………412

夬 ……………………………………………418

第四篇　周易大傳新解 …………………………425—511

繫辭上 …………………………………………427

繫辭下 …………………………………………454

文言 ……………………………………………476

說卦 ……………………………………………487

序卦 ……………………………………………495

雜卦 ……………………………………………498

附節錄一歐陽修易童子問 …………………500

附節錄二王引之經義述聞 …………………504

附：八卦古曆譜 …………………………513—640

自　序

　　余以逾知命之年，遭憂患之世，播遷炎方，息肩弛擔，爰始讀易，聊以自遣。然韋編三絕，終難得其旨歸，仍茫如也。注疏浩繁，家自為說，義多紛歧，孰是孰非，何去何從耶？欲求折衷則悖若冰炭，專主一家則摭拾唾瀋，是以愈學而愈惑，愈思而愈疑，不禁撫卷太息，又束之於高閣。

　　一九六〇年秋，余讀天官書律歷志，忽旁悟易之為書或與星曆有關，於是重振探易之趣，孜孜不倦，迄今十載，始得其端倪焉。

　　夫易含象數，繫辭傳固屢言之矣，捨象數以言易，是猶無筌以求魚，魚哉魚哉！故輔嗣之野文，伊川之蔓辭，皆空疏而無當於易之原旨者也。附和之徒，推波助瀾，局促於陰陽爻位乘承比應之中，語益華富，義益漫衍，而不知其非也。

　　漢興，易家皆祖田何，為說略同，訓詁舉大誼而已。宣元之際，孟喜京房始言象數，以占驗陰陽災異，蓋方士之術假易以行耳。其十二辟消息及卦氣值日，皆任意配爻，悠謬無稽。自是易學一變，入於旁門，又益以緯書煽其風，易之真義遂沈淪矣。東漢之末，學者多端，卦變、互體、爻辰、五行、陰陽升降、諸異義雜出，輔嗣譏為偽說滋蔓，一失其原，巧愈彌甚者是也。

　　自輔嗣掃虛妄之象數，奏廓清之膚功，於是玄言繼興，此易學又一變也。迄於有宋，堯夫襲道士之說而創先天圖易數，其悖謬更甚於京房，清儒黃梨洲、毛西河、胡東樵固已力斥其非矣。伊川尚辭，承輔嗣之風，惟去其玄言而替以理學。語類云：「伊川易傳，又自是程氏之易。」蓋自成一家言耳。

　　晦庵兼取邵之象數，程之義理而為本義，其說較簡，然

1

不明爻象，輒以遁辭「其象如此，占者如此」作釋，究竟何以如此，則可勿問也。元明以還，考試取士，專主朱說，學者誘於功名利祿，皆奉爲圭臬，於是宋學盛行，此易學又一變也。清儒復古，惠棟張惠言掇拾漢易之殘篇散簡而宗禰虞氏，其整理古義之功不可沒，然佞漢過甚而篤信之，亦是一弊。善哉焦理堂之言曰：「趙宋儒者闢卦氣而用先天，近人知先天之非矣，而復理納甲卦氣之說，不亦唯之與阿哉！」

　　余以漢魏唐宋之易學，非失之傅會，即蹈於空疏；或術數虛構，不合科學原理；或文辭叢脞，有違語意邏輯，皆未獲易之眞旨者也。遂擯棄之，一無所取焉。獨立窮究，以探易之原，非敢狂妄，亦惟審其是而已耳。沈思十載，稍有所得，乃成此作，皆新義也。一曰，明辨易之體系本於天文曆數；二曰，釐定八卦方位而糾舊說之失；三曰，揭橥重卦之體用，端在時位與星次之錯綜；四曰，証實牽牛初度爲易之冬至曆元；五曰，改正八卦二十四爻皆作豎畫，相連周環；六曰，發明元亨利貞爲時區之符號，所以別象限；七曰，確立悔吝吉凶孚厲无咎諸字之涵義，以爲玩辭之準繩；八曰，編訂八卦曆譜以爲探索爻象之依據。總此八端以治易，則奇詭之文，悉歸平坦；隱秘之象，昭然若揭矣。

　　揚子雲曰：「說天者莫辯乎易，」余之書即據天以言易者也。噫！中國之聖哲於二三千年前創此八卦體系，以包絡周天之繁象，控馭宇宙之漸變，而其法復至簡易從，不亦奇且偉哉！顧誤於方士道士之術數，儒生經生之浮說，遂致偉大之科學發明，喪其本眞而淪爲絕學，可嘅也夫！余既揭其隱晦，復其本旨，因名所著曰周易探原。倘有達者，辨是非而糾違闕，進而教之，俾臻於至善，固所望也。

雁蕩山人鄭衍通序於星洲

一九七一年三月三日

第 一 篇
周 易 探 原 概 說

易旨第一……………………………………………11

易經第二……………………………………………15

易傳第三……………………………………………21

觀象第四……………………………………………34

明數第五……………………………………………41

卦位第六……………………………………………58

體用第七……………………………………………68

四德第八……………………………………………77

八卦曆譜………………………………………86

（篇首附圖 I, II, III, IV,）

3

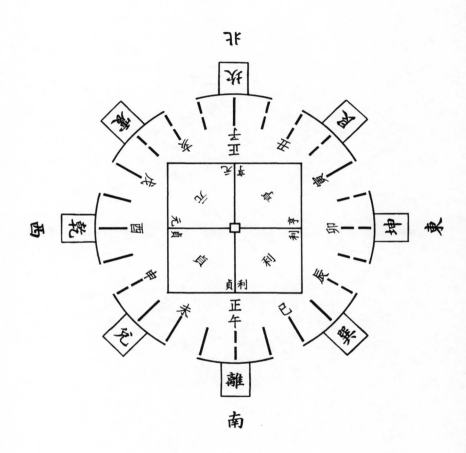

(I) 八卦與十二辰之關係圖

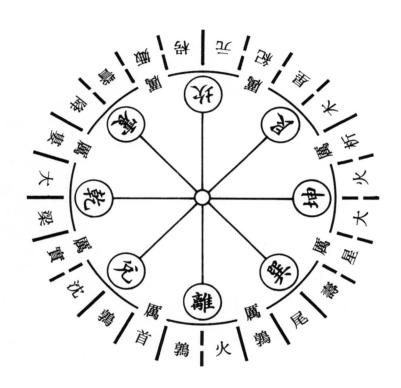

(II) 八卦與十二次之關係圖

6

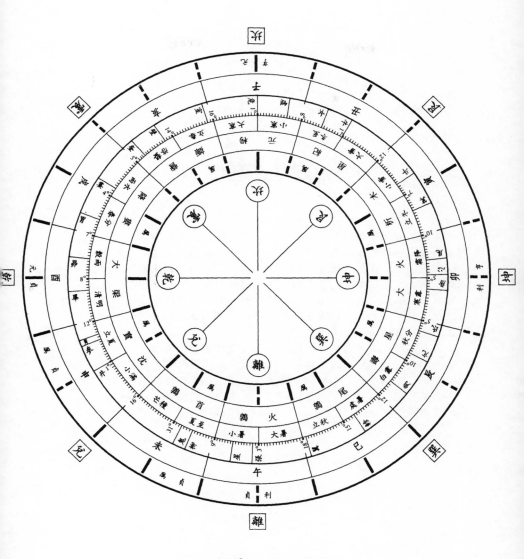

(III) 周易八卦天運圖

7

宋蘇頌渾象圖

說　明

　　中國星圖現存者有三。一爲敦煌發現之卷子，現藏倫敦博物舘，李約瑟教授斷定其作於公元九百四十年左右。其星圖曾揭載於一九六六年之「文物」第三期，席澤宗氏爲文介之。二爲一〇九四年北宋蘇頌所作之渾象四圖，載其「新儀象法要」一書中。三爲一二四七年南宋黃裳所作之天文圖碑，現存蘇州文廟中。美國密歇根大學魯夫氏依其拓片譯爲英文且以西方星名考訂之(The Soo Chow Astronomical Chart by W. Carl Rufus and Hsin-Chin Tien 1945).，可供參考。

　　本書採用宋渾象圖，便於翻印，且較淸晰故也。凡二十八宿及易經中所見之星名，皆於圖中之星旁加朱綫表明之，藉以與有關卦爻相印証焉。惟紫微垣星圖略去，未予轉載，故北斗不見，然搖光爲其第七星，下向大角，亦可約測而知其位也。又此圖二十八宿分度與漢書律曆誌稍有出入，宜加注意。

渾象東北方中外官星圖

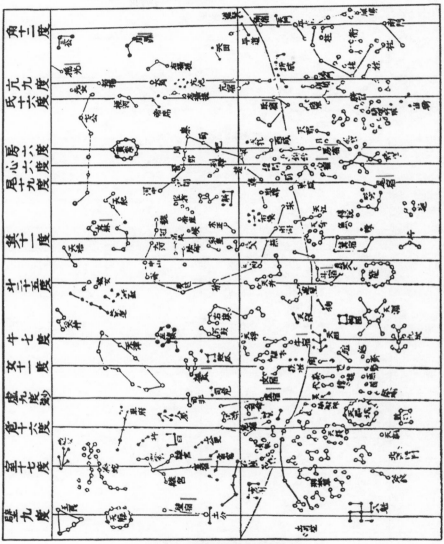

(IV) 宋蘇頌渾象圖

9

渾象西兩方中外官星圖

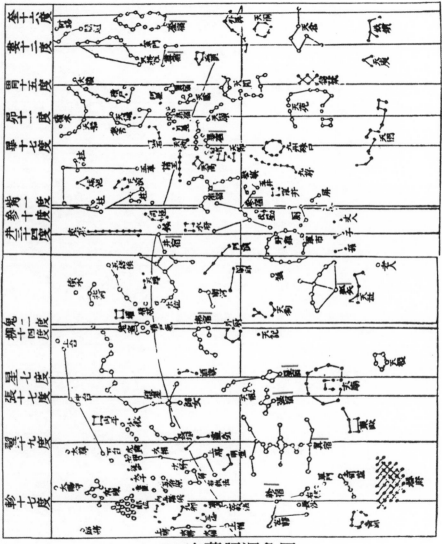

(IV)宋蘇頌渾象圖

周易探原概說

易旨第一

　　易是筮書，古時掌於太卜，所以占吉凶，決嫌疑，使執政者行事知所趨避也。朱熹謂「易爲卜筮作，非爲義理作，爻辭如籤辭，」(1)得其旨矣。機祥之言，類於迷信，然古人固篤信之以爲神靈也。

　　易之根據是天道而用於人事，故稱爲天人之學。繫辭傳曰：「天垂象見吉凶，」又曰：「聖人設卦觀象，繫辭焉而明吉凶。」然則吉凶本於天象，而卦爻所言者，亦莫非天象也。以靜言謂之象，以動言謂之道。象者星宿，道者日月躔於星宿而運行也。故莊子曰：「易以道陰陽。」(2)繫辭傳曰：「一陰一陽之謂道。」秘書說：「日月爲易，象陰陽也。」(3)易之內容，以日月星爲主，而無五行，則簡單之占星術而已。占星術以其用而言涉於迷信，以天道天象而言，則又帶有科學意義，故易經之原始，實近於科學，而與哲理無關。

　　天道好還，循環不息，故曰「生生之謂易。」易尚動主

---

(1) 朱子語類：易爲卜筮作，非爲義理作。伏羲之易，有占而無文，與今人用火珠林起課者相似。文王周公之爻辭如籤辭，孔子之易，純以理言，已非羲文本意。

(2) 莊子天下篇。

(3) 見說文易字下引。

變，而生晝夜，而成四時，一決之於日月，故曰：「剛柔者立本者也，變通者趣時者也。」晝夜十二時，以今言之，決於地球之自轉，古以視覺言之，則日隨天左旋，旦出於東，夕入於西也。一年十二月，以今言之，決於地球之公轉，古以觀象所得，則日自右旋反時鐘方向一週而成四時節氣，月自右旋一週餘而生晦朔弦望也。故曰：「法象莫大乎天地，變通莫大乎四時，懸象著明，莫大乎日月。」

易緯出於西漢之末，語多附會，自是術士之說，然其言易含有三義，則深得易旨。乾鑿度云：「易者謂易也，變易也，不易也。」又云：「易者以言其德也，變易者其氣也，不易者其位也。」(4) 其德謂日月秉陰陽之德，一往一來，可得而見，乃晝夜之轉易也。其氣謂節氣，日一日右行一度，行三百六十五度而成二十四氣，乃四時之變易也。其位謂十二辰之位，靜列於太虛，為日月運轉之疇範，乃不易者也。故書名易而含三義。易經之體用本以晝夜之象為主，然若無不變之位與氣之變易，則不足以盡天道，故必兼包三義，始免乖戾而無缺憾。鄭玄不知此理，而以第一義為易簡，(5) 蓋取繫辭傳「乾、易則易知，坤、簡則易從」以為說也。夫乾坤非易之全體，易知易從者謂乾坤居卯酉之位，乃日月出入之門戶而已，與易者其德之義何涉乎？康成讀此易字為難易之易，失之。易者易也，上易字謂易經，下易字謂轉易。若上字非指經，則第三義易者不易，便不成語矣。

易既以天道天象為主，則其內容必不出於時間與空間之相互作用，而時間則決於日月之行空，此學易者所當知也。然而知其理而不得其法，則亦徒然無濟。二千年來，易說之

---

(4) 節自易緯乾鑿度
(5) 孔穎達正義引鄭玄作易贊及易論云：「易一名而含三義，易簡一也，變易二也，不易三也。」

紛歧，莫非臆測傅會，無一可令人信服者，即因易法失傳故也。是以欲治易首宜知天，欲知天須明天則，捨此不由，必入於左道旁門而無當，可斷言也。

八卦者易之天地圖也，所以知天地之法則也。二十四爻成列，象在其中，包絡周天而無遺；及其相推相盪，則天之動象見，旁行而不流，故曰易與天地準。八卦以準天地，則爻非虛設，必各有所當，可無疑矣。所當者何？周天十二次也，大地十二時也。畫夜決於十二辰，四時決於十二次，莫非天地之相互作用。繫辭傳曰：「仰以觀於天文，俯以察於地理，是故知幽明之故，原始反終，故知死生之說」，即此義也。八卦代表天之星次，又代表地之時位，互相配合，是以有六爻重卦而成內外兩體以爲別。此余沈思十年之所得，探驪珠，撥雲霧，道固在邇而非遠，法固至簡而易遵者也。

星次代表空間，辰位代表時間，時空流動不居，故曰天行健。然靜體易爲形，動象非一圖所能見。三爻之八卦，象列其中，乃靜體，不能表示周天之動態。惟有重卦，使外體三爻固定爲辰位，而以內體三爻爲星次，依時鐘方向左旋加於辰位，始可見其動。六十四卦即代表周天之八卦左旋一周所得之變化，其所處之時位不同故也。體仍是八卦，動之用則生八種不同之象位，故六十四卦實包括八組星圖。彼以六十四卦構成一大圓圖，乃不知天，不明易理者也。

莊子曰：「有實而無乎處者宇也，有長而無本剽者宙也。」[6] 淮南子亦曰：「往古來今謂之宙，四方上下謂之宇。」[7] 太空無盡，時間永久，若環之無端，此宇宙無窮之義也。易之要素，託根於宇宙，以有窮之八卦，究無窮之時空，故易與天地準而能彌綸天地之道。宇宙包絡萬有，萬

---

(6) 見莊子庚桑楚篇。
(7) 見淮南子齊俗訓。

有莫不受時空之宰制，而時空則決於天地之相互錯綜關係。人者萬類之一，生於天地之間，非能外於時空宰制者也。然方以類聚，物以羣分，人之羣居，各佔一方而已。天覆於上，則天頂之星因境地而異，地載於下，則地面之物因天時而殊，故資生之物不同，社會形態亦多歧，若胡之與越也。北方食麥，南方食米，黃河流域富梨棗，而南洋盛產蕉椰，是人之生固隨遇而安，受地利之限制也。中國有四時之別，夏葛而冬裘；新加坡惟酷暑而不知冰雪，單衣卒歲而已，是人之生受天時之限制也。天地人之密切關係，微妙如此，而其本一出於天。故老子曰：「人法地，地法天。」易者天人之學，人求知天，蓋所以為厚生之計耳。故繫辭傳曰：「夫易開物成務，冒天下之道，如斯而已者也；是故聖人以通天下之志，以定天下之業，以斷天下之疑。」

明乎易之本在天道，則知八卦之體用具有主要原則者約如下：

一曰，易主變動不主靜止。孔穎達云：「易者變化之總名，改換之殊稱，自天地開闢，陰陽運行，寒暑往來，日月更出，孚萌庶類，亭毒羣品，新新不停，生生相續，莫非資變化之力，換代之功。」

二曰，易主陰陽而無五行。陰陽即是日月晝夜，經言大小，象傳言剛柔，繫辭傳言一陰一陽之謂道，其義一也。太史公自序謂「易著天地陰陽四時五行，故長於變，」此五行乃漢儒增益之說，非易所固有，不可不知。

三曰，易具繼續性。周天運行無窮期，太古何始，來世何極，莫能知也。新新不停，生生相續，故曰繼之者善也。由此觀念而引伸之，則文化永遠推陳出新，而人類事業之創造進步，亦永無止境。

四曰，易具循環性。四時成歲，終而復始；由衰而盛，

由盛而衰，其變化之象，具有周期之法則。老子曰：「反者道之動，」「萬物並作，吾以觀復。」泰之九三曰：「无平不陂，无往不復。」反復之義，即出於易之循環觀念。

五曰，易用相對律。陰陽之作用，互為消息，相應而並行。此乃二元同時相對存在，而非一元絕對獨立，故卦亦兩兩相對成列以明其功。六十四卦為三十二對，周天之變化概括無遺矣。然此相對作用，並非矛盾衡突，而是相反相成，故中庸曰：「萬物並育而不相害，道並行而不相悖。」中庸之說，其源蓋出於易。

六曰，易用執中律。古人觀象治曆，考中星，測日影，必以南正為準，蓋中者所以執簡馭繁也。繫辭傳曰：「天地之道，貞觀者也；日月之道，貞明者也；天下之動，貞夫一者也。」貞即南正，貞觀貞明貞夫一，即易用執中律也。中庸曰：「中也者天下之大本也；和也者天下之達道也；致中和，天地位焉，萬物育焉。」此即易之義矣。

因為易含有此六大原理，其影響於中國學術思想者至深至巨，老子之任自然而尚柔弱，儒家之主中庸而崇剛健，皆易學有以啟發之。

易 經 第 二

八卦之圖及卦辭爻辭謂之經，十翼之文謂之傳。卦辭總斷一卦，爻辭專言一爻。辭依卦爻而立義，故不知卦爻所誌者為何物，則辭義難明。繫辭傳曰：「聖人立象以盡意，設卦以盡情偽，繫辭焉以盡其言，」此之謂也。然象者何？情偽者何？則語焉不詳。是以二千餘年，學者惟有窮辭而不識卦，望文而多臆測，皆昧於經旨者也。故欲通經必先自認識卦爻所代表者為何物始。

誰作經？自漢以來皆謂伏戲畫卦，文王作辭。然重卦則

有異說，司馬遷以為文王，鄭玄以為神農，王弼以為伏羲，孫盛以為夏禹(8)，自兩漢至魏晉，四百年間，歧說竟有四，無非學者各自揣測而已。夫重卦者，八卦之用也，由八卦之動而生六十四卦，非八卦自八卦，六十四卦自六十四卦，各自為畫不相與者也。故學者之歧見，皆由不明周易體系之所致。若八卦果創自伏羲，則重卦之用即在其中，孔穎達以為王弼之說得其實，是也。

伏羲畫卦，本於繫辭傳。「古者庖犧氏之王天下也，仰則觀象於天，俯則觀法於地，觀鳥獸之文與地之宜，近取諸身，遠取諸物，於是作八卦，以通神明之德，以類萬物之情。」此段文字說明八卦之發明，由觀天之象地之法而來，其作用則在通神明之德，類萬物之情。由此可知八卦二十四爻並非空畫，而實有所代表，義固顯然。天有何象？星宿是也。地有何法？方位是也。何謂神明之德？日月也。何謂萬物之情？周天之星也。分星為十二次二十八宿，即類也。誌日月運行之道，即通也。伏羲據此而畫卦，蓋為治曆明時之用而已。

伏羲氏顯無其人，而為漁獵牧畜時代之象徵。先秦學者知漁獵牧畜之早於農耕，為說明社會進化史，又苦無人物可稽，遂不得不創設伏羲神農之名耳。然既知觀象治曆，則其民族之文化水準固已甚高，決非舊石器時代之人物所能為者也。伏羲之名初見於莊子。大宗師篇云：「狶韋氏得之，以挈天地；伏羲氏得之，以襲氣母。」氣母即是冬至，謂伏羲得天之道，與冬至合也。繫辭傳之說，蓋本於莊子，而語加詳焉。然則言伏羲氏作八卦者，無非託古，其事確，其人其時則非。

卦爻辭作於文王，此西漢易緯之說。然而升卦言王用亨

(8) 詳孔穎達周易正義序

於岐山，明夷卦言箕子之明夷，皆非文王爲西伯時所應有之事，於是東漢賈逵馬融以爲爻辭乃出諸周公。孔穎達爲彌縫此兩歧之說，謂「爻辭亦是文王本意，周公述而成之，易緯但言文王，不言周公者，以父統子業故也。」文王與周易之關係，司馬遷謂其演易(9)，易緯及班固謂其作辭(10)，皆由繫辭傳發展而成。繫辭傳曰：「易之興也，其於中古乎？作易者其有憂患乎？」又曰：「易之興也，其當殷之末世周之盛德邪？當文王與紂之事邪？」此不過說易之興與時事有關，並未明言文王作辭，且語出擬議，亦非肯定者也。故兩漢儒生之說不足信。

易經只有四千一百五十七字，（記爻之數字共七百六十八不計），每卦無超百字者，最少之兌卦三十字而已。其語至簡，其義至奇。然文字淺近，非若殷盤周誥之詰曲聱牙，亦非若雅頌之字多假借，可見必非西周初期之作品。又時出楚語，如屯卦之屯如邅如，同人卦之伏戎於莽，蹇卦之蹇，凡屯、邅，莽、蹇等字皆是楚言，亦非岐周人所應有。故由經文本身觀之，即可知卦爻辭必不出於文王與周公。

先有卦而後有辭，易經成書之過程，可能如此。因爲八卦用以誌天象計曆數，乃簡單之符號，當發明之初，不必備有辭也。及用之既久，於是從積累之占辭中，有人加以選輯而成此體系整然之書，以爲占之依據，殆類籤詩矣。亦有人另編他本而成連山與歸藏。周禮云：「大卜掌三易之法，一曰連山，二曰歸藏，三曰周易，其經卦皆八，其別皆六十四。」可見三易之卦皆同，所不同者惟其辭及占法耳。或者重卦之序列亦異，連山首艮而歸藏首坤也。三易既同掌於太

---

(9) 史記大史公自序：「文王拘而演周易。」又周本紀：「西伯蓋即位十年，其囚羑里，蓋益易之八卦爲六十四卦。」

(10) 易緯乾鑿度云：「垂皇策者犧，卦道演德者文，成命者孔。」
   漢書藝文誌云：「文王重易六爻，作上下篇。」

17

卜，則筮人得兼而用之，非必以周易為主也明矣。杜子春以連山伏羲作，歸藏黃帝作；而鄭玄易贊則謂夏連山，殷歸藏與周易為三代之易；要皆漢儒附會之說，可任意為之者也。

總之，伏羲作卦，文王作辭，皆儒生託古以尊經之說，必不可信。作者當是周之筮史，深知天文與曆數者也。不知天決不能造卦，不知卦決不能繫辭，易之成書，必出於筮史無疑。然其人為誰，則不可得而知矣。

易作於何時？此一無聊問題，或以為西周之初，或以為戰國之初，聚訟紛紛，莫非臆測。觀於左傳所載之筮，其卦名繇辭，多與易合，則戰國初期成書之說，自是不通。若必否定左傳所載為偽，以自文其說，則又未免武斷。以易經作於西周初葉者，因易見高宗帝乙箕子等名，而初葉以後之事則缺如也。夫易非歷史，其所以用殷人者，別自有義，非作者偏愛於殷而獨自忘也。高宗之爻，重在鬼方。觀未濟又言震用伐鬼方可知矣。鬼方者，輿鬼星之隱語也。殷王以天干為名，而爻以天干紀日，帝乙者乙日之隱語也。箕為星，箕子者箕星之隱語也。明乎此，則思於易中搈搇古史，必多附會，而用以証作易之時期，亦必虛妄矣。余以為易之成書，約當春秋初期，其証有四。一曰周易之文字淺顯，且雜有楚語，非若西周初作品之難懂。二曰周易之曆法已甚完整，如雨水穀雨處暑霜降等節氣皆見於爻辭，是二十四氣之體系已建立。三曰周易之星宿分度已定，如牛、須女、角、亢、虎（參宿）、鬼、翼、心、尾、斗等星皆見於爻，甚至微星如皰瓜，魚，床，沫等亦見，則其觀象所得已極精密，二十八宿已分無疑。四曰周易以牽牛初度為冬至（詳見於後不贅），由歲差原理推之，可決其時約當公元前七世紀也。夫中國之觀象造曆，起源甚早，自無待言。堯典曰：「欽若昊天，曆象日月星辰，敬授民時。」然中星之誌僅有鳥火虛昴以表四

仲而已。殷墟甲骨有甲子紀日之表，又有十三月以誌閏，然尚不見十二星次與節氣之文。直至春秋，左傳獨詳於十二次之名，且極重視節氣，則曆法之進步，由疏而密可知也。筮用卦，首見於左傳莊二十二年，謂周史有以周易見陳侯者，使筮之，遇觀之否。此是公元前六百七十二年，距周室東遷已百年矣。自此以前，則絕無卦筮之記載，可見周史之以周易見陳侯，乃一新方術也。春秋時天文學極為發達，有名之星占家如鄭之裨竈，魯之梓慎，晉之史趙、蔡墨，宋之子韋皆出現於昭公時代，而與孔子同時。此一學術風氣，可能是易經廣泛應用所促成。余因研究易經之體系，與卦爻辭相參証，而知易用牽牛初度為冬至曆元。今之冬至入尾宿終度，節氣倒退三十七度，以歲差七十一年又八月退一度計之，則周易之成書必在春秋初期無疑。

卜用龜，殷人有之。筮用蓍，法較簡，乃周人所發明。然大事卜，小事筮，周人固兼用之，所謂筮短龜長是也。西周之初，筮未有八卦，東周八卦合筮，法又簡化，及周易成書，則更方便矣。蓋捨繁而取簡，乃占法之自然趨勢。厥後隋唐之際，棄蓍而代以錢，亦同理也。

以周易作於西周初期者有二說，顧頡剛李鏡池謂約當西周初葉，余永梁謂當成王時[11]，其依據無非卦爻辭中有若干人物之名，最早者高宗帝乙，最遲者箕子，而又考證晉卦之康侯為衛康叔也。以康叔封於衛，乃成王之時，輒以書作於是時，其說未免牽強。辨証史事可，謂周易成書必與史事同時則不可。譬如今之籤詩常有太公八十遇文王，伍子胥過昭關等辭，而獨缺當代之事，豈非此籤詩亦必作於周初或春秋時耶？易經是一種特殊書籍，其旨不在記史，若於其中探求史實，殆南轅而北轍也。若康侯必為衛康叔，則卦何以名晉

(11) 顧李余三氏之說皆載於古史辨第三冊上編。

而不名衞。晉可釋爲進，何以康侯獨不可釋爲安康之侯。爲補救此一矛盾，平心又從文字訓詁上搗擤，以爲康唐可以通假，康侯即是唐侯，乃唐叔虞也⑿。種種穿鑿，皆由不明易之原意，徒自紛擾耳。

以周易作於戰國初期，且斷定作者當是馯臂子弓者，乃郭沫若之說⒀。郭氏以魏襄王冢中曾發現周易，遂認爲其書「當得是時代相差不遠的作品。」但冢中還發現「師春」一篇，書諸卜筮，其上下次第及文字皆與左傳同。於是認爲左傳是劉歆編制時利用師春的資料。但師春發現於西晉時，劉歆安得見？於是又說師春未受秦焚書之厄，「在漢代的秘府中必然有所蒐藏。」凡此種種理由無非憑空推測，任意胡扯而已。根據此虛謬之假定，郭氏又進而確定作易者爲馯臂子弓；認爲荀子讚揚仲尼子弓，此子弓即是馯臂而非仲弓。依照史記，馯臂是孔子之再傳弟子，依照漢書則是三傳弟子，此糊塗賬本來無法澄清，郭氏爲適合自己之推論，自然取史記而捨漢書。但史記作馯臂子弘而非子弓，郭氏又謂子弘是子肱的筆誤，而弓又是肱的假借。如此展轉穿鑿，亦無非臆測之辯，而實無確証者也。

總之，周易是周人之書，但卦爻辭非作於文王周公，此二點當可確定無疑。若其書果成於周初，則歸作者於文王周公，有何不可？是漢儒謂文王卦辭周公爻辭之說，未可厚非矣。至於易作於戰國初期之說，則純出於瞎猜，決不可信。余以爲書成於春秋初葉，乃由研究易經之體系而得，所依據者在經之本身，自信比較合理。其實研究易經，首重讀懂經

⑿ 平心周易史實索隱一文謂顧頡剛的考証把卦辭康侯與卦名晉截然分開，不很自然。於是依據易林有「實沈參墟封爲康侯」之語，且唐康均從庚聲，故認唐叔虞爲唐侯，而音變爲康侯云。1963年歷史研究第一期。

⒀ 郭沫若周易之制作時代一文載其青銅時代書中。

文，倘經文不懂或作曲解，則失之毫釐，差之千里，任何考証，必不免臆測。故余曰易作於何時乃一無聊問題。

卦爻之辭，非常簡約而卦辭更甚。其中有十一字極為重要，即元、亨、利、貞、吉、凶、悔、吝、厲、咎、孚、是也。此十一字貫穿全經，倘不得其真義，則無從知易。以余研究之所得，始發覺此乃專門術語，所以誌象數之位，非可專憑字義解之者也。說詳於後。

易傳第三

十翼之名不知倡自何人。司馬遷僅舉「序象繫象說卦文言」，而班固始稱十篇，是兩漢無十翼之說也。[14] 孔穎達謂「數十翼亦有多家，一家云上下象，上下象，上下繫，文言，說卦，序卦，雜卦，鄭學之徒並同此說，」是十翼即十篇也。蓋南北朝之學者，以此為孔子贊易之作，故不言篇而改稱翼耳。然以性質言，只有七類，稱為十篇可，稱為十翼則不通矣。且班固所稱之十篇，是否與孔穎達所言者之內容相符，亦屬可疑。

舊說此十篇易傳皆孔子所作，自歐陽修揭疑非之，謂繫辭文言，繁衍叢脞，非一家之言，學者始漸覺悟孔子作易傳之無稽，今已無人信之矣。易經本為筮書，戰國末之儒者用以說義理，故荀子曰：「善為易者不占。」[15] 其實儒家之義理，與易經不相干，義理行，易之本旨遂晦矣。大象傳、文言、繫辭傳中所釋之若干爻辭及觀象制器說、三才說等，皆儒家之易也。善哉章學誠之言曰：「作易之與造憲，同出一源……三代以後，憲顯而易微，憲存於官守而易流於師傳，

---

(14) 史記孔子世家：「孔子晚而喜易，序象繫象說卦文言。」
　　漢書藝文志：「孔氏為之象象繫辭文言序卦之屬十篇。」
(15) 見荀子大略篇。

故儒者敢於擬易而不敢造憲也。憲之薄蝕盈虧，有象可驗，而易之吉凶悔吝，無跡可拘，是以憲官不能穿鑿於私智而易師各自爲說，不勝紛紛也。故學易者不可以不知天。」(16) 然則彼義理之說，皆不知天者之所爲，非易之原旨也。

十翼非一家之言，亦非一時之作，其繫辭說卦及文言，更是雜拌。大抵秦漢之際有諸家異說，漢初搜集之以爲講學之資，遂並存焉，且不免有漢儒之說，增益於其間也。西晉發現之魏襄王墓中竹簡(17)，有易經而無象象文言繫辭，即可証明戰國中期尚未有十翼。襄王與孟子同時，孟子不言易，蓋其時易只用於占筮，尚未爲儒家注意。及荀卿呂不韋始引用易經，已在戰國末期矣。故儒家之義理易說，必起於秦漢之際無疑。

（甲）　象傳

十翼中純爲解經而深得其旨者，當首推象傳，其次爲繫辭傳之若干通論。象傳先釋卦名，繼舉卦體及其運用法則，終解卦辭，間亦涉及人事，極有條理。釋卦名則常取文字訓詁：「需、須也」；「師、眾也」；「比、輔也」；「剝、剝也」；「大過、大者過也」；「習坎、重險也」；「離、麗也」；「咸、感也」；「恆、久也」；「晉、進也」；「蹇、難也」；「夬、決也」；「姤、遇也」；「萃、聚也」；「漸、之進也」；「豐、大也」；「兌、說也」，等等皆是。其次則以內外體之關係見義。每卦必先舉內體而後及外體，言內體上移往重於外體，明其用也。如訟之「險而健」，師之「險而順」，小畜之「健而巽」，豫之「順以動」等等皆是。又以剛柔爲說，剛柔者，日月也。象傳非以陰陽爻畫爲剛柔，蓋卦以內體之星次

---

(16) 見文史通義易教中。
(17) 詳見杜預左傳集解後序及晉書束皙傳。

22

為主，日在內體，月不必限於此卦之內；或月在此，而日在他卦，並非固定。故以六爻為剛柔，乃不知象傳者之誤解。觀於謙之象傳曰：「天道下濟而光明，地道卑而上行」，說明日躔右旋為天道，日隨天左旋為地道，且以別內外體為天道地道之不同作用，實言簡而意該。又如「无妄，剛自外來而為主於內」一語，說明日在震，由外體乾之前來而居於乾後，亦極正確，蓋震次之位原在乾辰之前；換言之，即屯卦之震左旋一周而成无妄也。至於釋卦辭則知元亨利貞之為時位記號而以利貞為南正。又知卦與曆數有關，如蠱之先甲後甲，而以終則有始為天行釋之，蓋其九二爻乃八月初一甲申日也。又常以「時義大」，「時用大」，「時大」等為結語，且間言「天行」，「時行」，「與時消息」，「四時成」，「四時不忒」，「與時偕行」，「天地萬物之情見」等等，可見象傳作者了解卦之內容純是時間問題，故義皆歸於天地之道而語涉人事者，寥寥無幾。如家人，歸妹，咸、革、睽等以男女為言者，無非因卦名之義及卦體之象而引伸及之，實則仍以人道喻天道也。其言君子者皆日之象徵，其言王者皆乾之象徵，其言父母子女者皆乾坤六子之象徵，其言夫婦者皆日月之象徵，其言小人者皆星之象徵，其言大人賢人者皆月之象徵。凡此即象傳之精義所在，不可不知。

（乙）　大象

　　象傳分大象小象，疑亦非一人之作，且可能大象較為後起，蓋小象釋爻，自有其法則，而大象則多說人事，與卦旨全不相關。大象當為儒家之義理，乃不知易者之所作。

　　大象之象，取內外體之結合而統一其名稱，實無義理之可言。且多先舉外體而後內體，恰與象傳相反。象傳之序所以誌卦之動，有其作用，大象傳則死象而已。其中有十餘卦

雖亦先舉內體，然爲文辭順利故，不得不變其例，如「天在山中、大畜」，「雷在地中、復」，若言山下有天，地下有雷，則不成語矣。又如噬嗑與豐皆稱雷電，若噬嗑之象非電雷之譌，則爲自亂其例。至於卦名與卦象亦各自爲義，並不相涉，欲強求其通，未有不陷於附會者也。大象作者如此刻板配象，其目的爲便記誦，以利學者，無他義也。

　　大象之文，繼卦名下，多以君子開端，間亦言先王，其義則儒家之說，無非因卦名之字義，引伸而成，而於卦辭則不顧也。如師之義爲眾，輒曰：「君子以容民畜眾。」如比之義爲輔，輒曰：「先王以建萬國親諸侯」。又或襲用象傳。如巽之象傳有「重巽以申命」之語，大象輒曰：「君子以申命行事。」如節之象傳有「節以制度」之語，大象輒曰：「君子以制數度，議德行。」又或依卦體而爲說，實則附會耳。如「噬嗑、先王以明罰敕法」，是由卦辭「利用獄」一語引伸而成，尚可說也。至於「豐、君子以折獄致刑」；「賁、君子以明庶政，无敢折獄」；「旅、君子以明慎用刑而不留獄」；「中孚、君子以議獄緩死」等語，則何所依據而云然，實在莫名其妙。大抵以卦含有震、離、艮之體，離爲明，震爲威，艮爲止，依此而引伸爲義耳。中孚有離象，而互體有震艮，故亦以獄言。

　　象傳以君子爲日之象徵，大象則以君子爲人；象傳釋卦辭，一歸於天道天時，大象則不顧卦辭而空說義理，此其別也。此種空說，可望文任意附會，不但無益於易旨之了解，抑且容易發生誤導作用。例如復以內體震爲主，乃正月二月之卦，而大象以冬至解之，曰：「先王以至日閉關」，蓋由復之字義引伸而爲說耳。厥後漢儒之十二辟消息卦亦以復爲冬至，與大象如出一轍；核之卦辭象傳，曾有何語可証其必爲冬至耶？由於此一謬說，我頗懷疑大象之作，可能出於漢

儒，而且較小象之作爲後起。

（丙） 小象

小象釋爻辭，不涉義理，近似於象傳而與大象異趣。然其語過簡，對於爻旨之了解，實在無多裨益。一是多與爻辭重複，等於未解。例如：

1. 同人六二，「同人于宗，吝。」
   象曰：「同人于宗，吝道也。」
2. 大有初九，「无交害匪咎，艱則无咎。」
   象曰：「大有初九，无交害也。」
3. 遯九四，「好遯，君子吉，小人否。」
   象曰：「君子好遯，小人否也。」

試問如此雷同，有何益耶？二是凡遇複雜之爻辭，多摘取一二短語而以苟簡作釋。例如：

1. 屯六二，「屯如邅如，乘馬班如，匪寇婚媾；女子貞不字，十年乃字。」
   象曰：「六二之難，乘剛也；十年乃字，反常也。」
2. 坎六四，「樽酒簋貳，用缶，納約自牖，終无咎。」
   象曰：「樽酒簋貳，剛柔際也。」
3. 睽上九，「睽孤，見豕負塗，載鬼一車，先張之弧，後說之弧；匪寇婚媾，往遇雨則吉。」
   象曰：「遇雨之吉，羣疑亡也。」

試問如此簡約，對于爻旨，又何能疏通明暢耶？三是多用爻位作釋，凡遇二或五之爻常曰中，凡遇上爻常曰上，初爻常曰下；凡遇六三或九四常曰位不當。夫六爻之卦莫不有二五之位，且內體坤震坎兌之卦，必皆有六三之爻，外體乾震離兌之卦，必皆有九四之爻，倘以中以不當位言，自是萬

應散，無所不適者也。然於不同之卦，究有何別耶？[18]

因為小象之傳過於簡單，語意模稜，使學者對於爻旨，仍然茫無所從，於是臆測之說紛紛矣。彼漢儒之卦變，王弼之承乘比應，宋儒之義理，莫不從爻畫陰陽上揣搐其旨，實則皆非也。余以八卦之體系及曆象按之，始知所謂中者皆指日或月所處之位而言。

四正之時位曰中，故遇元吉，貞吉或利貞之爻辭，小象即以中釋之。元吉者酉正之位，貞吉或利貞者午正之位也。例如：

1. 坤六五，黃裳元吉。象曰：黃裳元吉，文在中也。
2. 訟九五，訟元吉。象曰：訟元吉，以中正也。
3. 泰六五，帝乙歸妹以祉，元吉。象曰：以祉元吉，中以行，願也。
4. 離六二，黃離元吉。象曰：黃離元吉，得中道也。

此四爻皆以日在元吉之酉正為主，惟訟九五乃其內體六三所加之時，其餘三卦之爻皆不在酉正。坤六五泰六五者卯正位也，故爻言元吉則日不在卯正而在相對之酉正。離六二之位當辰正，故爻言元吉則日亦不在此而在酉正。坤六五之元吉乃乾九三加於九五之位，泰六五之元吉乃否六三加於九五之位，離六二之元吉乃无妄六三加於九五之位。易理錯綜多端而以元吉定位見象，故小象之在中，中正，中以行，中道等語皆釋元吉而非釋爻畫。學者不知元吉為酉正時位之符號，僅就卦爻推測，是以多失之。卯正辰正亦位之中，但此為星位，非日位，不可以定時，時中必以日之所處為準，彼

---

(18) 小象言中者卅四卦：坤六五，需九五，訟九五，師六五，比九五，小畜九二，履九二，泰六五，同人九五，謙六二，豫六二，六五，隨九五，蠱九二，臨六五，復六五，離六二，恆九二，大壯九二，晉六二，蹇九五，解九二，損九二，夬九二，姤九五，萃六二，井九五，困九二，九五，鼎六五，震九五，艮六五，巽九二，九五，節九五，既濟六二，未濟九二。

26

中此亦中，小象傳之旨在彼不在此，惟過於簡單，遂使人誤會，非無故也。

又中指星次而言，即時令之中氣所在。例如師六五，象曰：「長子帥師，以中行也。」中行非指六五而指震次之上爻，乃娵訾之中，得啓蟄為正月十三日也。震上爻在寅初，非時位之中，故知中行乃言星次。又如小畜九二，象曰：「牽復在中，亦不自失也。」九二位在卯初，非辰之中，惟九二之下一度為大梁之中，乃三月清明也。又如隨九五，象曰：「孚于嘉吉，位正中也。」九五為申初之位非中，惟加之者乃震之上爻，乃娵訾之中也。

小象所釋之中，有時指時位，有時指星次，須看爻辭決定。二與五之爻，非必皆中。凡外體為四正卦，則五為子午卯酉之中，若為四維卦，即非時中也。凡內體為四維卦，則二仍屬星次之中；若為四正卦，則除坎外，皆未得中。此種錯綜複雜關係，務須明辨，始可了解小象之精微。有一明顯之例，可以作說明。蹇九五之象曰：「大蹇朋來，以中、節也。」九五坎中爻為子正之位，故曰以中。時來加之者為九三艮上爻，爻下三度乃立冬之終，四度入小雪為析木之中。第三年立冬之終為周閏十二月初一日，子正時，月前來會日，故爻辭曰大蹇朋來。大蹇者日在爻下轉進交於子正，朋來者，月來也。於是小象以節釋之，節者立冬節也。若為初二日即入小雪中氣而非節矣。由此觀之，則小象作者對於卦之躔系及其運用與曆數關係，豈非熟曉者哉。

小象之當位或不當位[19]，皆指時辰而言，故於內體初與

(19) 小象言當位者八卦：履九五，否九五，臨六四，噬嗑六五，賁六四，蹇六四，兌九五，中孚九五。

言不當位者十八卦：需上六，履六三，否六三，豫六三，臨六三，噬嗑六三，大壯六五，解九四，夬九四，姤九四，困九四，上六，震六三，歸妹六三，豐九四，兌六三，中孚六三，小過九四，未濟六三。所可注意者噬嗑六五亦謂之當位，需上六，困上六亦謂之不當位，然則當位與否，並非關於爻畫之陰陽，而是另有其義也。

二之爻，絕無言當或不當者，蓋內體爲星次，惟三之爻位已確定，可由外體所代表之時位而知之也。三與五同功而異位，若五爲四正卦之子午卯酉之中，則三亦必處亥巳寅申之中。若五爲四維卦之中，即是亥初寅初巳初申初之位，則三必居戌初丑初辰初未初之位。爻以誌時位，當或不當與爻畫之陰陽無關，乃指日或月當此爻或不當此爻而言也。約之可分三類：

（一）日月皆不當爻。例如豐九四，「豐其蔀，日中見斗。」象曰：「豐其蔀，位不當也。」因爲九四之位爲戌正，而日中見斗乃午正日食，日月皆不在九四，故位不當。

（二）日出之時間當否。例如臨六三，象曰：「甘臨，位不當也。」臨六四，象曰：「至臨无咎，位當也。」六三位寅正，六四爲卯初。卯初亦六三之所加，時位不同而日所在之星次則同。六三乃立夏之將終，日過卯初即出而寅正則未出。臨者日來臨也，甘臨者願臨而未臨也。至臨者來到也。故六三之位不當而六四之位當。

（三）日在爻前，未抵爻曰不當，在爻曰當。例如兌六三，「來兌凶」。象曰：「來兌之凶，位不當也」。兌九五，「孚于剝，有厲。」象曰：「孚于剝，位正當也」。六三位在未初，九五即六三之所加，乃申初。當不當者曆數不同之故，非關陰陽爻畫。六三第一年之曆數爲四月初四日，來兌凶者謂初一日，月來會有日食之虞也。但日在爻前三度已過未初，故位不當。又六三第六年之曆數爲四月廿八日，孚於剝有厲者言終晦之月尚在九五爻前也。四月廿九日申初時，月不及九五之位十一度，故有厲，而日在九五，故位正當。

總觀小象言當位者八爻，不當位者十九爻皆不出此三個因素。若以爻畫陰陽而定當否，則噬嗑之六五，應是不當，

28

而小象反言「得當」；賁六四應是當位，而小象反言「當位疑也」；困上六應是當位，而小象反言「未當」；需上六應是當位，而小象反言「雖不當位」，豈非自亂其例耶？可見學者以陰陽爻畫爲當否，乃不解小象之微旨，徒從形式上揣測，而陷於謬誤也。

（丁）　繫辭傳

繫辭傳因內容繁富，不得不分上下兩篇。其中有義理之說，如上篇子曰所釋中孚九二，同人九五，大過初六，謙九三，乾上九，節初九，解六三，大有上九等八爻；下篇咸九四，困六三，解上六，噬嗑初九、上九，否九五，鼎九四，豫六二，復初九，損六三，益上九等十一爻；及履、謙、復、恆、損、益、困、井、巽等九卦之釋名；皆是儒家之望文附會。又如下篇聖人取於卦而造器用之說，當是某一陋儒之見解。又如易備天地人三材之道，亦是無聊之說。除此以外，繫辭傳總說易之體系，及其運用法則，大部精審之至。惟辭多重複，顯非一家之言，且有錯簡混雜，是以章節難分而語意常不可捉摸耳。又因文字太簡而所論者爲易之複雜體系，往往意旨不够明暢，最易引起誤解。總觀其主要論點，約可歸爲八項：

一是易準天地之道。「仰觀天文，俯察地理，故知幽明之故；原始反終，故知死生之說」。蓋言幽明者畫夜，死生者一歲之終始也。

二是易言變化，以日月爲主。故曰「廣大配天地，變通配四時，陰陽之義配日月。」又曰：「法象莫大乎天地，變通莫大乎四時，懸象著明莫大乎日月。」又曰：「日往則月來，月往則日來，日月相推而明生焉；寒往則暑來，暑往則寒來，寒暑相推而歲成焉。」

三是乾坤定天地卯酉之位。卯酉者地之東西時位，天在其地，以乾坤始，此乃相對卦位，乾之天在酉，坤之天在卯也。故曰「天尊地卑，乾坤定矣，卑高以陳，貴賤位矣。」又曰「夫乾，其靜也專，其動也直，是以大生焉；夫坤其靜也翕，其動也闢，是以廣生焉。」又曰「乾坤其易之縕邪？乾坤成列而易立乎其中矣。乾坤毀則無以見易。」又曰「乾坤其易之門邪？乾、陽物也，坤、陰物也。陰陽合德，而剛柔有體。」夫乾坤皆有動靜二體，皆是易之門，而乾是陽，坤是陰。則乾坤之內外體具有不同作用，繫辭固已一再說明之矣。蓋乾之外體爲酉，內體爲大梁星次；坤之外體爲卯，內體爲大火星次也。卯酉位靜，乃日月星所出入，故爲易之門。日在大梁大火星而動，則乾三月坤九月也。春陽秋陰，故曰陽物陰物。乾坤相對位於卯酉，故曰陰陽合德而剛柔有體。剛柔者晝夜也。繫傳之意非以乾爲天，坤爲地，「天尊地卑，乾坤定矣」一語，乃以乾坤定天地尊卑之位，兼而言之也。所謂尊卑者天在上地在下，相重無間，而非以此處爲天，彼處爲地而成東西相對之位者也。故乾坤爲天亦爲地，卦之符號相同而含義却有別。專以乾爲天坤爲地，其誤由於大象之傳。若象傳及繫辭則絕無此說。象傳以乾爲健，以坤爲順；繫辭以乾爲陽物坤爲陰物。象傳言天地不限於乾坤，繫辭言乾坤爲易之門，且皆具動靜之體，如此而已。故大象所定機械式之象，乃淺薄者之所爲，非眞知易者也。章炳麟曰：「說文，乾、上出也，此說艸木宽曲而出，無取天義；字從倝聲，當讀爲倝；倝、日始出，光倝倝也。」[20] 此即乾爲陽物之義也。坤字漢石經作〣，漢碑中凡乾坤字亦皆作〣，無作坤者。馬衡謂其字象卦形之三偶，非借川字爲之。[21]

⑳ 見章氏叢書太炎文錄——八卦釋名。
㉑ 馬衡漢熹平石經周易殘字跋，見古史辨第三冊上篇。

然則坤乃後起之字，因說卦以☷爲地，且位於申，故改而從土從申也。《坤乃古今字，原只取順義，亦非地也。

　　四是重卦之原則，乃八卦與八卦相重。八卦是基本，重之始有內外兩體而成六爻。內外體一實一虛，所以見八卦之動，周旋於十二辰，於是生六十四卦也。重者八卦之運用，故繫辭傳只言八卦，言六爻而絕不提六十四卦。蓋六十四卦乃八卦重八卦所運用之自然產物，非於八卦成列之外又畫六十四卦以構成一大圓也。繫辭傳曰：「形而上者謂之道，形而下者謂之器，化而裁之謂之變，」即是說明重卦內外體之不同，及其運用之意義。

　　五是八卦代表周天，乃畫分周天而成。故曰「易有大極，是生兩儀，兩儀生四象，四象生八卦。」周天轉運以北辰爲軸心，是易有大極也。時間有畫夜陰陽之分，是生兩儀也。天有青龍，白虎，朱雀，玄武之星以領四時，是生四象也。天分四正四維，是生八卦也。一分爲二爲四爲八以包絡周天，理固簡單。此明言易有大極，而宋儒以無極生大極說之。此明是等分周天止於八卦，而宋儒以加倍爲法竟倍至六十四卦。此明是四時之天象星象，「易有四象，所以示也」，而宋儒以大少陰陽當之。其謬甚矣。

　　六是天象有曆數可則。故曰：「參伍以變，錯綜其數，通其變遂成天地之文，極其數遂定天下之象。」參伍以變者卦一爻十五度也。天地之文者六爻內外體之畫也。天下之象者星也，極其數者八卦三百六十度也。

　　七是卦之運用法則，乃內體轉移由下而上，而第三爻居先，關係最大。故曰：「六爻之動，三極之道也。」又曰：「六爻相雜，唯其時物也；其初難知，其上易知，本末也；初辭擬之，卒成之終。」蓋內體之動自後來，即第三爻自初至終，所歷六爻，全程六小時也。此六爻是三所終極之道，

乃時與物相交雜。時爲辰，物爲星。初爻之動，時在卦下，是以難知。上爻可見，是以易知。繫辭傳寥寥數語，說明卦之運用法則，極爲明確。然而學者誤解，以三極爲三才，又不知時物與六爻之關係，遂多曲說矣。

八是觀象專以午正爲準則，四德之貞，即南正之位。故曰：「天地之道，貞觀者也；日月之道，貞明者也；天下之動，貞夫一者也。」

易之體系及其運用，不出此八原則，繫辭傳皆已通論及之。惟不詳盡，且有語病，易使人誤會耳。如「天尊地卑，乾坤定矣，」自亦可解爲乾定天尊，坤定地卑也。如「因而重之，爻在其中矣，」其中之其何所指，甚模稜也。如不知貞爲南正之符號，而從字義解之，則「貞夫一」即成玄理矣。如不知三極之三爲第三爻，自必解三極爲三才矣。失之毫釐，差以千里，此之謂也。

繫辭傳論易之體用，大有可觀；然因學者之曲解，遂推演而成一種哲學，以爲宇宙萬物之本皆不離陰陽之相互作用。「一陰一陽之謂道」，原指日月之行而言；「易有大極而生兩儀」，原指北辰及晝夜而言；「形而上者謂之道，形而下者謂之器」；原指卦之內外體而言；皆是釋易之簡單科學原理。自韓康伯援老釋易，以無爲道[22]，旁義始張。及宋而有道學理學，又掇拾繫傳數語而傅會之。周濂溪之太極圖說曰：「無極而太極，太極動而生陽，動極而靜，靜而生陰，靜極復動，一動一靜，互爲其根，分陰分陽，兩儀立焉。陽變陰合而生水火木金土，五氣順佈，四時行焉。」易有八卦而無五行，大極圖說有五行而無八卦，且以陰陽五行皆是

[22] 一陰一陽之謂道，韓氏注云：「道者何？無之稱也，无不通也，无不由也，況之曰道。……陰陽雖殊，无、一以待之。」此即老子「天地萬物生於有，有生於無」，及「道生萬物，萬物負陰而抱陽」之義。

氣，此新創之宇宙發生論源于繫辭傳而實非繫辭傳之旨也。道學家又言理氣，則援引形上道形下器之說。程伊川曰：「一陰一陽之謂道，道非陰陽也，所以一陰一陽者道也」。又曰：「離了陰陽便無道，所以陰陽者是道也。陰陽、氣也。氣是形下者，道是形上者。」[23] 程子以器爲具體之氣質，而道則是抽象之天理，故朱熹亦曰：「形而上者無形無影是此理，形而下者有情有狀是此器。」[24] 然陰陽二氣，亦是無形者，安得謂之器？且形上道形下器，形之上形之下，皆虛者也，何以有別而一虛一實耶？抑此夾於上下間之形又成何物耶？核以語意，實不通順。昔孔穎達知有矛盾，曾強爲之疏曰：「自形內而下者謂之器也，形雖處道器兩畔之際，形在器不在道也。」然則繫辭何不曰「形而上者謂之道，道而下者謂之器。」豈非直截了當？夫繫辭傳之形乃實有所指，非泛言事物之情狀。形即卦形，形而上者卦之外體爲時位之記號，故謂之道；形而下者卦之內體爲星次之記號，所以載日月，故謂之器。此二語只可專以釋卦體，不可以泛論事物。宋儒不知卦之體用，與繫辭傳之本旨而想入非非，遂曲解此二語以緣飾其所創之玄理。自此積非成是，遂有所謂形上之學，形下之學，以爲哲學科學之代名矣。繫辭傳因被誤解而發展爲哲學，附庸蔚成大國，誠是奇蹟。然若以此虛構之玄理，反而解經，則未有不陷於悠謬者也。

（戊） 文言

文言專釋乾坤二卦，乾文言繁而坤文言簡，繁者雜湊諸家之說故也。乾文言釋卦辭者二節，一襲取魯穆姜之語，純是人事義理，一簡化象傳之文，並無新意。至於釋爻辭者共

---

(23) 見二程遺書卷三及卷十五。
(24) 見朱子語類卷九十五。

有四節，其中二節與小象傳相似，若以之分別代替小象，亦無不可。至其首尾二節，則純爲儒家之義理。坤文言亦然。此種義理之說，皆出於附會，實與爻旨無關。故就解經而論，文言之價值並不高。

十翼中如大象傳，如文言，如繫辭傳之一部，性質大致相同，皆儒家不知易者，利用經之片言支語，附會之引伸之以爲說而已。然易之所以成爲儒家經典而居六藝之首者，亦賴有此義理之說也。因爲經文隱晦難懂，而義理之傳易曉，故引用易者大都出於傳而非經。如「君子以自強不息」，「君子以厚德載物」，「慢藏誨盜，冶容誨淫」，「二人同心，其利斷金」，「遯世无悶」，「積善之家必有餘慶」等語，幾成格言，莫非傳也。嚴格而言，傳所以釋經，不得稱爲易，稱爲易則魚目混珠矣。然而學者以爲大象，繫辭，文言皆孔子所作，尊聖人之言，經傳遂齊觀而無所軒輊矣。故班固曰：「易道深矣，人更三聖，世歷三古。」其實儒家義理之說，切近人事，並不深奧，但非關易道。易道原以科學爲基，因儒家之誤解而發展爲玄學，爲人事義理之學，遂喪其本眞而使科學原理，沈埋二千年。然則儒家之說非但無補於易，抑且易之罪人也。

以上七翼在易傳中較爲重要，當以象傳居首，繫辭傳次之，小象又次之，大象又次之，文言又次之。以釋經而言，即使刪去大象及文言，亦無礙也。至於說卦，序卦及雜卦三翼可說毫無價值，而說卦之卦位，誤人尤甚，余將於觀象卦位二章及新解中一一辨明之，茲可勿贅。

觀 象 第 四

繫辭傳曰：「聖人設卦觀象。」又曰：「八卦成列，象在其中矣。」可見讀易不可不知象。掃象而言易，必至空疏

無當，雖有義理，要皆各自爲說，非易旨也。然所謂象者果何如乎？繫辭傳亦明言之矣。一則曰，「在天成象」；再則曰，「仰則觀象於天」；三則曰，「懸象著明莫如日月。」由此以觀，八卦之象，天象而已。天象者何？日月星也。

　　易有實象，有虛象。實象者，自然之現象，可驗之於目者也。虛象者意象，出之於聯想者也。如龍如虎如鳥之爲星，如血如黃金之爲日，如羊角如豕牙之爲月，皆實象也，而爻辭言之。如君子如夫之爲日，如大人如妻之爲月，如小人之爲星，皆意象也，而爻辭亦言之。至於乾坤生六子則爲八卦序列之意象，又一義耳。

　　象傳之象，或謂之卦德，一本於文字之訓詁。如乾健，坤順，震動，坎陷，離麗，艮止，兌說，亦虛象也。惟巽無訓，其義蓋與遜同。象傳又以震爲雷，以巽爲風爲木，以坎爲水，以離爲火爲電，以兌爲澤，以艮爲山，而天地不限於乾坤。且其所用諸象，最多者四卦，少則僅一卦而已[25]。由此可知象傳之分別卦體，純用卦名之義，而爲周易創立一種新意象也。

　　大象傳出，始爲六十四卦建立一整齊之象系，即乾天、坤地、震雷、巽風、坎水、離火、艮山、兌澤是也。用此八象，以爲每卦內外體之識別，顯由象傳發展而成。惟大過、井、升、鼎、漸五卦之巽爲木，屯、需二卦之坎爲雲，解之坎爲雨，蒙之坎爲泉，離、晉、明夷三卦之離爲明，噬嗑、豐二卦之離爲電。其所以變稱者，利於辭義故也。大象之卦象，實無義理可言，察其用意，無非使學者便於記憶而已。例如(一)地中有水、師，(二)澤上有雷、歸妹，(三)風自火

---

[25] 1. 震爲雷：屯，噬嗑，恆，解。　　2. 坎爲水：坎，井，革；坎爲雨：屯，解。
　　3. 巽爲木：益，渙，中孚，鼎；巽爲風，恆。　　4. 離爲火：睽，鼎，革；離爲電，噬嗑。　　5. 兌爲澤，睽。　　6. 艮爲山，蒙。

出、家人。其意若曰坤上坎下爲師卦，震上兌下爲歸妹卦，巽上離下爲家人卦，如此而已，別無奧旨存乎其間。若必求其義，則地中有水何以象師？澤上有雷何以象歸妹？風自火出何以象家人？皆不可通者也。故大象之內外體卦象，實出於虛構，本自無義，不可強爲之解。

　　章學誠曰：「有天地自然之象，有人心營構之象，人心營構之象，意之所至，無不可也。」[26] 然意之所至，亦必有其因，非可全託於空言。試以八卦諸象論之。震爲孟春仲春之卦，春雷始發聲、故爲雷。巽中有軫宿，主風，故爲風；風因木見，故又爲木。離乃鶉火之次，大暑盛陽，故爲火，又爲明。坎屬大寒節氣，與離火相對，故爲水。坎中包有危宿，故又爲險。兌有星東井，乃天河之所經，故爲澤。艮與兌相對，亦天河之所經，但義不可重，故取止義，引伸之以爲山，而與澤相對稱也。此六卦象，尚不難索解。惟以乾爲天，坤爲地，最易使人陷於誤會，蓋八卦所代表者皆天象，非僅乾而已也。八卦亦代表時位，皆屬地象，亦非僅坤而已也。乾坤難於構象，大象不得已以天地當之，無非取相對之義以定位耳。故不可拘泥觀之。昔魏之大術士管輅對此亦生疑問，曰：「不解古之聖人何以處乾位於西北，坤位於西南。夫乾坤者天地之象，然天地至大，爲神明君父，覆載萬物，生長撫育，何以安處二位，與六卦同列。」[27] 管輅誤信大象，以爲乾眞代表天，坤眞代表地，是以疑焉。若知大象之天地，只是虛構以表相對之義，而乾坤本與六子同列，並非特出，則復何所疑乎？觀夫象傳之言天地，不限於乾坤，而大象則遇乾必天，遇坤必地，其不當也明矣。然由於此一誤導，後之學者奉爲圭臬，遂本天地之義專以說乾坤，積非

---

[26] 章氏文史通義易教下。
[27] 三國誌管輅傳裴松之註。

36

成是，附會滋多矣。

說卦之象，除已見於象傳與大象者外，大都雜亂，且多重複而於經無稽。此乃宣帝時河內女子所獻之僞篇，所有亂象，大抵撫拾漢術士之雜說，湊合以成之者也。凡取象於動物者惟巽雞、離雉、兌羊於經有據。乾馬、坤牛、震龍、坎豕、艮狗皆非。凡取象於人身者惟坤腹、震足、離目、坎耳兌口有據。乾首、巽股、艮手皆非。其所謂廣象一大段，除與前文重複者外，率多虛妄，故朱熹曰：「其間多不可曉者，求之於經，亦不甚合也。」學者若依此種荒謬之象以解經，庸能有當乎？此漢以來注家之說，所以辭煩義曲，大都牽合而乖戾者也。

卦有卦象，爻有爻象，不可盲從「說卦」，當於經文中直接求之，始不至於悖謬。繫辭傳曰：「吉凶者失得之象，悔吝者憂虞之象，變化者進退之象，剛柔者晝夜之象。」總三百八十四爻之辭，依此四義，分爲四類如次：

(一)**晝夜之象**以日月星爲主，皆有實象，有意象。

　(甲)日之實象見於色，凡爻辭所言之金、血、黃、朱、赤等非夕陽即朝暾之象。若以形而言，日只是圓體，如輪，如豹變，如金鉉，爲數不多。日落時，先發黃，繼呈金黃，終則血紅，日出之過程則與之相反。日出卯入酉，凡遇爻辭涉及如此現象者，則求其位之所在，即可得之，而爻旨不難知矣。
　　日之意象最常見者爲君子，爲大，爲夫。又大君、國君、帝乙、高宗亦日也。在象傳則爲剛。

　(乙)月之實象最多，因其見於形，變化多故也。如羝角、豕牙、甕、瓶、弧、贏豕、虎變、小狐、貝、斧、雉膏、鍊、碩果、廬（蘆菔）、玉鉉、弟、衣袽、袂、鞶帶、彭、肥遯、含章、白茅、稀、素履、夫

履、恆等等皆月象也。

月之意象爲大人、爲侯、爲虞、爲女子、爲婦、爲妻、爲妾、爲妹、爲婚媾、爲幽人、爲刑人、爲惡人、爲臣、爲賢、爲朋、爲賓、爲仇、爲敵、爲小、爲童蒙、爲譽、爲順、爲柔等等。

（丙）星之實象有星名，有形象。恆星所以誌日月之行徑，爻辭中有許多星名，二千年來，竟無知之者。

1. 坤之中爻爲房宿，又名天駟，故坤稱牝馬。
2. 角亢氐房心尾爲六龍，角亢在巽，餘皆在坤。乾言龍及亢，乃其相對之星。
3. 虎、豕、羊皆參宿也，當兌之上爻。
4. 鳥爲鶉火，在離。鶴爲鶉首，在兌。雞即翰音爲鶉尾，在巽。隼、雉、禽、明夷、汗（罕鳥）、皆鶉火也。
5. 靈龜即天黿爲元枵，在坎。
6. 鼎即周鼎，當巽之初爻。
7. 井即東井、在兌。
8. 棟即大角，與鼎相近，下臨亢池。
9. 牛即牽牛，當艮之初爻。以坤或離爲牛皆非。
10. 魚，在尾宿之終，約當艮上爻之前。
11. 心即大火，當坤中爻之下。
12. 包瓜，在牛女之北。
13. 須即須女，當坎之上爻。
14. 床即女床，在尾箕之北，織女之西。
15. 尾，六龍之一，在坤艮間。
16. 角，六龍之一，當巽初爻。
17. 翼，當巽上爻。
18. 弧，在兌後。

19. 鬼，在兌後。

20. 張，當離初爻。

21. 斗即北斗。當巽離之北。

22. 沬即輔星，在北斗第六星開陽之側。

23. 首即龍首，亦爲鶉首。

24. 大川爲銀河，其兩端當艮與兌。

25. 屋爲營室，在震。

26. 箕子即箕宿，非人名。在艮上爻。

27. 伐邑，參所處之故地。伐即參。

以上星名散見於爻辭中，皆可考者。至於星之意象，比較簡單。如小人，如童僕，如師，如官，如主人，如人，如茅茹，如華等等皆是也。

(丁)又其他八卦專有之象，皆出於意想，虛而非實。

1. 乾爲王、祖、武人、雨(穀雨)。

2. 坤爲王母、姒、婦、輿、車、腹、缶、災。

3. 震爲公、長子、士、雷、雨(雨水)、動、鼓、筐。

4. 巽爲鼫鼠、木舟、柄、桎梏、校、處(處暑)。

5. 坎爲寇、盜、戎、險、陷、穴、輿、號咷、疾、鼫貐。

6. 離爲涕、目、視、災、缶。

7. 艮爲小子、宮人、大牲、石、簋、艱、羆、陵、丘、叢棘、徽纆、蒺藜。

8. 兌爲言、說、口、舌、歌、嗟、笑、娣、咥人。

(二)**虞之象**者，日月所處之位也。或吝在爻前，或悔過爻後，或一在此而一在彼，於是有位象焉。如：括囊、鹿(麓)、郊、野、田、門、巷、戶、門庭、戶庭、衢、城、隍、墉、藩、輿衛、易(場)、轅、中行、中饋、鄰、

幽谷、井谷、宮、舊井、苞桑、金柅、床下、干、磐、
陸、簪、革、頻、拏如、趾、鼻、足、辨、膚、脢、
腓、股、脢、夤、肱、煩、臀、腹、膏、次、舍、虎尾
等等皆是也。

（三）**進退之象者**、日月之動態也。日月之行，如蟻在磨，右
旋緩而左旋疾，邊進邊退，隨天轉運不息，而有象焉。
如：躍、飛、戰、發、擊、禠、驅、傾、亡、載、涉、
升、漸、復、南征、奔、出、入、行、般桓、屯如、邅
如、班如、連如、晉如、摧如、愬愬、翩翩、嗃嗃、嘻
嘻、蘇蘇、夬夬、交如威如、賁如皤如、翰如、焚如、
突如其來如、死如、棄如、遘、進退、往來、負且乘、
拂經、棟橈、次且、觸藩、三接、輿曳、曳其輪、侵
伐、革、蹇等等皆是也。

（四）**失得之象者**，占其吉凶而有象可見也。凡憂、愁、災、
眚、无郵，喜慶等字皆與吉凶有關，義相似也。悔吝者
所以誌位之小疵，與吉凶之義有別。位有小疵，非必凶
而不吉，故不可混同視之。吉凶之準則約如下：

　　1. 朔爲吉，但日食則凶。

　　2. 望爲吉，但月食則凶。

　　3. 旦爲吉，日昃過申以至西沒爲凶。

　　4. 月入坎險爲凶，日則可吉可凶。

　　5. 月犯心宿爲憂爲愁爲郵。

　　6. 月入大火或鶉火之次爲災。

　　7. 月見爲喜慶，月出坎亦然。

　　總核占辭所依據而定吉凶之象者，不過如此。純以日月
爲主，既無五行生剋之義，亦無五星凌犯之象，故易之占
驗，實在簡單，非若近代星占術之複雜。

　　易之全書，無處非象，詳析之不出於上列四類。然辭簡

而意晦，苟不得其體系，即無從明其旨。望文求義，多見怪象，穿鑿以解，莫非迂曲矣。夫象由卦體成，辭隨卦象立，意以卦辭見。體與象者本也，辭與意者末也。故必觀象玩辭，始能得其旨，未有不知象而能得其辭義者也。

明 數 第 五

　　自然之數十，損益變化，用之無窮。然以計算事物，必有對象，始具實義，否則空如焉，不知所云為何物矣。抑數有基數與序數之別，一以計物，一以列位，計物者可作加減之用，列位者則不可。此是常識。惟易家之言數，常混淆不分，既為序數，又視同基數，是以觀念不清，數理不明，無非附會而已。

　　繫辭傳所載，有天地之數，有揲蓍之數，有曆數，皆彼此不相干之事，而牽合以為說。若欲求其貫通，必徒然心勞力拙，而終難有成，可斷言也。

　　（甲）　天地之數

　　奇數稱天，偶數稱地，猶如甲日為剛，乙日為柔，只是識別，無他義也。一、三、五、七、九為天數五位，二、四、六、八、十為地數五位，既以位言，又安可各自相加而成二十五之天數，三十之地數耶？且其所得之和，復何所指耶？無非說明自然之數只有十，而別以奇偶，可定位，亦可計算，盈天下之數，不離此十字之運用，故曰：「此所以成變化而行鬼神也。」語本簡單，不可深求。漢儒附會之以配合五行，謂一六合水，二七合火，三八合木，四九合金、五十合土，蓋十適為五之倍數故也。五行復配合五方，水北火南，木東金西，土居中央，故此十數乃方位之誌，因五行而

得，無他義也。然五位有五數即足，而自然數倍之，於是又曲為之說，謂前五數為生數，後五數為成數矣。宋道士所創之河圖說，即由此而來，實與易不相關者也。虞翻又以十數之五行配合八卦與十干，更增複雜。其言曰：「甲乾乙坤相得合木，丙艮丁兌相得合火，戊坎己離相得合土，庚震辛巽相得合金，天壬地癸相得合水。」[28] 此則採用魏伯陽參同契納甲之術，荒謬愈甚矣。夫十干之數，自一而至十，始甲而終癸，然則一二為木，三四為火，五六為土，七八為金，九十為水矣。乾坤，艮兌，坎離，震巽皆相對卦，何可拼合於一方耶？且其序由乾而艮而坎而震，由坤而兌而離而巽，復何所據耶？八卦不足十數，輒以天地配合壬癸而補充之。凡此無非任意配合，實無理可喻者也。

（乙）　大衍揲蓍之數

大衍之數與天地之數，原屬兩事，不可混為一談。五十亦不出十自然數總和之範圍，其義如是而已。學者不察而強求貫通，勢非至附會不可。如唐崔憬之說，謂數順從三始而五七九，不取於一；數逆從二始而十八六，不取於四；故大衍之數五十。於是又以此八數配合八卦，艮三少陽，坎五中陽，震七長陽，乾九老陽，兌二少陰，離十中陰，巽八長陰，坤六老陰，謂天一地四之數在八卦之外，大衍所不管云云。[29] 夫數之次序，本出於自然，何以有如此順逆之分？又何以必須如此始可與八卦相合？要皆無理可言，勉強牽合而已。又如鄭玄謂天地之數五十有五，以五行氣通，凡五行減五，大衍又減一，故四十九也。夫五行減五始成大衍之數，有何義耶？為何大衍又必須減一耶？又如姚信董遇謂天地之

---

(28) 李鼎祚周易集解。

(29) 同上。

數五十有五，其六以象六畫之數，故減之。夫六畫者一卦之爻也，與天地之數何關乎？若然，則大衍之數又何必用五十耶？凡此亦皆任意胡扯者也。

　　大演者筮法也，撰著推算，謂之大演。五十者著之筮數，具整數而已，無他義也。撰著之目的在求七八九六之數，惟四十九策可成，若用五十策，則推衍之，終必缺六，故棄置其一而勿用，數理所限，不得不然也。因爲五十策分兩掛一而撰之，第一變所餘必永遠是六，不可能有十，而四十九之所餘則有五有九故也。有五有九則三變可得三大或三小之扐數，而終成六與九。有六無十則三變可得三小而不能得三大之扐數，而終必缺六矣。此理本甚簡單，並非含何奧義。然而漢儒最喜傅會，常謬爲神秘之說。如京房以十日、十二辰、二十八宿當五十之數，謂天之生氣將以虛來實，故其一不用。然則此不用者當爲何日耶？何辰耶？或何宿耶？如馬融以太極、兩儀、日月、四時、五行、十二月、二十四氣當五十之數，謂太極爲北辰居位不動，惟四十九運轉而用。夫四時、十二月、二十四氣，皆一歲之分，一決於日月之行，何以能重疊相加而成數耶？凡總和之數必出於同一事物，如此非驢非馬之雜，成何體耶？如荀爽以八卦四十八爻又加乾坤二用當五十之數，謂初九潛龍勿用，故用四十九。夫以八純卦言，乾坤已包括在內，何以又加乾坤二用耶？若乾坤不計，則此六爻之八卦復何所指耶？且既加乾坤爲二用，何以又勿用初九耶？荀氏頭腦之簡單，竟至於此，豈非可笑。凡此種種謬說[30]，幾同夢囈，皆無可取者也。王弼掃而空之，頗具卓識。然而又以玄理解之，曰：「演天地之數，所賴者五十也。其用四十有九，則其一不用也。不用而用以之通，非數而數以之成，斯易之太極也。四十有九，數

──────────

[30] 諸說皆見孔穎達正義。

之極也。夫無不可以無明，必因於有，故常於有物之極，而必明其所由之宗也。」彼以不用之一爲太極爲無，以四十九之數爲極爲有，惟竊取老子之說耳。老子曰：「天下萬物生於有，有生於無。」然如此玄言，與揲蓍之數有何關耶？又何足以說明揲蓍之理耶？蓋不知其理，徒空言搪塞也。

揲蓍分兩之後必須掛一者，因不掛一，則第一變所得之扐餘，只能有五，不可得九故也。不得九則三變之終不可能有三大，於是四揲亦缺六矣。其理與五十策只用四十九策者同。

揲蓍之目的在求得七八九六，然其用如何，繫辭傳未有說明，惟以虛象言之。二分象兩，掛一象三、四揲象四時，歸奇於扐象閏，此一變之象徵也。第二變又有扐餘，即以爲五歲兩閏之象。所謂象者比喩而已，若泥而探求其有合於曆數，則必不可能。

筮占之法久亡，繫傳之說又如此玄虛，故七八九六之作用如何，實爲一大難題而亟須探討者也。竊以爲其事當不出二端，一則佈爻以定卦體，一則藉數以爲占。爻畫只分陰陽而揲蓍所得有四數，然則七九爲陽爻，六八爲陰爻也。蓍之九六與爻誌之九六有別，蓋先有卦而後有筮，筮以求已定之卦，非卦由筮而造也。故爻名九六非取之於蓍數。說者謂周易以變爲占，老陰老陽變，少陰少陽不變，故占用九六，不用七八，此占法決之於揲蓍數也。司卦者以木畫地識爻，依所得七八九六之數而旁記之，然後以占吉凶。[31] 凡遇九六之爻則變，陽變陰，陰變陽而得「之卦」以爲占，若遇七八之爻則不變也。例如十八變之揲，得初爻九，餘五爻皆七，是爲乾卦，惟初爻可變而成姤，則以「乾之姤」爲占也。若六爻皆七，則不得「之卦」，是無變爻可占，當就原卦乾以爲

---

(31) 見儀禮士冠禮鄭注賈疏。

斷耳。

　　筮之用，多爲擇日行事，故儀禮曰：「若不吉則筮遠日如初儀。」禮記曲禮曰：「旬之內曰近某日，旬之外曰遠某日」。所謂筮遠日者，上旬不吉更筮中旬，又不吉則更筮下旬也。由此觀之，則七八九六之數殆與筮旬有關歟？八卦二十四爻之常數爲三百六十日，兩爻之間首尾十六日，乃固定不變者。其旁記七八九六相鄰兩爻所加之數則有變化。兩六爲十二，六加七爲十三，六加八或兩七皆十四，六加九或七加八皆十五，七加九或兩八皆十六，九加八爲十七，兩九爲十八。其中惟十六當爻無差，不及十六者數在爻前，至多四日，過十六者數在爻後，至多二日。總其變化不出七日之範圍。蠱卦曰：「先甲三日，後甲三日。」巽卦曰：「先庚三日，後庚三日。」其數亦以七日爲限，蓋自辛至丁或自丁至癸七日之內行事皆吉也。此非與七八九六記爻之義有合者乎？卦爻之星度有定，其曆數及干支記日亦有定，以有定決無定之蓍數，即有常則可準。故繫辭傳曰：「蓍之德圓以神，卦之德方以知。」又曰：「神以知來，知以藏往。」知者預知之數，神者變化莫測之數也。至於如何決吉凶而擇日，則因占法失傳，不可得而知矣。

　　七八九六之數呂氏春秋用以誌月令，三春之月數皆八，三夏之月數皆七，三秋之月數皆九，三冬之月數皆六，蓋以方位配合，春東夏南秋西冬北也。此與邵雍之河圖八七九六位同，而義有別，河圖以生數成數配五行，呂氏春秋則只以成數定位紀月而已。邵雍之洛書又以七居西，八居東北，九居南，六居西北，乃襲取易緯乾鑿度大乙行九宮式(32)而爲之者。凡此要皆各自定位，各不相涉，未可以與揲蓍之數混觀者也。

---

(32) 乾鑿度云：「太一取其數以行九宮，四正四維皆合於十五。」

（丙） 大衍之曆數

繫辭傳以天地附會自然數之奇偶，以揲蓍之四營附會四時置閏，又繼以乾坤之策附會周歲曆數。乾一爻三十六，坤一爻二十四，六爻合計恰得三百六十，遂以當期之日。夫三十六與二十四，乃九與六之四倍，非乾坤之爻誌也。若用揲蓍之策，九揲之源三十六，六揲之源二十四而成，則七揲與八揲之源二十八與三十二，六爻合之，總數亦得三百六十，為何獨不可取耶？蓋九六為爻誌而揲蓍數亦有九六，乃傅會之，捨彼而取此耳。抑有進者，乾坤只是八卦之一部，如何可以代表周天周歲，若然，則彼六子之卦復何用耶？且周天周歲之陰陽，自應各半平分，如何乾有二百十六策而坤只得一百四十四策，成三與二之比耶？又凡相對之卦，合計之，陰陽爻畫各六，故六十四卦取其半數以乘此乾坤之策即得萬有一千五百二十。乾坤之策既當期之日，則此萬餘之數，即三十二年之期也。為何不取曆數之義而以為當萬物之數耶？凡此皆因數之巧合，胡湊以為說，實不可理喻者也。若依之以探求曆數，乃決不可能之事。然其言曰「當」，則與四營之「象」，同為虛構，象而已，當而已，非必實然也。

（丁） 八卦與曆數

大衍之數，只為揲蓍而設，其傅會之說，皆不可信，更不可用以釋卦，蓋卦之德，與蓍之德不同故也。八卦自有其一定之數統，可以包絡天象而無憾。其數為何？曰曆而已。曆數由觀象而得，故左傳韓簡曰：「物生而後有象，象而後有滋，滋而後有數。」物者日月星也，其出有象可見，象生生不已，是以有滋。古人晝測日影，夜觀中星，經驗積累，得其周期，是以有數。於是治曆以明時，數與象合則不違

天，故繫辭傳曰：「極其數遂定天下之象。」而象傳亦常以時義釋卦辭，非無因也。

易言象，而象由數定，故八卦成列，象在其中，皆本於曆數。此實爲治易之基本問題，惜乎學者莫之知也。八卦二十四爻，乃一周天之整體，其常數三百六十度，每爻各得十五度，以之步天演曆，實一極簡妙之良法。然此一體系，必須卦位正確，必須了解重卦六爻之作用，而後始可無誤。無如說卦之卦位錯亂，使學者陷入歧途，又因不解重卦內外體具有不同之作用，遂致易理沈埋二千年，可勝嘆哉！八卦只二十四爻，其用有二，居外體者爲時位，居內體者爲星次，若明此義，則八卦定象定曆即可得其法則而有所遵循矣。

古曆以冬至爲歲首，朔爲月首，夜半子正爲日首。自冬至迄冬至三百六十五日又四分日之一爲一週歲，在天則星度也。自朔至朔二十九日九百四十分日之四百九十九分爲一周月。自夜半至夜半歷十二時爲周日。以甲子日至朔夜半齊同爲曆元。陰陽合曆歲有餘十日又九百四十分日之八百二十七分，於是置閏月以調整之。三年一閏，十九年七閏，至朔又齊同焉。是爲一章。四章爲一部，共七十六年，至朔又夜半齊同，然尚非甲子日也。故二十部千五百二十年爲一紀，又得曆元甲子日。

陰曆年實得三百五十四日又九百四十分日之三百四十八分。捨餘分不計，則比八卦常數少六日，是爲朔虛。陽曆年比八卦常數多五日又四分日之一，是爲氣盈。盈虛合計約十一日，是爲閏餘。因有如此差異，故冬至之曆數年年不同。然統於八卦二十四爻之常數，而歸餘於終以計之，未有不得者也。茲規定八卦與十二次及二十八宿之關係如下：

| 析木 | 大火 | 壽星 | 鶉尾 | 鶉火 | 鶉首 | 實沈 | 大梁 | 降婁 | 娵訾 | 元枵 | 星紀 |

| 艮 | | 坤 | | 巽 | | 離 | | 兌 | | 乾 | | 震 | | 坎 | | 艮 |

　　星次由右而左，反時鐘方向計度，與十二辰之時位方向相反。星紀為十二次之首，當艮中爻至坎上爻，位於丑。艮之初爻乃冬至點。依此推之，則坎之初爻為立春，震之初爻為春分，乾之初爻為立夏，兌之初爻為夏至，離之初爻為立秋，巽之初爻為秋分，坤之初爻為立冬。故以八卦配合四立四仲之八節，約略相當可知也。漢儒及易緯以十二辰左旋之式配合節氣及月令，實與天道相悖，如十二辟卦、爻辰及卦氣值日圖皆荒謬者也。通卦驗以乾主立冬，坎主冬至，艮主立春，震主春分，巽主立夏，離主夏至，坤主立秋，兌主秋分，乃依說卦之錯誤卦位而又配十二辰以左旋，則日纏與星次完全顛倒紊亂，求其有當得乎？觀於淮南子天文訓所附之星宿圖及其建月以日在某星為準，即知此左旋配合之非矣。其所以致誤，殆由於用斗杓建辰之法故也。正月黃昏日落，北斗柄指寅，二月指卯，三月指辰，以至於十一月指子，十二月指丑，於是即以辰位誌月令焉。此一新法行於漢時，在先秦則干支只以紀日，十二支只以紀十二時，未有用以紀月者。節氣決於日躔，決於星次，而非決於斗柄，故斗柄所指之時位，除八月外，皆非日之所在。夫易之象，星象也，月象也，日象也。星次定日躔，而曆數決月位。八卦之星次，晝夜周旋於天，不限於黃昏，是以有六十四卦不同之時位，未可執一以言者也。

（二） 八卦與二十八宿

十二次之位既得，則二十八宿之卦爻星度亦隨而解決。
依淮南子天文訓及漢書律曆志，其分度如下：

1. 牛八度	11. 畢十六度	21. 角十二度
2. 須女十二度	12. 觜二度	22. 亢九度
3. 虛十度	13. 參九度	23. 氐十五度
4. 危十七度	14. 井三十三度	24. 房五度
5. 營室十六度	15. 輿鬼四度	25. 心五度
6. 壁九度	16. 柳十五度	26. 尾十八度
7. 奎十六度	17. 星七度	27. 箕十一度
8. 婁十二度	18. 張十八度	28. 南斗廿六度
9. 胃十四度	19. 翼十八度	又四分之一
10. 昴十一度	20. 軫十七度	

以上共三百六十五度又四分之一，與十二次配合如下：

1. 星紀	斗12°——女 7°	7. 鶉首	井16°——柳 8°
2. 元枵	女 8°——危15°	8. 鶉火	柳 9°——張17°
3. 娵訾	危16°——奎 4°	9. 鶉尾	張18°——軫11°
4. 降婁	奎 5°——胃 6°	10. 壽星	軫12°——氐 4°
5. 大梁	胃 7°——畢11°	11. 大火	氐 5°——尾 9°
6. 實沈	畢12°——井15°	12. 析木	尾10°——斗11°

二十八宿與八卦之配合如下：

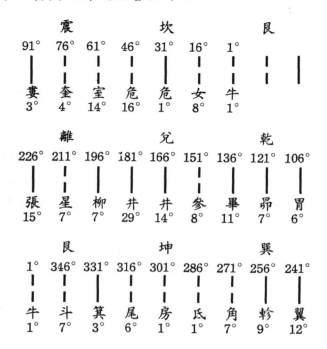

八卦常數三百六十度，不及周天星次五度餘。艮中爻三百四十六度當南斗七度，而南斗有二十六度餘，此差數稱為斗餘，落在牛前，故歲終須於艮初爻之前增此斗餘五度始得之。又自二月節起至十一月節，爻誌與節氣所當之星度亦有差異，茲將二十四氣之分際列後，以資比較。

1. 冬至——牛 1°　　　　7. 春分——婁 4°
2. 小寒——女 8°　　　　8. 穀雨——胃 7°
3. 大寒——危 1°　　　　9. 清明——昴 8°
4. 立春——危16°　　　10. 立夏——畢12°
5. 啓蟄——室14°　　　11. 小滿——井 1°
6. 雨水——奎 5°　　　12. 芒種——井16°

13. 夏至——井31°	19. 秋分——角10°
14. 小暑——柳 9°	20. 寒露——氐 5°
15. 大暑——張 3°	21. 霜降——房 5°
16. 立秋——張18°	22. 立冬——尾10°
17. 處暑——翼15°	23. 小雪——箕 7°
18. 白露——軫12°	24. 大雪——斗12°

　　由此可知自雨水至立夏皆在震乾當爻之下一度；自小滿至小暑皆在兌離當爻之下二度；自大暑至秋分皆在離巽當爻之下三度；自寒露至小雪皆在坤艮當爻之下四度；大雪則在艮中爻之下五度。以此爲準，歲終加入斗餘五度，冬至周而復始，八卦二十四爻之能事畢矣。㉝

　　（三）　八卦與干支紀日

　　甲乙丙丁戊己庚辛壬癸謂之十干。子丑寅卯辰巳午未申酉戌亥謂之十二支。中國用以紀日，由來久矣。干支配合，凡六十日成一甲子週期。

　　八卦常數三百六十，以配合干支，恰是六周甲子。兩爻首尾十六度，相間爲用，日干皆同，以卦之三爻爲例，上爻甲，中爻必己，初爻亦甲，推之二十四爻，莫不如此。非僅甲己之相互關係而已，即乙庚、丙辛、丁壬、戊癸亦然。故以卦爻記日，乃最簡捷之法則。二十四爻，平均之，每四爻即得六十日。首四爻之干支確立，則相繼各四爻之干支即重複不變矣。試以艮初爻爲曆元冬至甲子，則震上爻，乾中爻，兌初爻，巽上爻，坤中爻亦是甲子。凡相對卦爻之干支，莫不相同。故知艮初爻冬至爲何日，而以八卦統御之，則一歲之日，便瞭如指掌矣。

㉝ 古曆啓蟄先，雨水後，穀雨先，清明後，三統曆仍如是。漢避景帝諱，啓蟄改稱驚蟄。

艮　　坤　　巽　　離　　兌　　乾　　震　　坎　　艮

▐▌　▐▌　▐▌　▐▌　▐▌　▐▌　▐▌　▐▌　▐▌

己己甲己甲己甲己甲己甲己甲·己甲己甲己甲己甲己甲
巳酉午卯子酉午卯子酉午卯子酉午卯子酉午卯子

　　觀於上表，非徒天干甲己相互易，而地支亦子午卯酉相間為用。惟歲終有變，增斗餘五度，故第二冬至非復甲子而為己巳。順而推之則變為己甲己甲之排列，而地支亦變為巳申亥寅之相配。第三冬至甲戌，第四冬至己卯，此四年之冬至，皆逢單年甲，雙年己。第五冬至非甲申而為乙酉，因第四年終積斗餘小分須多增一日之故。如是則卦爻成乙庚乙庚相間為用。依此類推，則自第九冬至起，丙辛相間，第十三冬至起丁壬相間，第十七冬至起戊癸相間，理皆同也。詳見附後之八卦曆譜。

　　蠱卦言「先甲三日，後甲三日。」巽九五言「先庚三日，後庚三日吉。」革卦言「己日乃孚；」其六二爻言己日乃革之。」損初九言「己事遄往无咎。」大畜初九言「有厲利己。」凡此甲、庚與己皆涉天干紀日問題，然而學者莫能知也。

　　以節氣言，如坤初六「履霜堅冰至」，乃自霜降至立冬。如小畜卦辭「密雲不雨」，乃指穀雨；其上九「既雨既處」，乃指乾上爻穀雨，巽上爻處暑。如夬九三「君子夬夬，獨行遇雨」，亦指穀雨。如睽上九「往遇雨則吉，」乃指雨水。如小過六五「密雲不雨」，亦指雨水。如井九五「井冽寒泉食」，言坎為大寒。如節卦之名即取義於節氣。如訟九二之象傳：「自下訟上，患至掇也」，此至字乃指冬至。以上數例，皆涉及節氣，且可証明雨水後於驚蟄，穀雨先於清明，乃古曆之次第無誤。

　　陽曆節氣與星度合，但陰曆以朔為主，必有參差，其與

星度關係，年年不同，今特編曆譜一章，以八卦二十四爻總攝之。按爻探曆，按曆究辭，昭然若揭矣。繫辭傳曰：「君子所安者，易之序也；所樂而玩者，爻之辭也。」又曰：「極其數遂定天下之象。」又曰：「易之爲書也，原始要終以爲質也；六爻相雜，唯其時物也。」八卦曆譜即是易之序，即是極其數，即是原始要終以爲質，而所探索者即四時之變象也。

（戊）　周易冬至用牛宿初度

星紀之次起南斗十二度，終須女七度，包括大雪冬至兩節氣，故艮之初爻爲牛宿初度，乃冬至點。周易之冬至，是否爲牽牛初度，實爲一極重要之問題。逸周書周月解：「惟一月既南至，日月俱起於牽牛之初，是謂日月權輿。」尚書考靈曜曰：「日月首甲子冬至，日月星俱起牽牛初。」周髀算經亦謂日夏至在東井，冬至在牽牛；而立二十八宿以周天曆度之法，亦用牽牛之初臨子之中。諸書之作雖皆出於秦漢之際，然其說必有所本。余試以牽牛初爲曆元而推驗卦爻，其象無不吻合，此誠一大發現也。

左傳僖公五年有一記載：「正月辛亥朔，日南至。」是年八月甲午，晉侯圍上陽。卜偃以童謠推斷謂克之當在九十月之交。卜偃曰：「丙子旦，日在尾，月在策，鶉火中，必是時也。」是年冬十二月（即夏曆十月）丙子朔，晉滅虢。此一完整記錄，有日月干支，有星次，有節氣可証，其冬至亦在牽牛初度。周正月辛亥朔冬至入壬子部第四章，入朔在卯正。夏曆六七兩月連大皆三十日，十月初一恰是丙子。自牽牛初度推計之，丙子入尾宿十六度。丑正入朔，故丙子旦月在策星，當尾之終度也。如左傳所記爲當時實錄，則牽牛初度冬至乃公元前六五五年之曆紀矣。

今之冬至點入尾宿終度，自牽牛初度節氣西移約三十七度，以歲差七十一年合一度計之，則牽牛初度冬至之測定，約距今二千六百餘年，正當春秋初葉無誤。

但天文學家朱文鑫推算，認為此乃測定於戰國初期。朱氏說：「今牛宿第一星在赤經三百四度十二分四十九秒半強，今冬至在赤經二百七十一度五十二分四十八秒弱（一九二六年），相差三十二度十九分五十七秒。以歲差七十一年又八月一度計之，約距今二千三百餘年，周烈王時也。」[34]朱氏依西方星圖以三百六十度為周天，故自牽牛初度退至箕宿初度為赤經三十二度餘。惟中國分天周為三百六十五度強，自牽牛初度退至箕宿初度，中經南斗二十六度強及箕宿十一度共有三十七度強。中國之分度，一日一度，數與天合；西方之分度，少斗餘五度強，數與天不合，但與八卦所定之常數同。失此差異五度以計歲差即減少三百五十餘年矣。且牽牛初冬至若測定於戰國初期，則僖公五年之冬至當在牽牛六度，而十月丙子朔在箕宿三度而非尾宿十六度，月更不得在策星矣。故我於朱氏之說不無疑焉。

春秋時已知冬至日在牛初度，及五霸之終，疇人子弟分散，史官喪紀，曆象失修，古人又不知歲差之理，自後遂沿用之。故呂氏春秋，淮南子，周書，周髀及緯書之月令節氣皆相似，而無何變更。直至漢太初改曆，始重加測定，漢書律曆志曰：「十一月甲子朔旦冬至，日月在建星。」宋祁曰：「建星在斗後十三度，在牽牛前十一度。」[35]是建星之範圍不過四度，節氣西移，至少十一度，則牽牛初度之冬至在公元前八百餘歲矣。自太初迄今兩千七十餘年，節氣退二十九度。今冬至入尾宿終度，則太初冬至必在南斗十九

[34] 朱文鑫天文考古錄

[35] 漢書律曆志王先謙補注引

度也。不計斗餘，南斗爲二十一度，故朱文鑫謂冬至牛初度在公元前三百餘年。若計斗餘，南斗爲二十六度，則太初前五百七十年之冬至在牛宿初度，必是春秋時矣。

漢人不知歲差，仍以古曆冬至牛初度爲準，明明實測冬至在建星，而鄧平造太初曆，劉歆造三統曆反用星紀之中次。三統曰，「數起牽牛」，失實甚矣。東漢永元元年（公元八九年）賈逵論曆謂冬至不及太初五度，日在斗二十一度又四分之一。但自永元迄今不過一千九百年，而歲差自斗二十一度退至尾宿終度爲三十二度，約合兩千三百年，豈非絕大矛盾。故知賈逵之論亦不可信。永元元年之冬至當在南斗十六度。

易經以牛初度爲冬至，當艮之初爻，可於卦爻辭証之。
(甲)謙之卦辭曰：「亨，君子有終。」亨即艮初爻交子正。冬至爲一歲之終始，故君子有終。象曰：「卑而不可踰，君子之終也，」正是說明歲終於艮初爻之前。初六爻象曰：「謙謙，君子卑以自牧也。」此一牧字亦指牛宿而言。
(乙)革初九曰：「鞏用黃牛之革。」革爲治曆明時之卦，而牛初度正是曆首，故云云。
(丙)遯六二曰：「執之用黃牛之革。」即指艮初爻牛宿而言。
(丁)離之卦辭曰：「亨，畜牝牛吉。」即艮之初爻交子正，與謙卦同。
(戊)艮象傳訓艮爲止，曰：「時止則止，時行則行」，又曰：「艮其止、止其所也。」皆指艮初爻爲一歲之終始而言。

由此觀之，牛初度爲周之歲首冬至而當於艮之初爻，復何疑乎？彼說卦以坤爲牛，漢儒或以離爲牛，皆虛妄者也。

此一牛字關係於易之體用，極為重要，故詳論之。惟易又以甲子為曆元，若僖公五年之辛亥冬至日在牽牛初度，則甲子曆元不可能在牽牛。故知周易作者乃以牛初度建曆法，並非紀日之實錄，蓋不知有歲差故也。

（己）　陽爻用九陰爻用六

卦爻以九、六為誌，原因何在，自來未得其解。孔穎達謂有二說。一曰「乾體有三畫，坤體有六畫，陽得兼陰，故其數九，陰不得兼陽，故其數六。」一曰：「老陽數九，老陰數六，老陰老陽皆變，周易以變者為占，故稱九稱六。」由前之說，乃視卦畫之形而臆測之，蓋陽爻一畫三等分之，去其中段即成陰爻也。故曰陽得兼陰。然此三陽爻合為九，三陰爻合為六，與九六之爻誌，有何關乎？且此僅就乾坤而言耳，若六子之卦，則合三爻只能有七或八，不可能有九與六矣。由後之說則用揲蓍之數。揲蓍有七九六八，術家以九六為老陽老陰，七八為少陽少陰，誌蓍數而已，無他義也。周易以變為占，謂遇蓍數九六之爻變，七八之爻則不變也。卦爻之九六，與占用九六，性質不同，蓋先有卦爻而後揲蓍為占，非卦爻之九六因揲蓍而得也。毛奇齡曰：「揲蓍者占卦之事，老少八九者動靜之分耳。占變不指爻位，言爻位則老少之說不可為訓。」(36) 然則此二說皆不可信者也。即孔穎達亦無所適從，故曰：「易含萬象，所託多途，義或然也。」陰陽只是對稱之名，或指晝夜，或指日月，或指節氣，語本簡單，何以有老少之分？此一玄理，不見於繫辭，亦不見於漢儒之說，大概起於六朝之際。唐崔憬以乾為老陽，其數九，震為長陽，其數七，坎為中陽，其數五；艮為少陽，其數三；坤為老陰，其數六；巽為長陰，其數八；離為中

---

(36) 毛奇齡仲氏易。

56

陰，其數十；兌爲少陰，其數二。⑶⑺ 是以乾坤六子之八卦配合陰陽，故有老長中少之分也。梁張譏以「七爲少陽，八爲少陰，質而不變，爲爻之本體；九爲老陽，六爲老陰，文而從變，故爲爻之別名。」⑶⑻ 但何以七八質而不變，九六文而從變？何以爻別不用質而必用文？皆不可思議之玄理，而強爲之說者也。及宋邵雍創伏羲次序，以一分爲二曰陰陽，二分爲四曰四象。四象即太陽⚌，少陰⚏，少陽⚎，太陰⚍。⑶⑼ 此一虛構，更是傅會，蓋二分四分，其母體仍是一，非可於母體之外，另列爻畫者也。且一卦三爻，八卦二十四爻，乃相連而成一環，亦非於三橫綫上而各八等分之也。抑第三橫綫八等分之始成八卦，則第二綫上之四象復成何義？總觀上述三說，可見陰陽老少，只是任意取義，或以爲卦別，或以爲爻別，或以爲卦序圖，非有一定之準則者也。

卦爻九六之誌既與揲蓍之數無關，則必自有其因；余讀周髀算經，乃恍然有悟，蓋從方圓原理而來也。天圓地方，圓方面積有一定之比例，外圓內方之值爲三比二，故曰參天兩地而倚數。試以十二時爲直徑，則方數爲一百四十四，內切圓爲一百零八，外切圓爲內切圓之一倍，即二百十六也。天包地，故二百十六爲天數，一百四十四爲地數。八卦二十四爻，陰陽合半，以當半圓半方之數，則陽爻得九，陰爻得六矣。半圓之數一百零八，即內切圓也。半方之數七十二，即內切圓內之方也。周髀方圓之法曰：「萬物周事而方圓用焉，大匠用制而規矩設焉，或毀方而爲圓，或破圓以爲方，方中而圓者謂之圓方，圓中爲方者謂之方圓。」爻誌用九六之數蓋運用此一原理而得。外圓內方之比爲三與二，其值不

⑶⑺ 李鼎祚周易集解，繫辭傳大衍之數。
⑶⑻ 孔穎達周易正義——乾卦疏。
⑶⑼ 朱熹周易本義伏羲八卦次序圖。

變，小之爲三比二，大之可以無窮。蓋二百十六與一百四十四，一百零八與七十二，二十七與十八，九與六，其比值皆是三與二。故以圓象天，其數三，以方象地，其數兩。參天兩地之說，出於圓方面積之比例，義本簡單，而學者多曲解，如馬融王肅以一、三、五爲三天，二、四爲兩地，如朱熹以三爲圓周，二爲方四圍之半當之，皆是胡湊者也。

天圓地方，天三地二，乃以數值爲別，故卦爻用九六，亦源於圓方之比例。然既用之爲爻誌，則符號而已，非可以演數。倘或加以演數，則六十四卦中，一陽五陰與一陰五陽之卦各有六，其數皆三十九與五十一；二陽四陰與二陰四陽之卦各十五，其數皆四十二與四十八；三陽三陰之卦二十，其數皆四十五；加乾六陽五十四，坤六陰三十六，總爲二千八百八十。似此，則同數之卦固無所區別，其總和之數復含何義耶？雖絞盡腦汁，亦無從索解矣。故曰九六誌爻只是符號，不可以演算。

圓方者圖也，天覆半圓，地載平方，圓則動，方則靜，言其性之不同，故以圓方象之。此非以地之形體爲方，不可誤解。古之渾天說者謂天包地如雞卵，地是卵黃，(40) 則地形亦圓，義固顯然。曾子曰：「天道曰圓，地道曰方，如地之果方，則是四角之不掩也，」(41) 可見方圓指天地之道而言，而方非地之形，曾子早已知之矣。

卦 位 第 六

八卦是圖，所以誌天象。天象者星也。日月運行，右旋於星際，於是有十二次之分。然星左旋一晝夜一周，生生不

---

(40) 晉書天文志：葛洪引渾天儀注云：「天如雞子，地如雞中黃，孤居於天內。」
又王蕃曰：「前儒舊說天地之體狀如鳥卵，天包地外，猶殼之裏黃。」
(41) 見大戴記曾子天圓篇。

息，並非固定，於是有十二辰之時位以範圍之。十二次者星紀，元枵，娵訾，降婁，大梁，實沈，鶉首，鶉火，鶉尾，壽星，大火，析木是也。十二辰者子丑寅卯辰巳午未申酉戌亥是也。星次右旋即反時鐘方向排列，辰位左旋排列，故元枵在子，娵訾在亥，降婁在戌，大梁在酉，實沈在申，鶉首在未，鶉火在午，鶉尾在巳，壽星在辰，大火在卯，析木在寅，星紀在丑，乃固有之列位。時位不變而星次運行，一周而復原，即天道也。以圖表之，則有方位。子北午南，卯東酉西，四正位也。丑寅東北，辰巳東南，未申西南，戌亥西北，四維位也。繫辭傳曰：「易與天地準，故能彌綸天地之道，仰以觀於天文，俯以察於地理，是故知幽明之故。」又曰：「天地設位而易行乎其中矣。」所謂天地之道，天地設位，即十二次與十二辰之相互關係，而八卦有以準之也。

八卦之圖既以彌綸天地之道，則其二十四爻必相聯貫而象周天，決不可橫畫而使八卦各自孤立。故傳統之卦圖，只可作裝飾圖案，而實有悖於易理者也。總二十四爻相聯，以代表天，則兩爻爲一星次；以代表地，則兩爻爲一時辰。參閱附圖（Ⅰ）與（Ⅱ）即可瞭然。

八卦環繞一周，即天赤道經星之次，其圓心即北極。十二辰者太空之靜位，非環繞地平之實際八方位也。天如覆冪，地平之中上值天頂，天頂非必北極星。以洛陽爲地中，則北極星高出正北地平三十六度，天赤道傾處正南三十六度。以新嘉坡爲地中，則北極星適當正北地平，而天頂之星即天赤道也。故易之八方，乃卦圖之位，非關地平。自酉正而子正而卯正，皆天之半在地下，惟卯酉爲地平之東西兩端而已。試爲簡圖示意如次：

　　由左圖可見卦圖以北極爲中，則其周爲橫斜之赤道圈。十二辰之定位即沿此赤道圈而爲之，非沿地平圈而列位也。因赤道綫通過地平之東西二端，故卯酉點即當地平而爲日月星出沒之分際，然子北午南則與地平之位無關矣。方位者以我爲主，我面南而背北，則我之左爲東，我之右爲西，反之面北而背南，則右東而左西矣。卦圖之位亦由於此。使圖午上子下，而我向午觀之，即左東而右西。使圖子上午下，而我向子觀之，即左西而右東。然覆我者天之半，自卯至酉，可別東西，自酉至卯，天在地下，則無所謂西東。我方之西日落，即彼方之東日出，其理一也。故卦言東北西南，乃卦圖之位，非天地之實位。天與地應，關係有常，但人所居之地不同，則天頂無常，是以天象亦異。八卦圖者放之四海而皆準，故不得不以北極爲中心。若天頂是北極，則八卦方位始與地平之方位相當，不然，則須推想而得之，非可視卦位即爲我所居地上之八方也。

　　天有十二次，地有十二時，而卦只有八者，蓋每卦三爻故也。周天平分之爲寒暑，一陰一陽之義，故十二月大寒，六月大暑，是子午綫也。四分之爲四時，即加畫卯酉綫也，故西北爲春，西南爲夏，東南爲秋，東北爲冬。八分之爲分至啓閉之八節，即於四正綫之外又畫四維綫也。故西北爲立春春分，西南爲立夏夏至，東南爲立秋秋分，東北爲立冬冬至。就時位言則卯酉爲晝夜之分，子午爲夜半日中之分，四維爲丑寅，辰巳，未申，戌亥之交際。以八卦配合之，則每卦之中爻適當四正四維之綫。故繫辭傳曰，「易有大極，是生兩儀，兩儀生四象，四象生八卦。」大極者大圓之中即北

極也。一分爲二，二分爲四，四分爲八，四正四維之緣，皆通過中極而平均之，於是佈八卦於其圓周而成易圖焉。兩儀爲陰陽，即晝夜之分，四象爲四方之星即左青龍，右白虎，前朱雀，後玄武。八卦則兼十二星次二十八宿，而散佈於八方。兩儀四象八卦，分之又分，其實皆同一周天也。八卦配合十二次，而又使卦之中爻當四正四隅，惟有二十四爻始可得之，故每卦只能有三爻。卦爻之誌僅有不斷與中斷之奇耦二式。若就兩儀之陰爻十二陽爻十二而分爲八卦，則四陰卦四陽卦皆同式而無以爲別。於是復從三陰卦，各變其一爻爲陽，三陽卦各變其一爻爲陰，所餘之純陽純陰三爻不變者即乾坤也。陽儀居南，陰儀居北，變之則陽北而陰南矣。故一索爲長男之震，長女之巽；再索爲中男之坎，中女之離；三索爲少男之艮，少女之兌。索者陽索之於陰卦，陰索之於陽卦，相反相成者也。乾坤生六子，其自然之序，左旋環列，當爲乾一，震二，坎三，艮四，坤五，巽六，離七，兌八。一與五，二與六，三與七，四與八，位皆相對。若坎北離南，則必乾西坤東，震西北，巽東南，艮東北，兌西南矣。正確之卦位，理當如此。

　　宋邵雍取說卦傳之位，稱曰文王後天卦位圖，又取道士陳搏之說而創一伏羲先天卦位圖，如次：

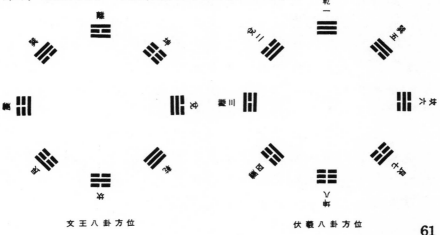

文王八卦方位　　　　　　　　伏羲八卦方位

卦者所以準天道，不可能有異體，其一是，其一必非。邵雍以說卦爲孔子所作，不敢揚棄，而又自創一新體，欲同存之，故有伏羲先天文王後天之謬說。先天渾沌未鑿，有何象之可觀，更何有伏羲其人耶？畫卦者相傳是伏羲，然則文王豈可亂其次序而另定後天之位耶？凡此皆說之難通者也。

說卦傳出於漢宣帝時，乃河內女子所獻之僞篇，其內容雜亂無章，而卦位之說，誤人尤甚。震東方，巽東南，離南方，乾西北，坎北方，艮東北，惟坤不言方位，而以兌爲正秋，推之則坤西南，兌西方也。此即邵雍之後天方位圖矣。其誤有三：一曰失相對位之義，二曰失乾坤生六子之序，三曰以左旋之時位爲月令則違天。相對位之義，在易之體系中極爲重要。「天地定位，山澤通氣，雷風相薄，水火不相射，八卦相錯，」即取相對卦位爲體，說卦原已言之，本是不錯。然又出一矛盾之說，使乾與巽，坤與艮，震與兌相對，則大錯矣。若說卦作於一人，決不能自相牴牾至此。可見此乃掠集當時術士之異說而成，抑或僞中之僞，後人有所增益者也。震東兌西坎北離南，即孟喜京房卦氣值日說之四方伯卦。又易緯之八卦方位亦與說卦同。易緯出於成哀之際，蓋本孟京之說者也。由此可知說卦之卦位必孟京之徒所爲無疑，此宜辨明者一。乾坤生六子，有一定之自然次序，今以乾坎艮震爲序，則長子後於少子矣；以巽離坤兌爲序，則母雜於中女少女之間矣。是長幼母女皆不得其位而顛倒也。其誤明甚，此宜辨明者二。以兌爲正秋而位於西方，則取時位酉爲八月也。於是乾居戌亥爲九月十月，坎居正北子爲十一月，艮居東北丑寅爲十二月正月，震居東卯爲二月，巽居東南辰巳爲三月四月，離居南午爲五月，坤居西南未申爲六月七月，是以左旋之十二辰紀月令，亦漢儒之荒謬術數而與天道相反者也。月令以日所處之星次爲準，其行右旋，

故東方星次大火，其宿氐、房、心、尾，乃九月而非二月；西方星次大梁，其宿胃、昴、畢，乃三月而非八月。呂氏春秋曰：「季秋之月，日在房，季春之月，日在胃。」然則以兌居西方而稱為正秋，能有當乎？

古時以干支紀日，非以紀月。以十二辰為月建者始於漢，蓋用黃昏斗柄所指之時位為月名也。淮南子天文訓曰：「帝張四維，運之以斗，月徙一辰，復反其所，正月指寅，十二月指丑，一歲而匝，終而復始。」史記天官書曰：「以昏建者杓。」每月之日皆在酉，黃昏而北斗見，其杓指何方，轉移有常，故以辰建月。然杓之所指，除八月外，皆非日之所在。易經以日月之位為準，無斗建之法則，故漢儒用十二辰說易，乃絕大錯誤。此孟京十二辟卦，鄭玄爻辰說之所以荒謬也。說卦傳之卦位以兌西為正秋亦然。

先天圖取相對卦之義，較為合理，然其誤亦在所列之位與序不當。以乾坤列南北，離坎列東西，則乾為鶉火，坤為元枵，離為大火，坎為大梁，非易義也。南方火北方水，離為火為明，為朱鳥，坎為水為險為靈龜，必位分南北，乃確定者，觀於大象以重坎為水洊至，以重離為明兩作，即可知矣。南北者午子之位，日中夜半之分，東西者卯酉之位，晨昏之界，故坎離以中爻別之。卦準天象，天象流動不居，乾坤坎離若為星次，只要次序不錯，列在任何方皆可。然定位之始，必以星次配合子午卯酉之位為則，不可亂者也。故先天圖之卦位，若左旋九十度佈之，即大致不誤。以卦序言，先天圖之四正乾坤坎離及四維之艮兌皆是，惟震巽失當，蓋以長子之震，列於坤母離中女之間，以長女之巽列於乾父坎中男之間，聚不類，序不倫，其失亦明甚。若震巽互易即得之矣。其所以如此序列者，蓋道士陳搏之太極圖取陰陽二氣互相消長之義故也。純陰之後一陽生，故以震繼坤；純陽之

後一陰生，故以巽繼乾。陳摶之太極圖作白黑同互之狀以象陰陽二氣之消息，如下：

陽極於午而陰生，陰極於子而陽生，夏至冬至之象也。以爻畫之陰陽配氣，故純乾居午而純坤居子。陽交於卯，陰交於酉，春秋分之象，故離東坎西而陰陽在對過之中，蓋道士主修鍊，取坎離中爻水火相濟之義也。震一陽二陰，巽一陰二陽，故取其初爻爲陽生陰生，遂不得不列之於乾坤之後。兌亦一陰二陽，艮亦一陽二陰，故取其上爻爲陰消陽消，遂一先於乾一先於坤。其陰陽二氣之同互，形皆左旋，似亦頗持之有故，然以附會八卦則非易義也。八卦原只代表星次，爲日月本行之疇範，其道右旋，非左旋，八卦有分至啓閉之節氣，非道士修鍊之陰陽二氣。節氣見諸時令，信而有徵，道士之陰陽則玄虛者也。語曰：道不同不相與謀，以修鍊吐納之術，取巧以配八卦，徒附會而已，故其卦位皆與易之宗旨違背。陳摶以此太極圖傳於种放，种放授穆修，穆修授李之才，而邵雍則得之於李氏，於是又附會大極兩儀四象八卦之說，作小橫圖，以爲先天圖之根源，其迂誣更甚。

邵雍觀物外篇曰：「大極既分，兩儀立矣；陽下交於陰，陰上交於陽，四象生矣；陽交於陰，陰交於陽而生天之四象，剛交於柔，柔交於剛而生地之四象，於是八卦成矣」。此即一分爲二，二分爲四，四分爲八，而一陰一陽相間以爲圖，初視之似亦自然有序，然細按之，則無理極矣。

所謂分者當在一橫綫內爲之，非可於綫外又加綫而分者也。邵雍以第四綫分爲八卦，而實則須同時劃分兩儀與四象二綫亦爲八段，始能成卦，則所謂兩儀四象者復何存乎？故胡渭辨之曰：「希夷太極圖作白黑同互之

伏羲八卦次序

8 7 6 5 4 3 2 1

八卦
四象
兩儀
太極

兩儀——陰陽
四象——太陰少陽，少陰大陽
八卦——坤艮坎巽震離兌乾

狀，涵兩儀四象八卦，皆子在母中。譬如歲時，一歲本一氣，具析之而爲寒暑，則二氣矣；又析之而爲春夏秋冬，則四氣矣；又析之而爲分至啓閉則八節矣。皆一分爲二，子在母中者也。至康節變爲橫圖，則兩儀四象八卦皆子在母外。初畫爲儀，中畫爲象，終畫爲卦，而大極一畫更居其先，是猶一歲之外，別有寒暑，寒暑之外別有四時，四時之外別有八節也。其謬不已甚乎？」[42]

　　邵氏之小橫圖，始乾終坤爲右行，謂之逆數，乃未生之卦；自坤至乾爲左行，謂之順數，乃已生之卦。及其構爲先天圓圖，則中裁之而以巽接乾，於是自乾至震右行爲逆，與小橫圖之序同，而自巽至坤反其道而左旋，亦爲逆矣。其術矛盾不通，竟至於此。故胡渭曰：「邵子小橫圖用加一倍法以爲伏羲八卦之次序，誤矣。而又推之於方位，以自震至乾爲順，自巽至坤爲逆，且喻之以左旋右行。夫天之與日月五星也，左則俱左，右則俱右，豈有左右各半之理乎」？又曰：「康節先天之學，其病全在小橫圖，蓋八卦之次序既乖，則其論方位亦誤，六十四卦之方位更不待言矣」。邵雍之小橫圖必須裁斷之以構成圓圖方位者，乃求卦位相對而合於陳摶之太極圖故也。不然，則乾與巽、坤與震對稱矣。

(42) 胡渭易圖明辨

65

總之，先天圖後天圖之卦位，皆是錯誤。卦位錯誤，則易所寄之天象失序，圖自爲圖，不足以解易。此卦辭爻辭之旨，所以陷於沉晦，而曲說所以繁滋也。故探賾索隱，首在明位。說卦傳或後天圖之坎離艮巽，位皆得正，依相對原理，則震當居西北，兌當居西南。所遺乾坤二卦，孰東孰西，須加斟酌。繫辭傳曰：「乾坤其易之門邪」？「乾陽物也，坤陰物也」。又曰：乾坤其易之縕邪，乾坤成列而易立乎其中矣」，又曰：「闔戶謂之坤，闢戶謂之乾，一闔一闢謂之變。」夫卯酉之位，非日月星出沒之門戶耶？乾當大梁之次，坤當大火之次，一爲三月，一爲九月，春啓秋閉，春陽秋陰，非坤闔乾闢，乾陽物坤陰物之義耶？由此觀之，則乾位必在酉，坤位必在卯無疑。卯酉之地，日月星所出沒，人人所知，故繫辭傳曰：「乾以易知，坤以簡能，易則易知，簡則易從。」乾之必爲大梁，坤之必爲大火者，由乾坤二卦之辭而知之也。坤曰「牝馬之貞」，夫大火星次之中房宿，房又名天駟，星屬陰，非牝馬邪？坤初六曰：「履霜堅冰至」。履霜非九月霜降之時耶？霜降之終，節入立冬，淮南子時則訓，呂氏春秋及禮記月令皆曰：「孟冬之月，水始冰，地始凍，」非堅冰至之義耶？然則坤爲大火，爲九月時令，可無疑矣。坤如此，則相對之乾自是大梁三月也。乾九三曰：「君子終日乾乾，夕惕若」，非黃昏之時邪？黃昏日終於酉而西落，則乾之時位爲酉，亦無疑也。乾西位於酉，則其相對之坤，自是東位於卯矣。故以八卦配合星次，以星次配合十二辰定圖位，當爲乾西坤東，震西北，巽東南，坎北離南，艮東北，兌西南，才是正確無誤。

　　星宿與時位之關係，淮南子天文訓中有圖可証。但節氣決於日躔，從星次右旋分度，不可從十二辰左旋。漢儒及緯書之說，皆從十二辰時位，魏伯陽陳摶等道家之說亦然，邵

雍之說本於陳摶，自不例外，一脈相承，皆是悖天，而卒無
指其謬者，異哉！始作俑者，孟喜京房，可以斷言。清儒復
興漢易，惠棟張惠言爬梳殘闕，厥功甚偉，然亦不知其非，
而流於佞漢則過矣。茲將張惠言所作之二圖附後，以見一
班。(43)

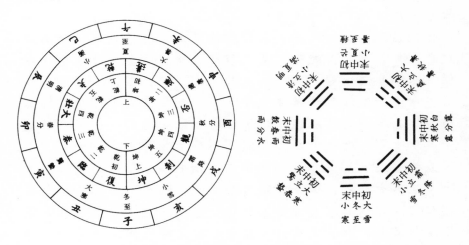

第一圖為十二月消息卦，節氣從時位左旋，取相對之義，虞
翻所謂旁通者也。第二圖依易緯通卦驗，以節氣配八卦，亦
左旋；然坤與乾不相對，即不旁通矣。從第一圖則乾為芒
種，坤為大雪；從第二圖則坤為立秋，乾為立冬；其乖戾如
此，果何所取則耶？又當子位坎之星次元枵為虛危二宿，乃
堯典之冬至日在虛，亦非易經時代所應有。由此可知漢儒之
卦位，皆向壁虛構，隨意為之。既悖天道，則用以解易，未
有不謬者矣。

(43) 張惠言周易虞氏消息，載清經解。

體 用 第 七

（甲） 別內外體

　　八卦只有二十四爻，以象周天，故繫辭傳曰：「八卦成列，象在其中矣。」既已成列，則三爻之八卦必互相銜接，構成一環，而包絡十二星次，可以無疑。故其爻皆應豎畫，以合天經而非天緯。今之卦圖作橫畫者，乃拆開八卦而孤立之也。如此則八卦相連，其三畫即成爲天緯矣。邵雍之小橫圖，未明此理，是以大誤。八卦成列，其序如何，繫傳未詳言。余既辨明說卦傳及先天圖之非，而定序爲乾震坎艮坤巽離兌，左旋排列，以與十二辰配合，則此序列既爲星次又爲十二辰，乃定體也。然天象流行不居，並非固定。十二次之星左旋一周，始成畫夜，亦即八卦相率而各歷十二辰位也。十二辰爲太虛之靜位，以誌大地晝夜之時間，十二次爲天象之動體，以誌星宿之分際，一動一靜相互爲用而變化有則可知矣。於是有六爻之重卦，而十二次左旋一周，遂得六十四卦。繫辭傳曰：「因而重之，爻在其中矣」，即是說明此一法則。惟繫傳過於簡約，語意甚晦，不易瞭解耳。上文「八卦成列，象在其中矣」，此一其字爲列字之代詞可無疑。爻在其中之其字固何所指耶？蓋指「因而重之」之另一八卦體系也。爻指成列託象之八卦二十四爻而言。託象之列自是星次，則所重之另一列系必爲時位之誌，決不可能又成一「象在其中」之卦列而致象與象相重也。凡相重之物必有兩而且同樣方可。譬如幾何之圖，兩個同圓之形相疊，視之若一，則謂之重。墨子亦曾爲重字下一定義：「二名一實，重、同也」。卦各三爻，大小相同，若乾叠於坎上，乾爲星次大梁，坎爲時位子，重之，是二名一實也。若乾叠於乾，則大梁在酉，是同名同實，更不必言矣。余於此重字覺悟重卦之

理，乃知八卦具有二體，一爲星次，一爲時位。繫辭傳繼曰：「剛柔相推，變在其中矣。」剛柔爲晝夜之象，日自卯正至酉正爲晝，自酉正至卯正爲夜。剛爲日，柔爲星月，則所謂相推者即代表星象之八卦左旋轉移也。晝夜有時，所謂變在其中者非即時位之中歟？爻在其中，變在其中兩語皆指所重之八卦而言。

因爲繫傳之語隱晦，學者莫得其旨。韓康伯之註，孔穎達之疏，皆空洞敷衍，莫知所云。韓氏曰：「夫八卦備天下之理，而未極其變，故因而重之以象其動用，擬諸形容以明治亂之宜，觀其所應，以著適時之功，則爻卦之義，所存各異，故爻在其中矣。」八卦各三爻，重卦各六爻，一未極其變，一象其動用，所存各異，第以卦形言之耳。然六爻乃卦之次序，非重也，六爻果在何物之中耶？孔穎達曰：「因此八卦之象而更重之，萬物之爻在其所重之中矣，然象亦有爻，爻亦有象，所以象獨在卦，爻獨在重者，卦則爻少而象多，重則爻多而象少，故在卦舉象，在爻論重也。」夫卦分爲爻，象在卦與在爻固有何別耶？何以爻獨在重而不在卦耶？三畫之卦爻少，何以象反多耶？重卦六畫爻多，何以象反少耶？真是不通之極，直如夢囈也。又其疏韓注曰：「此云備天下之理，擬其用也。言八卦大略有八，以備天下大象大理，大者既備，小者亦備矣。直是不變之備，未是變之備也，故云未極其變。故因而重之以象其動用也。云則爻卦之義所存各異者謂爻之所存，存乎已變之義，因而重之，爻在其中是也。卦之所存，存乎未變之義，八卦成列象在其中是也。」夫象在其中之義，即象在未變之卦中，可也。謂爻在其中之義即爻在已變之爻中，成何語耶？且象寄於卦即寄於三爻也。爻變動即象變動，豈有爻已變而象不變之理？故此種牽強注疏，皆由未明重卦之旨而然。重卦有內外體之別者，

外體爲時位，內體爲星次，兩體皆不出八卦之範圍，而含義不同。內體星次所重者在外體下之時位卦，惟不見而已。外體上所重者即內體前之星次卦，亦不見而已。如此參差相配，始盡錯綜之義，故立六爻之制以爲用。若八卦星次與八卦時位相掩，總不出二十四爻，即無法可見其變而明其用矣。此內外體六爻精義之所寄，惜乎二千年來竟無人能曉之！

　　天象渾成，八卦以準天，動則俱動，非一卦動而他卦不動，或一爻動而他爻不動，亦非一卦單獨左旋一周，然後他卦依次如之。朱熹依據邵雍之先天大圓圖而作註曰：「因而重之謂各因一卦而以八卦次第加之爲六十四也；爻、六爻也，既重而後卦有六爻也。」其誤即在不明內外體之含義。所因之一卦即內體之卦，以八卦次第加之即外體之卦。此所因之一卦究有何義，朱子無說。如是則八卦內體同者拼爲一組，佔周天八分一之位，八組構成大圓圖，而所用八卦之序即其先天八卦圖也。夫先天八卦圖乃二十四爻成一周天，今以構成大圓圖卻變成周天八分之一，有是理耶？內體之八卦亦應相接爲一周，今八個內體同卦拼成一起，是卦與卦間皆隔八，寧有是理耶？且因一卦而次第加之，則前卦已過，後卦隨來，過者入於他位，安得仍保原位？今內體之卦不變者八，是外體之八卦同時同位也，有是理耶？邵雍之先天大圓圖乃中裂其大橫圖而成，其荒謬恰與小橫圖所構之八卦方位同，朱熹依此虛構無理之圖以爲註，宜乎於六十四卦內外體之作用意義茫然也。

（乙）　六十四卦之體系

　　六十四卦乃不同時間之產品。八卦星次二十四爻左旋於八卦時位二十四爻，每遍時位一卦，即得八個六爻卦，蓋前卦進，後卦繼故也。此卦左旋一週得八個六爻卦，他卦亦然。故八八六十四者，乃八組不同時之周天星象，非可以六

十四卦結成一大環者也。今西方星圖，每月有一圖，即是此理。因爲每月之中星不同，不可能將一年十二月之中星象萃於一圖而表明之。故六十四卦即是八組星圖。爲説明卦位及重卦體用起見，余作三圖列於篇首，第一圖八卦配合時位，第二圖八卦配合星次，第三圖爲重卦以示八卦天運之意。惟十二次重於十二辰，則無法誌別，不得已將星次列於內圈。取內圈之一卦加於外圈相當之時位卦上，則其上之時位卦即爲重卦之外體。如此錯綜爲用即得八個重卦成一周天之星圖。外圈之位不動，內圈依次左旋之，理亦相同。此天運圖乃乾重於乾，震重於震，坎重於坎，艮重於艮，坤重於坤，巽重於巽，離重於離，兌重於兌，以內體爲星次，外體爲時位視之，即包括第二組八個重卦在內。天左旋，依不變之時位運行，茲以八純卦爲首序列之。卦應相連，豎其爻，則右卦之內體即與左卦之外體相重矣。

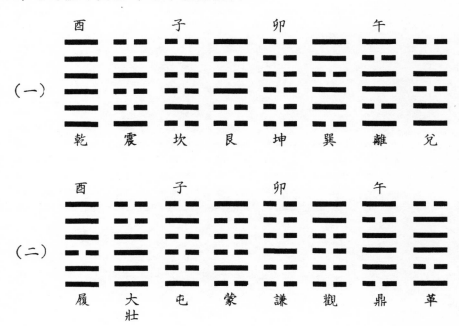

（一）

西　　　子　　　卯　　　午

乾　震　坎　艮　坤　巽　離　兌

（二）

西　　　子　　　卯　　　午

履　大壯　屯　蒙　謙　觀　鼎　革

71

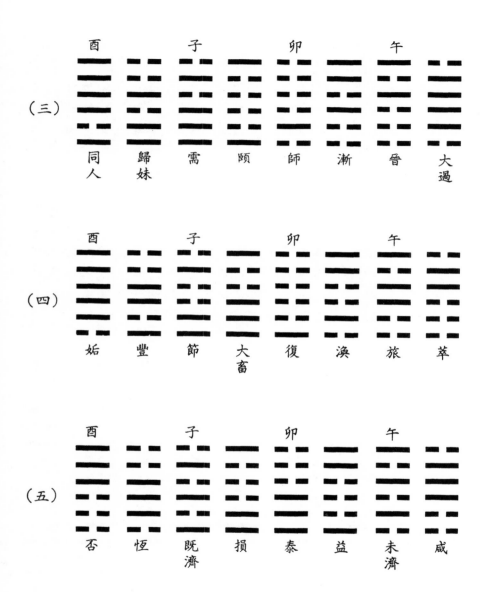

（三）　酉　　　子　　　卯　　　午

同人　歸妹　需　頤　師　漸　晉　大過

（四）　酉　　　子　　　卯　　　午

姤　豐　節　大畜　復　渙　旅　萃

（五）　酉　　　子　　　卯　　　午

否　恆　既濟　損　泰　益　未濟　咸

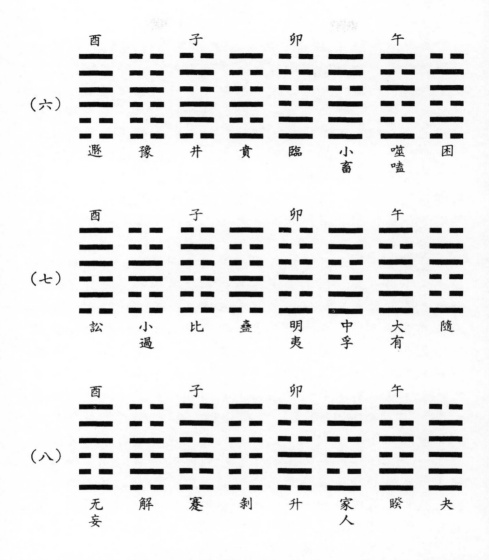

（六）

酉　子　卯　午

遯　豫　井　賁　臨　小畜　噬嗑　困

（七）

酉　子　卯　午

訟　小過　比　蠱　明夷　中孚　大有　隨

（八）

酉　子　卯　午

无妄　解　蹇　剝　升　家人　睽　夬

　　繫辭傳：「形而上者謂之道，形而下者謂之器，化而裁之謂之變，推而行之謂之通，」即說明上列八組卦之體用。形而上，指卦之外體而言。外體時位不變，天體左旋之所歷，故謂之道。形而下指卦之內體而言。內體星次，日月本

行右旋之所依據，故謂之器。無此道即無以別晝夜，無此器即無以節四時。變者四時也。察日在何星次即可知節氣之變，故曰化而裁之。通者十二辰也。察日所在之星次左旋抵於何辰，即可知時間之會通，故曰推而行之。卦之內體自第一組至第八組，終而復始，即推而行之也。繫傳之辭原來簡單，惟學者不知重卦之體用，遂不得不以玄虛之理解之矣。

　　本書之編制，用此八組卦爲序，惟因八卦乃易之根本，故以八純卦爲第一組，取終而復始之義也。天體渾然，如環無端，以任何組列第一皆可，只要八組相互卦之次第不亂，皆無礙者也。

　　原書上下經之卦序採反對卦兩兩排列，但乾坤坎離頤大過中孚小過八卦反覆不衰，遂不得不改用相對卦排列，故其體例並不一致。反對爲序並非有何蘊義，蓋卦以準則天象，天象豈可顛倒邪？察當時編書者之用意，無非使學子便於記憶而已。上經三十卦，下經三十四卦，其實凌亂無序，後儒以爲文王所作，又篤信序卦傳之陋說，抑若其中包含深奧之玄理者，蓋未解重卦之體用故也。明朝來矣鮮，沈思易理三十年，從此卦序中鑽研，於是發明二義，謂反對卦爲綜，相對卦爲錯，綜者文王後天卦，錯者伏羲先天卦[44]。夫錯綜者，易之變化也，以一卦六爻，內外體交錯以見其變謂之錯，就八卦相推，總合周天之變謂之綜。相對之卦乃綜而非錯，反對之卦既非錯，更非綜。繫辭傳：「錯綜其數」，孔疏曰：「錯謂交錯，綜謂總聚」。然則相對者安得交錯？反對者安得總聚？且陰陽卦爻左右互換若可謂之錯，則上下倒換何獨不然。錯之與綜，豈因左右高低而別？來氏之說雖巧而實迂曲也。

---

(44) 來氏著周易集註云：「錯者交錯對待之名，陽左而陰右，陰左而陽右也。綜者高低織綜之名，陽上而陰下，陰上而陽下也。」

（丙）　爻變

　　易以變爲宗而變則視爻之動以爲斷。卦有內外體之別，內星次，外時位，即所以示變動也。不然，則六爻定形，只是靜體，何足以見其動而變耶？一動一靜，變象乃見，譬如競走，舉步而路固不動，始得歷程也。時位靜，星次動，時位虛，星次實，虛實交錯，由下而上，此爻變之義也。故繫辭傳曰：「爻也者言乎變者也」。又曰：「爻也者效天下之動者也。」又曰：「六爻相雜，惟其時物也。」交錯謂之雜，辰位謂之時，星次謂之物。然則六爻爲時與物交錯以效動，其用宏矣。

　　六爻之外體爲未來時位，內體星次所處者爲現在之時，若內體上移，三交於四於五而終於上，其動不過三爻，歷時不過一時半，未足以見六爻之變，故六爻之動必兼過去之時而從其初爻之來處起算。例如屯卦，外體坎時位爲子，六四子初，九五子正，上六丑初，則知內體震現時所處之位爲初九戌正，六二亥初，六三亥正。就過去言，震必自酉來無疑，故初爻之動，乃自酉初抵於酉正，二爻之動乃自戌初抵於戌正，三爻之動乃自亥初抵於亥正而成現時之卦位也。於是續行，逐爻上移，皆以三爲主。觀此全部時間之歷程，由過去而現在而未來，實即三由戌正始而終於上也，故繫辭傳曰：「六爻之動，三極之道也」。三指第三爻而言，極爲動詞，即終於上也。學者不知爻之動象而以虛妄之說作解，謂三極爲三才，誤矣。現時未來之爻位易知，逐爻計算即得，惟初爻之動，基於過去，其象隱晦。故繫辭傳曰：「其初難知，其上易知，本末也；初辭擬之，卒成之終」。初爻之動，乃卦之起點，故爲本，上爻乃動之終，故爲末。起始之時出於六爻之外，難知，是以初爻之辭須加擬定也。此爻變之原則，極爲重要，倘或不解，則對其初難知一語，便茫然

矣。每卦內體星次三爻所歷之時皆經三個時辰，即佔一日中四分一之時間，以空間言即轉移九十度也。得其爻位，則周天之星次，以比例求之，可瞭如指掌矣。

八卦二十四爻成列，準周天之渾象，故卦序不可亂。爻位有常規，動則全動，前者進，後者繼，潛移黙運，不失二繩四鈎之則，[45] 和之至也。故其動非一爻之獨往，其變非爻畫之互換，理固顯然。然而漢儒創卦變之說，虞翻用「之正旁通，」荀爽取「陰陽升降，」上下爻竟可易位，相對卦竟可往來，蓋只見爻畫分陰陽而不知爻畫所代表者爲何物也。夫陰陽爻畫，所以記時位，別星體，符號而已，使陰爻而日居之當畫，陽爻而月臨之當夜，則孰陰孰陽耶？陰陽之義配日月，剛柔者畫夜之象，繫辭傳已明言之矣，與爻誌之陰陽固不相與者也。八卦既成列，象在其中，則此卦有此象，彼卦有彼象，此爻有此象，彼爻有彼象，方各以類聚，物各以羣分，豈可相瀆？或舍此而取彼，或揭彼以就此，是摘朱雀以替玄武，牽羝羊以易黃牛也。漢儒之卦變，亂象毀列，故繁雜悠謬，莫可究詰，王輔嗣譏爲僞說滋漫，非無由也。

卦變之說，乃誤解彖傳剛柔上下往來之語而成。彖傳之剛柔，有時指卦體卦爻，有時指日月，而且以指日月而言者爲多。例如賁卦辭曰：「賁亨，小利有攸往。」彖傳釋之曰：「賁亨，柔來而文剛，故亨分；剛上而文柔，故小利有攸往」。亨是子正之位，內體離之中爻所居，子正爲今日終，明日始，故曰亨分。離中爻柔而日居之，所以說柔來而文剛。亨之相對午正位爲利貞，偏東未至南正仍是利。小即月，月在對過偏東，故曰小利有攸往。離之相對卦爲坎，坎中爻剛而月居之，所以說剛上而文柔。上是動詞，與往同義。柔來於亨，剛往由利，相對爻義也。至文剛文柔，彖傳

---

(45) 淮南子天文訓謂「子午、卯酉爲二繩，丑寅、辰巳、未申、戌亥爲四鈎。」

76

謂之天文。外體之艮謂之人文。天文者日月星也。人文者時位，人所定之文，乃虛設者也。此一卦辭乃說明日在離中爻爲六月十五日之終十六日之始，正是望也。虞翻不知此義謂「泰上之乾二，乾二之坤上，柔來文剛，陰陽交，故亨。」是泰卦之九二爻與上六爻互易乃成賁也。又曰：「小謂五，五失正，動得位，體離，以剛文柔，故小利有攸往。」是以賁卦之六五爻與上九爻互易而成既濟也。夫卦辭爲賁卦而言耳，何與於泰與既濟哉？且以「文」字作動詞，以互體成離，然則以剛文柔，而小之五前往，則與象傳之「剛上而文柔」，豈非相反？其說之牽強無理，一至於此。卦有一定之天象，泰九二之星豈可越三爻而揭往於上六？蓋僅從爻畫之陰陽上變換，而不知爻畫所代表者爲何物故也。凡以爻畫互易爲卦變之說，不管其取義於陰陽升降、旁通或錯綜，皆失之，不足取。

四 德 第 八

（甲） 元亨利貞

元亨利貞謂之四德，此四字在易經中極爲重要，除觀、晉、睽、井、姤、艮六卦外，幾乎無卦不見。或用一字，或用二字，或用三字，而四字全用者有乾坤屯臨隨革无妄等七卦。一般讀法有四分與二分之說。四分者以爲四德，二分者元亨與利貞，各成兩義也。其源皆出於乾文言。乾文言取魯穆姜之語以釋乾，謂之四德。後又曰乾元者始而亨者也，利貞者性情也，於是以亨貞爲主而元利爲從，乃成二分矣。（王念孫謂乾元下當脫亨字）。

自漢以來對此四字之訓詁，頗多紛歧：

1. 子夏易傳：「元、始也；亨、通也；利、和也；貞、正也」。

2. 王弼釋元亨爲大通。

3. 何妥注文言：「利、裁成也，貞、信也」。

4. 虞翻注屯曰：「坎二之初，剛柔交震，故元亨，之初得正，故利貞」。是以卦變「之貞」爲說，此四字皆指初爻。

5. 程頤易傳：「元者萬物之始，亨者萬物之長，利者萬物之遂，貞者萬物之成……故元專爲善大，利主於貞固，亨貞之體，各稱其事，四德之義，廣矣大矣。」

6. 朱熹本義：「元、大也；亨、通也；利、宜也；貞、正而固也。文王……言其占當得大通而必利在貞固。」又謂象傳之四德則孔子之意，「雖其文義有非文王之舊，各以其意求之，則並行而不悖也。」

　　故元有始大二義，亨有通、長二義，利有和、宜、遂、裁成四義，貞有正、信、成、正固四義，要皆惑於四分二分之異讀，不得其旨而從文字訓詁求其通順也。觀於程傳增辭發揮，既列四德，又以亨貞爲體，強加牽合，作文章而已。朱氏則以卦辭與象傳之義不同，蓋此四字非專用於乾，而象傳則只釋乾故也。

　　近人因甲骨文有貞卜之體例，遂以爲貞是占問義，卜辭貞之于龜，卦辭貞之於蓍。「元亨與利貞應分兩讀，元與利皆副詞，貞是動詞」。此李鏡池之說也。(46) 又有訓亨爲享，以元亨爲大享，而以利貞爲利占問者，則高亨之說也。高氏曰：「元、大也；亨即享祀之享；利即利益之利；貞即貞卜之貞也。」(47)

　　從文字訓詁言，諸家之說皆能持之有故，是非正難定。但問題不在文字訓詁而在其作用。何以元亨利貞在卦辭中，有用一字者，有用二字者，有用三字者，有用四字者，其別

---

(46) 李鏡池周易筮辭考，載古史辨第三冊上編。

(47) 高亨周易古經通說：元亨利貞解。

如何，則莫能言之矣。竊以爲此四字乃周易體系中之專門術語，所以記時位，符號而已，非可囿於字義而即能得其解者也。蓋卦爻所言者天象，天象變動不居，茫茫宇宙，果安所適從耶？於是創此元亨利貞四字以爲疇範，以誌日月星辰所處之時位焉。故此四符號用以定象限，乃四正子午卯酉之分際也。元者起於酉正終於子正，亨者起於子正終於卯正，利者起於卯正終於午正，貞者起於午正終於酉正。四分言之爲時區，二分言之則元亨爲子正之點，利貞爲午正之點，亨利爲卯正之點，貞元爲酉正之點。卦位視此四字作準，或日在此而月在彼，或月在此而日在彼，錯綜以明之，則不失矣。亨爲子正，一日之始，貞爲午正，中星所取則，故此二字所見特多。卯正日出星沒，酉正日落星見，其位亦頗重要。其以酉正爲元者，蓋觀象主黃昏故也。其以乾居酉坤居卯者，蓋十二次與十二辰相配合，作爲定體，不得不然者也。古人治曆明時，晝測日影，夜考中星，皆以南正爲準，此貞之所以爲正也。一日之終始，此亨之所以爲通也。日西沒，星東出，夜以繼晝，此元之所以爲始，利之所以爲和也。明其體用，則子夏傳獨得其旨，諸家之說皆失之臆測矣。

元亨利貞之順序，乃時位左旋排列，固定不變。倘或反而爲誌，則指星次所處之位，即日或月進退之行徑。然爲例不多，如比與萃九五之元永貞，需之貞吉利涉大川，大畜先言利貞後言利涉大川，大過先言利有攸往終言亨等等是也。相對位在易之體系中具有重要意義，元與利，亨與貞皆對稱者也。凡言亨，利貞皆日過子正月在南正。凡附有小字者皆指月所處之位而言。如賁之「亨，小利」；遯之「亨、小利貞」；既濟之「亨小，利貞」是也。賁之離位在亨，乃日抵子正而特言小利者謂月不及南正也。遯之艮在貞而言小利貞者謂月在艮由利而過南正，非日之所處也。既濟在亨而言小

者，乃月在此而日在南正由利而貞也。遯與既濟之卦辭同爲亨小利貞四字而讀不同，其故即在於此。若由文字訓詁而求其義，未有不陷於困惑者矣。故此四字之作用，無非定位而已。每卦之時位不同，讀法往往異別，要視卦辭爻辭及象傳之義而定，非可執一而論。乾、隨、无妄三卦之內體皆由元始而終於貞，環繞一周，故元亨利貞當四分讀之。坤始於元而亨而利，復其本位，然後續行，其中星房駟抵南正，故曰元、亨、利、牝馬之貞，亦四分讀之。其所以與乾象小有別者，蓋利乃坤中爻牝馬之本位故也。屯之震中爻終於元亨而月不及南正，故應元亨讀斷，而利貞勿用爲句，不可四分相連。臨與革則二分讀之，以相對爲義，即日在元亨之子正，月在南正之利貞也。

　　總計六十四卦，言元者十三卦又十一爻，言亨者四十卦而爻只有三，可見亨位之重要。言利者二十八卦而利貞往往相連。此外言利有攸往者七卦又三爻，言不利有攸往者二卦，言利涉大川者七卦又二爻，言不利涉大川者一卦，言利見大人者四卦又三爻，言无不利者十三爻，言无攸利者二卦又八爻。如許紛煩，要皆利不出於卯正至午正之範圍，而不利或无攸利則不在其間也。所謂利涉大川者天河在東南方，日或月涉之也。所謂利見大人者，月見於東也。執此以爲準繩而探索爻辭，莫不得之矣。言貞者三十二卦，又貞吉三十爻，安貞吉一爻，永貞吉二爻，居貞吉二爻，貞大人吉，貞丈人吉各一爻，而貞凶僅有十爻，可見貞吉多於貞凶。其吉凶之分別在未申之間，蓋貞者午正至酉正之時區，日月入申則邅留不久，乃凶象也。

　　卦只言元亨者有蠱、大有及升三卦；只言亨利者有噬嗑同人二卦；只言利貞者有大畜、大壯、明夷、家人、漸、中孚六卦。只用一字者亨有謙、小畜、泰、坎、震、豐六卦，

利有豫一卦，貞有師、頤二卦，而元獨缺如無單舉之者，蓋黃昏之位爲易之主體故也。震豐皆在元而言亨，豫亦在元而言利，師頤皆在亨而言貞，蓋日在此而月在彼，或錯綜卦位以見義也。

元亨利貞之位，視卦之外體以爲準。凡外體乾，其中爻爲元之起點。凡外體坎，其中爻爲亨之起點。凡外體坤，其中爻爲利之起點。凡外體離，其中爻爲貞之起點。此外體四正之定點也。至於外體爲四維卦者則震屬元，艮屬亨，巽屬利，兌屬貞。時位固定不變，故觀外體即可知內體之星次所處者在何位也。卦辭爻辭以此四字爲指標，依其指標以觀象玩辭，即瞭然無遺矣。

（乙）　厲

元亨利貞四字之外，尚有厲、悔、吝三字亦爲專門術語，用以誌爻位之特變而與曆數有關。學者不知其爲符號，惟從文字訓詁求義，疏矣。

厲訓爲危本於乾文言，夬之象傳，及震六五艮九三之象傳。然厲字見於爻辭者二十六爻而見於卦辭者只一夬卦。[48] 其中或言厲吉，或言貞厲，或言厲无咎，若其義果爲危，則危反吉，貞正反危，危反无咎，有是理乎？因無是理，故象傳僅於震艮之兩爻言之，而於其他二十四爻則絕不以危爲訓也。至於文言則增辭以釋乾九三之厲无咎，曰：「雖危无咎矣」。增此一雖字才說得通耳。至於夬之象傳曰：「孚號有厲，其危乃光也」。此一危字乃指危宿而言。其危乃光謂月

---

(48) 厲：卦辭一，夬。爻辭十八——震六二，六五。遯初六，九三。艮九三。小過九四。既濟上六。大畜初九。乾九三。兌九五。復六三。睽九四。漸初六。姤九三。家人九三。晉上九。蠱初六。頤上九。

貞厲，爻辭八——噬嗑六五。晉九四。革九三。小畜上九。旅九三。履九五。大壯九三。訟六三。

在危宿，非義訓也。若危險乃光明，還成何語那？

　　屬者兩卦間之位也。八卦連之有二十四個空間，分離之則有八個空間消失。如果曆數不當爻而落入於兩卦之間，又何以明之？故創此屬字爲誌，則不亂也。凡初爻之下，三四爻之間，或三爻之前皆謂之屬。日月之行度，自上而下，落於兩卦之間，則其極限不得過十四度。此八個屬位，以節令言，極爲重要，蓋四立四仲之所託也。坎震之間爲立春，震乾之間爲春分，乾兌之間爲立夏，兌離之間爲夏至，離巽之間爲立秋，巽坤之間爲秋分，坤艮之間爲立冬，艮坎之間爲冬至。乾九三曰「屬无咎」，即謂爻前十四度屬春分，日落於酉正不誤也。

　　卦辭總斷卦體，不限於一爻，而屬則限於爻，此所以屬字多見於爻辭也。統計二十六爻之屬，與初爻有關者四，與三爻有關者十，與四爻有關者三，與五爻有關者四，與上爻有關者四。凡四、五、上爲時位，皆三之所加，故知屬在三爻之前者佔最多數。其以二爻而言屬者只有震之六二，蓋亦連帶而舉六三以前之曆數而已。由其爻辭可以知之。「震來、屬。億！喪貝，躋于九陵。勿逐，七日得。」喪貝于九陵，謂下弦月在艮，七日得謂月來會日也。震六二第三年之曆數爲二月初九日，六三爲正月二十四日，屬則二十三日下弦月抵艮之上爻也。又七日月終，則得月於日前七度。此爻辭之義也。由此觀之，屬字只是術語，不可訓爲危，就其功用而言，當含橫過絕渡之義，猶詩衞風之「深則屬」也。或讀爲連，猶連山氏亦作屬山氏也。

　　又貞屬之義與單用一屬字者不同。屬指兩卦間之星次，而貞屬則兩卦間之時位，範圍較小而固定。貞者自午正至酉正之時位，故貞屬只限兩個時位，即一在離兌之間爲未初至未正，一在兌乾之間爲申正至酉初也。凡日或月在此時位內

則以貞屬明之。

（丙）　悔吝

　　繫辭傳曰：「悔吝、憂虞之象也」。又曰：「悔吝者言乎其小疵也」。又曰：「憂悔吝者存乎介」。又曰：「震无咎者存乎悔」。此小疵固何所指耶？悔與吝之小疵，有何別耶？自來未有明釋，義仍茫然。

　　說文：「悔、恨也」。吝亦作遴，說文：「遴、行難也」。又說卦以坤為吝嗇。以字義言，悔吝皆不至於凶，故非占辭。此亦術語，乃象數之標誌。悔者過也。吝者不及也。曆數不當爻，或稍前，或稍後，則用悔吝以辨之。曆數自上而下計之，故過爻為悔，不及爻為吝。惟離爻甚近，相差無幾，故曰小疵。曆數者日之行度，或誌月位，義亦準此。　節氣自震中爻及初爻始，皆不當爻。而震落在爻下一度，一為二月節雨水，一為二月中春分。故繫辭傳舉震以為例，曰：「震无咎者存乎悔，」言曆數過爻乃正確無誤也。節氣過爻最多不過五度，即艮中爻之下乃大雪之所在。此即悔之所以為小疵也。若日行過爻而得節氣之正則為悔亡，蓋本有悔，得之始悔亡也。

　　悔吝多用於爻辭，見於卦辭者惟一革卦，言悔亡而已。爻言悔者二，有悔者四，无悔者七，悔亡者十八，共三十一爻。言吝者只有十九爻。悔多於吝者，蓋以節氣言，除坎卦外，幾無一不過爻，故悔字大都以誌日，而吝則多以誌月。因此，悔之疇範多不出於本爻，而吝則不限於本卦，蓋日行一度，月行十三度，晦朔弦望，位各不同故也。

　　以時位言，則自下而上計之，過爻為悔，不及爻為吝，適與星度相反。故乾上九曰，亢龍有悔。亢為星，只能左旋順進，不能倒退，其時亢宿已過辰初之位，是以有悔，因悔

吝就星次與時位言，適相反，最易混亂，故玩辭之際，務須慎思而明辨之，始可無失。大抵遇內體之爻而言悔吝者吝前而悔後，遇外體之爻則反之，悔前而吝後，然亦非可一概論也。

（丁） 吉凶

易之用，所以決疑，占吉凶。繫辭傳曰：「吉凶者、失得之象也」。又曰：「天垂象、見吉凶」。又曰：「極數知來之謂占」。可見卦爻辭所言之吉凶乃本乎天象，而占之則據於曆數。若不知曆數則無從見象，又何能斷吉凶之兆耶？

六十四卦言吉者二十三，言凶者五。三百八十四爻言吉者一百二十一，言凶者五十七。吉多凶少，其故何耶？蓋象限之位得多而失少耳。日月之位，過午至酉有凶象，自酉至午皆吉，換言之，元亨利多吉，惟貞有凶也。爻辭有十四爻言元吉，大都指日在酉正。爻辭絕無言元凶或亨利凶者，惟貞有吉有凶。卦辭言貞吉六，爻辭言貞吉三十，而貞凶則僅十爻。繫辭傳曰：「吉凶者貞勝者也」，其別固安在耶？凡日月之位當南正者曰貞吉，過西南維者曰貞凶，換言之，自午正至申初為吉，過申初則凶象也。凡卦不在貞之時區而舉貞吉或貞凶者皆指月而言。(49)

其次曰朔吉，乃月之初一日，若朔而言凶，則有日食之

---

(49) 1. 元吉——鼎卦，損卦，坤六五，訟九五，履上九，泰六五，復初九，離六二，大畜六四，損六五，井上六，益初九及九五，渙六四。

　　2. 大吉——井初六，鼎上九，萃九四。

　　3. 貞吉——屯九五，需九五，訟九四，履九二，比六二及六四，豫六二，隨初九，臨初九，噬嗑九四，賁九三，頤六五，咸九四，革上六，升六五，姤初六，益六二，損上九，解九二，家人六二，大壯九二及九四，遯九五，巽九五，否初六，謙六二，晉初六及六二，未濟九二及六五。
　　　　又坤，需，師，頤，蹇，旅六卦。

　　4. 貞凶——屯九五，師六五，隨九四，頤六三，剝初六及六二，恆初六，巽上九，節上六，中孚上九。

虞也。又弦望之月多吉，殘月或月食則凶。月抵中天皆貞吉，蓋昏上弦，旦下弦，夜半望也。

其次月入坎次或坎位爲凶。坎者玄枵之次，危虛星之所在，取耗險之義焉。故坎之初六爻辭曰，入於坎陷凶。

總之，吉凶之象，大略不出上列三項因素，依曆數按之，莫不信而有徵。

（戊）　孚、无咎。

孚與无咎，經文中常見之。孚者信也。與无咎之義相似，然其用稍有別。无咎指曆數正確而言，孚或有孚則日或月所處之位信然也。日在此，月在彼，或日在彼月在此，有相互之關係，於是以孚字明之。曆數當爻或在爻之前後，由爻辭可推而知其无咎也。繫辭傳曰：「无咎者善補過也」。此乃就節氣而言，與悔亡同義，因爲節氣多過爻，補救之始無所失耳。

總計經用孚字者卦辭六，爻辭二十四；用无咎者卦辭八，爻辭八十五。但夬初六言「咎」，萃九五言「匪孚，」晉初六言「罔孚，」只有三例而已。試以晉初六爲例解之，即可知其義也。其辭曰：「晉如摧如！貞吉罔孚，裕无咎。」初六之位在卯正，曆數爲九月廿一日，其下四度廿五日交立冬。立冬卯正時日未出，尚可見月之行，然已甚虧矣，故曰晉如摧如。自廿一至廿三，月皆在貞，而廿三之下弦月應在南正，今廿五日則非，故貞吉罔孚。罔孚者象位不信也。但益二日交立冬則得其曆數，故曰裕、无咎。由此觀之，則孚指月位而言，无咎指曆數而言也明矣。

以上元亨利貞悔吝屬吉凶孚无咎十二字爲全部易經之骨幹，皆有特殊意義。倘不能了解，僅從文字訓詁，必不能通經，雖注疏文章可觀，無非浮辭而已。余今揭發其旨，則易理實頗淺近，人人可懂，非復神奇矣。

八 卦 曆 譜

古曆一歲三百六十五日又 $\frac{235}{940}$ 分，乃以九百四十分爲日法。分爲二十四節氣，每節氣平均得十五日又 $\frac{7}{32}$ 分，一月兩節氣共三十日又 $\frac{7}{16}$ 分，此陽曆也。又每月爲二十九日又 $\frac{499}{940}$ 分，故月有大小，大月三十日，小月廿九日，皆以餘分入朔。一年十二月得三百五十四日又 $\frac{348}{940}$ 分，此陰曆也。陰陽合曆，年終有餘十日又 $\frac{827}{940}$ 分，置閏以調整之，三年一閏，或五年再閏，十九年共七閏，而陰陽曆數同盡，但非整日而仍有畸零之時。故十九年爲一章，四章爲一蔀，凡七十六年置二十八閏，日月餘分始同盡焉。周以甲子日冬至夜半入朔爲歲首。一章之終，至朔齊同，但非夜半，一蔀之終，至朔始同在子正。故章蔀爲古時治曆之要則。

一章之內，日行十九周，月行二百五十四周，以比例求之，卽十九日內日行十九度，月行二百五十四度，故一日之內，月行十三度又 $\frac{7}{19}$ 分，淮南子天文訓已言之矣。(1)

古時置閏必在歲終，自漢太初改曆始以無中氣之月置閏。漢書曆律志曰：朔不得中謂之閏月。大率歷三十二月置一閏，故首章之三年閏九月，六年閏六月，九年閏三月，十一年閏十一月，十四年閏八月，十七年閏四月，十九年閏十二月焉。然此非易經時代之曆法也。(2)

八卦二十四爻當三百六十度爲常數，每爻得十五度。以計陽曆則氣盈五度又四分之一，以計陰曆則朔虛五度又 $\frac{592}{940}$，盈虛合計共十度又 $\frac{827}{940}$ 分。故八卦一周之終須加入五度餘計算之，始不至於違天。周天星次右旋分度，非依時位左旋，由上而下數之，乃日躔之本行。漢以干支紀月，依黃昏斗柄建辰之法則，非每月之日所處之星次，故以爻辰釋卦，於理大悖。

艮之初爻當牽牛初度，乃冬至點，爲周之歲首，其位極爲重要。此由艮卦謙卦之辭及象傳可以証之。遜六二言「執之用黃牛之革」，革初九言「鞏用黃牛之革」，卽指艮之初爻爲牛宿初度。曆元甲子朔旦冬至，乃易經之曆體，此於蠱卦之先甲後甲，巽卦之先庚後庚，革卦之己日乃孚等語可按証者也。

易經以天象爲主，而象本於數。不知數則無以明象，不知象則無以玩辭。今特訂定首蔀首章十九年之曆譜，配以八卦二十四爻，藉供極深研幾之助。庶幾按爻索數以求象，則辭旨可得而不陷於玄虛。易經所用之曆數，無過十三年者，有此首章之譜卽足資應用矣。

---

(1) 天文訓曰：月、日行十三度七十六分度之二十八。

(2) 左傳文元年孔穎達疏云：古曆十九年爲一章，章有七閏。入章三年閏九月，六年閏六月，九年閏三月，十一年閏十一月，十四年閏八月，十七年閏四月。

甲子蔀甲子章

第一年　周冬至正月夜半朔甲子，日在牛初度。

正　月	小	一分入朔	甲子	
二　月	大	五〇〇分入朔	癸巳	
三　月	小	五九分入朔	癸亥	
四　月	大	五五八分入朔	壬辰	
五　月	小	一一七分入朔	壬戌	
六　月	大	六一六分入朔	辛卯	
七　月	小	一七五分入朔	辛酉	
八　月	大	六七四分入朔	庚寅	
九　月	小	二三三分入朔	庚申	
十　月	大	七三二分入朔	己丑	
十一月	小	二九一分入朔	己未	
十二月	大	七九〇分入朔	戊子	

十二月共三五四日，餘分入次年正月朔。

日法九四〇分，凡入朔餘分過四四一分之月爲大月三十日，不及者爲小月廿九日。

甲子篇云：「大餘五十四，小餘三百四十八」，故第二年正月朔爲戊午。

艮　━　━
　　━　━
　　━　━甲子冬至，正月初一日
　　━　━己卯小寒，正月十六日
坎　━━━甲午大寒，二月初二日
　　━　━己酉立春，二月十七日
　　━　━甲子啓蟄，三月初二日
震　━　━己卯三月十七日，雨水十八日庚辰
　　━━━甲午四月初三日，春分初四日乙未
　　━━━己酉四月十八日，穀雨十九日庚戌
乾　━━━甲子五月初三日，清明初四日乙丑
　　━　━己卯五月十八日，立夏十九日庚辰
　　━　━甲午六月初四日，小滿初六日丙申
兌　━━━己酉六月十九日，芒種廿一日辛亥
　　━━━甲子七月初四日，夏至初六日丙寅
　　━　━己卯七月十九日，小暑廿一日辛巳
離　━　━甲午八月初五日，大暑初八日丁酉
　　━━━己酉八月二十日，立秋廿三日壬子
　　━━━甲子九月初五日，處暑初八日丁卯
巽　━━━己卯九月二十日，白露廿三日壬午
　　━　━甲午十月初六日，秋分初九日丁酉
　　━　━己酉十月廿一日，寒露廿五日癸丑
坤　━　━甲子十一月初六日，霜降初十日戊辰
　　━　━己卯十一月廿一日，立冬廿五日癸未
　　━━━甲午十二月初七日，小雪十一日戊戌
艮　━　━己酉十二月廿二日，大雪廿七日甲寅
　　━　━己巳正月十二日，冬至

甲子篇云：「大餘五，小餘八」，故第二冬至爲己巳。自冬至迄冬至共三百六十六日，艮初爻前加斗餘五度，故非復甲子而爲己巳。由此譜，則節氣朔望與爻之關系即一目瞭然矣。

古曆啓蟄先雨水後，穀雨先清明後，與今不同。又漢爲景帝諱，啓蟄改作驚蟄。

第二年　冬至正月十二日己巳。

正　月　小　三四九分入朔　戊午
二　月　大　八四八分入朔　丁亥
三　月　小　四〇七分入朔　丁巳
四　月　大　九〇六分入朔　丙戌
五　月　大　四六五分入朔　丙辰
六　月　小　二四分入朔　丙戌
七　月　大　五二三分入朔　乙卯
八　月　小　八二分入朔　乙酉
九　月　大　五八一分入朔　甲寅
十　月　小　一四〇分入朔　甲申
十一月大　六三九分入朔　癸丑
十二月小　一九八分入朔　癸未

十二月共 354 日
甲子篇云：「大餘四十八，小餘六百九十六，」故第三年正月朔爲壬子。

―――
艮　――
　　―― 己巳冬至，正月十二日
　　―― 甲申小寒，正月廿七日
坎　―― 己亥大寒，二月十三日
　　―― 甲寅立春，二月廿八日
　　―― 己巳三月十三日，啓蟄十四日庚午
震　―― 甲申三月廿八日，雨水廿九日乙酉
　　―― 己亥四月十四日，春分十五日庚子
　　―― 甲寅四月廿九日，穀雨三十日乙卯
乾　―― 己巳五月十四日，清明十六日辛未
　　―― 甲申五月廿九日，立夏六月朔丙戌
　　―― 己亥六月十四日，小滿十六日辛丑
兌　―― 甲寅六月廿九日，芒種七月初二丙辰
　　―― 己巳七月十五日，夏至十七日辛未
　　―― 甲申七月三十日，小暑八月三日丁亥
離　―― 己亥八月十五日，大暑十八日壬寅
　　―― 甲寅九月初一日，立秋初四日丁巳
　　―― 己巳九月十六日，處暑十九日壬申
巽　―― 甲申十月初一日，白露初四日丁亥
　　―― 己亥十月十六日，秋分二十日癸卯
　　―― 甲寅十一月初二日，寒露初六日戊午
坤　―― 己巳十一月十七日，霜降廿一日癸酉
　　―― 甲申十二月初二日，立冬初六日戊子
　　―― 己亥十二月十七日，小雪廿二日甲辰
艮　―― 甲寅正月初三日，大雪初八日己未
　　―― 甲戌正月廿三日，冬至。

甲子篇云：「大餘十，小餘十六」，故第三冬至爲甲戌。

第三年　冬至正月廿三日甲戌。

正　月　大　六九七分入朔　壬子
二　月　小　二五六分入朔　壬午
三　月　大　七五五分入朔　辛亥
四　月　小　三一四分入朔　辛巳
五　月　大　八一三分入朔　庚戌
六　月　小　三七二分入朔　庚辰
七　月　大　八七一分入朔　己酉
八　月　小　四三〇分入朔　己卯
閏　月　大　九二九分入朔　戊申
九　月　大　四八八分入朔　戊寅
十　月　小　　四七分入朔　戊申
十一月大　五四六分入朔　丁丑
十二月小　一〇五分入朔　丁未

十三月共三八四日
大餘十二，小餘六百三，故第四年
正月朔爲丙子。

艮　－－　甲寅正月初三日
　　　－－　甲戌冬至，正月廿三日
　　　－－　己丑小寒，二月初八日
坎　－－－　甲辰大寒，二月廿三日
　　　－－　己未三月初九日，立春初十日庚申
　　　－－　甲戌三月廿四日，啓蟄廿五日乙亥
震　－－　己丑四月初九日，雨水初十日庚寅
　　　－－　甲辰四月廿四日，春分廿五日乙巳
　　　－－－　己未五月初十日，穀雨十二日辛酉
乾　－－－　甲戌五月廿五日，清明廿七日丙子
　　　－－－　己丑六月初十日，立夏十二日辛卯
　　　－－　甲辰六月廿五日，小滿廿七日丙午
兌　－－－　己未七月十一日，芒種十三日辛酉
　　　－－－　甲戌七月廿六日，夏至廿九日丁丑
　　　－－　己丑八月十一日，小暑十四日壬辰
離　－－　甲辰八月廿六日，大暑廿九日丁未
　　　－－　己未閏月十二日，立秋十五日壬戌
　　　－－－　甲戌閏月廿七日，處暑九月朔戊寅
巽　－－－　己丑九月十二日，白露十六日癸巳
　　　－－　甲辰九月廿七日，秋分十月朔戊申
　　　－－　己未十月十二日，寒露十六日癸亥
坤　－－　甲戌十月廿七日，霜降十一月初二日戊寅
　　　－－　己丑十一月十三日，立冬十八日甲午
　　　－－－　甲辰十一月廿八日，小雪十二月初三日己酉
艮　－－　己未十二月十三日，大雪十八日甲子
　　　－－　己卯正月初四日，冬至

大餘十五，小餘二
十四，故第四冬至
爲己卯。

89

第四年　冬至正月初四日己卯。

正　月　大　六〇四分入朔　丙子
二　月　小　一六三分入朔　丙午
三　月　大　六六二分入朔　乙亥
四　月　小　二二一分入朔　乙巳
五　月　大　七二〇分入朔　甲戌
六　月　小　二七九分入朔　甲辰
七　月　大　七七八分入朔　癸酉
八　月　小　三三七分入朔　癸卯
九　月　大　八三六分入朔　壬申
十　月　小　三九五分入朔　壬寅
十一月大　八九四分入朔　辛未
十二月大　四五三分入朔　辛丑

十二月共三五五日
大餘七，小餘十一，故第五年正月
朔爲辛未。

艮 ▅ ▅
　 ▅ ▅
　 ▅ ▅　己卯冬至，正月初四日
　 ▅ ▅　甲午小寒，正月十九日
坎 ▅▅▅　己酉二月初四日，大寒 初五日庚戌
　 ▅ ▅　甲子二月十九日，立春二十日乙丑
　 ▅ ▅　己卯三月初五日，啓蟄 初六日庚辰
震 ▅ ▅　甲午三月二十日，雨水廿一日乙未
　 ▅▅▅　己酉四月初五日，春分初七日辛亥
　 ▅ ▅　甲子四月二十日，穀雨廿二日丙寅
乾 ▅▅▅　己卯五月初六日，清明初八日辛巳
　 ▅▅▅　甲午五月廿一日，立夏廿三日丙申
　 ▅ ▅　己酉六月初六日，小滿初八日辛亥
兌 ▅▅▅　甲子六月廿一日，芒種廿四日丁卯
　 ▅▅▅　己卯七月初七日，夏至初十日壬午
　 ▅ ▅　甲午七月廿二日，小暑廿五日丁酉
離 ▅ ▅　己酉八月初七日，大暑初十日壬子
　 ▅▅▅　甲子八月廿二日，立秋廿六日戊辰
　 ▅ ▅　己卯九月初八日，處暑十二日癸未
巽 ▅▅▅　甲午九月廿三日，白露廿七日戊戌
　 ▅ ▅　己酉十月初八日，秋分十二日癸丑
　 ▅ ▅　甲子十月廿三日，寒露廿七日戊辰
坤 ▅ ▅　己卯十一月初九日，霜降十四日甲申
　 ▅ ▅　甲午十一月廿四日，立冬廿九日己亥
　 ▅▅▅　己酉十二月初九日，小雪十四日甲寅
艮 ▅ ▅　甲子十二月廿四日，大雪廿九日己巳
　 ▅▅▅　乙酉正月十五日，冬至

大餘二十一，無小
餘，故第五冬至爲
乙酉。

第四年終，冬至前
加斗餘六度故冬至
日非復己卯而爲乙
酉。

90

第五年　冬至正月十五日乙酉。

正　月　小　　　一二分入朔　辛未
二　月　大　　五一一分入朔　庚子
三　月　小　　七〇分入朔　庚午
四　月　大　五六九分入朔　己亥
五　月　小　一二八分入朔　己巳
六　月　大　六二七分入朔　戊戌
七　月　小　一八六分入朔　戊辰
八　月　大　六八五分入朔　丁酉
九　月　小　二四四分入朔　丁卯
十　月　大　七四三分入朔　丙申
十一月　小　三〇二分入朔　丙寅
十二月　大　八〇一分入朔　乙未

十二月共三五四日
大餘一，小餘三百五十九，故第六年正月朔爲乙丑。

艮　－－
　　－－　乙酉冬至，正月十五日
　　－－　庚子小寒，二月初一日
坎　－－　乙卯大寒，二月十六日
　　－－　庚午立春，三月初一日
　　－－　乙酉啓蟄，三月十六日
震　－－　庚子四月初二日，雨水初三日辛丑
　　－－　乙卯四月十七日，春分十八日丙辰
　　－－　庚午五月初二日，穀雨初三日辛未
乾　－－　乙酉五月十七日，清明十八日丙戌
　　－－　庚子六月初三日，立夏初四日辛丑
　　－－　乙卯六月十八日，小滿二十日丁巳
兌　－－　庚午七月初三日，芒種初五日壬申
　　－－　乙酉七月十八日，夏至二十日丁亥
　　－－　庚子八月初四日，小暑初六日壬寅
離　－－　乙卯八月十九日，大暑廿二日戊午
　　－－　庚午九月初四日，立秋初七日癸酉
　　－－　乙酉九月十九日，處暑廿二日戊子
巽　－－　庚子十月初五日，白露初八日癸卯
　　－－　乙卯十月二十日，秋分廿三日戊午
　　－－　庚午十一月初五日，寒露初九日甲戌
坤　－－　乙酉十一月二十日，霜降廿四日己丑
　　－－　庚子十二月初六日，立冬初十日甲辰
　　－－　乙卯十二月廿一日，小雪廿五日己未
艮　－－　庚午正月初六日，大雪十一日乙亥
　　－－　庚寅正月廿六日，冬至

大餘二十六，小餘八，故第六冬至爲庚寅。

第六年　冬至正月廿六日庚寅。

```
正 月 小　三六〇分入朔　乙丑
二 月 大　八五九分入朔　甲午
三 月 小　四一八分入朔　甲子
四 月 大　九一七分入朔　癸巳
五 月 大　四七六分入朔　癸亥
閏 月 小　　三五分入朔　癸巳
六 月 大　五三四分入朔　壬戌
七 月 小　　九三分入朔　壬辰
八 月 大　五九二分入朔　辛酉
九 月 小　一五一分入朔　辛卯
十 月 大　六五〇分入朔　庚申
十一月 小　二〇九分入朔　庚寅
十二月 大　七〇八分入朔　己未
```

十三月共三八四日
大餘二十五，小餘二百六十六，故
第七年正月朔爲己丑。

```
艮 ▅▅　庚午正月初六日
   ▅▅　庚寅冬至，正月廿六日
   ▅▅　乙巳小寒，二月十二日
坎 ▅▅▅　庚申大寒，二月廿七日
   ▅▅　乙亥立春，三月十二日
   ▅▅　庚寅三月廿七日，啟蟄廿八日辛卯
震 ▅▅　乙巳四月十三日，雨水十四日丙午
   ▅▅▅　庚申四月廿八日，春分廿九日辛酉
   ▅▅　乙亥五月十三日，穀雨十四日丙子
乾 ▅▅▅　庚寅五月廿八日，清明三十日壬辰
   ▅▅▅　乙巳閏月十三日，立夏十五日丁未
   ▅▅　庚申閏月廿八日，小滿六月朔壬戌
兌 ▅▅▅　乙亥六月十四日，芒種十六日丁丑
   ▅▅▅　庚寅六月廿九日，夏至七月朔壬辰
   ▅▅▅　乙巳七月十四日，小暑十七日戊申
離 ▅▅　庚申七月廿九日，大暑八月初三日癸亥
   ▅▅▅　乙亥八月十五日，立秋十八日戊寅
   ▅▅▅　庚寅八月三十日，處暑九月初三日癸巳
巽 ▅▅▅　乙巳九月十五日，白露十八日戊申
   ▅▅　庚申十月月初一日，秋分初五日甲子
   ▅▅　乙亥十月月十六日，寒露二十日己卯
坤 ▅▅　庚寅十一月初一日，霜降初五日甲午
   ▅▅　乙巳十一月十六日，立冬二十日己酉
   ▅▅▅　庚申十二月初二日，小雪初七日乙丑
艮 ▅▅　乙亥十二月十七日，大雪廿二日庚辰
   ▅▅　乙未正月初七日，冬至
```

大餘三十一，小餘
十六，故第九冬至
爲乙未。

第七年　冬至正月初七日乙未。

正 月 小 二六七分入朔 己丑
二 月 大 七六六分入朔 戊午
三 月 小 三二五分入朔 戊子
四 月 大 八二四分入朔 丁巳
五 月 小 三八三分入朔 丁亥
六 月 大 八八二分入朔 丙辰
七 月 小 四四一分入朔 丙戌
八 月 大 九四〇分入朔 乙卯
九 月 大 四九九分入朔 乙酉
十 月 小 五十八分入朔 乙卯
十一月 大 五五七分入朔 甲申
十二月 小 一一六分入朔 甲寅

十二月共三五四日
大餘十九，小餘六百一十四，故第八年正月朔爲癸未。

艮 －－
　　－－ 乙未冬至，正月初七日
　　－－ 庚戌小寒，正月廿二日
坎 ─── 乙丑大寒，二月初八日
　　－－ 庚辰二月廿三日，立春廿四日辛巳
　　－－ 乙未三月初八日，啟蟄初九日丙申
震 －－ 庚戌三月廿三日，雨水廿四日辛亥
　　─── 乙丑四月初九日，春分初十日丙寅
　　─── 庚辰四月廿四日，穀雨廿六日壬午
乾 ─── 乙未五月初九日，清明十一日丁酉
　　─── 庚戌五月廿四日，立夏廿六日壬子
　　－－ 乙丑六月初十日，小滿十二日丁卯
兌 ─── 庚辰六月廿五日，芒種廿七日壬午
　　─── 乙未七月初十日，夏至十三日戊戌
　　─── 庚戌七月廿五日，小暑廿八日癸丑
離 －－ 乙丑八月十一日，大暑十四日戊辰
　　─── 庚辰八月廿六日，立秋廿九日癸未
　　─── 乙未九月十一日，處暑十五日己亥
巽 ─── 庚戌九月廿六日，白露三十日甲寅
　　－－ 乙丑十月十一日，秋分十五日己巳
　　－－ 庚辰十月廿六日，寒露十一月朔甲申
坤 －－ 乙未十一月十二日，霜降十六日己亥
　　－－ 庚戌十一月廿七日，立冬十二月初二日乙卯
　　─── 乙丑十二月十二日，小雪十七日庚午
艮 －－ 庚辰十二月廿七日，大雪正月初三日乙酉
　　－－ 庚子正月十八日，冬至

大餘三十六，小餘二十四，故第八冬至爲庚子。

第八年　冬至正月十八日庚子。

正　月　大　六一五分入朔　癸未
二　月　小　一七四分入朔　癸丑
三　月　大　六七三分入朔　壬午
四　月　小　二三二分入朔　壬子
五　月　大　七三一分入朔　辛巳
六　月　小　二九〇分入朔　辛亥
七　月　大　七八九分入朔　庚辰
八　月　小　三四八分入朔　庚戌
九　月　大　八四七分入朔　己卯
十　月　小　四〇六分入朔　己酉
十一月　大　九〇五分入朔　戊寅
十二月　大　四六四分入朔　戊申

十二月共三五五日
大餘十四，小餘二十二，故第九年
正月爲戊寅。

　　━ ━
艮　━ ━
　　━ ━　庚子多至，正月十八日
　　━ ━　乙卯小寒，二月初三日
坎　━━━　庚午二月十八日，大寒十九日辛未
　　━ ━　乙酉三月初四日，立春初五日丙戌
　　━ ━　庚子三月十九日，啓蟄二十日辛丑
震　━ ━　乙卯四月初四日，雨水初五日丙辰
　　━━━　庚午四月十九日，春分廿一日壬申
　　━━━　乙酉五月初五日，穀雨初六日丁亥
乾　━━━　庚子五月二十日，清明廿一日壬寅
　　━ ━　乙卯六月初五日，立夏初七日丁巳
　　━ ━　庚午六月二十日，小滿廿二日壬申
兌　━━━　乙酉七月初六日，芒種初九日戊子
　　━━━　庚子七月廿一日，夏至廿四日癸卯
　　━ ━　乙卯八月初六日，小暑廿九日戊午
離　━ ━　庚午八月廿一日，大暑廿四日癸酉
　　━━━　乙酉九月初七日，立秋十一日己丑
　　━━━　庚子九月廿二日，處暑廿六日甲辰
巽　━━━　乙卯十月初七日，白露十一日己未
　　━ ━　庚午十月廿二日，秋分廿六日甲戌
　　━ ━　乙酉十一月初八日，寒露十二日己丑
坤　━ ━　庚子十一月廿三日，霜降廿八日乙巳
　　━ ━　乙卯十二月初八日，立冬十三日庚申
　　━━━　庚午十二月廿三日，小雪廿八日乙亥
艮　━ ━　乙酉正月初八日，大雪十三日庚寅
　　━ ━　丙午正月廿九日，多至

大餘四十二，無小
餘，故第九多至爲
丙午。

94

第九年　　冬至正月廿九日丙子。

正　月　小　　二三分入朔　戊寅
二　月　大　五二二分入朔　丁未
閏　月　小　八十一分入朔　丁丑
三　月　大　五八〇分入朔　丙午
四　月　小　一三九分入朔　丙子
五　月　大　六三八分入朔　乙巳
六　月　小　一九七分入朔　乙亥
七　月　大　六九六分入朔　甲辰
八　月　小　二五五分入朔　甲戌
九　月　大　七五四分入朔　癸卯
十　月　小　三一三分入朔　癸酉
十一月大　八一二分入朔　壬寅
十二月小　三七一分入朔　壬申

十二月共三八三日
大餘三十七，小餘八百六十九，
故第十年正月朔爲辛丑。

艮　▬▬
　　▬▬
　　▬▬　丙午冬至，正月廿九日
　　▬▬　辛酉小寒，二月十五日
坎　━━　丙子大寒，二月三十日
　　▬▬　辛卯立春，閏月十五日
　　▬▬　丙午啟蟄，三月初一日
震　▬▬　辛酉三月十六日，雨水十七日壬戌
　　━━　丙子四月初一日，春分初二日丁丑
　　━━　辛卯四月十六日，穀雨十七日壬辰
乾　━━　丙午五月初二日，清明初三日丁未
　　━━　辛酉五月十七日，立夏十八日壬戌
　　▬▬　丙子六月初二日，小滿初四日戊寅
兌　━━　辛卯六月十七日，芒種十九日癸巳
　　━━　丙午七月初三日，夏至初五日戊申
　　━━　辛酉七月十八日，小暑二十日癸亥
離　▬▬　丙子八月初三日，大暑初六日己卯
　　━━　辛卯八月十八日，立秋廿一日甲午
　　━━　丙午九月初四日，處暑初七日己酉
巽　━━　辛酉九月十九日，白露廿二日甲子
　　▬▬　丙子十月初四日，秋分初七日己卯
　　▬▬　辛卯十月十九日，寒露廿三日乙未
坤　▬▬　丙午十一月初五日，霜降初九日庚戌
　　▬▬　辛酉十一月二十日，立冬廿四日乙丑
　　━━　丙子十二月初五日，小雪初九日庚辰
艮　▬▬　辛卯十二月二十日，大雪廿五日丙申
　　▬▬　辛亥正月十一日，冬至

大餘四十七，小餘
八，故第十冬至爲
辛亥。

第十年　冬至正月十一日辛亥。

正　月	大	八七〇分入朔	辛丑	
二　月	小	四二九分入朔	辛未	
三　月	大	九二八分入朔	庚子	
四　月	大	四八七分入朔	庚午	
五　月	小	四十六分入朔	庚子	
六　月	大	五四五分入朔	己巳	
七　月	小	一〇四分入朔	己亥	
八　月	大	六〇三分入朔	戊辰	
九　月	小	一六二分入朔	戊戌	
十　月	大	六六一分入朔	丁卯	十二月共三五五日
十一月	小	二二〇分入朔	丁酉	大餘三十二，小餘二百七十七，
十二月	大	七一九分入朔	丙寅	故第十一年正月朔爲丙申。

艮
辛亥冬至，正月十一日
丙寅小寒，正月廿六日
坎
辛巳大寒，二月十一日
丙申立春，二月廿六日
辛亥三月十二日，啓蟄十三日壬子
震
丙寅三月廿七日，雨水廿八日丁卯
辛巳四月十二日，春分十三日壬午
丙申四月廿七日，穀雨廿八日丁酉
乾
辛亥五月十二日，清明十四日癸丑
丙寅五月廿七日，立夏廿九日戊辰
辛巳六月十三日，小滿十五日癸未
兌
丙申六月廿八日，芒種三十日戊戌
辛亥七月十三日，夏至十五日癸丑
丙寅七月廿八日，小暑八月初二日己巳
離
辛巳八月十四日，大暑十七日甲申
丙申八月廿九日，立秋九月初二己亥
辛亥九月十四日，處暑十七日甲寅
巽
丙寅九月廿九日，白露十月初三日己巳
辛巳十月十五日，秋分十九日乙酉
丙申十月三十日，寒露十一月初四日庚子
坤
辛亥十一月十五日，霜降十九日乙卯
丙寅十二月初一日，立冬初五日庚午
辛巳十二月十六日，小雪廿一日丙戌
艮
丙申正月初一日，大雪初六日辛丑
丙辰正月廿一日，冬至

大餘五十二，小餘一十六，故第十一冬至爲丙辰。

第十一年　　冬至正月二十一日丙辰。

正　月　小　　二七八分入朔　　丙申
二　月　大　　七七七分入朔　　乙丑
三　月　小　　三三六分入朔　　乙未
四　月　大　　八三五分入朔　　甲子
五　月　小　　三九四分入朔　　甲午
六　月　大　　八九三分入朔　　癸亥
七　月　大　　四五二分入朔　　癸巳
八　月　小　　　一一分入朔　　癸亥
九　月　大　　五一〇分入朔　　壬辰
十　月　小　　　六九分入朔　　壬戌
十一月大　　五六八分入朔　　辛卯
閏　月　大　　一二七分入朔　　辛酉
十二月小　　六二六分入朔　　庚寅

十三月共三八四日
大餘五十六，小餘一百八十四，
故第十二年正月朔爲庚申。

艮　　丙申正月初一日
　　　丙辰冬至，正月廿一日
　　　辛未小寒，二月初七日
坎　　丙戌大寒，二月廿二日
　　　辛丑三月初七日，立春初八日壬寅
　　　丙辰三月廿二日，啓蟄廿三日丁巳
震　　辛未四月初八日，雨水初九日壬申
　　　丙戌四月廿三日，春分廿四日丁亥
　　　辛丑五月初八日，穀雨初十日癸卯
乾　　丙辰五月廿三日，清明廿五日戊午
　　　辛未六月初九日，立夏十一日癸酉
　　　丙戌六月廿四日，小滿廿六日戊子
兌　　辛丑七月初九日，芒種十一日癸卯
　　　丙辰七月廿四日，夏至廿七日己未
　　　辛未八月初九日，小暑十二日甲戌
離　　丙戌八月廿四日，大暑廿七日己丑
　　　辛丑九月初十日，立秋十三日甲辰
　　　丙辰九月廿五日，處暑廿九日庚申
巽　　辛未十月初十日，白露十四日乙亥
　　　丙戌十月廿五日，秋分廿九日庚寅
　　　辛丑十一月十一日，寒露十五日乙巳
坤　　丙辰十一月廿六日，霜降三十日庚申
　　　辛未閏月十一日，立冬十六日丙子
　　　丙戌閏月廿六日，小雪十二月二日辛卯
艮　　辛丑十二月十二日，大雪十七日丙午
　　　辛酉正月初二日，冬至

大餘五十七，小餘
二十四，故第十二
冬至爲辛酉。

第十二年　冬至正月初二日辛酉。

```
正 月 小　一八五分入朔　庚申
二 月 大　六八四分入朔　己丑
三 月 小　二四三分入朔　己未
四 月 大　七四二分入朔　戊子
五 月 小　三〇一分入朔　戊午
六 月 大　八〇〇分入朔　丁亥
七 月 小　三五九分入朔　丁巳
八 月 大　八五八分入朔　丙戌
九 月 小　四一七分入朔　丙辰
十 月 大　九一六分入朔　乙酉
十一月大　四七五分入朔　乙卯
十二月小　三十四分入朔　乙酉
```

十二月共三五四日
大餘五十，小餘五百三十二，故
第十三年正月朔爲甲寅。

```
艮 ━━
   ━ ━
   ━ ━　辛酉冬至，正月初二日
   ━ ━　丙子小寒，正月十七日
坎 ━━　辛卯二月初三日，大寒初四日壬辰
   ━ ━　丙午二月十八日，立春十九日丁未
   ━ ━　辛酉三月初三日，啓蟄初四日壬戌
震 ━ ━　丙子三月十八日，雨水十九日丁丑
   ━━　辛卯四月初四日，春分初六日癸巳
   ━━　丙午四月十九日，穀雨廿一日戊申
乾 ━━　辛酉五月初四日，清明初六日癸亥
   ━━　丙子五月十九日，立夏廿一日戊寅
   ━ ━　辛卯六月初五日，小滿初七日癸巳
兌 ━ ━　丙午六月二十日，芒種廿三日己酉
   ━━　辛酉七月初五日，夏至初八日甲子
   ━━　丙子七月二十日，小暑廿三日己卯
離 ━ ━　辛卯八月初六日，大暑初九日甲午
   ━━　丙午八月廿一日，立秋廿五日庚戌
   ━━　辛酉九月初六日，處暑初十日乙丑
巽 ━━　丙子九月廿一日，白露廿五日庚辰
   ━ ━　辛卯十月初七日，秋分十一日乙未
   ━ ━　丙午十月廿二日，寒露廿六日庚戌
坤 ━ ━　辛酉十一月初七日，霜降十二日丙寅
   ━ ━　丙子十一月廿二日，立冬廿七日辛巳
   ━━　辛卯十二月初七日，小雪十二日丙申
艮 ━ ━　丙午十二月廿二日，大雪廿七日辛亥
   ━ ━　丁卯正月十四日，冬至
```

大餘三，無小餘，
故第十三冬至爲丁
卯。

第十三年　　冬至正月十四日丁卯。

正　月　大　　五三三分入朔　　甲寅
二　月　小　　九十二分入朔　　甲申
三　月　大　　五九一分入朔　　癸丑
四　月　小　　一五〇分入朔　　癸未
五　月　大　　六四九分入朔　　壬子
六　月　小　　二〇八分入朔　　壬午
七　月　大　　七〇七分入朔　　辛亥
八　月　小　　二六六分入朔　　辛巳
九　月　大　　七六五分入朔　　庚戌
十　月　小　　三二四分入朔　　庚辰
十一月大　　八二三分入朔　　己酉
十二月小　　三八四分入朔　　己卯

十二月共三五四日
大餘四十四，小餘八百八十，故第十四年正月朔爲戊申。

艮　▅▅
　　▅▅　丁卯冬至，正月十四日
　　▅▅　壬午小寒，正月廿九日
坎　━━　丁酉大寒，二月十四日
　　▅▅　壬子立春，二月廿九日
　　▅▅　丁卯啓蟄，三月十五日
震　▅▅　壬午三月三十日，雨水四月初一日癸未
　　━━　丁酉四月十五日，春分十六日戊戌
　　━━　壬子五月初一日，穀雨初二日癸丑
乾　━━　丁卯五月十六日，清明十七日戊辰
　　━━　壬午六月初一日，立夏初二日癸未
　　▅▅　丁酉六月十六日，小滿十八日己亥
兌　━━　壬子七月初二日，芒種初四日甲寅
　　━━　丁卯七月十七日，夏至十九日己巳
　　━━　壬午八月初二日，小暑初四日甲申
離　▅▅　丁酉八月十七日，大暑二十日庚子
　　━━　壬子九月初三日，立秋初六日乙卯
　　━━　丁卯九月十八日，處暑廿一日庚午
巽　━━　壬午十月初三日，白露初六日乙酉
　　▅▅　丁酉十月十八日，秋分廿一日庚子
　　▅▅　壬子十一月初四日，寒露初八日丙辰
坤　▅▅　丁卯十一月十九日，霜降廿三日辛未
　　▅▅　壬午十二月初四日，立冬初八日丙戌
　　━━　丁酉十二月十九日，小雪廿三日辛丑
艮　▅▅　壬子正月初五日，大雪初十日丁巳
　　▅▅　壬申正月廿五日，冬至

大餘八，小餘八，故第十四冬至爲壬申。

第十四年　冬至正月廿五日壬申。

正　月　大　八八一分入朔　　戊申
二　月　小　四四〇分入朔　　戊寅
三　月　大　九三九分入朔　　丁未
四　月　大　四九八分入朔　　丁丑
五　月　小　　五七分入朔　　丁未
六　月　大　五五六分入朔　　丙子
七　月　小　一一五分入朔　　丙午
閏　月　大　六一四分入朔　　乙亥
八　月　小　一七三分入朔　　乙巳
九　月　大　六七二分入朔　　甲戌
十　月　小　二三一分入朔　　甲辰
十一月大　七三〇分入朔　　癸酉
十二月小　二八九分入朔　　癸卯

十三月共三八四日
大餘八，小餘七百八十七，故第
十五年正月朔爲壬申。

艮 ▅▅ ▅▅ 壬子正月初五日
　　 ▅ ▅ 壬申多至，正月廿五日
　　 ▅ ▅ 丁亥小寒，二月初十日
坎 ▅▅▅▅ 壬寅大寒，二月廿五日
　　 ▅ ▅ 丁巳立春，三月十一日
　　 ▅ ▅ 壬申三月廿六日，啓蟄廿七日癸酉
震 ▅▅▅▅ 丁亥四月十一日，雨水十二日戊子
　　 ▅▅▅▅ 壬寅四月廿六日，春分廿七日癸卯
　　 ▅▅▅▅ 丁巳五月十一日，穀雨十二日戊午
乾 ▅▅▅▅ 壬申五月廿六日，清明廿八日甲戌
　　 ▅▅▅▅ 丁亥六月十二日，立夏十四日己丑
　　 ▅ ▅ 壬寅六月廿七日，小滿廿九日甲辰
兌 ▅▅▅▅ 丁巳七月十二日，芒種十四日己未
　　 ▅▅▅▅ 壬申七月廿七日，夏至廿九日甲戌
　　 ▅▅▅▅ 丁亥閏月十三日，小暑十六日庚寅
離 ▅▅ ▅▅ 壬寅閏月廿八日，大暑八月朔乙巳
　　 ▅ ▅ 丁巳八月十三日，立秋十六日庚申
　　 ▅▅▅▅ 壬申八月廿八日，處暑九月初二日乙亥
巽 ▅▅▅▅ 丁亥九月十四日，白露十七日庚寅
　　 ▅ ▅ 壬寅九月廿九日，秋分十月初三日丙午
　　 ▅ ▅ 丁巳十月十四日，寒露十八日辛酉
坤 ▅▅ ▅▅ 壬申十月廿九日，霜降十一月初四日丙子
　　 ▅▅ ▅▅ 丁亥十一月十五日，立冬十九日辛卯
　　 ▅▅▅▅ 壬寅十一月三十日，小雪十二月五日丁未
艮 ▅▅ ▅▅ 丁巳十二月十五日，大雪二十日壬戌
　　 ▅ ▅ 丁丑正月初六日，多至

大餘十三，小餘十
六，故第十五多至
爲丁丑。

100

第十五年　冬至正月初六日丁丑。

正　月　大　七八八分入朔　壬申
二　月　小　三四七分入朔　壬寅
三　月　大　八四六分入朔　辛未
四　月　小　四〇五分入朔　辛丑
五　月　大　九〇四分入朔　庚午
六　月　大　四六三分入朔　庚子
七　月　小　二十二分入朔　庚午
八　月　大　五二一分入朔　己亥
九　月　小　　八〇分入朔　己巳
十　月　大　五七九分入朔　戊戌
十一月小　一三八分入朔　戊辰
十二月大　六三七分入朔　丁酉

十二月共三五五日
大餘三，小餘一百九十五，故第
十六年正月朔爲丁卯。

艮　━━
　　━━　丁丑冬至，正月初六日
　　━━　壬辰小寒，正月廿一日
坎　━━　丁未大寒，二月初六日
　　━━　壬戌二月廿一日，立春廿二日癸亥
　　━━　丁丑三月初七日，啓蟄初八日戊寅
震　━━　壬辰三月廿二日，雨水廿三日癸巳
　　━━　丁未四月初七日，春分初八日戊申
　　━━　壬戌四月廿二日，穀雨廿四日甲子
乾　━━　丁丑五月初八日，清明初十日己卯
　　━━　壬辰五月廿三日，立夏廿五日甲午
　　━━　丁未六月初八日，小滿初十日己酉
兌　━━　壬戌六月廿三日，芒種廿五日甲子
　　━━　丁丑七月初八日，夏至十一日庚辰
　　━━　壬辰七月廿三日，小暑廿六日乙未
離　━━　丁未八月初九日，大暑十二日庚戌
　　━━　壬戌八月廿四日，立秋廿七日乙丑
　　━━　丁丑九月初九日，處暑十三日辛巳
巽　━━　壬辰九月廿四日，白露廿八日丙申
　　━━　丁未十月初十日，秋分十四日辛亥
　　━━　壬戌十月廿五日，寒露廿九日丙寅
坤　━━　丁丑十一月初十日，霜降十四日辛巳
　　━━　壬辰十一月廿五日，立冬十二月朔丁酉
　　━━　丁未十二月十一日，小雪十六日壬子
艮　━━　壬戌十二月廿六日，大雪正月朔丁卯
　　━━　壬午正月十六日，冬至

大餘十八，小餘二
十四，故第十六冬
至爲壬午。

第十六年　　冬至正月十六日壬午。

正　月　小　　一九六分入朔　　丁卯
二　月　大　　六九五分入朔　　丙申
三　月　小　　二五四分入朔　　丙寅
四　月　大　　七五三分入朔　　乙未
五　月　小　　三一二分入朔　　乙丑
六　月　大　　八一一分入朔　　甲午
七　月　小　　三七〇分入朔　　甲子
八　月　大　　八六九分入朔　　癸巳
九　月　小　　四二八分入朔　　癸亥
十　月　大　　九二七分入朔　　壬辰
十一月　大　　四八六分入朔　　壬戌
十二月　小　　　四五分入朔　　壬辰

十二月共三五四日
大餘五十七，小餘五百四十三，
故第十七年正月朔爲辛酉。

艮　━━
　　━━
　　━━　壬午冬至，正月十六日
　　━━　丁酉小寒，二月初二日
坎　━━━　壬子二月十七日，大寒十八日癸丑
　　━━　丁卯三月初二日，立春初三日戊辰
　　━━　壬午三月十七日，啟蟄十八日癸未
震　━━　丁酉四月初三日，雨水初四日戊戌
　　━━━　壬子四月十八日，春分二十日甲寅
　　━━　丁卯五月初三日，穀雨初五日己巳
乾　━━━　壬午五月十八日，清明二十日甲申
　　━━━　丁酉六月初四日，立夏初六日己亥
　　━━　壬子六月十九日，小滿廿一日甲寅
兌　━━━　丁卯七月初四日，芒種初七日庚午
　　━━━　壬午七月十九日，夏至廿二日乙酉
　　━━━　丁酉八月初五日，小暑初八日庚子
離　━━　壬子八月二十日，大暑廿三日乙卯
　　━━━　丁卯九月初五日，立秋初九日辛未
　　━━━　壬午九月二十日，處暑廿四日丙戌
巽　━━━　丁酉十月初六日，白露初十日辛丑
　　━━　壬子十月廿一日，秋分廿五日丙辰
　　━━　丁卯十一月初六日，寒露初十日辛未
坤　━━　壬午十一月廿一日，霜降廿六日丁亥
　　━━　丁酉十二月初六日，立冬十一日壬寅
　　━━━　壬子十二月廿一日，小雪十六日丁巳
艮　━━　丁卯正月初七日，大雪十二日壬申
　　━━　戊子正月廿八日，冬至（歲終加斗餘六度）

大餘二十四，無小
餘，故第十七冬至
爲戊子。

第十七年　　冬至正月廿八日戊子。

正 月	大	五四四分入朔	辛酉
二 月	小	一〇三分入朔	辛卯
三 月	大	六〇二分入朔	庚申
閏 月	小	一六一分入朔	庚寅
四 月	大	六六〇分入朔	己未
五 月	小	二一九分入朔	己丑
六 月	大	七一八分入朔	戊午
七 月	小	二七七分入朔	戊子
八 月	大	七七六分入朔	丁巳
九 月	小	三三五分入朔	丁亥
十 月	大	八三四分入朔	丙辰
十一月	小	三九三分入朔	丙戌
十二月	大	八九二分入朔	乙卯

十三月共三八四日
大餘二十一，小餘四百五十，故
第十八年正月朔爲乙酉。

艮　━━　丁卯正月初七日
　　━━　戊子冬至，正月廿八日
　　━━　癸卯小寒，二月十三日
坎　━━━　戊午大寒，二月廿八日
　　━━　癸酉立春，三月十四日
　　━━　戊子啓蟄，三月廿九日
震　━━　癸卯閏月十四日，雨水十五日甲辰
　　━━━　戊午閏月廿九日，春分四月朔己未
　　━━━　癸酉四月十五日，穀雨十六日申戌
乾　━━━　戊子四月三十日，清明五月朔己丑
　　━━━　癸卯五月十五日，立夏十六日甲辰
　　━━　戊午六月初一日，小滿初三日庚申
兌　━━━　癸酉六月十六日，芒種十八日乙亥
　　━━━　戊子七月初一日，夏至初三日庚寅
　　━━━　癸卯七月十六日，小暑十八日乙巳
離　━━　戊午八月初二日，大暑初五日辛酉
　　━━━　癸酉八月十七日，立秋二十日丙子
　　━━━　戊子九月初二日，處暑初五日辛卯
巽　━━━　癸卯九月十七日，白露二十日丙午
　　━━　戊午十月初三日，秋分初六日辛酉
　　━━　癸酉十月十八日，寒露廿二日丁丑
坤　━━　戊子十一月初三日，霜降初七日壬辰
　　━━　癸卯十一月十八日，立冬廿二日丁未
　　━━━　戊午十二月初四日，小雪初八日壬戌
艮　━━　癸酉十二月十九日，大雪廿四日戊寅
　　━━　癸巳正月初九日，冬至

大餘二十九，小餘
八，故第十八冬至
爲癸巳。

103

第十八年　冬至正月初九日癸巳。

正 月 大　　四五一分入朔　乙酉
二 月 小　　一〇分入朔　乙卯
三 月 大　　五〇九分入朔　甲申
四 月 小　　六八分入朔　甲寅
五 月 大　　五六七分入朔　癸未
六 月 小　　一二六分入朔　癸丑
七 月 大　　六二五分入朔　壬午
八 月 小　　一八四分入朔　壬子
九 月 大　　六八三分入朔　辛巳
十 月 小　　二四二分入朔　辛亥
十一月 大　　七四一分入朔　庚辰
十二月 小　　三〇〇分入朔　庚戌

十二月共三五四日
大餘十五，小餘七百九十八，故
第十九年正月朔爲己卯。

艮 ━ ━
　 ━ ━　癸巳冬至，正月初九日
　 ━ ━　戊申小寒，正月廿四日
坎 ━━━　癸亥大寒，二月初九日
　 ━ ━　戊寅立春，二月廿四日
　 ━ ━　癸巳三月初十日，啓蟄十一日甲午
震 ━ ━　戊申三月廿五日，雨水十六日己酉
　 ━━━　癸亥四月初十日，春分十一日甲子
　 ━━━　戊寅四月廿五日，穀雨十六日己卯
乾 ━━━　癸巳五月十一日，清明十三日乙未
　 ━━━　戊申五月廿六日，立夏廿八日庚戌
　 ━ ━　癸亥六月十一日，小滿十三日乙丑
兌 ━━━　戊寅六月廿六日，芒種廿八日庚辰
　 ━━━　癸巳七月十二日，夏至十四日乙未
　 ━━━　戊申七月廿七日，小暑三十日辛亥
離 ━ ━　癸亥八月十二日，大暑十五日丙寅
　 ━ ━　戊寅八月廿七日，立秋九月朔辛巳
　 ━━━　癸巳九月十三日，處暑十六日丙申
巽 ━━━　戊申九月廿八日，白露十月朔辛亥
　 ━ ━　癸亥十月十三日，秋分十七日丁卯
　 ━ ━　戊寅十月廿八日，寒露十一月初三日壬午
坤 ━ ━　癸巳十一月十四日，霜降十八日丁酉
　 ━ ━　戊申十一月廿九日，立冬十二月初三日壬子
　 ━━━　癸亥十二月十四日，小雪十九日戊辰
艮 ━ ━　戊寅十二月廿九日，大雪正月初五日癸未
　 ━ ━　戊戌正月二十日，冬至

大餘三十四，小餘
十六，故第十九冬
至爲戊戌。

第十九年　　冬至正月二十日戊戌。

```
正　月　大　七九九分入朔　己卯
二　月　小　三五八分入朔　己酉
三　月　大　八五七分入朔　戊寅
四　月　小　四一六分入朔　戊申
五　月　大　九一五分入朔　丁丑
六　月　大　四七四分入朔　丁未
七　月　小　三十三分入朔　丁丑
八　月　大　五三二分入朔　丙午
九　月　小　九十一分入朔　丙子
十　月　大　五九○分入朔　乙巳
十一月　小　一四九分入朔　乙亥
十二月　大　六四八分入朔　甲辰
閏　月　小　二○七分入朔　甲戌
```

十三月共三八四日
大餘三十九，小餘七百五，故第
二十年正月朔爲癸卯，即甲子部
第二章之始。

艮　▬▬
　　▬▬　戊戌冬至，正月二十日
　　▬▬　癸丑小寒，二月初五日
坎　━━　戊辰大寒，二月二十日
　　▬▬　癸未三月初六日，立春初七日甲申
　　▬▬　戊戌三月廿一日，啓蟄廿二日己亥
震　▬▬　癸丑四月初六日，雨水初七日甲寅
　　▬▬　戊辰四月廿一日，春分廿二日己巳
　　▬▬　癸未五月初七日，穀雨初九日乙酉
乾　━━　戊戌五月廿二日，清明廿四日庚子
　　━━　癸丑六月初七日，立夏初九日乙卯
　　▬▬　戊辰六月廿二日，小滿廿四日庚午
兌　━━　癸未七月初七日，芒種初九日乙酉
　　━━　戊戌七月廿二日，夏至廿五日辛丑
　　▬▬　癸丑八月初八日，小暑十一日丙辰
離　▬▬　戊辰八月廿三日，大暑廿六日辛未
　　━━　癸未九月初八日，立秋十一日丙戌
　　━━　丙戌九月十三日，處暑廿七日壬寅
巽　━━　癸丑十月初九日，白露十三日丁巳
　　▬▬　戊辰十月廿四日，秋分廿八日壬申
　　━━　癸未十一月初九日，寒露十三日丁亥
坤　▬▬　戊戌十一月廿四日，霜降廿八日壬寅
　　▬▬　癸丑十二月初十日，立冬十五日戊午
　　━━　戊辰十二月廿五日，小雪三十日癸酉
艮　▬▬　癸未閏月初十日，大雪十五日戊子
　　▬▬　癸卯正月初一日，冬至

大餘三十九，小餘二十
四，故第二十冬至爲癸
卯。首章之終 6939 日，
又有餘分 $\frac{24}{32}$ 入次章癸卯
冬至朔。

附 晨 昏 時 刻

　　黃河流域之晝夜時間，四季不同。易言天象，故於晨昏之際，宜予注意。日落後兩刻半爲昏，日出前兩刻半爲明。昏則星見，明則星隱。若有月，則日落後日出前尚可得而見之。地以洛陽爲中，今陽城之周公測景台，固保存無恙也。中國昔定一日時間爲百刻，平均之，晝夜各五十刻，蓋卯酉之分也。後漢書律曆志載有二十四節氣之晝夜漏刻，可供參考，茲錄如下表：——

節　氣	晝漏刻	夜漏刻
冬　至	四五刻	五五刻
小　寒	四五刻八分	五四刻二分
大　寒	四六刻八分	五三刻二分
立　春	四八刻六分	五一刻四分
雨　水	五〇刻八分	四九刻二分
驚　蟄	五三刻三分	四六刻七分
春　分	五五刻八分	四四刻二分
清　明	五八刻三分	四一刻七分
穀　雨	六〇刻五分	三九刻五分
立　夏	六二刻四分	三七刻六分
小　滿	六三刻九分	三六刻一分
芒　種	六四刻九分	三五刻一分
夏　至	六五刻	三五刻
小　暑	六四刻七分	三五刻三分
大　暑	六三刻八分	三六刻二分
立　秋	六二刻三分	三七刻七分
處　暑	六〇刻二分	三九刻八分
白　露	五七刻八分	四二刻二分
秋　分	五五刻二分	四四刻八分
寒　露	五二刻六分	四七刻四分
霜　降	五〇刻三分	四九刻七分
立　冬	四八刻二分	五一刻八分
小　雪	四六刻七分	五三刻三分
大　雪	四五刻五分	五四刻五分

晝夜之分以昏明爲準，例如冬至晝四十五刻、夜五十五刻，則酉初一刻半昏，卽今下午五小時二十四分天始暗，而日落時間早兩刻半，卽在申正三刻，當今下午四小時四十八分也。又卯正兩刻半明，卽今上午六小時三十六分天始亮，而日出時間則在上午七小時十二分也。

　　又如夏至晝六十五刻，夜三十五刻，則戌初三刻半昏，卽今下午七小時四十八分，而日落時間爲下午七小時十二分。天明則在寅正十二分，卽今上午四時十二分；而日出時間當爲上午四時四十八分也。

　　又如春分晝五十五刻八分，夜四十四刻二分，則昏爲今下午六小時四十二分，而日落時間爲下午六小時六分，約當酉正也。天明則當今上午五小時十八分，而日出時間爲上午五小時五十四分，約當卯正也。

　　秋分之昏旦與春分大略相同，惟昏稍早，明稍遲，而日之出沒適當卯酉正中而已。

　　以日之出入爲準，約略言之，故常曰春秋分出卯入酉，夏至出寅入戌，冬至出辰入申。

　　古刻約當今時十四‧四分，較今刻短〇‧六分。兩刻半當今三十六分，五刻卽今一小時十二分。

第 二 篇
六 十 四 卦 新 解 上

(一)乾坤、震巽、坎離、艮兌⋯⋯⋯⋯⋯⋯⋯111

　　　附卦圖（Ⅴ）

(二)履謙、大壯觀、屯鼎、蒙革⋯⋯⋯⋯⋯155

　　　附卦圖（Ⅵ）

(三)同人師、歸妹漸、需晉、頤大過⋯⋯⋯193

　　　附卦圖（Ⅶ）

(四)姤復、豐渙、節旅、大畜萃⋯⋯⋯⋯⋯227

　　　附卦圖（Ⅷ）

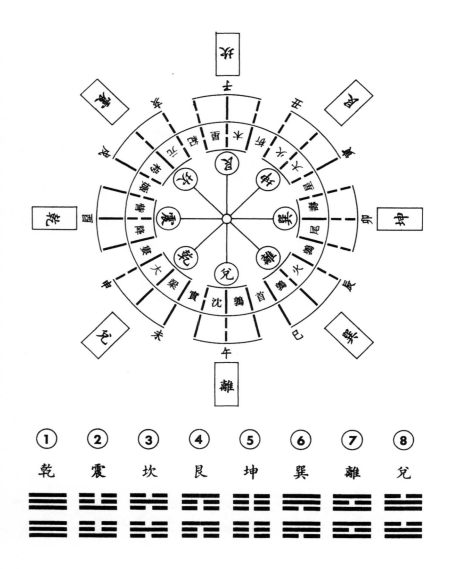

(V) 第一組相綜卦圖

乾  乾上
乾下

乾：元、亨、利、貞。

乾六爻，別爲二體，外體三爻定時位，內體三爻定星次。時位酉。九四、酉初。九五、酉正。上九、戌初。星次大梁。九三、胃六度，春分之終。九二、昴七度，古曆穀雨之終。初九、畢十一度，古曆清明之終。由外體之時位爲酉，則知內體大梁星次所處者爲兌之未申。由內體之星次大梁，則知外體酉位上所重者乃震之娵訾與降婁。

陰陽合曆，曆元至朔齊同，起於艮之初爻牽牛初度，故至乾之大梁，九三爲周四月（夏二月）十八日；九二爲五月初三日；初九爲五月十八日。以後逐年變化，可查考曆譜。

乾坤乃相對之卦，乾次在未申、位屬下午。坤次在

111

丑寅，位屬下半夜。有時卦爻相對互用，不可拘泥。

乾之原位在酉，而酉正爲日落之點，古人夜觀中星之所据。又星次屬夏曆三月節氣，依天道序列，亦正在酉。故經以乾爲首卦。乾爲八卦之一，周天之一部份，非有特殊之崇高意義，惟其時位酉則極重要耳。學者以六爻爲純陽，又稱之爲天，一若乾高於其他七卦，而發爲種種空論，積非成是，遂滋淆惑。

元亨利貞乃時位之座標，所以定一日之時區，別周天之象限。元者始於酉正，終于子正。亨者始于子正終于卯正。利者始于卯正終于午正。貞者始于午正終于酉正。以分區言爲四德。以定點言則元亨爲子正，亨利爲卯正，利貞爲午正，貞元爲酉正。此四字在易之體系中極爲重要，幾乎無卦不見，或用其一，或用其二，或用其三，或全用之。學者不明此理，或以四分讀，或以二分讀，而終不得其解，僅從字義推敲，而不知其爲記時位之符標。其實四分二分皆可，要視卦爻辭所言以爲別而已。

四德俱見，非僅乾卦，尚有坤、屯、隨、臨、革、无妄六卦亦用之。故以四德爲乾所獨有，乃虛誕之言。乾位本始在元，歷亨利而至於貞，終則反於原位，乃天運左旋一周，亦即昨日之黃昏至今日之黃昏也。故曰元亨利貞。乾之卦辭特以發其凡例而已。若隨，若无妄則與此同例，蓋震位西北，亦始於元而終于貞者也。

日月運行爲易理之所寄。日在此，月在彼，或月在此日在彼，視曆數及星度而定，其位無常，故此四字乃活用之準繩。元與利，亨與貞，時區相對。元亨與利貞乃相對之定點。日在元亨，則利貞爲夜半之中星，若是月半，即望月抵於南正也。反之亦然。繫辭傳曰：「易

之爲道也屢遷，變動不居，周流六虛，上下無常，剛柔相易，不可爲典要，唯變所適。」即指日月變化運行無固定之位而言。故元亨利貞爲易左旋之道，亦即六虛之分際。六虛者晝夜各半，子午，丑未，寅申，卯酉，辰戌，巳亥相對之六間也。以卦之六爻當六虛乃是誤解，蓋六爻之間非周流也。

象曰：大哉乾！元，萬物資始，乃統天。雲行雨施，品物流形。大明終始，六位時成，時乘六龍以御天。乾道變化，各正性命；保合大和，乃利貞。首出庶物，萬國咸寧。

　　卦辭謂之象，此爲釋象之傳。易傳之象象原不與經文連而各自爲篇，鄭玄始取以附於經後，王弼又將象象之傳文分揷於卦辭爻辭之下，惟乾一卦則仍依鄭玄之編制。今依王氏例變易之，以昭統一。

　　乾象傳釋元亨利貞四字不訓詁字義，惟說明天運之時位，蓋深知易者之所作，非若文言四德之空疏義理也。

　　大哉乾，讚美乾卦，舊讀乾元句，非。

　　元始於酉正，即乾九五之位。任何卦之外體爲乾，皆是酉時，義相同，非僅限於純乾卦而已。日落於此，羣星出現，故曰元、萬物資始，乃統天。萬物、星也。統天，統攝天象也。此釋元之時位。

　　乾之前爲震，二月雨水節氣即當九五之位。乾之九三乃三月節氣穀雨。又震之前爲坎，其象爲雲爲水。坎乾皆四正卦，星次相互轉運。乾往於元則坎往于亨；坎往於利則乾往於亨。故曰雲行雨施，品物流形。此釋乾自元至亨之天象流動情狀。

　　大明，日也。乾之日終於酉始於卯，一夜經過六

時，故曰大明終始，六位時成。於是其相對之六龍星宿亦隨此六時而淩行於天空，故曰時乘六龍以御天。六龍即角、亢、氐、房、心、尾。角亢當巽初爻，餘四龍皆在坤之大火星次。乾坤相對相互左旋，乾自元至亨終即三月之日自黃昏至平旦，而六龍之星則自利至於永貞也。乾道指外體之時位而言。每一月每一日之黃昏日落皆經此乾道，但星次變化不同，而各以此爲依據而正其本性與時令，故曰乾道變化，各正性命。然明辨之，須考中星，故曰保合大和，乃利貞。利貞者、午正之位，與春秋分日落之點相距九十度，冬夏至則損益之。此即保持晝夜陰陽之分際使合於大和之義。堯典「日中星鳥，宵中星虛」爲春秋二分之中星，而易經時代則三月九月黃昏屬於乾坤者也。

日落星見，夜閉始，人人休息，故曰首出庶物，萬國咸寧。首出庶物與萬物資始同義。因爲元亨利貞乃晝夜之時位，故象傳所釋偏重於乾之外體，惟時乘六龍以御天一語以說明內體之相對關係而已。

象曰：天行健，君子以自強不息。

此爲大象傳，望文生義以說人生哲理，其實與卦旨毫不相關。乾爲天，坤爲地，相對爲義耳。其實八卦皆天，亦皆地。外體地，內體天，天行地上，天動地靜，義當如此。象傳言天地不限於乾坤二卦，而大象則遇乾必天，遇坤必地，最易使人陷於誤解。乾、健也，同音訓詁。行字非動詞，天行者，天道也。每卦之大象傳，多是文字引伸，或取經中之一字，或取象傳之一語，傅會以說義理，作者當是儒家一學究，並不知易。

初九：潛龍勿用

　　　初九之動交於午正。潛龍者坤也。其相對坤之初爻當子正乃尾宿六度。龍在地下，故曰潛龍。勿用者謂月不在龍也。初九之曆數為三月十八日，午正時，月在南斗十二度，位亥正，故曰潛龍勿用。

象曰：潛龍勿用，陽在下也。

　　　此釋爻辭，謂之小象。陽在初爻，月不在龍。若陽在上之九三，則月入尾宿，是用潛龍矣。因為初爻與三爻之曆數相同，初為三月十八日，三為二月十八日。

九二：見龍在田，利見大人。

　　　九二之動交於未正。若為日之所在，則白畫龍不可得見。故知所用者乃相對坤之中爻，位於丑正。九二第三年之曆數為三月廿五日，相對坤中爻為九月廿七日，捨此取彼則九月廿五日也。於是龍角大星見於東北隅之地上，故曰見龍在田。又月入翼宿七度，亦見於東方，故曰利見大人。凡卦言大人，皆月之象也。

象曰：見龍在田，德施普也。

　　　僅見龍而不見大人，則陽德所施者周普。蓋日當坤之中爻無欠缺，乃九月廿七日不見月也。

九三：君子終日乾乾，夕惕若。厲、无咎。

　　　九三之動，交於申正。君子，日也。夕陽在申正，

115

不久將終，故惕然而懼。厲爲爻位標誌。凡曆數或日月
落在兩卦之間者謂之厲，即初爻之後或三爻上爻之前，
皆厲也。若言貞厲則爲未初至未正或申正至酉初之兩段
時間。九三以前之十四度皆屬春分。春分晝夜平均，日
落於酉正，故終日乾乾，厲无咎。

厲字見於爻辭者二十六，見於卦辭者只一共卦，皆與曆
數所處之位有關，學者不知，僅憑訓詁，以危釋之，誤
矣。

象曰：終日乾乾，反復道也。

　　　　以反復之道釋終日，得之。

九四：或躍在淵，无咎。

　　　　九三之動交於九四之酉初。或者月也。淵、天河
也。二月十九日穀雨，酉初時，月入箕二度，位於丑
正。箕在天河中，月臨其地，故曰或躍在淵，无咎。學
者以爲龍躍，非也。龍尾之一部份亦在天河中，但恆星
永不變動，復何所疑。或者疑詞也。因爲九三是二月十
八日，月未入河中，故必十九日始无咎。

象曰：或躍在淵，進无咎也。

　　　　日在爻下一度，故進无咎。

九五：飛龍在天，利見大人。

　　　　九三之動交於九五之酉正。日落矣，角亢見於東
方，故曰飛龍在天。二月十五日，日在爻前三度，月入
亢宿二度，故曰利見大人。

象曰：飛龍在天，大人造也。

　　　　飛龍上天，月在其間，故曰大人造。造，來也，至
也。

上九：亢龍有悔。

　　　　亢龍，星名，六龍之一，次於角，猶龍之咽喉也。
九三之動終於上九之戌初。時為二月十八日，月未出，
故舉相對之星言焉。亢宿位過辰初，又失去月之光寵，
故有悔。

象曰：亢龍有悔，盈不可久也。

　　　　二月十五，月在亢，曰利見大人，今十八，則月已
虧而不在亢，故曰盈不可久。望月為盈，非以釋亢字之
義。文言以上九為高位，位高則動而有悔為釋，蓋不知
亢之為星，其位並不當上九也。

用九。見羣龍无首吉。

　　　　陽爻以九為誌，陰爻則用六。九六只是符號，不可
以計數。詳見概說，茲不贅。見羣龍无首吉，言三月將
旦則龍首角宿西沒也。羣龍即六龍，角亢氐房心尾是
也。日將出，故吉。

象曰：用九，天德不可為首也。

　　　　乾乃季春之卦，日不在龍首，日出前，角宿西沒，
故天德不可為首。

坤 ䷁ 坤上
坤下

坤：元、亨、利、牝馬之貞。君子有攸往，先迷後得主。利、西南得朋，東北喪朋。安貞、吉。

　　坤與乾相對。內體星次大火，位丑寅。六三氐初度，加四度寒露。六二、房初度，加四度霜降。初六、尾六度，加四度立冬。大火之次始於氐五度，終於尾九度。外體時位爲卯。六四、卯初。六五、卯正。上六、辰初。重其上者乃巽，而隱藏不見。

　　陰陽合曆，第一年：六三、八月廿一日；六二、九月初六日；初六、九月廿一日。以後逐年變化，可查考曆譜。

　　坤卦之動始自酉正，歷子正，終復於原位之卯，故曰元亨利。於是內體重於外體而二與五應。六二爲房星，六五爲利之始點。房又名天駟。坤自此續行，往抵

午正，故曰牝馬之貞。之乃動詞，往也。卦辭總説坤卦左旋一周之歷程如此。不言牡而言牝者，星屬陰故也。

　　君子，日也。有攸往，日隨天左旋也。先迷言外體上所重之異次不見。後得主言內體之坤爲日行之所主。利、西南得朋言六三交於六五卯正時，月在西南，月爲日之朋。六三之曆數爲八月廿一日，卯時正，月入東井十四度，位於未正，及卦終，正是西南隅。月過望後來就日，漸行漸近，故爲得朋之象。東北喪朋，言六二交於六五卯正時，月在東北。六二爲九月初六日，月在日後，入南斗二十二度，位當丑正，正是東北隅。月在朔後，離日而去，漸行漸遠，故爲喪朋之象。所謂東北西南，乃就卦圖之方位而言，其實東北西北，皆在地下，蓋圖之卯酉乃地平綫也。蹇解兩卦之辭亦然。安貞吉，即牝馬之貞，坤中爻抵午正也。凡午正皆謂之貞吉。

象曰：至哉坤！元、萬物資生，乃順承天。坤厚載物，德合无疆。含弘光大，品物咸亨。牝馬地類，行地无疆。柔順利貞，君子攸行；先迷失道，後順得常。西南得朋，乃與類行；東北喪朋，乃終有慶。安貞之吉，應地无疆。

　　至猶大也，讚美坤德。元、酉正之點，即乾之九五時位。坤之中爻當酉正，九月黃昏日落，羣星現，故曰萬物資生。乾曰資始，坤曰資生，所以有別者，因乾爲春分後之卦，日落較遲，過酉正，星始見；坤爲秋分後之卦，日落較早，未至酉正，星即出現，及酉正則生長矣。此資生之原因，乃元之時位順承坤天故也。
　　坤有四宿氐房心尾，而大火之次起於內體六三之下四度，終於初六之下三度，比之乾之大梁僅有胃昴畢三

宿，而終點即當於初爻，則坤所載之星物多而陽德之節氣無疆界也。以上釋坤在元，故與乾比較而言之。

又坤之曆數比乾增三日，乾之中爻爲三月初三，而坤之中爻爲九月初六，乾之初爻爲三月十八，而坤之初爻爲九月廿一日，故曰含弘光大。今卦位已過子正而處於丑寅，故曰品物咸亨，言三爻之星物皆在亨之時也。內體坤之中爻爲房駟屬天，外體坤爲時位屬地，兩體爻畫相同，故曰牝馬地類。今牝馬距外體之地三十度，故曰行地无疆。以上釋坤在亨之位。

柔順利貞，月在午。君子攸行，日在六三自寅正左旋。其曆數爲八月廿一日。在六三之前乃巽之星次，其象不見，故曰先迷失道。後順得常，言六三爲日之主也。六三往加于六四，而六五，而上六，是與類行也。於是月自午正而未初而未正而申初，乃得朋於西南也。若日在六二而交於六五，其曆數爲九月初六，則月在東北，是喪朋於地下也。但是日黃昏則月見，故曰乃終有慶。以上釋坤在利之時。

安貞之吉，應地无疆，言坤自利起行抵於午正之貞，則牝馬居中，是應地无疆也。午正爲地中，麗日中天，故吉。此釋牝馬之貞。

乾坤二卦皆用元亨利貞，乃總說其環繞周天，左旋此四時位之過程，發其凡例，象傳釋之甚確。乾之體用簡單，元乃其本位，故僅用此四字即足。坤與乾相對，利乃其本位，故於利字下增牝馬之星以明之。又不厭其詳而舉曆數與日月所處之爻位言之。

乾坤卦辭總斷一卦之體用。乾次在元，即大壯與需；在亨即大畜與泰；在利即小畜與大有；在貞即夬與純乾，皆以內體之中爻爲準。純乾之終成爲大壯，即三

月某日一晝夜之周期。坤本位在利，亦以元爲始。在元即豫與比；在亨即剝與純坤；在利即觀與晉；在貞即萃與否，亦九月某日之一周期。內體不變，所變者外體之時位而已。故卦辭之例不限於純乾純坤，實包括其他七個卦在內，而爻辭則僅限於純坤純乾六爻之變化。明乎此，則用九見羣龍无首吉，即小畜九二之乾位在卯初也。用六利永貞即豫六二之坤位在酉初也。觀其象斷乎可知矣。大哉乾，至哉坤，乃讚美卦德，非讚美乾元坤元。學者不察，遂弄錯句讀，因而有種種傅會之義理，甚至以元爲乾所專有之德，其誤更甚，蓋不知此四字爲時位記號故也。

象曰：地勢坤。君子以厚德載物。

　　坤與順字古同音，以坤象地，又取音訓，故曰地勢坤。厚德載物，乃襲用象傳文。卦辭象傳皆以君子象曰，此則以言人，乃儒家傅會之義理。

初六：履霜堅冰至。

　　初六之動交於子正，一日之始。初六尾六度，尚屬霜降，爻下四度入尾十度則立冬。月令曰：「孟冬水始冰，地始凍。」故曰履霜堅冰至。由此可知坤爲九月卦無疑。而漢儒之消息卦以初六爲五月，爻辰以爲六月，皆荒謬者也。

象曰：履霜堅冰，陰始凝也。馴至其道至堅冰也。

六二：直方，大不習，无不利。

　　六二之動，交於丑正。此即乾九二所用之坤爻。九

二以象言，此則言數，其實一也。方、數名，平方也。直讀爲值，當也。六二第一年之曆數爲九月初六，第二年爲十七，第三年爲廿七，皆非平方之數，惟四，十六，廿五始成二、四、五之平方。若用平方，則日在前，皆不當爻。故曰直方、大不習。大爲日。習通襲，重也，言日不重於六二。然此三方數何所取耶？以月見於東爲是，故曰无不利。利者卯正之位也。日在丑正，若初四則月在元，若十六，則月在貞，皆不利。惟廿五，則月過下弦，出於卯正，故无不利必爲第三年之方數也。此與乾九二之利見大人同義，可互相印証。相對卦之錯綜關係，在易經之體用中常見之，極爲重要，不可不知。

象曰：六二之動，直以方也。不習，无不利，地道光也。

　　　陽動相值用方，則方爲名詞而斷句，可見直方大連讀乃錯誤。而又誤釋爲坤之三德，以象地道。若然，則坤之六爻皆可用之，何獨限於六二哉。故種種義理之說，皆同夢囈。地道光，謂月光東出，見於外體之六五，乃地道也。小象此釋，深得爻旨。

六三：含章可貞。或從王事，无成有終。

　　　六三之動爻於寅正。八月廿一日，月抵南正偏西七度，故曰含章可貞。章，月之輝也。或從王事謂月半十六日，月往於乾也。乾爲王，與坤相對，但月在震下二度，位近酉初，即將西沉而不及於乾，故曰无成又終。

象曰：含章可貞，以時發也。或從王事，知光大也。

　　　以時發，謂日當爻寅正之時，月發於午也。知光

122

大，謂十六日之月盈也。

六四：括囊，无咎无譽。

六三之動交於六四之卯初。第二年曆數九月初二日，月在爻下六度，括結囊中之象也。无咎，日當爻不誤。无譽，不見月光。凡經中用譽字，皆指月而言。

象曰：括囊无咎，慎不害也。

括囊有慎密之義。月在日後，則於日无害。若初一，則日月皆在爻前，象非括囊。而入朔在酉初，月來會日，可能日蝕，則有害也。

六五：黃裳，元吉。

六三之動，交於六五之卯正。相對酉正之位爲元吉，日在乾九三也。曆數二月十八日。落日發金色，而數過中，故曰黃裳。此又是用相對爻錯綜之例。

象曰：黃裳元吉，文在中也。

酉正爲中，日臨其地，故曰文在中。此中字非指六五而言。

上六：龍戰於野，其血玄黃。

六三終於上六之辰初。秋日出矣，陽息陰消。日在氐，其前爲角亢，皆龍也。日出龍沒，陰陽相爭消長之際，故曰龍戰於野。日初出、紅如血，漸變爲黃，故曰，其血玄黃。蓋天際青雜赤黃色，象龍之出血。

象曰：龍戰於野，其道窮也。

龍星隱沒，故其道窮。由此一爻可見龍在坤不在乾，乾稱龍見，乃其相對之星見也。故以龍爲乾德者誤矣。

用六。利永貞。

用六數爲陰爻之符號。利永貞，言坤自利前行至於永貞，即自旦至暮也。

象曰：用六，利永貞，以大終也。

大爲日，日之終即是黃昏。以此釋利永貞，得之。

震　䷲　震上
　　　　震下

震：亨、震來虩虩，笑言啞啞。震驚百里，不喪匕鬯。

　　內體星次娵訾降婁，位於酉。六三、營室十四度，古曆啓蟄，正月中氣。六二，奎四度，娵訾之終；奎五度，降婁之始，古曆二月節雨水。初九，婁三度，加一度爲春分。凡四維卦之中爻皆兩次或兩辰相接之分際而非中，與四正卦不同。外體時位戌亥。九四、戌正。六五、亥初。上六、亥正。重其上者坎，乃元枵之次而象不見。

　　陰陽合曆，第一年：六三，正月初二；六二，正月十七；初九，二月初三，春分則爲初四。以後逐年增損之數可查考曆譜。

　　震亨，言震自子正來，一日之始也。今在酉，將復

125

原位，全程將畢，故以百里喻之。震爲正二月之卦，雷始發聲，蟄蟲驚起，故曰震來虩虩。虩虩、驚恐也。卦以初爻春分爲主。其第四年曆數春分乃二月初六日，子正時，月入兌之上爻，兌爲口，故曰笑言啞啞。自子至酉，故曰震驚百里。春分黃昏，斗杓指卯，故曰不喪匕鬯。匕鬯乃北斗之象，斗柄似匕，斗魁似盛鬯之圭瓚。當震初爻交子正時，斗杓指午，及旦指酉，日出消失，及黃昏又見其指卯，故不喪也。因春分黃昏斗杓指卯，故以卯爲二月之稱。

象曰：震亨，震來虩虩，恐、致福也。笑言啞啞，後有則也。震驚百里，驚遠而懼邇也。出、可以守宗廟社稷以爲祭主也。

　　　　恐致福，謂雷聲驚懼，然春至陽長可以致福。後有則，言兌與震之相去六十度，月行所及，則春分在爻後，可爲法則，必二月初六日也。驚遠而懼邇，謂震在亨則遠，及貞則邇也。匕之大者曰畢，所以取鼎實，小者曰柶，所以挹酒漿。鬯爲秬黍之酒，所以灌地降神，但貯鬯酒之器圭瓚亦得謂之鬯，今匕鬯連文，當皆爲祭器之名。北斗象匕鬯，震象長子，有相互之密切關係。震在酉，北斗出於卯，是祭器不失也。酉爲乾位，而震來居之，是嗣君守國之象。故曰「出、可以守宗廟社稷以爲祭主。」出上當脫不喪匕鬯四字。出，謂祭器出，長子用之而爲祭主。長子入守宗廟社稷，非可出者也。

象曰：洊雷，震。君子以恐懼修省。

　　　　洊同薦，重也。以震爲雷，幷引伸象傳恐致福一語以爲説。

126

初九：震來虩虩，後、笑言啞啞，吉。

初九之動交於申初。第四年之曆數爲二月初五日，後則初六春分也。月入兌，故笑言啞啞。春分陰陽均，故吉。

象曰：震來虩虩，恐致福也。笑言啞啞，後有則也。

全襲象傳。卦辭與爻辭，象傳與小象，幾乎雷同，爲經中所僅見。可能有脫簡，爲後人所補綴而然。

六二：震來、厲。億！喪貝，躋于九陵。勿逐，七日得。

六二之動交於酉初。厲，兩卦間之位，日來自六三之前也。六三第三年之曆數爲正月廿四日，厲則廿三日也。於是象貝之下弦月，黃昏不可得而見，故曰喪貝。億通噫，嘆息詞。時月入艮上爻之下箕宿五度，位於子正。艮爲山，自震上爻至艮上爻適相距九個時位，故曰「躋于九陵。」自下弦月來會日須七日，及月終則日在六二之前九度，而月抵六三，故曰「勿逐七日得。」

象曰：震來厲，乘剛也。

以如此複雜之爻辭，僅摘取三字而以乘剛釋之，何足以明爻旨？乘剛蓋謂月終，柔月來在剛日之上也。凡過望之月皆爲乘剛之象。

六三：震蘇蘇，震行无眚。

六三之動交於戌初。第一年曆數爲正月初二日。蘇、生也，蘇蘇，生之又生。月生於朔，及初二日則謂之蘇

127

蘇。震行无眚言節氣當也，六三爲啓蟄。

象曰：震蘇蘇，位不當也。

　　　爻辭明言震行无眚，何以位不當，費解。或者以日
已早落，戌初位不當也。

九四：震遂泥。

　　　六三之動交於九四之戌正。泥讀爲昵，日月親近
也。六三第九年之曆數爲正月初一日，申初入朔，及戌
正，月在日後二度，故曰震遂昵。

象曰：震遂泥，未光也。

　　　朔不見月，故未光。

六五：震往來，厲。億！无喪有事。

　　　六三之動交於六五之亥初。日月往來皆在爻前曰
厲。第四年曆數六三爲正月初五日。酉初入朔，至亥
初，月在日後，皆未抵於爻，故往來厲。初一日有告朔
之祭，故是日不喪則有事也。

象曰：震往來厲，危行也。其事在中，大无喪也。

　　　以危訓厲，以五爲中，以大爲日，望文爲釋。小象
訓厲爲危，只有震艮之兩爻，其他則未之見。即本卦六
二之厲字亦無是義，可見其非有一定之準則。

上六：震索索，視矍矍。征凶。震，不于其躬，于
　　　其鄰，无咎，婚媾有言。

　　　六三之動終於上六之亥正，震反於本位，內外體合

一。第二年之曆數爲正月十三日。索索者一索再索，謂十二及十三兩日也。矍矍者月在離，離爲目。十二日月在離午正之西，十三日在午正之東，左右側視之象，故曰視矍矍。震前爲坎險之地，故征凶。若爲初八日則上弦月近兌。日不當爻而在爻前，故曰不于其躬于其隣无咎。兌爲言，月離日而去，是婚媾有言之象也。

象曰：震索索，中未得也，雖凶无咎，畏鄰、戒也。

中未得，月未半也。坎凶，於震爲鄰，畏而戒之无咎。但爻辭之鄰，非指坎而言，義有出入。

巽 ䷸ 巽上
巽下

巽：小亨；利有攸往，利見大人。

內體星次鶉尾壽星，位於卯。九三、翼十二度，下加三度處暑。九二、軫九度，下加三度白露，壽星次之始。初六、角七度，下加三度秋分。外體時位辰巳。六四、辰正。九五、巳初。上九巳正。重其上者離，乃鶉火之次，隱而不見。

陰陽合曆，第一年，九三、七月初五；九二、七月二十；初六、八月初六。逐年增損之數可查考曆譜。

小亨者月在亨，大人亦月。巽九二所處之位在卯正，即亨利之點，故小亨之月在九二之下，而日在相對之震初爻位於酉初也。震初爻之下一度春分，其第二年曆數爲二月十五日，望月適抵巽中爻之下六度，乃小亨也。春分酉正日落，於是月出於東，故曰利有攸往，利

見大人。此亦是用相對錯綜卦之例。

象曰：重巽以申命。剛巽乎中正而志行，柔皆順乎剛，是以小亨，利有攸往，利見大人。

　　　重巽以申命，謂以斗柄建月令也。黃昏，正月斗柄指寅，二月指卯，三月指辰。巽之初爻爲角宿，其東北爲大角，上直斗柄之所指，故巽初爻所處之時位，亦即斗柄所指之位。史記天官書曰：杓係龍角，以昏建者杓。象傳蓋暗用斗建辰之義。申命者申月令也。斗柄建辰之法初見於淮南子時則訓，而呂氏春秋十二紀則未有，可知象傳作者乃秦漢間之人物無疑矣。

　　　內體上移往加於外體爲重巽，於是春分日落，巽初爻交卯正，即見斗杓指卯，乃申二月之令也。故曰重巽以申命。象傳所言者時令，學者不解而以政教之號令命令說之，謬矣。剛巽乎中正而志行。剛，日也，中正，月半也。月半春分在震下，故遜於中正而誌其道。柔、月也。日行月亦行，故曰柔皆順乎剛。於是春分日落，月由亨而利，見於東方，即卦辭之義也。

象曰：隨風，巽。君子以申命行事。

　　　巽爲風，兩巽相接，故曰隨風。取象傳之申命一語，引伸以說人事，乃儒家之義理。

初六：進退，利武人之貞。

　　　初六之動爻於寅初。進退者，月行右旋左旋之象。時抵南正之星爲乾之初爻畢宿十一度。乾爲大梁，梁有強義，而畢主弋獵邊兵，故爲武人之象。初六第五年之曆數爲八月二十日，月入畢宿六度，由利而貞，故曰進

退利武人之貞。

象曰：進退、志疑也。利武人之貞，志治也。

　　　望文釋義。

九二：巽在床下，用史巫紛若。吉，无咎。

　　　九二之動交於卯初。床、星名，女床也。女床三小星，在今西圖武仙座，經度相當尾宿之北而位織女之西。入於床下者，月也。巽通遜。然曆數爲何，疑不能決，史與巫之意見紛紛然。女床約在巽中爻後七十度，當坤艮之間，月在床下，是必月之初六或初七矣。九二第二年之曆數爲八月初一日，第五年爲八月初五日。若是初一，寅正合朔，則初六之月在尾宿十四度。若是初五，戌初合朔，則初七之月亦在尾宿十四度。兩者皆遜於床下，何去何從乎？史主曆，巫主象，今象明而曆數難決，於是斷之曰、吉、无咎。吉、朔吉也。言爻用初一，則取第二年矣。

象曰：紛若之吉，得中也。

　　　中爻爲朔吉。

九三：頻巽、吝。

　　　九三之動交於辰初。其第一年曆數爲七月初五日。是月小，卯初合朔，及辰初，日月相比連，月連遜過日，故曰頻巽。日在爻前四度，月在爻前三度，皆不及於九三，故吝。

象曰：頻巽之吝，志窮也。

132

上月月之行度終而合朔，故其誌窮於爻前，乃客象
也。

六四：悔亡、田獲三品。

九三之動交於六四之辰正。九三爻下三度即翼宿十
五度，節交處暑。過爻爲悔，得之爲悔亡。故畋獲三
品，乃獲七月中氣之正也。凡經舉數，皆與曆有關。王
弼以一乾豆，二賓客、三充君之庖廚釋三品。虞翻用卦
變，以狼豕雉爲三品。瞿元用互爻，以雞羊雉爲三品。
任意爲說，皆謬。蓋不知三品乃曆數之象徵，非眞有人
畋猎也。

象曰：田獲三品，有功也。

望文釋義。

九五：貞吉悔亡，无不利。无初有終，先庚三日，
　　後庚三日，吉。

九三之動交於九五之巳初。此爻全說曆數。九三第
六年之曆數爲七月三十日庚寅，故曰无初有終。如此，
則先庚三日爲廿七日丁亥，月在南正，故貞吉。後庚三
日爲八月初三日癸巳，過爻得之，故悔亡。自廿八日至
八月初三，月皆行於東南，故无不利。吉者，言丁日與
癸日皆柔日，宜於祭祀也。外事用剛日，內事用柔日。
按曆元艮初爻冬至甲子，第二年己巳，第三年甲
戌，第四年己卯，第五年因加小餘一度爲乙酉，第六年
庚寅。九三與艮初爻之干支同，故第六年亦爲庚寅日。
今僅舉天干而不及地支者簡約故也。楚詞哀郢曰：「甲
之朝我以行，」與此同例。先儒不知此爻之曆數，乃胡

亂解釋，如王弼牽合彖傳申命一語而爲說云：「申命令謂之庚，先申三日令著之，復申三日令，然後誅而無怨尤矣。甲庚皆申命之謂也。」天下豈有受誅而反吉之理，真是不通之極。虞翻以卦變爲說，從爻畫陰陽上變來變去，更無理可言，且謂此與蠱卦之先甲後甲同義，而不知其固有別者也。

象曰：九五之吉，以中正也。

此釋貞吉二字，貞、正也，故曰以中正。然爻辭如此複雜，豈二字之義所能盡，蓋作者不解爻旨而苟簡言之。

上九：巽在床下。喪其資斧、貞凶。

九三之動終於已正，卦反於原位，內外體相重。資斧，上下弦之月象。九三第四年之歷數爲七月初八日，已正時，月入尾宿十一度，即上弦月遯於女床星之下。及日至下一爻爲七月廿三日則下弦月也。於是床下喪斧而斧入東井四度，位近申正，故貞凶。

象曰：巽在床下，上窮也。喪其資斧，正乎凶也。

上爻輒謂之窮，貞凶則謂正乎凶，實未解爻旨而含混說之。

坎 ䷜ 坎上 坎下

習坎：有孚維心，亨。行有尚。

內體星次元枵，位於戌亥。六三、女八度，小寒。九二、危初度，大寒。初六、危十六度，立春。外體時位子。六四、子初，九五、子正，上六、丑初。九五為元亨夜半，一日之終始。重其上者艮之星次，而象不見。陰陽合曆，第一年，六三為十一月十六，九二為十二月初二，初六為十二月十七。以後逐年增損之數可查考曆譜。

習坎、重坎也，習通襲。心、星名，或稱商，或稱辰，或稱火，乃由三星組成，中間一大星紅色，即心。心宿僅五度，當坤中爻之下五度至九度。有孚維心，言月在心宿，信然也。亨，心宿位過丑正。其第三年曆數九二為十二月二十三日，亥初時，下弦月抵心宿四度，

位過丑正。及日交子正之亨，則月過卯初之亨，故曰行有尚，言日由亥初又上行。凡經中言心者多與心宿有關，學者不知其爲星名，是以多曲說。

象曰：習坎，重險也。水流而不盈，行險而不失。其信維心，亨，乃以剛中也。行有尚，往有功也。天險，不可升也。地險、山川丘陵也。王公設險以守其國，險之時用大矣哉！

　　坎重於坎，謂之習坎。在地有坎陷，在天有危宿，故爲重險。坎離相對，離爲火爲暑，故坎爲水爲寒。卦以九二爲主，乃危宿初度，而重於子正，故水流不盈，道險不失。其第三年曆數十二月二十三日，月入心宿，而日在大寒，故曰以剛中。剛爲日，日上行抵子正，不久月出，故曰往有功。蓋日在子正，月猶未抵卯正也。九二當危宿之初，故天險不可升。外體爲地，時艮重其上，艮爲山，又天河之所經，故有山川丘陵之險象。乾爲王，震爲公，皆在坎後，故有設險以守其國之象。內體坎爲季冬之卦，過立春則陽長。外體時位子，乃一日之終始。故讚其時用大。

象曰：水洊至，習坎。君子以常德行習教事。

　　以常德行釋行有尚，以學習訓習，又摘取象傳王公守國一語而引伸爲習教事，皆儒家之傅會曲說，非卦旨也。

初六：習坎、入于坎窞，凶。

　　初六之動交於酉正。第七年之曆數爲十二月二十三日。於是下弦月在坤下交，入尾宿七度而位抵子正。子正乃坎辰之中，月左旋入於坎陷，故象凶。

象曰：習坎入坎，失道、凶也。

> 下弦月抵北陸，而入於坎，失其道，故凶。

九二：坎有險，求小得。

> 九二之動交於戌正。爻爲危宿初度，故坎有險。第一年曆數十二月初一日在爻前，未入於險，而月入危宿三度，故曰求小得。小、月也。

象曰：求小得，未出中也。

> 九二爲元枵星次之中，十二月初一日、月在爻後，猶未出險中。

六三：來之坎坎，險且枕。入于坎窞，勿用。

> 六三之動交於亥正。第二年曆數爲十一月廿七日。若廿六日，則月抵上六，是日月皆到坎，與險相枕也。故曰來之坎坎，險且枕。若廿七日，則日月皆入坎陷，故戒之以勿用。

象曰：來之坎坎，終无功也。

> 來之坎坎，是日終則一時後日抵子正當爻，但月猶在寅初，不可得而見，故終无功。

六四：樽酒，簋貳。用缶。納約自牖，終无咎。

> 六三之動交於六四之子初。其前爲艮之初二兩爻。坎一爻象一樽，艮兩爻象二簋。艮簋諧聲。用缶，月在離也，離爲缶。六三乃周正月十六日，月在離中爻，位於巳正。九五上所重者艮之初爻，乃牽牛初度，冬至入

朔，一歲終始之分際。八卦常數三百六十度，牛前有斗餘五度未計，此餘數有如斗杓，不可捐棄，須加入，故曰納約自牖。約讀為杓。牖為壁間之空隙，乃歲終始分際之象。加入此餘數則歲終無咎。歲終無咎，坎之六三承其後得十六日，亦無咎矣。此爻自來曲說紛煩，皆由不明爻象本於曆數之故。

象曰：樽酒簋貳，剛柔際也。

剛柔分際謂冬至朔，日月交會於夜半子正。然爻辭複雜，而作解竟如此苟簡，義何能明？

九五：坎不盈，祗既平，无咎。

六三之動交於九五之子正。九五為中，故坎不盈。六三為星紀之終元枵之始，故底既平。又子正為一日之終始，亦底既平也。祗或作衹，王弼訓為語詞、或作提，京房虞翻訓為安，皆不成語者。鄭玄云：「當為坻，小邱也。」然小邱平有何義乎？按祗當讀為底。坎與底偶句，皆名詞，實有所指。

象曰：坎不盈，中未大也。

六三、小寒之始，當子中，故中未大。若以未大訓不盈，則只是文字之義而已。

上六：係用徽纆，寘于叢棘，三歲不得，凶。

六三之動終於上六之丑初，坎反於本位，內外體相重。徽纆，索名也。三股為徽，兩股為纆，以象斗餘五度。此斗餘有如叢棘，歲終輒須加入，顏多障礙。六三為小寒，上承冬至歲首，故曰係用徽纆。若三歲之終不

置閏，則曆數違天，節令全乖，冬至變成十二月初四，六三小寒變成十二月十九矣。故曰三歲不得凶。若三年之終置閏，則此斗餘尚多三日入於下月，是裂為徽為纆之象也。先儒以嚴刑峻法釋徽纆，以牢獄釋叢棘，皆臆測之義。若然，則受酷刑入牢獄即凶，又何必三年哉。

象曰：上六失道、凶，三歲也。

不置閏即失道。

離 ䷝ 離上
離下

離：利貞，亨、畜牝牛吉。

內體星次鶉火，位於辰巳。九三、柳七度，加二度小暑。六二、星七度，加三度爲張三度大暑。初九、張十五度，加三度張之終立秋。外體時位午。九四午初、六五午正、上九未初。重其上者乃兌而象隱不見。

陰陽合曆第一年，九三、五月十九日，六二、六月初五日，初九、六月二十日。以後逐年增損之數可查考曆譜。

午正爲利貞，即外體六五之位。重其上者爲兌、則相對卦艮在子。艮之初爻乃牛宿、若其初爻抵子正、即亨畜牝牛吉也。第二年曆數，牛宿四度乃十一月十五日，於是日在亨、月在利貞，入東井三十三度。凡經中言牛者皆與牽牛星有關，先儒不知其爲星宿在艮初爻，

140

或以坤爲牛、或以離爲牛、皆非。

象曰：離、麗也，日月麗乎天，艸木麗乎土。重明以麗乎中正，乃化成天下。柔麗乎中正、故亨是以畜牝牛吉也。

　　離麗同音訓詁，因而發揮其義。重明以麗乎中正，言內體加於外體，即鶉火之次當午也。於是周天之星次各得其方，乃化成天下。柔、月也。今月當午，是柔麗乎中正也。其時日在牽牛而抵子正，故亨畜牝牛吉。象傳知亨利貞之爲相對時位，牝牛之爲星名、甚是。

象曰：明兩作、離。大人以繼，明照於四方。

　　離爲明、內外體同、故象爲明兩作。大人，月也。望月行抵於中天，故曰大人以繼，明照於四方。大象喜說人生義理，此因明字而說月象，爲例不多。

初九：履錯然，敬之无咎。

　　初九之動交於卯正。立秋在爻下三度而日早出，故曰履錯然，敬之无咎。

象曰：履錯之敬，以辟咎也。

　　辟讀爲避。

六二：黃離，元吉。

　　六二之動交於辰正。元吉爲酉正。日在其時乃震之上爻，是爲正月十三日。月在六二之下二度。落日餘暉反照於離、故黃離者黃昏之離也。

象曰：黃離元吉，得中道也。

日在酉正，月在辰正，皆中道。學者以二爲中，黃亦中色解之，此乃漢儒以五行配五色與五方之謬說。若然，則凡內體離之卦，皆可用黃離元吉之辭矣，何獨限於此哉。

九三：日昃之離，不鼓缶而歌，則大耋之嗟、凶。

九三之動，交於巳正。巳正非日昃之位，故之字爲動詞、由日昃處至於離之時距，謂之日昃之離。日過午正偏西謂之昃，近者未初，遠者申正。時兌在午而乾在未申。不鼓缶而歌者日在兌之上爻而位於未初，昃兆已見，宜及時行樂。兌爲口而時位離爲缶，故其象爲鼓缶而歌。不然，則日在乾之上爻位於申正，昃之極矣。乾爲大耋而時位兌爲嗟，故其象爲大耋之嗟。夕陽晚景無多，猶人之衰老可嘆，故凶。

象曰：日昃之離、何可久也。

九四：突如其來如！焚如！死如！棄如！

九三之動交於九四之午初。突如其來如者日出也。焚如者紅日如火也。死如棄如者星月消失也。時在卯正者乃巽之初爻，恰是秋分日出之時。其第八年曆數秋分前八月廿五日，則月適抵九四之下七度，日出而滅也。此十一字寫紅日初見一刹那間之天象突變，絕妙。

象曰：突如其來如，无所容也。

日出則星月無所容。

六五：出涕沱若，戚嗟若，吉。

九三之動交於六五之午正。離爲目，淚之所出；兌

為口，嗟嘆之所出。出涕戚嗟，乃月在離兌間之象，即在爻前也。第三年三月初八日，日在乾上爻之前二度，過酉正而西沉，於是弦月見於六五之前八度，正介於兌離星次之中間。月之恆、故吉。

象曰：六五之吉，離王公也。

　　乾為王，震為公，日在震乾之間，月在日後，故為附麗王公之象。若以六五為王公，則一位不可得而兼，於是虞翻以卦變為說而五與四易爻矣。孔穎達以公為連帶及之，取其便文以會韻矣。義皆迂曲難通。

上九：王用出征；有嘉折首，獲匪其醜，无咎。

　　九三之動終於上九之未初、離反於本位，內外體相重。王、乾也，日在乾上爻由酉正抵戌初、為王出征之象。其第十一年曆數為三月初八日，戌初時，月適抵離上爻之下一度，乃鶉首之終、故曰有嘉折首。初十日穀雨，月在離而鶉火，若十一日則月在鶉尾。醜、竅也。禮記內則云：「鱉去醜。」鄭玄注：「醜、鱉竅也。」竅在尾、故獲匪其醜，言月不在鶉尾也。然則无咎者乃初九初十日之月得鶉火之次，而非十一日之曆數也。

象曰、王用出征，以正邦也。

　　望文為釋。

艮　☶　艮上
　　　　艮下

艮其背，不獲其身；行其庭，不見其人。无咎。

　　內體星次析木星紀，位於子。九三、箕三度，加四度小雪。六二、南斗七度，加五度大雪，爲星紀之始。初六、牛初度冬至。牛前有斗餘五度四份之一，加入計之。外體時位丑寅。六四、丑正；六五、寅初；上九、寅正。重其上者坤、隱而不見。

　　陰陽合曆第一年之終，九三、十月初七，六二、十月廿二，初六第一年之始爲十一月初一，第二年之始則十一月十二日。以後逐年增損之數可查考曆譜。

　　卦辭以初爻爲主，蓋冬至點乃歲始也。八卦常數三百六十度終於初爻之前，乃南斗廿一度。但周天星次三百六十五度餘，初爻之前應爲南斗廿六度、似此則非廿一度矣，故曰艮其背、不獲其身。背、牛背也，止於牛

背即歲終也。外體時位爲艮庭，時位固定、不可增減，故內體往重于外體時，上與三，五與二，四與初爻爻相應、則斗餘無位，是行其庭不見其人也。其身指南斗第廿一度，其人指斗餘五度而言。故不獲其身乃增加斗餘使不失實，不見其人乃減去斗餘不計，以保持爻各十五度之常數、義皆无咎者也。

象曰：艮、止也。時止則止，時行則行，動靜不失其時，其道光明。艮其止、止其所也。上下敵應，不相與也。是以不獲其身，行其庭，不見其人，无咎也。

以止訓艮，蓋艮乃歲終之卦。時止則止，謂內體日所處之星次，一日一度、十二辰內曆數不變也。時行則行，謂日隨天左旋，晝夜所經之時位不同。一動一靜，皆不失其節候之時與晝夜之時、即日道光明也。艮其止當爲艮其背之誤。背者所以定位，故其義爲止其所。艮爲止，背爲其所、即歲終於初爻之背也。星度右旋，故爻上爲背。因有斗餘之增，故內外體各爻上下敵應不相稱，即星度與時位不相與也。以此釋卦辭之義、精確之至。

象曰：兼山、艮。君子以思，不出其位。

艮爲山、內外體同、故以兼山爲卦象。取象傳艮止之義，引伸而說人事。

初六：艮其趾、无咎。利永貞。

初六之動爻於亥初。趾、身之末也，以象歲終，位在爻前一度。其第一年之終爲十一月十一日，月在南正由利而貞也。卦始於亥初及其終於丑正、則月抵酉初，

即是永貞。

象曰：艮其趾、未失正也。

望文爲釋，以利永貞爲未失正。

六二：艮其腓，不拯其隨，其心不快。

六二之動交於子初。第一年曆數十月廿二日，爻下五度爲大雪。此附着之數有如足肚之突出、故曰艮其腓。拯、升也。不拯其隨，即大雪之日隨後，不升至於子初之位也。於是廿七日之月入心宿三度而位近丑正。月犯心，是以其心不快。凡經以人之肢體言者、皆日或月所處之位象，不可不知。拯或作抍，訓爲舉、是也。

象曰：不拯其隨，未退聽也。

斷句爲釋。聽，從也，與隨同義。蓋以日隨天左旋爲退，未退聽，即日在爻下。

九三：艮其限，列其夤，厲、薰心。

九三之動交於丑初。其第六年曆數爲周閏十二月初二日。艮其限謂上月終也。列其夤謂上月終之餘分割去不計也。夤與胂、胂同，夾脊肉也，以喻餘分入下月之朔。列讀爲裂。周十二月終之餘分爲$\frac{707}{940}$，故必小月、乃二十九日也。日在爻前二度入箕宿初度，故其位屬。丑初時，月入心宿二度，日月相距僅二十三度。月犯心，是以心焦灼。

象曰：艮其限，危薰心也。

不知爻旨，僅斷句而以危訓屬說之。

146

六四：艮其身、无咎。

九三之動交於六四之丑正。其身謂艮初爻之星次。九三在丑正則初爻在子正。冬至夜半朔、乃歲首也，故无咎。

象曰：艮其身，止諸躬也。

以止訓艮，以躬易身，望文爲釋而已。

六五：艮其輔，言有序，悔亡。

九三之動交於六五之寅初。輔通酺，頰骨隆起於面側，乃寅初之位象。九三第七年曆數十月十二日，交下四度入小雪爲十六日。艮其輔者小雪之日交寅初時也。於是望月抵相對兌之申初，故曰言有序。言者兌也。是月寅初合朔，十六日交寅初，則月自朔後之行程剛足十五日而得二百度。減去十七度（十二加斗餘五計之）爲一百八十三度。申初距寅初有一百八十一度，是月在相對兌爻下二度入井宿初度，不至於申初。但周天星度中分應爲一百八十三度，故月實已抵申初矣。星度上移，於是小雪日過寅初，望月當申初，適遙遙對應而無違。此即有序悔亡之義也。過爻爲悔，得之悔始亡。

象曰：艮其輔，以中正也。

望月得中，日亦得小雪之中。

上九：敦艮、吉。

九三終於上九之寅正。敦，厚也。敦艮者厚其時限也。寅正乃黎明前之時限，但九三爲十月卦，孟冬夜長

畫短，日遲出、故敦艮吉。此與臨卦之終爻義適相反。臨之上六曰敦臨吉。蓋臨之兌六三乃四月卦而上六為辰初。孟夏畫長夜短，故厚臨吉。

象曰：敦艮吉、以厚終也。

以厚夜之終。

兌

兌上
兌下

兌：亨、利貞。

　　內體星次實沈鶉首、位於午。六三、參八度，加二度入東井初度小滿。九二，井十四度，加二度芒種。初九、井廿九度，加二度夏至。外體時位未申。九四、未正，九五、申初，上六、申正。重其上者乾、而象不見。陰陽合曆第一年：六三、四月初四；九二、四月十九；初九，五月初四。以後逐年增損之數可查考曆譜。

　　卦辭以九二為主，位當正午，乃利貞之點。夏日晝長，日早出、非以卯正之利為始，乃自亨來，故曰亨、利貞。

象曰：兌說也。剛中而柔外，說以利貞，是以順乎天而應乎人。說以先民，民忘其勞；說以犯難、民忘其死。說之大，民勸矣哉！

以悅訓兌。剛日柔月。日在九二，月在其外是剛中而柔外也。九二第二年之曆數為四月廿九日，正是月終，午正時，月在日前十三度。陰陽當午相遇，故曰悅以利貞。日月順天而行，至於午而當頭，是應乎人也。夏季日永，又值芒種將始，農事方勞，為政者必自樂於勤勉以為民先，則民亦忘其勞；必自樂於克服艱難，不畏困苦，則民甚至可以忘其死而無怨。上下和悅之功用甚大，上行下效，民其勤勉哉！象傳伸說兌義，由天道而及人事。

象曰：麗澤、兌。君子以朋友講習。

　　兌為澤、兩體相連，乃麗澤之象。麗通儷，偶也。以朋友講習乃暗用論語「學而時習之不亦悅乎，有朋自遠方來，不亦樂乎」之義。

初九：和兌、吉。

　　初九之動爻於巳初。其第一年曆數五月初四日。和兌吉謂朔也。日在爻前三度，月在爻前一度，陰陽和悅。

象曰：和兌之吉，行未疑也。

九二：孚兌吉、悔亡。

　　九二之動爻於午初。第二年之曆數四月廿九日。孚兌吉乃五月朔也。未正合朔，今交午初，月在爻前，故曰孚悅。朔過爻得之，故悔亡。象傳用晦，此用朔，同爻而稍異。

象曰：孚兌之吉，信志也。

六三：來兌、凶。

六三之動交於未初。第三年之曆數爲四月廿五日，月位過酉初，即將西沒，故曰來悅，凶。

象曰：來兌之凶，位不當也。

月位在酉初，故不當而凶。若五月朔，日在爻下五度，月來當爻，即來兌吉矣。

九四：商兌未寧；介疾有喜。

六三之動交於九四之未正。商即心，星名也。第二年曆數四月十四日，月入尾宿八度。月犯心則心憂，今僅離心八度，猶有餘悸，故曰商悅未寧。若爲二十一日，月出坎入危宿終度，是介疾有喜也。坎爲疾，介、小也。過危宿入營室即無恙矣。先儒不知商之爲心星，或訓商量，或訓商度，或訓營商，徒從陰陽爻位，或卦變捃撍其義，皆迂曲難通而語不成語，非也。

象曰：九四之喜，有慶也。

九五：孚于剝，有厲。

六三之動交於九五之申初。剝，月虧也。厲，位在爻前也。六三第六年之曆數爲四月廿八日，月終廿九日，日在爻下一度，月在爻前十一度，剝之極矣，故曰孚于剝有厲。

象曰：孚于剝有厲，位正當也。

上六：引兌。

六三之動終於申正，兌反於本位，內外體相重。第一年四月初一日，日在爻前三度，適當申正合朔，日月相牽悅，故曰引兌。

象曰：引兌，未光也。

朔無月，故未光。

八純卦為一周天整體，前進後繼，循環無間。每卦所歷各三個時辰，具相互錯綜變動之妙用，及其終也，各復於其本位。於是乾西坤東，坎北離南，震西北，巽東南，艮東北，兌西南，而成第二組之八重卦。即乾變成大壯，坤變成觀，震變成屯，巽變成鼎，坎變成蒙，離變成革，艮變成謙，兌變成履，又成一周天之體系焉。不變者內體之星次，所變者外體之時位而已。

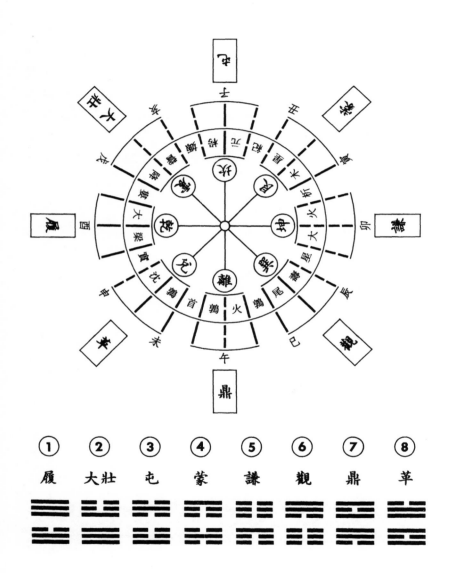

(VI) 第二組相綜卦圖

履 ䷉ 乾上
兌下

履虎尾，不咥人亨。

內體星次實沈鶉首，外體時位酉。卦辭以日在六三
為主，乃實沈之中次也。其星為參宿八度。參乃白虎，
而終於九度，故曰履虎尾。咥人即侄人，古之氏族名，
與晉國有關。晉字作𣈆，隸改今體。晉之始封本稱唐，
唐叔虞之子燮改稱晉，蓋因晉水而得名。晉水一帶之土
著民族原為戎狄，而侄人為大，散佈極廣，此晉字所以
從二至也。春秋時有一部份侄人且已東徙於齊國。𠫤羌
鐘銘曰：「武侄寺力」。此是討伐戎族侄人的紀勳銘，
可見侄人勇猛，常恃武力。又史記秦本紀載百里奚嘗流
亡到齊國，向騅人乞食。由此二証，可知侄人，騅人，
咥人乃同一氏族。

參星屬實沈，乃晉人之主星，咥人既與晉有關，則

參自亦為其主星也。左傳昭元年子產曰：「后帝遷高辛氏之季子實沈于大夏，主參，唐人是因，以服事夏商。及成王滅唐而封太叔焉，故參為晉星。由此觀之，實沈，參神也。」然則參為大夏之主星，由來久矣。又參為白虎，神獸也。山海經有騶虞，郭璞注云：「尚書大傳謂之仁獸。」海內北經說：「林氏國有珍獸，大若虎，五色畢具，尾長於身，名曰騶虞。」可見白虎即騶虞，亦仁獸也。仁獸者，仁人之神獸，此履卦之所以於實沈之白虎參宿而言咥人也。

咥字，說文曰：「大笑也。」且引詩氓篇之「咥其笑矣」句以為証。解作齕或嚙，始自履卦之漢儒訓詁，乃望文臆測，失之。

九二與六三屬實沈，位於申，乃貞而非亨，故曰不咥人亨，猶言咥人不亨也。一般學者不解亨只是時位之記號，乃從字義上求通，遂發生傅會曲說，以為老虎不咬人所以亨通，老虎咬人所以凶。天下豈有人蹈虎尾之事？又豈有蹈虎尾而不被咬之理？卦爻辭之義信如此，豈非荒唐？若以為履險若夷之喻，則其喻豈非擬於不倫不類乎？夫虎尾者參宿之終度也，咥人者實沈也，不亨者貞也，義固簡單，非虛象也。至於六三言咥人凶，乃月履虎尾，參為所犯，故於咥人為凶象。卦辭所言乃日履虎尾，承陽非凶，故僅舉時位以明之。其別如此。

象曰：履、柔履剛也。說而應乎乾，是以履虎尾不咥人亨。剛正中，履帝位而不疚，光明也。

柔月剛日，柔履剛，月在日前也。參終九度在六三爻下，其第六年曆數為四月廿九日，申正時，月在爻前十度，故曰柔履剛。內體上行，三交於乾之下爻，是說

而應乎乾也。自申正至酉初皆屬貞，是以曰履虎尾哑人不亨。三繼往交於九五之酉正，故曰剛正中。乾之中爲帝位，孟夏之日，酉正不落，故曰履帝位而不疚。光明即是日。

象曰：上天下澤，履。君子以辯上下定民志。

　　辯通辨。乾兌乃相連之星次，時位亦然。象傳釋天文與時位，大象則說人事，由上天下澤，而傅會之。

初九：素履，往无咎。

　　初九之動交於午正。素履、上弦月象也。日在震初爻，當酉正。其第四年曆數爲二月初五日。若初八，則日在震下三度，月在初九之下五度。節入春分，日落於酉正，故往无咎，言月行於南正也。

象曰：素履之往，獨行、願也。

　　言月甘願獨行，蓋與日俱行則不見也。

九二：履道坦坦，幽人貞吉。

　　九二之動交於未正。兌之星次全是東井，故曰履道坦坦。九二第二年之曆數爲四月廿九日，月在爻前十二度入東井二度。次日五月初一日未正合朔。初二日，月在下爻入東井廿九度。幽人、月也，月行於未之時位中而不得見，故以幽人喻之。貞吉，朔在未正也。自廿九至初二日，月皆不出東井，此履道之所以坦坦也。

象曰：幽人貞吉，中不自亂也。

未正合朔，故中不自亂。

六三：眇能視，跛能履。履虎尾，咥人凶，武人爲于大君。

六三之動交於申正，兌反於本位。日在九五，第一年爲三月初三日，月自參入井，在六三之下二度。落暉未沒，新月隱約不明，故曰眇能視。月如鈎，傾側而行，故曰跛能履。白虎爲咥人之主星，今月犯虎尾，故曰履虎尾，咥人凶。武人，大梁之次也，中有畢宿，主弋獵邊兵，故以武人象之。大君，日也，日在大梁之中，而畢在日下，則武人治於大君也。按巽初六亦言武人，正是畢宿當午中，可與此互証。

象曰：眇能視，不足以有明也。跛能履，不足以與行也。咥人之凶，位不當也。武人爲于大君，志剛也。

小象以位不當釋咥人凶，若位當則咥人不凶，可見咥人非嚙人之義。六三位在申正，非日之所在，故位不當。志剛謂誌日之所在，乃大君也。咥人與武人對舉，皆星次之象徵無疑。

九四：履虎尾，愬愬、終吉。

六三之動交於九四之酉初。六三第六年曆數四月二十八日，明日月終在交下參九度，故履虎尾，愬愬終吉。愬愬猶溯溯，日左旋由下而上逆行之象。自二十八至二十九，日進退同旋，故曰溯溯。此爻與卦辭同義。

象曰：愬愬終吉，志行也。

誌月終日躔在虎尾。

九五：夬履，貞厲。

六三之動交於九五之酉正。夬履，月象也。夬讀爲趏，行貌，與夬卦九五之夬夬同義。六三第四年之曆數爲四月初六日，月未上弦而行於未初未正之間，故曰貞厲。

象曰：夬履貞厲，位正當也。

上九：視履考祥，其旋元吉。

六三之動終於上九之戌初。日左旋自酉正至戌初入元之時位，故曰其旋元吉。祥通詳。六三爲立夏之終，日過酉正三刻餘西沒，至戌初已四刻矣。視履考祥，言視日落時月履於何方而考詳之，即知其爲何日也。如上弦見於未初，圓月見於辰初等等。

象曰：元吉在上，大有慶也。

四月戌初日落而月見，故大有慶。大謂日，慶謂月。

謙 ䷎ 坤上
　　　　艮下

謙：亨，君子有終。

　　　內體艮，其初爻爲冬至，乃一歲終始之分際，故曰
　　君子有終。位在丑正，故爲亨。謙之內外體，星次與時
　　位合一，乃相連之卦。即艮重於艮，坤重於坤也。

象曰：謙、亨，天道下濟而光明，地道卑而上行。天道虧盈
而益謙，地道變盈而流謙，鬼神害盈而福謙，人道惡盈而好
謙。謙尊而光，卑而不可踰，君子之終也。

　　　八卦之體用法則，象傳已於此明白提示，而學者不
　　解，或以卦變或依字義說之，王弼竟至無註，陋矣。
　　　謙之內外體，星次相連，坤爲大火，艮爲析木星
　　紀。其時位亦相連，艮爲丑寅，坤爲卯。日之本行，
　　依星次右旋，自上而下，此乃天道，故曰下濟而光明。

160

濟，成也。光明，日也。以時位言，日隨天左旋，自子丑而寅卯，乃自下而上，此為地道，故卑而上行。可見八卦代表兩種體系，內外體有別，外體是地道，內體是天道。謙之地道坤，天道艮，由象傳之義推而廣之，諸卦莫不皆然。故天道地道非僅限於乾坤兩卦。遇天必乾，遇地必坤，乃大象之誤導也。

　　謙之主體是艮，乃孟冬仲冬之卦。其初爻牽牛初度為冬至，乃周之歲首。八卦常數三百六十度，比周天星度少斗餘五度多，故歲終有欠缺，此卦之所以名為謙也。於是陰陽合曆發生朔虛氣盈問題，而三百六十度比朔虛約多六日，比氣盈約少五日，裁其多，增其少，共有十一日之閏餘，以為置閏月之依據，故曰天道虧盈而益謙。盈者八卦常數多於陰曆年也，謙者少于陽曆歲也。歸餘於終，關鍵即在艮，故象傳特發之。

　　地道靜而有八方，以十二辰為誌。子正乃一日之終始，終為一日之盈而始為謙。終則又始，故曰地道變盈而流謙。艮位於東北丑寅之位，乃下半夜，正是一日之始，自子正至於卯，即流謙也。用此流字，與豳風七月流火，同是妙語。

　　由天道地道之盈謙功用，因而領悟謙德之要，而有滿損謙益之戒，故曰鬼神害盈，人道好謙。總說謙之名義後乃進而釋卦辭。

　　謙尊而光，謂上六辰初之位，乃孟冬仲冬日出之時。卑而不可踰謂初六乃冬至歲首，其斗餘五度不可越此界限，以明其分際也。君子有終即歲終於牽牛之前。君子，日也。

象曰：地中有山，謙。君子以裒多益寡，稱物平施。

161

以卦位而言，山在地下，因為無理，故改稱地中有山。此種卦象，原是胡扯，并不含有深義。摘取象傳虧盈益謙一語，引伸而說人事。裒、取也。

初六：謙謙，君子用涉大川，吉。

初六之動交於子正。去歲之終，今歲之始，節入冬至。爻前過斗餘，故曰謙之又謙。大川者天漢也，箕斗在其中，即艮當之。日渡河而至於牽牛，故曰君子用涉大川。冬至夜半朔，歲之始，月之始，日之始，故吉。

象曰：謙謙，君子卑以自牧也。

日入牽牛初度而爻位低，故曰卑以自牧。牧字妙極。

六二：鳴謙，貞吉。

六二之動交於丑正。鳴謙，月在兌，位相對未正，故貞吉。兌為口，有鳴象焉。初六冬至朔，逆推之，則六二為周之閏十二月十六日大雪，加入斗餘計，日在南斗十三度而非七度。丑正時，月入兌中爻之井宿十四度而位於未正。但鶉首之次在井宿十六度，月未及之，故曰鳴謙。

象曰：鳴謙貞吉，中心得也。

日在丑正，月在未正，恰是月半，故中心得。

九三：勞謙，君子有終，吉。

九三之動交寅正，艮反本位。六二為閏月十六則九三為閏月初一日。爻前為周之十二月卅日入箕宿八度。

餘分未盡，午初入朔，故曰君子有終吉。吉，朔也。月終於子正，至寅正則朔。是年多一閏月，故曰勞謙。

象曰：勞謙君子，萬民服也。

六四：无不利，撝謙。

　　　九三之動交於六四之卯初。過卯正謂之利。无不利，月見於東也。撝同揮，言揮退月之位也。因下有斗餘五度加入，則星位變動須上移始得之，故曰揮謙。九三第三年之曆數爲十月廿八日，若月終三十日，則月在爻前十度入尾宿十一度。是月位不及於卯正矣。然此非實際之位，因加入斗餘，須上移五度才好。如此，則月正出於卯正無誤。故揮謙，始無不利也。此必爲第三年之曆數，與上爻九三之十月終不同，因爲冬至夜半朔前之十月倒數之，斗餘星度已包括在內前移，無待於揮也。且彼月入朔在午初，此月入朔在未正，亦有差異，若爲彼月之終，則月早已東出矣。又此爻純關於曆數之推算，月雖出於卯，但不可得而見，因爲晦，日月相距僅有十二度故也。

象曰：无不利，撝謙，不違則也。

　　　不違天象之法則。

六五：不富，以其鄰。利用侵伐，无不利。

　　　九三之動，交於六五之卯正。卯正爲春秋分日出之際，今艮九三爲孟冬之爻，節近小雪夜長晝短，日出須待辰初。故曰不富以其鄰。不富，時間未足也。鄰，上六位也。自卯正至辰初，皆屬於利。故曰利用侵伐，无不利。此與卦辭謙尊而光同義。

象曰：利用侵伐，征不服也。

望文爲釋，侵伐當然是征不服。

上六：鳴謙，利用行師，征邑國。

九三之動終於上六之辰初。日在相對戌初之兌上爻而月在此。兌上爻第二年之曆數爲四月十四日，鳴謙則十五日也。月在上六之下四度，入九三之箕宿七度。四月戌初日落而星月見。月率羣星行，故其象爲利用行師征邑國。

象曰：鳴謙，志未得也。利用行師，征邑國也。

四月中氣小滿在兌上爻之下二度乃十六日，今爲十五日故誌未得。因誌未得，始能利用行師。若志得，則月未出，無此象，且亦不可稱爲鳴謙。不足謂之謙。

大壯　≡≡ 震上
　　　　　　 乾下

大壯：利貞。

　　　內體大梁，位於酉，三月卦在本位。陽之壯始於春
分而極於夏至。三月在酉，則六月在午。故大壯爲六月
之盛陽。利貞即午正之位。今乾三月在酉而言利貞，蓋
陽壯之過程也。

象曰：大壯，大者壯也。剛以動，故壯。大壯利貞，大者正
也。正大而天地之情可見矣。

　　　大爲日爲陽，大者壯盛乃釋卦名。剛以動，謂日在
震之初爻，乃春分也。春分以後，陽勝於陰，故壯。
大壯利貞謂日在離之中爻，乃六月大暑正午也。正午之
陽，天中地亦中，人人見之，六月酷暑亦人人覺之，故
正大而天地之情可見。

象曰：雷在天上，大壯。君子以非禮弗履。

引伸大壯之義以說人事。蓋大壯易陷非禮，壯而能正，即非禮勿履矣。

初九：壯於趾，征凶，有孚。

初九之動交於申初。初九爲大梁星次之終，故曰壯於趾。申初日昃，故征凶有孚。

象曰：壯於趾，其孚窮也。

大梁之次盡，故其孚窮。

九二：貞吉。

九二之動交於酉初。第一年曆數三月初三日。貞吉，朔也。若非朔，則酉初之貞乃凶而非吉，當與初九同義矣。

象曰：九二貞吉，以中也。

九三：小人用壯，君子用罔。貞厲，羝羊觸藩，羸其角。

九三之動交於戌初。小人、星也。君子、日也。日落天暗，羣星燦爛，故小人壯，君子罔。罔讀爲惘，迷失也。蓋第二年之曆數二月廿九日無月之夜象。貞厲，申正酉初間之時位。羝羊、兌也，在乾之後。藩，酉初之界。角，鈎月如羊角。蓋三月初三日之象。初三日在九三爻下四度，月在初九爻下二度入畢宿十三度。畢爲天網，鈎月如羊角入其中，故曰羝羊觸藩羸其角。羸，縲也。

象曰：小人用壯，君子罔也。

九四：貞吉，悔亡。藩決不羸，壯于大輿之輹。

九三之動交於九四之戌正。九三第三年之曆數爲三月初十日。若十一日庚申，則月位午正偏東四度入翼宿初度。貞吉，午正。悔亡則位不偏東，即上移四度也。午正非藩，而翼非畢網，故曰藩決不羸。壯者月也。月當貞正之午，乃離之時位中爻。離爲大輿，輹爲車軸上之伏兔，所以縛輿者，而軸當輿下之中，故壯于大輿之輹，即月在南正之象。

象曰：藩決不羸，尚往也。

尚同上，日上往則月亦上往而抵午正，於是決午初之藩也。

六五：喪羊于易，无悔。

九三之動交於六五之亥初。易讀爲場，疆界也。羊，兌之參宿。時兌上爻參宿八度當西正。但星次之中在其爻下二度入東井初度，若中次與西正相當始无悔。如此，則參宿過西正而全沒於地下，是喪羊於疆界之象也。於是九三亦隨而上移二度，過亥初矣。九三第五年之曆數爲三月初二日，入爻下二度爲初四日，月入東井二度，已過參宿。然則喪羊于易者乃月也。顧頡剛以爲王國維所考証之殷王亥喪羊於易之故事與此爻有關，其實牛羊喪失原爲平常之事，非必王亥所獨然者。易經中之羊皆爲兌象，乃指參宿而言，與王亥之故事何關乎？此一偶然之巧合，豈可作爲史實，徒多傅會而已。

象曰：喪羊于易，位不當也。

兌之上爻與六五時位不相當。

上六：羝羊觸藩，不能退，不能遂。无攸利，艱則吉。

九三之動終于上六之亥正。兌之上爻當戌初爲羝羊觸藩之象。遂、進也。羊若不能進退，則九三亦止於上六，此錯綜義也。无攸利，艱則吉，謂月在艮，未出卯正。艱爲艮，與兌相對，兌在酉則艮在卯。九三第四年之曆數爲二月二十日，亥正時，月入艮中爻之下南斗十一度，不及卯正。卯正乃利之始，无攸利則月未見也。

象曰：不能退，不能遂，不詳也。艱則吉，咎不長也。

不詳，言兌之參宿當戌初，早巳西沒，象不明也。咎不長，言月即將出也。

觀 ䷓ 巽上 坤下

觀：盥而不薦，有孚顒若。

內體坤，星次大火，位於卯。外體巽，時位辰巳。觀之星次與時位同，即坤重坤，巽重巽，內外相連。

觀者觀天象，非觀祭禮。盥而不薦者，北斗之象，斗口向下也。巽之下爻角宿，中爻軫宿，上爻翼宿，其北正是北斗。斗杓斜指角宿而斗口下臨北極，乃倒懸於天者。斗所以挹酒漿，今口向下，是灌酒於地之象。若斗口朝上則爲獻酒之象。故曰盥而不薦。盥通灌。薦、獻也。古人觀象，北斗之作用頗爲重要。故史記天官書曰：「斗爲帝車，運於中央，臨制四鄉，分陰陽，建四時，均五行，移節度，定諸紀，皆繫於斗。」今巽之初爻在辰正，即斗杓之所指，三月黃昏，九月平旦之象。而坤正是九月卯時，此卦之所以名觀也。若九月黃昏，

169

斗柄指戌，則斗口上向北極，便成薦而不盥之象，與此適相反。有孚顒若謂北斗之形信然大也。說文：「顒、大頭也」，非斗魁之象耶？引伸之，顒有大義。小雅六月：「其大有顒。」有顒與顒若同義。馬融王弼以信敬爲說，失之。

象曰：大觀在上，順而巽，中正以觀天下。觀盥而不薦，有孚顒若，下觀而化也。觀天之神道而四時不忒。聖人以神道設敎而天下服矣。

　　以天象釋卦。大觀在上，謂北斗當巽次之北，所觀乃在卦之上也。順而巽，謂坤向巽位行。中正以觀，言北斗亦西移以達北天之中而下觀也。下觀而化，謂斗口漸漸運化易位，北向下觀之，其形大，若灌酒然，而非薦酒也。此乃天之神道，觀之則四時不忒。即天官書分陰陽建四時皆係於斗之義。聖人用此神道設敎，使人人有所準則而不失時令，則天下莫不順從。象傳以天之神道四時不忒爲言，可見其非取大禘之義。大禘乃人所行之禮，既非天之神道，亦非四時之祭，更與坤巽三秋之時不相涉者也。學者不知所觀者爲天象而望文爲釋，其說多乖戾難通。而於象傳之大觀在上，中正以觀，下觀而化之上中下三觀，幾至莫名其妙矣。若知所觀者爲北斗，豈非渙然冰釋？象傳釋巽卦曰：「重巽以申命」，即取義於北斗，蓋深知巽與北斗有密切關係者也。

象曰：風行地上、觀。先王以省方、觀民、設敎。

　　象傳以觀爲觀天之神道，此以爲觀民，大異其趣。蓋引伸神道設敎一語而爲說耳。

初六：童觀，小人无咎，君子吝。

初六之動交於寅初。童觀，觀艮也。艮爲小子。其星次在坤後，而寅初則其時位之中爻。艮有斗餘五度加入，則坤初六之星須上移五度。小人星也，君子、日也。似此則星次不失而日在爻前，故曰小人无咎，君子吝。吝、不及於爻也。初六爲尾宿六度，前移五度則當爻爲尾宿十一度。

象曰：初六童觀，小人道也。

六二：闚觀，利女貞。

六二之動交於卯初。卯正者日出之門，卯初爲門內外窺之象，故曰闚觀。利女貞者月在離而南正也。六二第八年之曆數爲九月廿三日，下弦月正抵午正。

象曰：闚觀女貞，亦可醜也。

下弦月虧剝，其貌惡，故曰可醜。

六三：觀我生進退。

六三之動交於辰初。我，日也。日出於卯正，故曰觀我生。六三之下四度爲寒露，日右旋而又左旋，具進退之象。

象曰：觀我生進退，未失道也。

日入寒露，得節氣之初，故未失道。

六四：觀國之光，利用賓于王。

六三之動交於六四之辰正。乾爲王，日在其中，而

月在坤。乾中爻第二年之清明爲三月十五日位於戌初。
於是月入氐四度而在六四之下。觀國之光，觀坤國之
光，即月也。月在利之時位而臣服於王，即日在乾。爾
雅釋詁：「賓、服也。」

象曰：觀國之光，尙賓也。

　　日爲主，月爲臣。賓、王臣也。觀國之光即是觀
月，故所尙者乃賓也。

九五：觀我生，君子无咎。

　　我生，巽中爻之星軫宿見也。六三之動交九五之巳
初，則巽中爻往居午初。時日在乾初爻位當戌初。其第
一年曆數爲三月十八日，月未出，惟星見耳。節近立
夏，日落遲，故戌初時我星生而日无咎。君子、日也。

象曰：觀我生、觀民也。

　　星爲衆民之象。

上九：觀其生，君子无咎。

　　六三之動終於上九之巳正。其讀爲箕，星名，當艮
之上爻，自卯正至辰初而見於東方，故曰觀箕生。日
在其相對之兌上爻位於戌初。四月初一日，過戌初而日
落，亦無月，惟星見耳。其所以言其，乃取其箕同音而
與我生之我對照，且亦以示日在兌也。六四用乾中爻，
九五用乾初爻，上九用兌上爻，乃連續者，而時皆在戌
初。蓋錯綜以見義也。

象曰：觀其生，志未平也。

　　兌上爻爲四月初四日，有月可見，今僅觀箕星生，
則無月可觀，必爲初一日，是當爻之誌未平也。

屯 ䷂ 坎上
震下

屯：元亨，利貞勿用。有攸往，利建侯。

　　屯之內外體星次相連，時位亦然，即震重震坎重坎
也。震星次娵訾降婁，乃正二月之卦，位於戌亥。坎為
元枵，位於子。元亨即九五子正之位，利貞則相對之午
正。坎次中爻重在子正，其曆數為十二月初二日無月。
六三為正月初二日亦無月。六四為十二月十七日，六二
為正月十七日，任何一爻當子正時，月皆不到午正，故
曰元亨，利貞勿用。卦以震之六二為主，正月十七日亥
初時，月在辰初，往加子正元亨，則月抵巳正。月皆行
於利之時區，故有攸往，利建侯。侯，月也。侯通候，
言觀月之所建而知為何時候也。

象曰：屯、剛柔始交而難生。動乎險中，大亨，貞。雷雨之
動滿盈，天造艸昧，宜建侯而不寧。

173

剛柔者，日月也。坎之中爻十二月初二日之始。合朔在未初，至子正時，日入危初度，月入危五度，故曰剛柔始交而難生，言合朔後日月即入於危也。自十二月初二至十五之終十六之始，日皆行於危宿，故曰動乎險中。十五日之終交子正，則月在午正，故曰大亨，貞。卦以元亨言，象傳以亨言，元亨必爲十七日，故利貞勿用。亨貞連舉，則貞必爲望月，此其別也。雷雨謂震中爻。震爲雷，其中爻古曆啓蟄之終，下一度交雨水節，故曰雷雨之動滿盈。天造艸昧，夜深暗沉沉也。宜建侯而不寧，言宜用正月十七日之月，見於東方以建時候，而其行不停也。蓋六二在亥初，往抵子正則入雨水節，而月東移一度半又左旋抵巳正也。

象曰：雲雷、屯。君子以經綸。

以坎爲雲，震爲雷。象傳言雨則指雨水節而非坎，不可不辨。君子以經綸乃摘取利建侯一語，引伸爲說。

初九：盤桓，利居貞，利建侯。

初九之動交於酉正，日落矣。第二年曆數爲二月十四日，下一度十五日春分。盤桓，進退貌，謂春分之日退在爻下而又進於酉正。如此則中星亦進二度而東井三十一度由利而入於貞，故曰利居貞。春分日落於酉正，與中星相距九十一度，最爲正確，是以言之。望月入軫宿終度而見於東方，故曰利建侯。

象曰：雖盤桓，志行正也。以貴下賤，大得民也。

志行正，誌春分之道。貴爲日爲大，賤爲星爲民。星在爻下而日莊之，以貴下賤之象，即大得民也。

六二：屯如邅如，乘馬班如；匪寇婚媾。女子貞不字，十年乃字。

屯如，難行貌。邅如，轉進貌。班如即般如，徘徊貌，與盤桓同義。匪字讀爲彼。

六二之動交於戌正。爻辭乃總言兩年之曆數，其所得月位不同。乘馬班如，日在震也，震爲乘馬。匪寇婚媾，月在坎也，坎爲寇。六二第二年之曆數爲正月廿八日。若廿七日，日在爻前，故其象屯如邅如班如。於是月入危宿七度，月來就日爲婚媾，過坎則女被劫之象，故曰彼寇婚媾。此是一義。第三年爲二月初九日。若初十日，月入柳宿五度，位午正偏西，故曰女子貞不字。字者孕也。男女交始孕，不交則不孕。孕乃合朔之象。三年之後又十年則六二爲正月三十日，戌正時，月在爻前四度，即來會合，故十年乃字。朱熹訓字爲許嫁，且引禮「笄而字」爲証。笄而字，乃命名字，猶男子冠而字，非許嫁也。虞翻訓爲妊娠，得之。

象曰：六二之難，乘剛也。十年乃字，反常也。

凡遇複雜之爻辭，小象皆苟簡說之，蓋不知也。初爻剛，二爻柔，輒以爲乘剛而釋屯義爲艱難。十年乃字以爲反常，亦望文生義而已。誰能於如此之解而得爻旨哉。

六三：即鹿无虞，惟入于林中。君子幾不如舍，往吝。

六三之動交於亥正。震次反於本位。鹿讀爲麓，山腳也。指艮之初爻而言，位於丑正。虞，月之象徵。月

不在艮之初爻而在其中爻，即近麓無虞人而虞入於山林中也。六三第三年之曆數爲正月二十四日，亥正時，月入南斗七度，正當艮之中爻，位在寅初。君子，日也，舍，星宿也。六三乃姊觜之中次，節氣立春之終，入營室十四度。但室宿共有十六度，故曰君子幾不如舍，往吝。吝者小疵，幾即小也。若不吝，則廿六日之月在艮下，是即麓有虞矣。

象曰：即鹿无虞，以從禽也。君子舍之，往吝，窮也。

　　象誤解爻旨，以鹿爲禽，君子無虞人而從禽，往則窮，故捨棄之。後儒沿用此錯解，遂更多傅會。若然，則此一幾字當作何解，方能語順。於是虞翻訓爲近，王弼以爲語詞，程頤朱熹則以見幾釋之，紛紛然，皆牽強難安。又何以六三有此象？於是從陰陽爻畫上捫摸之，穿鑿之。王弼竟引六二之爻辭混合以爲說，殊不知爻各自有旨，不可混者也。

六四：乘馬班如，求婚媾，往吉，无不利。

　　六三之動爻於六四之子初。第十一年之曆數爲正月廿二日。若廿一日，則月入坤初爻之尾宿五度，見於東方。震爲馬，日在爻前，故爲乘馬班如之象，與六二爻之班如同義。求婚媾，日求月也。往吉无不利，日往，月出於卯也。

象曰：求而往，明也。

　　明，月見也。

176

九五：屯其膏，小貞吉，大貞凶。

六三之動，交於九五之子正。六三第二年曆數為正月十三日，爻下二度為十五日之終，月入翼宿十四度，適抵午正，故曰小貞吉。膏者心之下，膈之上，以喻日位在爻下也。一般皆以膏澤為訓，失之。大貞凶謂日在南正，則月入坎地，乃凶象。時當南正者為巽之上爻，乃七月十六日，月亦在九五爻下，不及於子正。由此觀之，月入坎始凶，日入坎則不作凶論也。

象曰：屯其膏，施未光也。

日在爻下，未抵於九五之子正，故曰施未光。

上六：乘馬班如，泣血漣如。

六三之動，終於上六之丑初。乘馬班如，月在震。泣血漣如，日出也。蓋日在艮之上爻位於辰初。其第四年曆數為十月初九日，月適盤桓於上六之位。孟冬日遲出，故辰初時始見朝暾如血。

象曰：泣血漣如，何可長也。

泣血為日初出之象，故不可長。

鼎 ䷱ 離上
　　　　巽下

鼎：元吉、亨。

　　內體之星次與純巽卦同，惟外體時位午有異耳。離巽相連，皆處於本位，即巽重於巽，離重於離也。

　　鼎爲星名，即周鼎三星，在角宿之北，大角之西，約當巽初爻。六十四卦取名於星者惟鼎與井而已。

　　巽往加於離，乃自利而貞，今不言利貞而言元亨，則日在相對之震，亦即日在彼而月在此之義矣。按爻辭九三，九四，上九皆用日在震而定月在巽之位，然而不與屯卦雷同者，則曆數有異故也。日在彼，則此鼎星始可得而見。

象曰：鼎、象也。以木巽火，亨飪也。聖人亨以享上帝，而大亨以養聖賢。巽而耳目聰明，柔進而上行，得中而應乎剛，是以元亨。

象，星象也。學者不解，以為六十四卦皆象，何以獨於此而特別言之，蓋不知有星名周鼎也。巽木離火，木在火下，故曰以木巽火。巽通撰，具也。此釋卦體，繼而引伸鼎之功用。亨烹，古通用。巽而耳目聰明，言月在巽之上爻，往於午正，即屯九五之小貞吉也。離為目，月在其中為目明象。坎為耳，日在其中而不見，為耳聰象。柔進而上行，月上行也。得中而應乎剛，月至午正而與日相對應也。日在子正，是以元亨。象傳之剛柔皆指日月而言，與卦畫之陰陽無關。

象曰：木上有火、鼎。君子以正位凝命。

鼎者國之重器，得天下曰定鼎，故為正位凝命。

初六：鼎顛趾，利出否，得妾以其子，无咎。

初六之動交於卯正，是為利之起點。顛趾者以卦位言也。初爻為趾，在酉則巽上下爻之位正，在卯相反，故象倒趾。得妾以其子，月在艮也。以、與也。妾為月而艮為小子。初六第一年之曆數為八月初六日。秋分初九，日在爻下三度。月適抵牽牛初度而在子正。因有斗餘五度加入，初六須上移而秋分日出，故曰利出否。如此得妾與子始無咎。

象曰：鼎顛趾，未悖也。利出否，從貴也。

未悖，言趾雖倒而曆數順序不違。從貴謂卯正日出。

九二：鼎有實。我仇有疾，不我能即，吉。

九二之動交於辰正。實，日也。仇匹，月也。疾、速也。即、近也。九二第二年之曆數為八月初一日，寅

正入朔。今至辰正，月已過日在爻下二度，故曰我仇又疾行，不能近就我。吉，朔也。

象曰：鼎有實，慎所之也。我仇有疾，終无尤也。

慎，順也，言日順行於所至之時位。月離日而去抵爻下二度，乃鶉尾之終，故曰終无尤。

九三：鼎耳革，其行塞，雉膏不食。方雨虧悔，終吉。

九三之動交於巳正，巽反於本位。其相對震之上爻在亥正。日在彼不在此。

離之中爻象鼎耳，月在其中，則耳革而道塞也。離為雉，月在離如雉膏，未望則月不食，故曰雉膏不食。蓋日在震上爻，其第二年曆數為正月十三日，月在離中爻之下四度入於張宿也。方雨虧悔，謂日在震中爻下交雨水節，月虧而日悔也。雨水乃正月廿九日，是月小，故曰終吉。日過爻為悔，月終之月則虧極矣。

象曰：鼎耳革，失其義也。

日月之位與九三無關，故失其義。義、正道也。

九四：鼎折足，覆公餗。其形渥，凶。

九三之動交於九四之午初。仍用震上爻。鼎三足，而初爻只兩足，今上移動，有折足之象。巽體在巳，仍是傾側，月在其間似粥，而日在震為公，故曰覆公餗。餗、粥也。正月十五日，子初時，日在震上爻下二度，月亦入巽上爻之下二度，有此象也。其形渥凶，謂月偏食，其形受傷，蓋日月之位成對衝之故。渥讀為剭，大

刑也。凶指月食而言，非因有人覆公餗而受梟首之刑。九三言月不食，此則言月食，乃曆數不同也。

象曰：覆公餗，信如何也。

六五：鼎、黃耳金鉉，利貞。

九三之動交於六五之午正，即利貞位。黃耳金鉉，秋日當午而暈也。日暈必在午正，而兩旁生珥，如鼎之黃耳，蓋二幻日也。日光暗淡，有如鼎之金蓋焉。鉉字一般釋爲鼎扛，與扃字同。但扃爲貫耳舉鼎之橫木，安得稱爲金，於是又曲爲之說，謂是木扛上飾金。惟清儒惠士奇朱駿聲非之而釋爲鼎蓋，是也，今用之。(1)

象曰：鼎黃耳，中以爲實也。

實，日也。日在午正，故中以爲實。

上九：鼎、玉鉉。大吉，无不利。

九三之動終于未初。玉鉉，圓月如玉蓋也。上九之位屬貞，今言无不利，則月位正中偏東也。日在相對震之中爻，其第一年曆數之正月十六日，過子正，則月在六五之下三度，即无不利也。一日之始謂之大吉。

象曰：玉鉉在上，剛柔節也。

玉鉉當頭，乃望月，故日月得其中節。在上非指上爻而言，蓋上爻之位乃貞而非利也。

---

(1) 惠士奇易說及朱駿聲六十四卦經解。

蒙　䷃　艮上
　　　　坎下

蒙：亨匪我求童蒙，童蒙求我。初筮告，再三瀆，
**　瀆則不告。利貞。**

　　坎艮乃相連卦，星次與時位皆然。六四爲冬至朔，
一歲之始，周正月之始，物之穉也，故卦名蒙。子正
夜半一日之始，爲亨。蒙亨，周冬至正月夜半入朔也。
月在艮曰童蒙，月來會日，故曰童蒙求我。我，日也。
若日在六三夜半，則冬至之終小寒之始，爲周正月十五
日之終，月南正，故利貞。初筮告，謂第一年之策，得
望月以告也。再三瀆不告，謂第二年第三年之策數亂，
則無月象可告也。蓋六三第二年之曆數爲正月廿七日，
第三年爲二月初八日，自子正起皆不見月。坎上承艮，
經冬至十五日強，故卦論其三年之月象焉。

182

象曰：蒙，山下有險；險而止，蒙。蒙亨以亨行，時中也。匪我求童蒙，童蒙求我，志應也。初筮告，以剛中也。再三瀆，瀆則不告，瀆蒙也。蒙以養正，聖功也。

　　艮山坎險。險而止，謂日在六四之艮，乃冬至一歲之始，未涉坎險也。歲首故卦名蒙。亨始於子正，今六四在丑正，是以亨行也。當爻冬至中氣，故曰時中。凡古書言時，皆指四時而非晝夜之時。童蒙求我謂月來會日，非日往求月，乃冬至夜半入朔，故曰志應，誌月與日相應也。初筮告，以剛中，謂六三之第一年曆數為周正月十六日之始，日在子正夜中，月告示於南正也。若第二年第三年則無月可告，是冬至之曆數瀆亂，故曰瀆蒙。初筮告，月在南正，此乃天養蒙之功，故曰蒙以養正，聖功也。正乃釋利貞之午位。

象曰：山下出泉，蒙。君子以果行育德。

　　以坎為泉象，與象傳之險象不同。果行育德乃斷取象傳蒙以養正一語而引伸之。

初六：發蒙，利用刑人，用說桎梏以往，吝。

　　初六之動爻於亥初。發蒙，月初出也。刑人，月巳虧之象也。初六第四年之曆數為十二月十九日，若十八日則月在巽初爻之上七度入軫宿之終而出於卯正。巽為木為桎梏，月未離巽，故曰用脫桎梏以往、吝。若十九日則刑人脫桎梏，日當爻不吝矣。

象曰：利用刑人，以正法也。

　　望文為釋，刑人即是正法。

九二：包蒙吉。納婦吉。子克家。

九二之動交於子初。包蒙吉，月在鉋瓜。納婦吉，月來會日。子克家，日月皆在子時。九二第一年之曆數為十二月初二日，未正入朔，則初一日子初月已過爻三度，非子克家之象。男有室，女有家，克家者女之事也。若然，則必為十一月廿八日與廿九日之象矣。廿八日、月入須女初度，在鉋瓜星南，是為包蒙。廿九日，日在爻前二度，月在爻前九度，是為納婦吉。日月皆在子，故子克家。

象曰：子克家，剛柔接也。

月來會日，剛柔接近。王弼以內體三爻陰陽相接，失之。程頤朱熹以為二五正應，更是無理，二五豈相接者哉。

六三：勿用取女。見金夫，不有躬，无攸利。

六三之動交於丑初，坎反於本位。勿用娶女，言日月不交會於六三也。金夫者日也，非朝日即是夕陽。見金夫者誰，月也，月為婦。金夫不在此，亦不在卯正之利，則必為落日矣。時乾在酉，其中爻當酉正，乃三月初三日也。月入東井三度，位近申正。初生之月為蒙，故爻辭取焉。

象曰：勿用取女，行不順也。

月已過日而去，故娶女之道不順。

六四：困蒙，吝。

六三之動交於六四之丑正。六三第二年之曆數為周

184

正月廿七日。困蒙吝謂二月初一日在爻下三度也。但亥
正始入朔，今在丑正，則月尚在爻前八度，未入於坎。
坎爲困，故曰困蒙吝，言月未至於困也。

象曰：困蒙之吝，獨遠實也。

　　　實爲日，月未來相會，故曰獨遠實。

六五：童蒙吉。

　　　六三之動交於六五之寅初。此即正月廿七日之月，
在艮次之上爻而出於卯正也，故吉。艮爲小子，月在艮
曰童蒙。

象曰：童蒙之吉，順以巽也。

　　　坎抵寅初，則艮之星次往於卯正，故童蒙月出，乃
順行而遜位也。

上九：擊蒙。不利爲寇，利禦寇。

　　　六三之動，終於寅正。日在艮次之上爻位於辰初。
其第六年曆數爲閏十二月初二日，月在爻下五度入箕宿
八度，日月皆利。若立冬之終則爲初六日，日在爻下四
度，月被擊而去入坎上爻之下九度，是擊蒙也。日在辰
初爲利。月在寅乃亨而非利。坎爲寇，月入坎，故不利
爲寇。日在艮而居坎前，艮止坎寇，故利禦寇。

象曰：利用禦寇，上下順也。

　　　艮前坎後，故上下順。

革 ䷰ 兌上
離下

革：己日乃孚。元亨，利貞，悔亡。

　　內體離，星次鶉火，位於午。外體兌，星次實沈鶉
首，位於未申。革之內外體乃相連無間之卦，星次時位
皆各自相重。

　　己乃天干第六名，用以紀日。易有三卦用此日干，
即大畜初九，損初九，及此與六二爻辭。先儒不知，或
釋爲「以」，或釋爲「已過」，皆非。虞翻謂離象日，
義爲「以日」，於語尚可通順。王弼謂是已過之日，不
合語法，蓋已乃副詞，非形容詞，增辭足義而已。一般
都採王說爲解，盲從積非成是，而不顧其義之不通也。
易經中所見之天干尚有甲乙庚三字，自然清楚，惟此己
字最易與已過之已及辰巳之巳混淆，而學者不解八卦之
紀日體系，遂生誤解。己之與甲，具有同等重要意義，

不可不知。因爲八卦常數三百六十度，合於六甲五子周期之整數，但一歲尚有斗餘五日不可刪除。其差五日，故冬至第一年爲甲日，第二年必爲己日，第三年第四年又爲甲爲己，相間爲用，此其一。又兩爻首尾十六日，若上爻爲甲，次爻必爲己；上爻爲己，次爻必爲甲，亦相間爲用，此其二。此甲己相互關係，只限於四年。自第五年至第八年則變爲乙庚矣。

　　卦以離中爻爲主，而用相對坎之中爻，天干相同。今言己日乃孚，非第二年之己亥日即第四年之己酉日。去年此爻爲甲日，今年變爲己，故卦名爲革。元亨、利貞言日在坎，由元而亨，月在午由利而貞，則此己日必屬於第二年無疑。因爲第二年坎之中爻爲十二月十三日己亥，離之中爻爲六月十五日亦己亥也。若爲第四年之己酉，則一爲十二月初四日，一爲六月初七日，不可能成望月。日在坎之己日既爲十三日，則月不至於利貞，必十五日之終乃可，故曰悔亡。悔者，日過爻也。過爻得辛日，悔始亡。於是辛日由元而亨至於子正，望月由利入貞而偏於午正之西七度。卦辭之己日用坎，六二之己日用離，不同。

象曰：革、水火相息。二女同居，其志不相得曰革。己、日乃孚，革而信之，文明以說。大亨以正，革而當，其悔乃亡。天地革而四時成，湯武革命，應乎天而順乎人，革之時義大矣哉！

　　坎水離火，相對之卦。水火相息，時令變換也。坎爲小寒大寒，離爲小暑大暑，寒往暑來，暑往寒來，即水火相生爲革之義。水火乃寒暑之象徵，非眞能水生火或火生水也。兌少女，離中女，二體相連，故二女同居。

兌爲四維卦之一，離爲四正卦之一，其當爻節氣不同。六二爲大暑，六月中氣，九五爲芒種乃五月節氣而九四爲五月中夏至，故其誌不相得。自五月至於六月，節氣更改，此革之又一義也。己日乃孚，是革去往年之甲日而信然，此天干紀日之變更，乃革之第三義也。坎之中爻己日十二月十三日，月位在兌，是文明以說也。若大亨而月用南正之貞，則曆數須變，必十五日方可，故革而當，其悔乃亡。此革之第四義也。天地革而四時成，即水火相息之革。湯武革命，乃歲首之革。湯革夏命，歲首建丑，武革殷命，歲首建子，曆元不同，但不違天時不悖民事則無殊，故曰順乎天而應乎人。此革之第五義也。凡此五革皆與時日有關，其要不外天地之革與歲首之革，故革之時義大也。湯武革命乃改曆元，而學者以爲應天命順人心而革去前代之命運，其說遂玄矣。

象曰：澤中有火，革。君子以治曆明時。

　　卦象火在澤下，但無此理，故改曰澤中有火。革爲治曆明時，深得卦旨。大象喜言人事哲理，能如此釋者少見。

初九：鞏用黃牛之革。

　　初九之動爻於巳初。黃牛之革，牛宿初度也。冬至，日在牽牛初度，乃周之歲首。初九在巳初，則艮之初爻在子正，即日在牽牛初度，冬至朔夜半也。一切曆數以此爲準則，故鞏用黃牛之革。冬至爲周之正月初一日，則離初九爲八月二十日也。

象曰：鞏用黃牛，不可以有爲也。

日在牽牛，則未至於離，故初九不可以有爲。

六二：己、日乃革之，征吉无咎。

六二之動交於午初。六二之去年爲甲日六月初五，今年革之乃己日六月十五。時當午初，日尚未中，故征吉无咎。日昃始有咎。

象曰：己日革之，行有嘉也。

己日爲月半，又當午初，故其道善。

九三：征凶，貞厲。革言三就，有孚。

九三之動交於未初。離反於本位。征凶，日在兌上爻當申正也。夏日過申正爲凶象。貞厲，日在兌前也。申正酉初間之時位謂之貞厲。九三之前亦是貞厲，但非凶，故知日必在上六之前。上六第一年之曆數爲四月初四日。初一日在爻前，已過申正，且入朔適在申正，復有日食之虞，故曰征凶貞厲。又三日，則日抵於兌，兌爲言，故曰革言三就。有孚即四月初四日，月在九三之前八度。

象曰：革言三就，又何之矣。

九四是五月初四日，亦革言三就，疑之，故曰又何之矣。然征凶貞厲，必不然也。

九四：悔亡有孚，改命吉。

九三之動交於九四之未正。九三第二年之曆數爲五月三十日。六月初一過爻在下，故曰悔亡有孚改命吉，言朔吉而改月也。

象曰：改命之吉，信志也。

信其曆誌。

九五：大人虎變，未占有孚。

九三之動交於九五之申初。大人，月也。虎變，虎
斑也。虎紋曲條，新月之象。未占有孚，其位在未，即
在爻下也。日在兌次上爻之下，乃四月初五日酉正時；
月在九五之下六度。但孟夏酉正，日未落，月尚未見，
故占而知之。凡孚字皆指象數與爻位信合而言。朱熹以
「未占之時，人已信之」爲解，蓋不知未之爲時辰，且
於信字下增一之字，變名詞爲動詞矣，非也。筮所以決
疑，既已信之，又何必占？且未占與不占之義有別，未
占人已信之，乃不成語者。

象曰：大人虎變，其文炳也。

以文訓變，得之。然何以有此象則不明。

上六：君子豹變，小人革面。征凶，居貞吉。

九三之動終于申正。君子，日也。豹斑圓，乃日之
象。小人，星也。上六兌之星爲參，九三之星爲柳，參
去柳來，面目全非，故曰小人革面。夏日遲落，離抵申
正，故征凶居貞吉。

象曰：君子豹變，其文蔚也。小人革面，順以從君也。

九三之柳宿來至上六，而日在其中，故小人革面，
順以從君。君、日也。小人，星也。

以上第二組八個卦爲一周天整體，乃繼第一組之時

位而來。及其終，則進入第三組，於是革變爲同人，蒙變爲師；履變爲歸妹，謙變爲漸；大壯變爲需，觀變爲晉；屯變爲頤，鼎變爲大過。

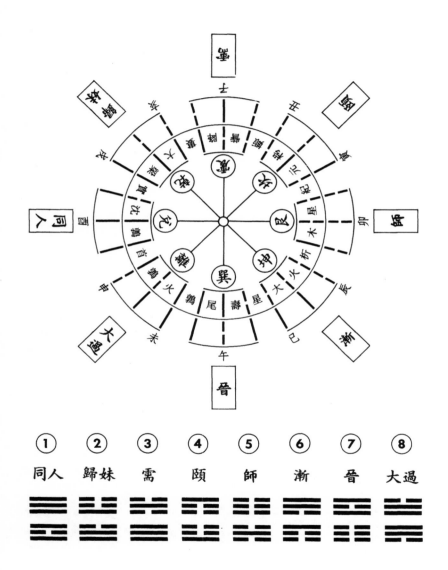

(VII) 第三組相綜卦圖

同人

乾上
離下

同人於野，亨利涉大川，利君子貞。

內體離，星次鶉火。外體時位酉，重其上者兌。同
人者相同之星次，凡四正卦，或四維卦皆是同人。離之
本位在午，而乾在酉，故卦名同人。離自午至未，乾自
酉至戌，是捨其國而處外野之象，故曰同人於野。於是
艮之上爻抵卯正，巽之上爻抵午正。卯正爲亨利，艮之
上爻爲箕宿在天河中，而月過之，故曰亨利涉大川。時
日在巽之上爻當午正，故曰利君子貞。巽上爻之下三度
處暑，乃七月初八日，是以上弦月由亨利而涉大川入箕
宿五度。

象曰：同人，柔得位而應乎乾，曰同人同人。曰同人于野，
亨利涉大川，乾行也。文明以健，中正而應，君子正也。唯
君子爲能通天下之志。

柔，月也，在離之中，而與乾應，日在乾之中也。離居午而乾居酉，皆四正卦，故曰同人同人。然則柔得位在午正，必爲三月初八之上弦月矣。乾中爻第四年之曆數爲三月初六日，蓋日在爻下二度也。由離與乾之卦位關係而說明同人之義。離自午進往於未，則其他四正同人卦亦必前行一時位而繼之者爲四維卦，於是同人出處于野，而亨利涉大川矣。此乃乾行之故。乾自酉入戌，西沒於地下，周天之星次因而隨之易位，乃同人之變也。文明以健，言月在離往加於乾上，乃卦之終。中正而應，言日在午正與之相應。時當午正者乃坤，亦同人也。君子正，釋利君子貞，即日在坤當午之義。日在坤之中爻當午正，月在離中爻當酉正，彼此相應，則必爲下弦月矣。按坤中爻第五年之曆數爲九月廿日，若二十三日則上弦月適在離中爻。由此觀之，同人卦之相互關係，各相距九十度，視日之所在與其曆數，以知其相應之月，非上弦即下弦，上弦在日後，下弦在日前，故曰唯君子爲能通天下之誌。象傳之辭，較經文更爲詳盡。經只言利貞與亨利之關係；而乾與離，離與坤之錯綜，則未及之。象傳首言乾與離之同人關係，繼言同人在野之義，終言離與坤之同人關係，極有條理。

象曰：天與火、同人。君子以類族辨物。

方以類聚，物以羣分，此同人之義也。故君子以類族辨物。

初九：同人于門、无咎。

初九之動爻於午正。午正者南門，酉正者西門，卯正者東門。初九在南門，則乾初爻在西門，坤初爻在東

門，是同人于門，无咎也。

象曰：出門同人，又誰咎也。

　　同人之卦，各出門外，誰亦無咎。

六二：同人于宗、吝。

　　六二之動交於未正。宗者同族同類，星次之象徵。離為鶉火，但其中次在爻下三度，六二未及於中，故于宗為吝。推而至乾坤之中爻，亦莫不吝，乾坤與離，皆同人也。

象曰：同人于宗，吝道也。

九三：伏戎于莽。升其高陵，三歲不興。

　　九三之動交於申正。戎，坎也。莽，卯也。相對之坎卦在卯之下，故曰伏戎于莽。陵，艮也。升其高陵，月升於艮上也。時艮在卯位，而月在辰也。九三第三年之曆數為六月十一日，月在艮上九度入尾宿十二度，但夏日在申正，月不可得而見，故曰三歲不興。

象曰：伏戎在莽，敵剛也。三歲不興，安行也。

　　坎離相對，而日在離，故敵剛。三歲，月雖不見，其行固安然無恙。朱熹釋安行為不能行，蓋不知行乃指月行而言，第望文而引伸之，誤矣。

九四：乘其墉，弗克攻、吉。

　　九三之動交於九四之酉初，酉初為時位之界限，而

195

九三來加之，是乘其墉之象。九三第二年之曆數爲五月三十日，故弗克攻吉，謂六月初一日也。日在爻下，月在日後七度，皆不得入墉。

象曰：乘其墉，義弗克也。其吉，則困而反則也。

朔吉在爻下，是困阻於墉也，反而求其則，即得之。

九五：同人，先號咷而後笑，大師克相遇。

九三之動交於九五之酉正。同人先號咷者，月在坎也，後笑者月在兌也。九三第一年曆數爲五月十九日，坎離相對，五月十六日十七日，月皆在坎，中經虛宿，虛爲墳墓爲哭泣，故爲號咷象。日在爻前，故先則號咷。五月廿八日廿九日，月皆在兌，兌爲悅爲笑而日在爻後，故後則笑。六月初一日，日過酉初，在爻下十一度，月來會日，故大師克相遇。

象曰：同人之先，以中直也。大師相遇，言相克也。

直，值也。中直，以月中也。相克，謂日月交會。

上九：同人于郊，无悔。

九三之動，終於戌初。戌初爲酉之郊，丑初爲子之郊，辰初爲卯之郊，未初爲午之郊。同人於郊，即離在酉，乾在子，坎在卯，坤在午，而其上爻各在於郊。但其星次不齊，大梁始於乾上爻之下一度，鶉火始於離上爻之下二度，大火始於坤上爻之下四度，元枵爲坎則當爻不過。故乾離坤之同人星度皆有悔，必調整之使各當其郊之時位，乃无悔也。

象曰：同人于郊，志未得也。

同人之星次始在爻下，故誌未得。

師 ䷆ 坤上
坎下

師：貞，丈人吉，无咎。

　　內體星次元枵，外體時位卯。丈字誤，子夏傳作大
人是也。大人爲經中所常見，皆指月而言。師爲星，日
月居之，即率衆之象。貞大人吉，謂月在南正。卦以坎
中爻爲主，其第五年曆數十二月十六日。坎自子正來，
一日之始也。望月適在相對之離中爻，夜半見於南正，
无咎。

象曰：師、衆也，貞、正也。能以衆正，可以王矣。剛中而
應，行險而順，以此毒天下，而民從之，吉又何咎矣。

　　以衆正釋師貞。衆爲星，正即南正。能以衆正，即
夜考中星也。中星乃離之鶉火，三月黃昏用以爲準。在
唐虞時則春分當之，故堯典曰：「日中星鳥」。三月是

乾卦，位在酉，乾爲王，故曰可以王矣。此釋離爲師貞
之義。

　　　坎爲十二月卦，夜半中星亦是離。剛中而應，謂日
在坎中爻與柔月相對應，即師貞大人吉也。行險而順，
謂坎往於坤，日在中爻之危宿初度，故其道險，而坤則
順也。日行月亦行，日月隨天左旋，故以此象毒天下而
民從之。民即眾，亦星之象徵。坎終于卯，平旦之時，
故吉无咎。「以此」指坎之中道而言。毒，王弼訓爲役，
義取勞役，是也。蓋以十二月勞師動眾，不違農時，故
民樂從之。此又是一義，以喻人事。

象曰：地中有水、師。君子以容民畜眾。

　　　以卦象言，應爲地下有水，因不合理，改稱地中。
地中有水與師，不可能有何義理關係，故大象之象純是
虛構，非可理喻。容民畜眾乃引伸象傳師眾也一語而爲
說。

初六：師出以律，否臧凶。

　　　初六之動爻於子正。子正一日之始，初六立春，正
月之始，故曰師出以律。否臧，不善也，不善則師凶。

象曰：師出以律，失律凶也。

九二：在師中，吉、无咎。王三錫命。

　　　九二之動爻於丑正。第一年曆數爲十二月初二日，
吉无咎則朔也。初一之月在爻前七度，日月俱會元枵之
次，故曰在師中。王三錫命，謂日在乾，月在坎，乾中
爻第三年之三月廿三日，其下弦月亦在九二爻前七度故

也。乾爲王，其中爻位於戌正。

象曰：在師中吉，承天寵也。王三錫命，懷萬邦也。

日在師中，月來會，是承天之寵。日在乾，第一年三月上弦月在離，第二年望在坤，第三年下弦在坎，是王懷萬邦之象。

六三：師或輿尸、凶。

六三之動交於寅正。師或輿尸，言月在離也。離爲輿，月爲尸。尸、主也。昔武王伐紂，載文王之主以行，即輿尸也。六三第一年之曆數爲十一月十六日。月入離之柳宿十四度，位近申正，故爲凶象。

象曰：師或輿尸，大无功也。

六四：師左次、无咎。

六三之動交於六四之卯初。六三乃玄枵星次之始，爻前屬星紀，前右後左，故六三屬左次。節氣小寒，適於卯初交氣，故无咎。

象曰：左次无咎，未失常也。

六五：田有禽，利執言，无咎。長子帥師，弟子輿尸、貞凶。

六三之動交於六五之卯正。坎相對卦離爲禽。離未過酉正，猶在地平上，故曰田有禽。利執言，日在兌，月出於東也。兌在離前，其初爻當戌初，第二年夏至爲五月十七日，月入女宿十度，在六五之下二度。夏至日落遲，過戌初而月出於卯，故利執言，无咎。長子，震

也。震在坎後，其上爻當寅初。日在震為長子帥師象。震上爻營室十四度，其第二年曆數正月十三日，寅初時，月入離中爻之上六度，位過酉初，即將西沒，故曰弟子輿尸、貞凶。弟子猶言子弟，與眾人同義，指鶉火星次也。

象曰：長子帥師，以中行也。弟子輿尸，使不當也。

中行不指六五，乃震之上爻屬娵訾中次。使不當，言曆數不當，若非十三而為十六日，則望月入巽，即不輿尸而非貞凶矣。

上六：大君有命，開國承家，小人勿用。

六三之動終於辰初，冬日出矣。六三為元枵之始，其第五年曆數適值十二月初一日，朔與小寒節氣齊同，為開國之象。上承冬至乃周家之歲首，又為承家之象。大君、日也，得此時令，故曰大君有命。小人，星也。辰初日出，羣星隱沒，故小人勿用。

象曰：大君有命，以正功也。小人勿用，必亂邦也。

望文為釋。

歸妹 ䷵ 震上 兌下

歸妹：征凶，无攸利。

　　內體星次實沈鶉首，位於酉。外體時位戌亥。歸妹
有二義：一曰女出嫁，乃朔後月離日而去之象；一曰女
來歸，乃望後月來就日之象。卦以兌中爻爲主，位於酉
正。其第一年曆數四月十九日，月妹來歸矣，但在坎之
虛宿四度，故征凶。夏日落遲，直至戌正，月猶不見於
東，故无攸利。

象曰：歸妹、天地之大義也。天地不交而萬物不興。歸妹、
人之終始也。說以動，所歸、妹也。征凶、位不當也。无攸
利，柔乘剛也。

　　兌爲夏季之卦，其中爻之下二度，星次鶉首之始，
乃芒種節。夏日晝長夜短，當酉正時，日猶未落。酉正
爲地平綫，乃天地之分際，若日不落，即天地不交也。

於是羣星不出，即萬物不興也。此特殊時令之現象，惟歸妹卦具之，所以有大義存焉。以言人事，歸妹之義為女子出嫁，乃處子之終，婦道之始，父家之終，夫家之始，亦人生之大事也。以上本天時人事以釋卦名。

　　說以動言兌往於震之時位。所歸妹，月來歸也。芒種在九二爻下二度，故位不當。若當則四月二十一日，月已出坎入營室四度，即不凶矣。柔乘剛，月在日前。月已過望四日，是以不見，无攸利。

象曰：澤上有雷、歸妹。君子以永終知敝。

　　敝、弊也。夏季晝長，日落遲，故永終而知其弊。取此義引伸而說人事。

初九：歸妹以娣，跛能履，征吉。

　　初九之動交於申初。歸妹以娣，日在震，月在兌。日兄月妹，震兄兌娣。以、與也。震初爻在亥初，其第四年曆數為二月初五日。若初八，則上弦月在初九之下七度，位不及申初，故跛能履，征吉。

象曰：歸妹以娣，以恆也。跛能履、吉，相承也。

　　上弦之月，故曰以恆。月在爻下，故相承。

九二：眇能視，利幽人之貞。

　　九二之動交於酉初。幽人，隱而不見之月，由利入貞，即當午也。月光未顯，故眇能視。其第八年曆數在爻下一度為五月初七日，是月戌正入朔，故初七日酉初時月入翼宿九度而位午正偏西。日未落，月不見，故其象為眇，為幽人。

202

象曰：利幽人之貞，未變常也。

　　　　常即恆。未變常，言月未上弦，故酉初時，為幽人
在南正之利貞。

六三：歸妹以須，反歸以娣。

　　　　六三之動交於戌初。須即須女，星名，當坎次之上
爻。六三第五年曆數為四月十八日，若十九則月入須女
三度而位過寅正，故曰歸妹以須。若月終三十日，則日
在爻下十二度，月在爻下六度，故曰反歸以娣。娣，兌
也。

象曰：歸妹以須、未當也。

　　　　日在爻下，不當爻。

九四：歸妹愆期，遲歸有時。

　　　　六三之動交於九四之戌正。六三第三年之曆數為四
月廿五日，妹猶未歸，必過五日至五月初一日，始得來
歸，故曰愆期。五月初一日亥正入朔，今在戌正，尚差
一時，故遲歸有時。

象曰：愆期之志，有待而行也。

　　　　誌在爻下五度，是以有待而行。

六五：帝乙歸妹。其君之袂不如其娣之袂良，月幾
　　　望，吉。

　　　　六三之動交於六五之亥初。帝乙天干乙日之象徵。
震中爻第二年之曆數為正月廿八日甲申，廿九日為乙

酉，位抵丑正。乙酉日之月近寅正，入室宿六度，是帝乙歸妹於營室也。若日在兌之六三，其第二年曆數為四月十四日己亥，亥初時，月在艮前八度而位過巳初。震為君，兌為娣。君之月，廿九日已殘；娣之月，十四日即圓，故其君之袂不如其娣之袂良。袂袖口飾，亦月之象。繼曰月幾望吉，則明言其日為四月十四矣。爻辭比較不同曆數而帝乙二字關係甚大，學者竟無人能解，或以為成湯，或以為紂之父，抑若真有其人者、誤矣。泰六五亦曰帝乙歸妹，豈有震與坤皆為紂父或成湯之理。近人又以為此乃商王嫁妹於周之古史紀實，於是穿鑿附會以作考証，陋矣。

象曰：帝乙歸妹，不如其娣之袂良也。其位在中，以貴行也。

　　　帝乙歸妹與其君之袂乃同日之月象，故略去其君之袂。貴為日，日位在六五，指兌之四月十四日而言，故其娣之袂良。

上六：女承筐，无實；士刲羊，无血。无攸利。

　　　六三之動終於上六之亥正。兌為女，震為筐，兌來重於震，女承筐之象。但上六時位非震之星次，乃空筐也。空筐無實，即日不在於此。實、日也。日在震次上爻，時往抵寅正矣。震為士，兌為羊，故又象士刲羊。然日不在兌，故無血。血、紅日之象也。震上爻為正月十三日，月在酉，故無攸利。若日在兌上爻為四月十四日，月在巳正，即有攸利矣。爻旨全在說明日在震次之上爻。

象曰：上六无實、承虛筐也。

漸 ䷴ 巽上
艮下

漸：女歸吉、利貞。

內體艮，星次析木星紀，位於卯。外體巽，時位辰
巳。女歸吉利貞，謂月來歸位在午。卦以艮中爻爲主，
其第一年曆數爲十月廿二日，若廿四日卯正時，則月適
抵南正，蓋下弦月也。

象曰：漸、之進也。女歸，吉也。進得位，往有功也。進以
正，可以正邦也。其位，剛得中也。止而巽，動不窮也。

之進乃釋漸爲徐行之義。之乃動詞，猶徐往也。十
月廿四日在艮中爻下二度，故漸進而得卯正之位，於是
月亦漸進而抵南正，故往有功。月在午，得地之中，是
進以正可以正邦也。日在卯正，是剛得中也。止而巽，
艮往加於巽也。日抵辰初始東未出，朝暾漸上昇，故動不

窮。六二節近大雪，日於辰初時出。

象曰：山上有木、漸。君子以居賢德善俗。

　　　　由象傳可以正邦一語引伸而說漸之義。風俗之善，由於賢德者之感化而漸成，故君子必自居於賢德而後能使俗善。

初六：鴻漸于干，小子厲，有言无咎。

　　　　初六之動交於寅初。初六星次牽牛初度，位於天河之邊，故曰干，岸也。鴻、大雁，候鳥，秋來春去，而艮爲冬季之卦，故以爲冬日之象。小子、艮也。厲，位在爻下。言、兌也。蓋日在艮而月在兌矣。初六第二年冬至十一月十二日，月在乾不及兌，故必十四日方可。於是日在爻下二度，是小子厲也。月在兌上爻之下，入東井九度而位過申正，是有言无咎也。

象曰：小子之厲、義无咎也。

六二：鴻漸于磐，飲食衎衎，吉。

　　　　六二之動交於卯初。艮爲石，星次南斗在天河中，磐乃南斗之形，像水中大石也。卯初將旦，雁起飲啄之時，故曰飲食衎衎。衎衎、樂也。其第二年曆數爲十一月初三日，吉則朔也。月在日前七度，來與日會，有飲食相樂之象。

象曰：飲食衎衎，不素飽也。

九三：鴻漸于陸。夫征不復，婦孕不育，凶。利禦寇。

　　　　九三之動交於辰初。辰初位在東方地平之上，故曰

鴻漸于陸。其第一年曆數周之十二月初七日，月在坎中爻入危宿二度，位於寅初。坎中爻爲周之二月初二日。日夫月妻，自二月合朔交會後，早已孕矣。今懷胎十月，夫出未歸，而婦腹猶未豐隆，是不育之象也。月在坎，故凶。坎爲寇，在艮後。艮爲止，而九三處辰初利之時位，故利禦寇。此與蒙上九同義，惟曆數異耳。

象曰：夫征不復，離群醜也。婦孕不育，失其道也。利用禦寇，順相保也。

望文爲釋，爻旨不明。醜、類也。

六四：鴻漸于木。或得其桷，无咎。

九三之動交於六四之辰正。巽爲木，九三來加之，故曰鴻漸于木。巽下爻之星次角宿七度時在午正。或得其桷，謂月在角宿。日在九三第五年小雪十月廿六日，辰正時，月抵午正入角宿八度，故无咎。月在巽次，日在巽辰，皆當巽之下爻，蓋錯綜以見義也。

象曰：或得其桷，順以巽也。

月順行用巽之初爻角宿。

九五：鴻漸于陵。婦三歲不孕，終莫之勝，吉。

九三之動，交於九五之巳初。陵、艮也。日進於九三，故曰鴻漸於陵。其第一年曆數爲十月初七日，第二年爲十七日，第三年爲廿八日，日月皆不交會於此，故曰婦三歲不孕。但再過三日，入周之閏月初一日，寅初入朔即孕矣。是月終三十日，其餘分亦早已盡於寅初，故終莫之勝吉。寅初入朔，今交巳初，則月已過日三

度矣。

象曰：終莫之勝吉，得所願也。

得所願，合朔也。

上九：鴻漸于陸，其羽可用爲儀，吉。

九三之動終於上九之巳正。日在巽次之上爻，抵申正矣。陸，西陸也，日至申正，乃鴻漸西陸之象。

六三之陸爲東陸，與此有別。宋儒疑此陸字誤，擬改爲逵，清儒亦有以爲阿字者，皆不明爻辭之含義有別而臆測也。巽上爻爲翼宿十二度，故曰其羽可用爲儀。羽用於文舞，禮有儀數，天子八，諸侯六，大夫四，總爲十八羽，而翼宿亦十八度，故以爲比喻。吉，朔也。巽上爻第一年曆數七月初五日，朔在翼宿八度，乃天子之羽數也。卯正入朔，至申正，月正當爻而過日四度，乃大夫之羽數也。

象曰：其羽可用爲儀吉，不可亂也。

羽數不可亂，朔吉在翼宿八度。昔者魯隱公初獻六羽，而春秋書之，即以其不亂也。

需 ䷄ 坎上
乾下

需：有孚，光亨，貞吉；利涉大川。

內體大梁，位於戌亥。外體時位子，重其上者震。
光亨當爲元亨之誤。元亨者，乾自元而亨，其中爻加九
五之子正也。貞吉者，月過午正也。大川乃天河，當艮
之星次。時艮在卯，若月過河，則爲利涉大川。卦用乾
之中爻，其第五年曆數爲三月十七日，次日清明，位亥
初屬元，及往抵子正，即有孚元亨矣。十五日之終月在
坤之中爻，亦抵於南正，故貞吉。及十七日之終，月入
艮前之箕宿初度，箕在天河中，而位進於巳正，即利涉
大川也。

象曰：需、須也。險在前也。剛健而不陷，其義不困窮矣。
需有孚，光亨貞吉，位乎天位，以中正也。利涉大川，往有
功也。

須通韻，待也，明日將始，但尚有待。坎險在前，剛健之乾在後，是未陷於險，不困窮也。乾位在元，一日未終。即不困窮之義。此釋卦名及卦位。位乎天位以中正，即用夜半日子正月午正，而日在乾月在坤，皆天位也。此釋卦辭之亨貞吉。往有功，言乾往，十七日終子正時，則月涉大川見功也。

象曰：雲上於天、需。君子以飲食宴樂。

需爲三月上半夜之卦，何以有飲食宴樂之義，不可曉，其取九五爻辭之義以爲說歟。

初九：需于郊，利用恆，无咎。

初九之動交于酉正。恆、上弦月也。利用恆則月未至於南正。酉正爲國中而非郊，需於郊則日必在後矣。初九第五年之曆數爲四月初三日，爻下五度初八日乃滯留於郊之象。月午正偏東二度入張宿十七度，即利用恆也。如是則无咎。

象曰：需于郊，不犯難行也。利用恆无咎，未失常也。

不犯難行，不犯坎也。未失常，以常釋恆。

九二：需于沙，小有言，終吉。

九二之動交於戌正。小爲月，言爲兌，小有言，月在兌也。需于沙，言月形潤澤有如沙衍。此需字當讀爲濡，于猶如也。九二第一年之曆數爲三月初三日，戌正時，月入兌之東井三度，位近酉正，即將西沒，故曰終吉。新月爲吉占而非凶。一鉤彎月，在天河側水中，宛如沙衍。

象曰：需于沙，衍在中也。雖小有言，以吉終也。

九三：需于泥；致寇至。

　　　九三之動交於亥正。其第一年曆數爲二月十八日，月入坤下之尾宿八度，位近辰正。其形豐肥，露出天河側，濕如一堆爛泥也。坎爲寇，九三逼近之，故曰致寇至。

象曰：需于泥，災在外也。自我致寇，敬愼不敗也。

　　　月在尾八度，早過心宿，心爲大火，故災在外。乾之近坎，乃自往就之，故曰自我致寇。按天河一端經過東井，一端經過箕斗及尾之一部，前者屬於實沈鶉首之次，後者屬於析木星紀之次，月出其中，故有濡如沙，濡如泥之象。比喻之妙如此，然而知之者鮮矣。

六四：需于血，出自穴。

　　　九三之動交於六四之子初。血、日也。月近于日，濕于血之象也。九三第二年曆數爲二月廿九日。爻下二度乃三月初一日，午正入朔，及子初，月在日下六度。日月皆不及坎，坎爲穴，故曰需于血，出自穴。

象曰：需于血，順以聽也。

　　　聽，從也。月順從於日，乃濡于血之象。

九五：需于酒食，貞吉。

　　　九三之動交於子正。日在坎次之中爻，位於卯初。坎爲元枵之次，中有虛宿，乃枵腹之象，而卯初尚非朝食之時，故曰需于酒食，言有待也。坎中爻危宿初度，

其第三年曆數為十二月廿三日，下弦月在午初，乃利而非貞。貞吉者月在午正也，故必為廿二日，日在虛宿終度矣。日在虛是以有需于酒食。

象曰：酒食貞吉，以中正也。

上六：入于穴，有不速之客三人來。敬之，終吉。

九三之動終於丑初。仍用坎次之上爻，位於辰初。恆星為主，不速之客三人謂日月與歲星也。曆元起于星紀，歲星與日月同度，皆在牽牛初度。第二年歲星入于元枵之中。坎之上爻即元枵之始，其第二年曆數為十一月廿七日。故不速之客三人來入于穴必為十二月初二日也。日在爻下四度，月在爻下九度，歲星在坎中爻。敬之終吉，謂夜之終，日出也。坎上爻入小寒，日出遲，必過辰初始可。十二月初二日在爻下四度，未及辰初，故曰敬之終吉。

象曰：不速之客來，敬之終吉，雖不當位，未大失也。

日在爻下，故不當辰初之位，相差僅四度，故未大失。先儒以陰陽爻位為當位，必初三五為九，二四上為六方可，乃無稽之說。今遇本爻上六，若依其說，應是當位矣，何以象言不當？於是其說窮，故朱熹曰：「未詳」。其實當位與否，純視象數而定，與爻畫陰陽毫不相關。

晉 **䷢** 離上
坤下

晉：康侯以錫馬蕃庶。晝、日三接。

　　內體星次大火，位於辰巳。外體時位午，重其上者
巽。坤中爻房宿初度，房爲天駟，故卦言錫馬，猶純坤
卦之言牝馬。晉乃九月上午之卦，說文：「日出萬物晉
也。」日出於卯至午正，歷三個時辰，即坤中爻所行之
過程。康侯，漢儒釋爲安康之侯是也。易經純是天象，
往往將日月人格化，非眞有其人。顧頡剛不知易理，以
爲康侯是衞康叔封，謬矣。康侯者猶言康侯也。坤是九
月節令，又值天駟之次，秋高馬肥，故以康侯用錫馬蕃
庶象之。晝，日三接，言秋日自卯至午接行三個時辰，
與錫馬蕃庶並不相涉。先儒皆以康侯受寵，一日之間受
王三度接見爲釋，乃增辭錯解，蓋誤將晝日兩字連讀之
故。在語法習慣上，決無晝日並用之例。此日字乃指太

213

陽而言，是句主，非一日時間。畫字讀斷，語意自順。

象曰：晉、進也。明出地上，順而麗乎大明。柔進而上行，是以康侯用錫馬蕃庶，晝、日三接也。

明、月也。大明、日也。月出地上，順行而附麗於日，言月在日先，相比鄰也。柔進而上行，即月先行而日隨後之象，蓋日月將交會也。陰陽交合始能懷孕，故其義爲蕃庶。坤中爻第三年之曆數爲九月廿七日，十月朔在爻下三度即房星四度。坤自卯來，而入朔在未正，故十月初一日未出卯正而月在爻上已出地也。及日三接而抵午正，則月入房三度而與日相比矣。象傳以第三年之曆數釋卦辭，極爲正確。夫時閱三載，則錫馬蕃庶，固其宜矣。此外體離乃是時位，不得以爲日。以離爲日以坎爲月，刻板定象爲說，則義多乖。朱熹以明出地上爲日出，以大明爲離，則明與大明無別矣，非也。

象曰：明出地上、晉。君子以自昭明德。

象以離爲明以坤爲地定卦體，與彖之明出地上含義不同。自此一虛構之象立，易理遂難通矣。

初六：晉如摧如！貞吉罔孚，裕，无咎。

初六之動爻於卯正。晉如摧如，乃已虧之月邊進邊剝之象。初六第一年曆數九月廿一日，月已虧，但位不及南正，故貞吉罔孚。日在卯正，若月在南正，必爲廿三日之下弦，故曰裕无咎。裕、多也，言多兩日始貞吉无咎。

象曰：晉如摧如，獨行正也。裕无咎，未受命也。

214

獨行正，言月獨行於南正。未受命，言月雖下弦无咎，但日尚未交立冬之令。廿五日始交立冬。

六二：晉如愁如。貞吉，受茲介福于其王母。

六二之動交於辰正。其第五年曆數爲九月二十日。晉如愁如言日在心宿也。心初度在爻下五度，故用廿五日。於是月在南正偏西四度，入巽前之翼宿八度，是爲貞吉。乾爲王，坤爲王母，而巽則長女也。長女得月，故爲受福于王母之象。介、大也。

象曰：受茲介福，以中正也。

六三：衆允，悔亡。

六三之動，交於巳正。衆、星也。衆信、星次無誤也。壽星之次終於爻下三度，入氐宿四度，亦即秋分之終也。過爻爲悔，故悔亡，衆星始當。

象曰：衆允之志，上行也。

星次允當之誌，六三宜上行。

九四：晉如，鼫鼠貞厲。

六三之動交於九四之午初。鼫鼠爲五技鼠，能飛不能過屋，蓋翼宿之象徵也。巽上爻乃翼宿十二度，位於未正。貞厲之位，不及未正，故鼫鼠貞厲乃言月位過翼宿十二度也。六三第四年曆數爲八月廿三日，下四度節入寒露爲廿七日，月入翼宿之終十八度。日進於午初，月仍不及未正，故曰晉如鼫鼠貞厲。

象曰：鼫鼠貞厲、位不當也。

日在爻下不當九四之位。月亦不當未正之位。

六五：悔亡，失得勿恤。往吉，无不利。

六三之動交於六五之午正。其第二年曆數爲九月初二日，月在爻下十度。若初三則月犯心宿四度，是心憂也。初五爲秋分之終，初六爲寒露之始，失得者失秋分得寒露也。此兩日之月，皆早過心宿，故失得勿恤。日在爻下四度得寒露，故悔亡。初六日往抵午正，月皆行於利之時區，故往吉无不利。

象曰：失得勿恤，往有慶也。

上九：晉其角，維用伐邑。厲吉无咎，貞吝。

六三之動終於上九之未初。角、星名，在坤前之巽初爻，位於未正。伐即參宿，伐邑者參宿之故地，即兌上爻之申正時位。巽初爻角宿七度，其第三年曆數爲八月廿七日。若廿八日則月適在申正，故曰晉其角，維用伐邑。日在兩卦之間謂之厲。厲吉无咎者九月初一日在角宿十一度已入秋分也。丑初入朔，今日近未正，則月已過日六度。日月皆不及上九之位，故曰貞吝。

象曰：維用伐邑，道未光也。

日未至上九，故道未光。

頤　　☲　艮上
　　　　　　　震下

頤：貞吉；觀頤，自求口實。

　　　內體星次娵訾降婁，位於子。外體時位丑寅，重其
上者坎。震在子，貞吉者夜半月在南正，必爲望矣。卦
形橫看似口齒，上下爻似頤，故以爲名。口實，日在口
中也。由月在南正，則口實當求之於六二，位在子正。
六二第一年之曆數爲正月十七日，若望，則十五日之終
十六日之始，日在爻前。

象曰：頤、貞吉，養正則吉也。觀頤，觀其所養也。自求口
實，觀其自養也。天地養萬物，聖人養賢以及萬民，頤之時
義大矣哉！

　　　所養者月也。自養者日也。月養在貞，日養在亨。
震中爻，啓蟄之終，雨水將始，正萬物生育之時，故曰

天地養萬物。聖人法天以養賢才及萬民，賢猶月，民猶星也。望爲月中，而子正爲一日之始，節氣和暖，皓月高懸中天，故頤之時義大。

象曰：山下有雷、頤。君子以愼言語節飮食。

由自求口實一語引伸以爲說。

初九：舍爾靈龜，觀我朵頤，凶。

初九之動交於亥初。靈龜、坎也。坎之星次元枵，又名天黿。舍爾靈龜，月處于坎也。觀我朵頤，日動於初九也。第三年曆數爲二月廿四日，亥初時，月入坎之須女九度，位於丑正。舍、處也，訓爲捨棄，非。月入坎，故凶。

象曰：觀我朵頤，亦不足貴也。

觀我朵頤者乃過下弦之虧月，故不足貴。

六二：顚頤，拂經于丘。頤，征凶。

六二之動交於子初。丘、艮也。月過艮，故拂經于丘。其第四年之曆數爲正月二十日，若二十二日則月拂過艮之上爻而入箕宿五度。日在爻下，故曰顚頤，言倒動也。子初入坎地爲凶象，故曰頤、征凶。

象曰：六二征凶，行失類也。

六二奎宿四度乃娵訾之終，下二度入降婁，故行失類。

六三：拂頤，貞凶。十年勿用，无攸利。

六三之動交於丑初。其第二年曆數正月十三日。丑

初時，是日方始，故其象爲拂頤，言拂過於爻上也。月入離上爻之下七度，位近申正，故曰貞凶。十年之曆數比第二年少一日爲正月十二日，月位更低近於酉初，更貞凶矣，故不可用，无攸利。

象曰：十年勿用，道大悖也。

六三第十年曆數所得之月位更低更凶，是其道大悖也。

六四：顛頤，吉。虎視眈眈，其欲逐逐。无咎。

六三之動交於六四之丑正。其第四年曆數爲正月初五日。顛頤吉，謂初八日得上弦月也。日在爻下三度，故爲倒頤之象。月入畢宿終度，正在觜觿及參宿之前，而位過戌正。參爲白虎，觜爲虎首，成虎欲吞月之象，故曰虎視眈眈，其欲逐逐。

象曰：顛頤之吉，上施光也。

日進於六四，則顛頤施光也。上爲動詞。

六五：拂經。居貞吉，不可涉大川。

六三之動交於六五之寅初。其第八年曆數爲正月十九日，拂經則過而入二十日也。月在午正，故居貞吉。若廿三日則下弦月入箕宿初度，涉天河矣。故不可涉大川，言非下弦月也。

象曰：居貞之吉，順以從上也。

月居貞，則順從爻下之日以進。上亦動詞。

上九：由頤，厲吉，利涉大川。

六三之動終於寅正。由、從也，與豫九四由豫之義同。頤在爻後，從於爻前。厲、兩卦間之位。其第三年之曆數為正月廿四日，由頤則廿三日也。於是下弦月入尾宿十三度，位高過巳正，處坤艮之間，故曰厲吉。月涉天河，故利涉大川。

象曰：由頤，厲吉，大有慶也。

日由頤，月厲吉。大、日也，有慶、得下弦月也。以有慶釋吉字，然何不以危訓厲字耶？蓋天下決無危而吉之理也。由此可見厲字別有含義，不可訓為危。

大過 ䷛ 兌上
巽下

大過：棟橈，利有攸往，亨。

　　內體巽，星次鶉尾壽星，位於午。外體兌，時位未申，重其上者離。棟、星名，大角也。大角值斗杓之所指，下臨亢池，其位與巽初爻相當。巽初爻角宿七度，爻下六度即亢宿，故大角在角宿之東北而斜對。今巽初爻在午初，是棟橈於下之象。換言之，亦即斗杓所指不當午正也。午正爲中，棟居中始得位，偏則失位。橈、曲也，枉也。棟傾側而不正、不中、不直，故曰橈。又巽初爻之下三度入角宿十度爲秋分。秋分、時之中，亦棟也。但不當爻而過之，故卦名大過而有棟橈之象。巽往，其初爻自午初至午正爲利有攸往。亨，言日在其相對震卦之初爻下一度而抵子正也。是爲春分夜半。春分過爻，亦大過也。第二年之春分爲二月十五日，望月在

巽初爻之前六度，即利有攸往而入於貞也。於是春分在子正，大角亦南正，則棟不橈矣。

象曰：大過，大者過也。棟橈、本末弱也。剛過而中，巽而說行，利有攸往，乃亨。大過之時大矣哉！

大、日也。大者過，即日過爻也。壽星之中秋分在巽下三度而不當巽之初爻，猶棟之橈曲也。初本終末，星度自上而下即先本後末或初本終末，星次相接，本末一間而已。壽星初度起巽中爻下三度，至初爻僅十三度而不得中，是本弱也。以鶉尾之終度而言，是末弱也。因此，故棟橈於下。

剛過而中謂日過爻得星次之中，即春分或秋分也。但經言亨，則此剛必是春分在震初爻之下一度矣。春分入子正，於是巽向兌行，秋分點角宿十度亦抵午正，故曰利有攸往，乃亨。如此、則大角中天，棟不橈矣。春分得二月十五日之終，則月位偏於午西九度。大過之時爲春分秋分，而春分適逢月中，夜半皓月當頭，故其時大矣哉！

象曰：澤滅木、大過。君子以獨立不懼，遯世无悶。

因象傳本末弱之義，引伸爲衰世隱遯，獨善其身不懼。其實與卦旨毫不相涉。

初六：藉用白茅，无咎。

初六之動爻於巳初。其第一年曆數爲八月初六日。若初二則日在爻前四度，月在爻下二度。初生之月似白茅而在日下，猶藉也。藉即薦，以茅爲之。

象曰：藉用白茅，柔在下也。

柔，月也，在爻下。或以陰爻為柔，非。

九二：枯楊生稊，老夫得其女妻，无不利。

九二之動交於午初。巽為木，九二節近白露，故為
枯楊之象。稊通荑，初生之葉芽，以象始生之月。九二
第二年之曆數適為八月初一日，寅正合朔，午初時，月
在爻下四度。八月秋陽象老夫，初生之月象女妻。老夫
少妻皆在利之時區，故无不利。

象曰：老夫女妻，過以相與也。

月朔已生，過日而相伴。

九三：棟橈，凶。

九三之動交於未初。此與卦辭大過棟橈同義。九三
在未初，則初六在午初，一處暑，一秋分皆分別在爻下
三度。秋分在角，未抵正中之午正，是棟橈也。棟橈為
凶象。

象曰：棟橈之凶，不可以有輔也。

輔、頰骨也，居面之兩旁，猶午初未初之位而非正
中。九三之下三度為鶉尾之中，初六之下三度為壽星之
中，兩中次皆在午正之左右側，是失位而不中，遂使棟
橈於下凶也。故曰不可以有輔。

九四：棟隆、吉。有它、吝。

九三之動交於九四之未正。於是秋分點抵午正，大角
中天，故曰棟隆吉。第三年立秋終於爻下三度為七月三
十日，未正時，月在日前十二度，故有它吝。此為日，

他爲月。

象曰：棟隆之吉，不橈乎下也。

九五：枯楊生華，老婦得其士夫，无咎无譽。

　　九三之動交於九五之申初。士夫謂日在其對方之震上爻，乃陽春也。上月終之月謂之老婦。震上爻第九年曆數爲正月初一日，位於寅初。但申初入朔，距寅初時月尚有半日之行程未畢，而落在日前六度。月來就日，故爲老婦得士夫之象。黑夜，巽上惟有繁星點點，乃枯楊生華之象。无咎者時日正確也。无譽者無月也。

象曰：枯楊生華，何可久也。老婦士夫，亦可醜也。

　　星在申初，不可久留。老婦配少夫，乃反常之事，故可醜。

上六：過涉滅頂，凶，无咎。

　　九三之動終於上六之申正。用兌上爻之星次，位於亥正。兌爲天河之所經，故曰過涉滅頂。其第四年曆數爲四月初六日，過涉滅頂則初八日也。於是上弦月抵上六之下六度。月位低近申正，不久即沒，其象凶，然而曆數時日无咎。

象曰：過涉之凶，不可咎。

　　凶固宜爾，故不可咎。

以上第三組八個卦爲一周天，終則變成第四組。大過變爲姤，頤變爲復；同人變爲豐，師變爲渙；歸妹變爲節，漸變爲旅；需變爲大畜，晉變爲萃。

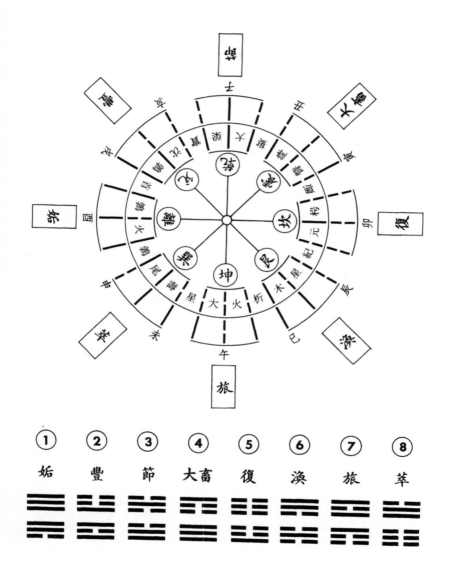

（VIII）第四組相綜卦圖

姤　乾上
　　巽下

姤：女壯，勿用取女。

　　內體巽，星次鶉尾壽星，位於未申。外體時位酉，
重其上者離。女，月也。姤遇朔日月相會，娶女之象。
女壯為望，日月睽違，故勿用娶女。九三之第二年曆數
為七月十六日。其前離之初爻當九四之位者為七月初一
日，申初入朔，今抵酉初，日月正相遇。及九三為望，
則女壯矣。九二為八月初一；初六為八月十六日，其義
同。故卦名姤，以九二為主。

象曰：姤、遇也，柔遇剛也。勿用取女，不可與長也。天地
相遇，品物咸章也。剛遇中正，天下大行也。姤之時義大矣
哉！

　　姤即遘，通覯。柔月剛日，月來會日，故柔遇剛，

227

即合朔也。望月豐滿爲女壯象。日月相對，日往月來，日來月往，故不可與長。此非娶女之象，與姤義不合，是以勿用之。然則宜用九二矣。天地相遇，品物咸章謂九三乃七月十六日，過九五之酉正，星月出現。酉正乃天地交際，亦日落黃昏將始也。剛遇中正，謂月半。日過酉正，即大行天下矣。大、日也。姤卦適朔望當爻，又值黃昏，故其時義大。

象曰：天下有風、姤。后以施命誥四方。

　　巽之象傳曰，重巽以申命，今象亦言施命誥四方，其義同。后、後也，謂巽初爻，即斗杓所指之處。今日在九三，乃七月中，當其過酉正日落時，斗杓指申，故曰后以施命告四方，使人人知之。姤后同音，后又與後通，皆隱語寄意。

初六：繫于金柅，貞吉。有攸往，見、凶，羸豕孚蹢躅。

　　初六之動爻於午正。柅、木名，實如棃。金柅者落日反照於柅樹之象。繫者月係樹梢也。此與否卦九五繫于苞桑之語法同，惟繫于桑者爲日，繫于金柅者爲月，桑低而柅高，所處之位有別而已。或釋柅爲止車木，或通假於欄，釋爲絡絲柎，皆非。時斜陽在酉正，當兌之初爻，其第一年曆數爲五月初四日，寅正入朔。若初六夏至，則月在九二而位於未初。夏至日永，酉正時夕陽無限好，斜暉反照於巽，巽爲木，故曰金柅。月繫其上而居未初，故貞吉。但此時月不可得而見，必日過戌初一刻西沒，又二刻半黃昏，月始出現，而位已過申初，故曰有攸往，見、凶。月過申爲凶象。所見之月尚未上

弦，瘦而不豐，有如羸豕。日自酉正至戌正，月又東移一度多，邊進邊退，故其象爲蹢躅。羸豕孚蹢躅，寫瘦月之突現，誠絕妙之比喻也。

象曰：繫于金柅，柔道牽也。

柔道，月之道。牽與繫同義。

九二：包有魚，无咎，不利賓。

九二之動交於未正。包讀爲庖。魚，小星名，當尾箕之間，位過巳初。巳初正是巽九二之故地，是以錯綜言之。尾箕爲後宮，掌庖廚，故曰包有魚。无咎者，魚之位也。賓，月也。九二第一年之曆數七月二十日，第二年之曆數八月初一日，第三年之曆數八月十二日，月皆不至於箕尾，是不得食魚也，故不利賓。不利賓即賓不利，言月不在利之時區也。

象曰：包有魚，義不及賓也。

九三：臀无膚，其行次且。厲、无大咎。

九三之動交於申正。其第四年曆數爲七月初八日。上月小只有廿九日，是臀无膚也。自廿九躍至初一，則其行次且矣。次且即趑趄，言行不順也。上月小有餘分甚多，故入朔在亥正，而申正時月尚在日前三度，未交會也。日月俱處兩卦之間，其位爲厲。入朔只欠三時，故无大咎。

象曰：其行次且，行未牽也。

月在日前，皆未交爻，故道未牽。

九四：包无魚起，凶。

　　九三之動交於九四之酉初。魚星位過午初。九三第四年之曆數爲七月初八日，酉初時，月入尾宿十五度，與魚星相近。魚乃微星，爲月光所掩，即使日落，亦不可得而見，故曰庖无魚起，凶。

象曰：无魚之凶，遠民也。

　　民當讀爲泯。魚星遠，泯而不見。

九五：以杞，包瓜含章，有隕自天。

　　九三之動交於九五之酉正。杞有三義：馬融以爲梓杞，虞翻鄭玄以爲杞柳，王弼以爲枸杞。巽爲木，日在巽次不在乾次，故曰以杞，所以別之而已。究竟是何種杞樹，實難定論。然鑒於夕陽之位低，似以王氏之說爲宜，蓋枸杞乃小樹也。包瓜即鮑瓜，星名，即今西方星圖之海豚，位於河鼓之東，牽牛須女之北，約當艮坎之間，時居於巳初。章，月之光暉。包瓜含章，月近鮑瓜星也。九三第四年曆數爲七月初八日。若十二日處暑，日在爻下四度，不及酉正，尚未西沒。同時月入女宿六度，正是值北之鮑瓜星含章。但日落始得見之，故曰有隕自天。有隕，日西沉也。學者不知包瓜之爲星，傅會以爲說，皆語不成語。程頤竟以杞葉包瓜解之，更是無理。因不解爻旨，故句讀亦誤。

象曰：九五含章，以中正也。有隕自天，志不舍命也。

　　中正，言九五爲酉正之位，日落於此。但日在爻下，故九五之誌不合於時命。舍、處也。命謂處暑之

時。按經言包瓜含章，此言九五含章，義有出入。蓋彼爲月之章，此爲日之章也。但經中所言之章字皆指月亮，如坤六三之含章可貞，豐六五之來章有慶譽，亦莫不然。小象摘句，太過簡單，最易引起誤會。

上九：姤其角，吝、无咎。

九三之動終於戌初。角、星名。巽之初爻即角宿七度。姤其角，言月在角宿。九三第一年之曆數爲七月初五日。若初三則月入角宿七度。日在九三之前，月在初六位於酉初。日不及於爻，故曰吝、无咎。

象曰：姤其角，上窮、吝也。

日窮於爻之上，是吝也。

復 𝌋𝌋 坤上
震下

復：亨，出入无疾，朋來无咎。反復其道，七日來復。利有攸往。

　　內體震，星次娵訾降婁，位於丑寅。外體坤，時位卯，重其上者坎。復有三義：一曰節氣，冬至至冬至，春分至春分，夏至至夏至，秋分至秋分，皆復也。二曰合朔，月來復也。三曰一日之終始，復於子正。震之上爻爲正月中氣啓蟄，中爻之下一度爲二月節雨水，初爻下一度爲春分。舊說以復爲十一月卦，謬矣。卦辭之復皆指月而言，非關節氣。七日來復，言月自下弦至於合朔也。京房卦氣值日，以初九爲冬至後七日，乃無稽之虛構，極誤。

　　震處丑寅之間，時位屬亨。震前爲坎之星次，後爲坎之子時。坎爲疾，月來會日，出入於震皆與坎不涉，

232

故曰出入无疾。朋爲月，朋來即是合朔。震上爻第一年之曆數爲正月初二日，中爻正月十七日，初爻二月初三日。正月初一丑正入朔，至寅正月當爻，是入無疾也。二月初一日申初合朔，及初二日丑正時，月出震下三度，是出無疾也。朋來无咎指二月初一日而言，日在初爻之上二度，月在日前七度。中爻爲正月十七日，爻下六度二十三日下弦。是月小，自下弦後至二月初一日，經過七日，月又來復於日。此一歷程即上月初一初二月所行之故道，故曰反復其道。利有攸往即正月廿三日之下弦月在艮次中爻之下入南斗十六度，自卯正往行過辰正矣。七日來復乃下弦月經七日來與日重會，義固極簡者。但漢儒虛構卦氣值日，以一爻當一日，謂卦氣起中孚得六日，及復之初九爲七日。又用十二消息卦之說，謂復由坤來，坤之上爻爲十月，一陽復生於下成復卦爲十一月。夫冬至乃十一月之中氣，若十月中氣小雪盡至十一月須十五日，又安得言七日來復耶？又以純震卦爲春分爲方伯卦。夫純震之內體與復之內體皆震也，同是一物，何以紀時有別？此種術數，純出機械式配合，無理可言，是以處處矛盾，荒謬之極。震之初爻屬春分不誤，至於冬至則當艮之初爻入牽牛初度，乃易經所用之曆元，實與復卦毫不相關。易經言復之卦，如解之「來復吉」，如小畜初九之「復自道」，如泰九三之「无往不復」，皆指月終之月來復，與此復卦之七日來復固同義者也。又既濟六二之「七日得」，乃指六月上弦月而言，依卦氣值日說，豈非亦成冬至卦耶？漢儒之謬說，誤導後學垂二千年，可勝言哉！

象曰：復亨，剛反、動而以順行，是以出入无疾，朋來无咎。

233

反復其道，七日來復，天行也。利有攸往，剛長也。復其見天地之心乎？

剛反者，昨日之日，今日反於亨也。震向坤行，則震位於丑卯之間，前有坎之元枵星次，後有坎之子辰，是以日月出入於震无疾。朋來无咎，月來會日也。自朔至朔，月反復其故道。自下弦後經七日月又來復，是天之道。利有攸往，下弦月出自東方前行，乃正月二十三日自子正至寅初之故。日行月亦行，是由於剛長也。剛即日。當震處東北之時，其中星乃坤之大火星次，心宿當午，故曰復其見天地之心乎。心居天之中，午居地之中，天地相應，象傳言之，乃實錄天文也。學者不知心之為星，時適當南正，遂作種種玄虛之談，或以無為天地之心，或以陽之消長為天理，而復為天地生物之心，或以冬至一陽生為天心而不及地，各任意立說，極附會穿鑿之能事，而莫辨其非。

象曰：雷在地中、復。先王以至日閉關，商旅不行，后不省方。

以卦位而言，雷在地下，因其無理，改稱地中，然雷何以能在地中乎？此種卦象，實在毫無意義。以至日釋復，其誤與漢儒同。王弼以二至並解之，更是空疏。夫中國冬無雷，而震乃雷也，其說之謬，不亦顯然乎？既言先王，又言后不省方，此后字固何所指，以語意而論，亦拉雜而無條理。

初九：不遠復，无祗悔，元吉。

初六之動交於子正。子正為亨，元吉則日在爻後未

至於亨。不遠復者言月來會日不遠，无祇悔者言日過爻
爲悔不多。初九第六年之曆數爲二月廿八日，月終日在
爻下二度，月在爻前四度，此即爻旨也。及子正便是三
月初一日，但過午正方入朔。祇、多也。

象曰：不遠之復，以脩身也。

　　望文爲訓，克己復禮，謂之脩身。

六二：休復、吉。

　　六二之動交於丑正。其第五年曆數爲二月初二日，
月已復，故休復吉。申初入朔，若初一日，則丑正時，
月尚未復。

象曰：休復之吉，仁在下也。

　　仁、相人偶也。日月相會，猶人之相愛。今日當
交，月在爻下四度，故曰仁在下。

六三：頻復，厲、无咎。

　　六三之動交於寅正。其第一年曆數正月初二日。厲
无咎，謂朔在爻前也。丑正入朔，今至寅正，則月頻復
過日而當爻矣。頻、比也。頻復言月與日比連也。

象曰：頻復之厲，義无咎也。

六四：中行獨復。

　　六三之動交於六四之卯初。中行獨復謂月在午，日
未出，故月獨復。其第十一年曆數爲正月廿二日，月適
抵南正。

象曰：中行獨復，以從道也。

　　　　從讀爲縱。縱道爲子午綫，即中行。月復在午正，
　　故用縱道。

六五：敦復、无悔。

　　　　六三之動交於六五之卯正。敦、厚也。六三乃正月
　　中氣啓蟄，夜較長，日出較遲，故曰厚復无悔。厚復，
　　謂日出時間須加多。无悔謂節氣不過，得其正。按此與
　　臨卦之「敦臨」義相反。

象曰、敦復无悔，中以自考也。

　　　　春分之前一月，何時日出，當此卯正時自行考詳。
　　蓋須過卯正六度或入古漏一刻又六分得之。

上六：迷復、凶，有災眚。用行師，終有大敗，以
　　　其國君凶。至于十年，不克征。

　　　　六三之動終於上六之辰初。用坤次之上爻，時在申
　　正。坤上爻氐宿初度，其第二年曆數爲九月初二日。申
　　正時，日未落，月未見，故曰迷復。月在日後十二度，
　　入於大火之次，故曰凶，有災眚。天火謂之災。申正斜
　　陽無幾，月將隨日同沒，故曰用行師，終又大敗，與其
　　國君凶。國君、日也，月爲臣。其第十年曆數爲八月三
　　十日，月在坤前六度，將先日西沉，故更不能征。

象曰：迷復之凶，反君道也。

　　　　君日臣月，月在日後，隨日左旋，故反君之道。

豐　☰☷　震上
　　　　　離下

豐：亨，王假之。勿憂，宜日中。

　　內體離，星次鶉火，位於酉。外體震，時位戌亥，重其上者兌。卦辭用大畜之乾，與萃渙兩卦同。此與豐之離位毫不相涉，蓋錯綜義也。離佔乾之酉，乾佔坎之子，坎佔坤之卯，坤佔離之午，遂成豐、大畜、渙、萃四正卦。四卦不同月，不同時，但中星無異，皆坤之大火也。又豐之六二，九三，九四取義正午日蝕，亦與本卦無涉，蓋夏季畫長，酉正時無星月之象可說故也。元亨為子正，時乾在子，乾為王，故曰亨，王假之。假通格，至也。乾中爻之第二年清明為三月十五日，終於子正，月適入房二度交午正，日月成對衝，有月食之憂。若十五日或十六日當午正時，則無此憂，故曰勿憂、宜日中。由此觀之，豐名具有二義，一為陽盛，一為月

237

滿，皆當午也。故卦辭以月食言，乾在夜半也。爻辭以日食言，坤在中午也。由離之錯綜關係而各得其爻位，倘不了解，則對此複雜之內容，便茫然無所適從矣。

象曰：豐、大也，明以動，故豐。王假之，尚大也。勿憂、宜日中，宜照天下也。日中則昃，月盈則食，天地盈虛，與時消息，而況于人乎！況于鬼神乎！

　　陽盛大謂之豐。離爲六月之卦，其中爻位于酉正，季夏日永，酉正不昏，必戍初日始落，是離向震之時位行也。離明震動，故曰明以動。陽盛日永，此卦之所以名豐。王假之，乾至於子正之亨也。乾在離前，子在酉前，而日在乾，故曰尚大。尚即上，大即日。乾在子夜而有月食之憂，若勿憂，宜日中，是正午日光照耀天下也。日過午即昃，好景難常，月望而食，盈則有災。日月之盈虛，皆與時間有關。月生于朔，過望而虧；日出于卯，過午而昃，及酉而沒；故天地盈虛，與時消息。本天道以言人事及鬼神，亦莫不然，蓋以盈爲戒也。此與謙卦之象傳同義。

象曰：雷電皆至、豐。君子以折獄致刑。

　　震、雷聲，離、電光，故卦象爲雷電。春夏非折獄致刑之時，而以爲說者，蓋取雷電有驚懼之義也。

初九：遇其配主，雖旬无咎，往有尚。

　　初九之動爻於申初。遇其配主，日月相會也，日爲月之配主。其第二年曆數七月初一日，恰是申初入朔。上月小只廿九日，有餘分$\frac{580}{940}$未盡落入此月，所以合朔在

238

申初。若作上月三十日論亦不誤，故曰雖旬无咎。過此
申初之時，則日月正交，故曰往有尚。尚、加也，月加
於日上。

象曰：雖旬无咎，過旬、災也。

　　雖旬无咎，乃假設之詞，上月實无下旬，若過旬而
始入朔，則曆數後天違天，是有害矣，故曰過旬災也。
象知旬爲日數。學者訓旬爲均，棄本義而不由，蓋不知
爻旨，失之。

六二：豐其蔀，日中見斗。往得疑疾，有孚發若、 吉。

　　六二之動交於酉初。酉初非日中。日中乃坤之上爻
當之。蔀、暗也。正午之盛陽何以暗？何以能見北斗？
蓋日蝕也。北斗當巽離之北，時正橫斜於西北天，而斗
柄指未初之位也。若午正日蝕，則其月之入朔餘分必爲
$\frac{470}{940}$分左右無疑。今當午正者爲坤之上爻，惟有第十二年
之曆數方合。是年坤上爻爲八月廿二日，爻下九度入氏
宿十度爲九月初一日，入朔餘分$\frac{474}{940}$分，故日食發生必在
過午正六分鐘之時。日全食時間極短，最多不過七分五
十秒鐘。故往得疑疾者乃日往過午正而食也。有孚發若
者乃食盡而日又顯露其西邊也。重見光明，故吉。

象曰：有孚發若吉，信以發志也。

九三：豐其沛，日中見沫。折其右肱，无咎。

　　九三之動交於戌初。沛通旆，蔽也。沫或作昧，即
輔星，在北斗第六星開陽之側。沫爲微星，日中可見，

亦是全食之際。時當午正者爲坤之中爻，其第八年曆數
爲九月廿三日，爻下八度，入心宿四度爲十月初一日，
入朔餘分$\frac{463}{940}$分，故不及午正即發生日蝕，當在十一小時
又五十分鐘。前右後左，前西後東，日食始於西，復明
亦始于西。右肱者日復明如曲肱也。故折其右肱无咎。

象曰：豐其沛，不可大事也。折其右肱，終不可用也。

　　日食凶，故不可大事。國之大事惟祀與戎耳。折右
肱乃初復明之象，故食終不可用。

九四：豐其蔀，日中見斗。遇其夷主、吉。

　　九三之動交於九四之戌正。時日中爲坤之下爻。其
第四年曆數爲九月廿四日，爻下七度入尾宿十三度乃十
月初一日，入朔餘分$\frac{452}{940}$分，正好十一小時三十二分鐘交
食，是以日中見斗。夷即明夷于飛之夷，讀爲鶩，與鵜
同，指離而言。夷主者，夷爲主而日爲賓也。離九三第
四年曆數爲五月二十二日，爻下九度爲六月初一日，入
朔在巳初，今日抵戌正，則月已過日而近離之中爻，無
日蝕之可能，故朔吉。日臨鶉火之次，故曰遇其夷主。

象曰：豐其蔀，位不當也。日中見斗幽不明也。遇其夷主，
吉行也。

　　位不當，言日不在九四之位。幽不明言日蝕天暗。
遇其夷主則日臨鶉火之次而不蝕，乃朔吉也。

六五：來章有慶譽，吉。

　　九三之動交於六五之亥初。來章，月來也。慶譽，
月光盛也。九三第一年曆數五月十九日，亥初時，月入

營室，出現東方。

象曰：六五之吉，有慶也。

上六：豐其屋，蔀其家，闚其戶，闃其无人。三歲不覿，凶。

九三之動終于亥正。震上爻之星次爲營室，時往居于辰初之位。營室即屋，營室星見，故豐其屋。上六本爲震之家，今離來居之而不可見，故曰蔀其家。營室中無月，故曰闚其戶闃其无人。九三第一年月見營室，上爻已言之，此言无月則第二年之曆數五月三十日也。若第三年五月終月不覿則凶。因爲第三年之曆數爲六月十一日而非五月，若五月終則日在爻前十一度，月在日前七度入於坎地，故爲凶象。

象曰：豐其屋，天際翔也。闚其戶，闃其无人，自藏也。

營室見於東方，是屋翔於天際也。翔或本作詳，王弼作翔，不如詳字義勝。自藏，月自隱也。闃，靜貌。

渙 ䷺ 巽上
坎下

渙：亨，王假有廟。利涉大川，利貞。

　　內體坎，星次元枵，位於卯。外體巽，時位辰巳，
重其上者艮。渙與豐、萃、大畜皆互相綜之四正卦，渙
東，豐西，萃南，大畜北。大畜之乾居於子。亨始子正
而乾爲王，故豐言「亨王假之」；渙與萃皆言「亨，王
假有廟；」要皆以乾之位簡接別三卦所處之位耳。惟豐
渙皆用乾中爻而萃則用乾上爻及初爻，且曆數不同也。
萃義爲聚，方以類聚也。渙義爲散，物以羣分也。其別
在此。渙用乾之中，即星物中分之義。萃用乾之首尾，
求與時位合，即聚於方之義。乾中爻下一度爲大梁星次
之中，其第五年曆數爲三月十八日，亨則此日之始，於
是月抵艮上爻之前二度入箕宿初度，而位渙卦上九之巳
正。箕在天河中，巳正屬利，故曰利涉大川。再過一個

242

時辰，乾合於丑，坎合於辰，則月過南正，故曰利貞，
言月由利而貞也。

象曰：渙亨，剛來而不窮，柔得位乎外而上同。王假有廟，
王乃在中也。利涉大川，乘木有功也。

　　　亨始於子正，日自子正來，皆行於亨，故剛來而不
窮。剛日柔月，月位於渙外體上九之上；故柔得位乎外
而上同。王在中，言日在乾次之中，位於子正也。巽為
木，重其上者艮，天河之所經而月過河，故利涉大川即
是乘木有功也。

象曰：風行水上、渙。先王以享于帝立廟。

　　　由亨，王假有廟一語引伸而為說，且讀亨為享也。
然則此一解釋亦可用之於萃卦矣。可見大象乃任意望文
為義，並無一定之準則。

初六`：用拯馬，壯吉。

　　　初六之動交於寅初。拯馬，升馬也。指坤中爻之房
宿天駟而言，時位於巳正。用拯馬壯吉，謂月在房，高
懸於天也。日在坎，月在坤，則必下弦月矣。初六第二
年之曆數為十二月廿八日，若二十三日，則月入房宿二
度。

象曰：初六之吉，順也。

　　　月在坤，坤為順。

九二：渙奔其机，悔亡。

　　　九二之動交於卯初。渙、謂月入元枵星次。机讀為

243

機，通畿，門限也。卯正爲門限。渙奔其机，謂月抵卯正而東出也。九二第六年之曆數爲十二月廿七日，若月終三十日則月入六三之下一度，往奔於門限之象。日月皆過爻，得之則悔亡。於是日抵卯初，月出於東。殘月距日十八度，可得而見之。學者不知此理，以机爲几之本字解之，則「奔其几」復成何語耶？

象曰：渙奔其机，得願也。

　　　月出得其所願。

六三：渙，其躬无悔。

　　　六三之動，交於辰初。渙、散也，謂冬至小寒之分際，日當爻，節氣小寒无悔。

象曰：渙其躬，志在外也。

　　　小寒之始，故渙之誌在爻外。

六四：渙，其羣元吉。渙有丘，匪夷所思。

　　　六三之動交於六四之辰正。日在相對卦離之上爻，位於戌正。三羊成羣，羣即兌之三爻。渙其羣，謂日捨兌而入於離也。位於戌正，故曰元吉。離上爻之下二度爲鶉火之始，其第三年曆數爲六月十三日，於是月入艮中爻之下南斗十二度而位於巳正，即在坎前三十度而當上九之位也。艮爲山，故渙有丘。夷讀爲鴺，即鵜鶘，乃離之象，與明夷于飛之夷同義。夷、水鳥，故丘非其所思。離與坎相對，坎水，夷之所思。兌與艮相對，艮山，羊之所思。今日在夷而月在丘，不成匹對，故有此喻。匪夷所思之義如此，語意自通，自來未得其解，遂

含混以非常人思慮所及釋之。

象曰：渙其群元吉，光大也。

　　光大，日也。日在元吉。

九五：渙、汗其大號。渙、王居无咎。

　　六三之動交於九五之巳初。汗讀爲鳱鳥，即鳱鴠也。鳱鴠喜陽，陰盛則不鳴。淮南子時則訓曰：仲冬之月，鳱鴠不鳴。此言鳱大號，則日在離不在坎矣。離爲鳥，又當小暑大暑之時故也。王居者，乾之地，今惟離之初爻在戌初者當之，故王居无咎言日在離初爻。其第三年曆數爲七月十二日，大暑終於十四日，戌初時，月適抵九五之下五度。「其」、疑詞，因月位而推測日之所處。學者不知汗爲鳱之假借字，輒以本義散汗釋渙汗，以號令釋號，則「散汗其大號令」還成何語耶？勢必至增辭而多曲說矣。

象曰：王居无咎，正位也。

　　正日在王居之時位，是戌初也。

上九：渙，其血去逖出，无咎。

　　六三之動終於上九之巳正。用巽次之上爻，時往居戌初。血去，日沒黃昏也。逖出，月遠出也。巽上爻第二年之曆數爲七月十六日，戌初時，圓月入震之營室，正出現於東方，故无咎。

象曰：渙其血，遠、害也。

　　渙其血則日未落，月不見，是遠者受害也。象傳以遠訓逖得之。朱熹謂逖當作惕，非。

節 ䷻ 坎上
兌下

節：亨，苦節不可貞。

　　內體星次實沈鶉首，位於戌亥。外體時位子，重其
上者乾。節、節氣也。一月三十日有二節氣，前十五日
爲節，後十五日爲中氣。卦爻配合節氣參差不齊，因爲
每一節氣除十五日外尚有餘分三十二分日之七故也。坎
九五爲亨之始，其相對午正爲貞之始。時重於坎上者爲
乾，其中爻乃三月節穀雨之終，節氣之日皆過子正，故
曰節亨。苦節者，冬月之節，始於立冬十月節位午初，
次爲大雪十一月節位巳初，三爲小寒十二月節位辰初，
皆在利而不及於南正，故曰苦節不可貞。兌爲四五月之
卦，位於元，與苦節相對，由苦節之不可貞，即知兌亦
未亨。卦辭乃用錯綜之義以明卦所處之時位而已。學者
不知苦節之爲三冬節氣，又不知貞爲過午正之時位，乃

望文爲說，以爲苦節之人不可貞正。然則失正之人尚堪稱爲節耶？失節之人尚堪稱爲苦耶？何其理之悖也。

象曰：節亨、剛柔分，而剛得中。苦節不可貞，其道窮也。說以行險，當位以節，中正以通。天地節，而四時成，節以制度，不傷財，不害民。

　　　　剛柔分而剛得中，謂乾之中爻當子正，乃日月平分而日得中也。乾中爻之下一度爲三月中氣之始，其第二年曆數又爲三月十五日，日在子正，月在午正，是剛柔分。中氣之始入子正，則前十五日之三月節皆亨。此一剛柔分之曆數惟春分及三月中得之，故象傳特言焉。三月節在亨，則相對之貞爲九月節，然苦節乃立冬，故不可貞。立冬位於已終而不及午正，故其道窮。以上釋卦辭，以下則言卦之變。說以行險，言兌往於坎。其六三爻於九五之子正，乃立夏之將終，故曰當位以節，中正以通。中正即子正，通即亨。天有孟春孟夏孟秋孟冬四立之節以成四時，地有四時不同之事功，春生夏長秋收冬藏，莫不有則。節不可違，違則傷財害民，故曰節以制度，言治曆明時，政令不可失也。

象曰：澤上有水、節。君子以制數度，議德行。

初九：不出戶庭，无咎。

　　　　初九之動爻於酉正。酉正爲正門，戌初爲側戶。戶庭者過戌初之地也。初九節近夏至，日落遲，須過酉正五刻，即出於戶庭也。不出戶庭則日不落，故无咎。古曆一晝夜時間分百刻，春秋分晝夜各五十刻，冬至晝四十刻，夜六十刻，夏至反之。卯酉正爲中分綫，故夏至

日落須過酉正五刻，然尚未昏也。昏則又增兩刻半，即近成正矣。

象曰：不出戶庭，知通塞也。

　　夏至日落時間與春秋分不同，故知其道有通塞。塞則落，通則不落。

九二：不出門庭，凶。

　　九二之動交於成正。門庭指過卯正而言。不出門庭者月未出也。九二第一年曆數爲四月十九日，成正時，月入坎之虛宿五度，不及卯正，猶在正門內也。月入坎陷，故凶。

象曰：不出門庭，失時極也。

　　時在成正，月猶不出，則過望多日矣，故失時極。

六三：不節若，則嗟若，无咎。

　　六三之動交於亥正。六三乃立夏節之將終，其下二度入四月中氣小滿。兌爲嗟。不節若則嗟若无咎，謂日當小滿也。

象曰：不節之嗟，又誰咎也。

六四：安節、亨。

　　六三之動，交於六四之子初。子初非亨，亨位在九五，當之者爲乾次之初爻。乾初爻之下一度入畢宿十二度乃立夏節。故安節亨即上移一度也。

象曰：安節之亨，承上道也。

上道即九五之亨道，六三乃立夏之將終，故承上道。

九五：甘節吉，往有尙。

六三之動交於九五之子正。立夏爲甘節，與立冬苦
節相對爲義。立夏終於爻下一度，往則甘節全入于亨，
故吉，往又上也。

象曰：甘節之吉，居位中也。

子正爲位中。

上六：苦節、貞凶，悔亡。

六三之動終於上六之丑初。相對未初之位乃艮次之
上爻，仍屬十月節，爻下四度始入十月中氣小雪。故居
貞之苦節指立冬而言。立冬始於坤次之下四度，不及未
正，是有悔也。得之則悔亡，而立冬交於未正矣。未正
屬貞而謂之凶者，蓋孟冬日落早於秋分二刻半之故。凡
春秋之日以過申初爲凶，夏日以過申正爲凶，冬日以過
未正爲凶，此易之通義也。

象曰：苦節貞凶，其道窮也。

此爨取象傳之語。但象傳以道窮釋不可貞，乃苦節
立冬之位不及南正，此貞凶乃指苦節在貞而凶，義不相
同。其道窮釋貞凶，言苦節之道窮於未正乃凶象也。象
象語同意異，不可不辨。

旅　　☷☶　離上
　　　　　　　 艮下

旅：小亨；旅貞吉。

　　　內體艮、星次析木星紀，位於辰巳。外體時位午，
重其上者坤。亨與貞相對，位過子正亨，過午正貞。小
亨，月過子正也，貞吉者日過午正也。時當午正者爲坤
次之中爻，其第二年曆數爲九月十七日，月在乾中爻之
下十度，不及子正，是未亨也。故由小亨而知貞吉必爲
十六日而非十七日。旅者行也，日月運轉之象。坤中爻
與艮上爻之曆數同，惟月之行度稍有異耳。

象曰：旅小亨，柔得中乎外而順乎剛，止而麗乎明，是以小
亨旅貞吉也。

　　　柔月剛日。小亨，月過子正，故曰柔得中乎外。中
乎外猶言中之外也。月隨日對行，故曰順乎剛。止而麗

乎明，言艮往而加於離之時位。九三由巳正而抵午正，即旅貞吉也。月在艮上爻乃十月十七日，若十五，則午正時，月過子正，故小亨。象傳以艮上爻爲主。

象曰：山上有火，旅。君子以明慎用刑，而不留獄。

旅何以有此象，殊難索解。其取象傳止而麗乎明一語而傅會乎？又艮爲孟冬仲冬之卦正決獄之時，或取義於此乎？然豐爲六月之卦，象亦以折獄致刑說之，則又非關節令矣。大凡卦體之有離者，取其明之義，輒以爲明慎刑獄而已。

初六：旋瑣瑣，斯其所取災。

初六之動交於卯正。瑣瑣猶小小也。爻爲周之曆元冬至朔，旅瑣瑣，謂自正月初一至初二也。月行一日又三時，約十七度，入於坎，故斯其所取災。取讀爲趣，趨也。

象曰：旅瑣瑣，志窮、災也。

日入於爻下，初六之誌窮，於是月有坎險之災。

六二：旅即次，懷其資，得童僕貞。

六二之動交於辰正。次，星次也。六二屬析木，終於爻下四度入南斗十一度。過之即星紀之次。旅即次，謂行盡本次也。懷其資，謂懷有本次析木之資也。六二第一年曆數十月二十二日，懷其資二十六日也。童僕星也。得童僕貞，謂月抵南正。日數增，月所歷之星度亦多，故爲得童僕之象。十月合朔在過戍正時，故二十六日辰正，月適交坤上爻之氐宿初度而位過午正。

251

象曰：得童僕貞，終无尤也。

日在析木之終無尤。

九三：旅、焚其次，喪其童僕，貞厲。

九三之動交於巳正。焚爲名詞，焚其次。即大火之次。大火終於坤下三度，艮前十二度，入尾宿九度。旅焚其次謂日不在析木而在大火，即尾宿九度也。第一年大火次終之曆數爲九月廿四日，月過申正入翼宿十度，故曰喪其童僕，貞厲。日在爻後則月得童僕，在交前爲喪童僕，當交則無得無喪。今日在艮前十二度，則月所失之星度多矣。申正酉初之間謂之貞厲。

象曰：旅焚其次，亦以傷矣。以旅與下，其義喪也。

旅焚其次，則九三爻前減去三度，是析木之次有所傷也。日旅於爻前，比之爻下，則其義爲喪。

九四：旅于處，得其資斧，我心不快。

九三之動交於九四之午初。日在艮不在離，故旅于處。艮爲止，止即處也。九三第三年曆數十月廿八日，若廿九則月入心宿終度。資斧，月象也。斧亦資財，故稱資斧。殘月凌心，故我心不快。

象曰：旅于處，未得位也。得其資斧，心未快也。

日在爻下，未得中氣小雪之位。

六五：射雉，一矢亡，終以譽命。

九三之動交於六五之午正。離爲雉，射雉，月入離

也。時離星次在戌。九三第二年曆數十月十七日，爻下五度小雪乃二十二日，一矢亡，則廿一日立冬之終也。廿一日午正時，月抵離中爻之下九度，位過戌初，是射雉得中矣。立冬之終，故曰終以譽命。譽命猶美命，得時也。

象曰：終以譽命，上逮也。

上逮言節終在爻下，而屬於上。

上九：鳥焚其巢；旅人先笑後號咷，喪牛于易、凶。

九三之動終於上九之未初。上九原爲離星次之地，離次鶉火，亦稱鳥，今他往而艮來居之，故鳥焚其巢，巢焚則鳥去也。離前爲兌。艮後爲坎，兌笑坎號咷。旅人、月也，月在爻前爲先笑，入坎爲後號咷。九三第三年之曆數爲十月廿八日，月位過申初，即兌中爻之時位，在上九未初之前。若閏月初三，日在爻後五度，月入牽牛初度，是旅人得牛之象。若初五則月入坎之虛宿八度，虛爲哭泣，是號咷之象，同時又喪牛也。牽牛在艮之初爻，時位在午初，乃邊境也，故曰喪牛於易。易讀爲場。旅人喪牛而入坎虛，故凶。

象曰：以旅在上，其義焚也。喪牛于易，終莫之聞也。

離爲火，其義焚。聞通問。喪牛凶在下月初五日，故十月終莫之問。

大畜 ䷙ 艮上
乾下

大畜：利貞，不家食、吉；利涉大川。

　　內體乾，星次大梁，位於子。外體時位丑寅，重其
上者震。卦用乾之中爻，位於子正。此與豐卦之曆數不
同。豐用乾中爻第二年曆數三月十五日終而有月食，此
用第五年之曆數爲十七日終，與渙卦同。若十五日終，
日在爻前二度，月抵南正，不成對衝，故曰利貞不家食
吉。不家食即月不食於南正之家也。及十七日終則月涉
天河入箕宿初度，故曰利涉大川。日在亨不可見，而舉
月所處之位言之，故卦名大畜。大爲日；畜、藏也。

象曰：大畜、剛健篤實，輝光日新。其德、剛上而尙賢能止
健。大正也。不家食吉、養賢也。利涉大川，應乎天也。

　　日剛乾健，日在於乾，故曰剛健篤實。九三爲春分

254

之終，春分後陽日盛。其第五年曆數爲三月初二日，眉月初現，自後亦逐日生長，故曰輝光日新。輝謂月，光謂陽。其德剛上，日在九三上也。尚賢能止健，月在日前也。初一過寅初入朔，今日在丑初，月尚距日一度，抵九三之上二度也。 尚通上， 賢人月之象， 健即日，艮爲止。「大正」之上當脫去利貞二字。大正所以釋利貞，脫此二字則語意晦。大正，謂日在子正，故月抵南正，乃三月十五日之終十六日之始，日來乾之中爻也。望而月不食，乃養賢之象。及十七日之終十八日之始，得三月中氣清明，於是月利涉大川。大川者天河，故應乎天，蓋位當巳正也。王弼以「日新其德」斷句，宋儒從之，皆誤。鄭玄以「日新」斷句，「其德」屬下文，得之。然中脫利貞二字，卒無人辨之，異哉！

象曰：天在山中、大畜。君子以多識前言往行，以畜其德。

卦象當爲天在山下，以其無理，故改稱天在山中。取象傳日新其德之語引伸而說人事，然斷辭爲義，遂使句讀陷入糾紛矣。

初九：有厲，利己。

初九之動爻於亥初。利己謂日在相對坤次之初爻爲己日也。然則非第一年之九月廿一日己卯，即第三年之十月十三日己丑矣。有厲謂月在乾前或乾後也。若己卯則月入離，與乾無關，故利己必爲己丑日。當巳初時，月在乾前十度，位近子正，乃有厲也。此爻純言曆數用日干之己，利與厲，皆時位記號，學者無知，乃以己爲已止之已，誤矣。

象曰：有厲、利已，不犯災也。

坤初爻己日九月十三屬尾六度，已過心宿。心即大火，故不犯災。

九二：輿說輹。

九二之動交於子初。輹爲伏兔，附於車軸上，所以承輿。九二第二年之曆數爲三月十四日，又處子初，皆不得中正，故爲輿脫輹之象。說通脫。

象曰：輿說輹，中无尤也。

中謂子正。入子正爲十五日之始，得大梁之中次，即無錯矣。

九三：良馬逐，利艱貞。曰閑輿衞，利有攸往。

九三之動交於丑初。良馬，坤次之中爻房宿與乾中爻相對，位於午正。艱、艮也。艮在坤後，其上爻位當巳正。良馬逐，利艱貞，謂坤之馬逐於前，艮隨之由利而貞正也。曰、發端詞。閑輿衞言日守在乾之上爻，乃車之外衞。月在艮而前行，故利有攸往。九三第四年之曆數爲二月二十日，月入艮上爻之下七度即箕宿十度。利有攸往，及卦之終，即艱貞矣。

象曰：利有攸往，上合志也。

日在九三，故上合誌。

六四：童牛之牿，元吉。

九三之動交於六四之丑正。六四原爲牽牛之地，九三來居之，是入於牛牿也。牿、說文曰：「牛馬牢」。

或釋爲楅衡，乃施於牛角之橫木，非。童牛安得有角以施楅衡耶？元吉，日在酉正，乃離次之初爻。離初爻第一年曆數爲六月二十日，若二十一日則月入六四之下三度，即牛宿四度之故地。故日在元吉，月入牛牢。

象曰：六四元吉、有喜也。

六五：豶豕之牙、吉。

九三之動交於六五之寅初。九三第十年之曆數爲二月廿七日，殘月露於東方，猶豶豕之牙。月入震前四度之營室十度，營室屬娵訾，亦名豕韋，其星次之終奎宿四度，奎又名封豨，皆大豕之象。故豶豕與封豨同義，殘月加之，則其牙也。或訓豶豕爲去勢之犗豕，或訓豶爲除，謂除去豕之牙，皆是臆測。家畜之豕不兇，亦不露牙，去勢所以止其生育，非因其兇而閹之。豕如露牙者惟有野豬。野豬性兇，常以利牙攻敵，故豶豕封豨，皆指大野豬而言，非家畜也。鄭玄讀牙爲互，與楅衡同義，蓋不知牙爲殘月之象，乃改字而訓詁，亦非。

象曰：六五之吉，有慶也。

吉即以有慶或有喜釋之，小象往往如此，欲以明爻旨難矣。

上九：何天之衢、亨。

九三之動終於上九之寅正。何通荷，負也。九三爲天道而上九之位承之，故曰荷天之衢。寅正時位爲亨。朱熹釋爲「何其通達之甚」，眞是胡扯。

象曰：何天之衢，道、大行也。

大、日也。天衢即日行之道。

萃　䷬　兌上
　　　　坤下

萃：亨，王假有廟。利見大人，亨、利貞。用大牲吉，利有攸往。

　　內體坤，星次大火，位於午。外體兌，時位未申，重其上者巽。萃與大畜相對。大畜之乾在子，其上爻當丑初，中爻當子正，乃亨之位也。乾為王，故曰王格有廟。渙與萃二卦皆言王假有廟，因乾位在子，其位同，惟所用之爻及曆數不同耳。渙與大畜皆用乾之中爻，曆數亦同，即第五年之三月十七日終於子正之時。萃取義於聚，乃星次與時位相合，故以乾之上爻及初爻為準。乾上爻為降婁之終，位丑初；乾初爻為大梁之終，位子初。星次右旋，時位左旋，次之終與時之始合，則大梁在子，降婁在丑，無有參差矣。乾上爻第四年之曆數為二月二十日之始，丑初時，月入艮之箕宿十度，位近巳

258

正，故曰利見大人。及卦之終，日在寅正，月過南正，故繼曰亨，利貞。此與大畜九三利艱貞同旨。惟彼以艮爲主，此以大人之月象爲主，錯綜言之而已。若日在乾初爻，其第四年曆數爲三月二十一日之始，子初時，月入牽牛六度，位近辰正。及卦之終，日抵丑正，月亦前往而位近午初。故曰用大牲吉，利有攸往，而不言貞也。史記天官書曰：「牽牛爲犧牲。」

象曰：萃、聚也。順以說，剛中而應，故聚也。王假有廟，致孝享也。利見大人亨，聚以正也。用大牲吉利有攸往，順天命也。觀其所聚而天地萬物之情可見矣。

卦名萃，其義爲聚，乃星次與時位聚合。坤在午，但大火之次非當爻，其始於上爻之下四度，其終在初爻之下三度，故必上移三度，次終交於午初，然後大火聚於午。坤順兌說，坤向兌行，故曰順以說。次與時合，則坤之中房宿四度寒露之終當午正，故曰剛中而應。剛爲日。此即方以類聚之義也。

卦辭之聚用相對之乾，蓋乾三爻皆與時位合也。致孝享釋王假有廟。聚以正謂月抵南正，乃釋利見大人亨利貞。引句當脫利貞二字，正釋貞而非釋亨，脫此二字則語意晦。用大牲吉，月在牽牛。如此則日在乾初爻入畢宿十一度，乃大梁之終，當子初時，月入牽牛六度，終于丑正時，則入於牽牛八度。自乾上爻二月二十日至初爻三月二十一日，其變化乃順天之時令而然，故曰順天命也。觀日聚於何次何辰，則天地萬物變化之實情可得而知矣。萬物即羣星，天即周天之星次，地即時位。由乾之行於亨，不可見，但觀坤艮星次之行於利貞者可知也。

象曰：澤上于地、萃。君子以除戎器，戒不虞。

由萃爲聚之義，引伸傅會爲積貯兵器以防不虞。

初六：有孚不終，乃亂乃萃。若號，一握爲笑；勿恤，往无咎。

初六之動交於巳初。爻非星次之終，故有孚不終。
大火之次霜降終於爻下三度入尾宿九度，必上移三度交
於巳初，大火之次始與巳之時位聚合，故乃亂乃萃。亂
者亂其曆數也。若以其相對之乾初爻言，位於亥初，大
梁星次之終適當爻，則不必亂即萃矣。於是乾過爻一度
即得實沈之始而交立夏，故曰、若號，一握爲笑。震爲
號，乃乾初爻所處之時位在亥初也。兌爲笑，實沈之次
也。得其次之首，故曰一握。以坤初爻而言，則一握即
是立冬，乃在爻下四度也。此用相對卦比較以明萃爲聚
之含義。繼言曆數。

初六第七年之曆數爲九月廿七日，大火之終適得月
終三十日。巳初時，月入心宿四度在爻前七度。月犯心
則心有憂恤。今言勿憂往无咎，則必爲十月初一日將交
立冬也。寅初入朔，及巳初，月已過日三度入尾宿十三
度矣。

象曰：乃亂乃萃，其志亂也。

坤初六星次終之誌不當爻，故亂之乃聚。

六二：引吉，无咎。孚乃利，用禴。

六二之動交於午初。禴乃周之夏季時祭，日不在坤
而在兌。經言禴者三卦，即升九二，既濟九五及此爻。

260

彼兩爻之論皆用兌之初爻，乃當夏至前後，故知此爻亦然。升亦言孚乃利用論，但升之利指日之所在，此則不然，蓋兌初爻在戌初，屬於元而非利。故此爻之「孚乃利」宜讀斷，月在利也。若與用論連讀，則夏日在坤，便成悖謬矣。兌初爻第四年之曆數爲五月初七日己卯，若十一日癸未，月在六二之下七度而位近午初，故曰孚乃利。此乃夏至後一日用論祭也。夏至過戌初一刻日始落，戌正月始出，故曰引吉无咎。

象曰：引吉无咎，中未變也。

六三：萃如嗟如，无攸利，往无咎，小吝。

六三之動爻於未初。萃如以星次之終爲主。嗟如，日在兌也。故知所用者乃兌次之中爻，位于亥初。其第三年曆數爲五月十一日，實沈之終則十二日也。月在坤之中爻入房宿初度。日上移一度而交亥初，是萃往无咎也。月入貞是无攸利也。日當亥初，月亦上移三度而不及午正，是往无咎小吝也。小爲月，吝爲小疵。

象曰：往无咎，上巽也。

坤前爲巽之星次，重於兌上。周天左旋，故上之巽亦往而无咎。

九四：大吉、无咎。

六三之動爻於九四之未正。其第二年曆數爲九月初二日。大吉无咎乃初一日朔也。

象曰：大吉无咎，位不當也。

朔在爻前，已過未正，而壽星之次終於爻下三度，
故位不當。

九五：萃有位，无咎匪孚。元永貞、悔亡。

六三之動交於九五之申初。六三之下三度爲壽星之
終，若交於申初，是聚得位无咎，然而不信者，因爲壽
星之次有三十一度，其交酉初者乃壽星之始入八月節白
露之故。白露在巽中爻之下三度，則巽上爻之下三度爲
七月中氣處暑交於酉正，故曰元永貞、悔亡。元始於酉
正，順數之爲貞元，倒數之爲元永貞，即日或月左旋右
旋運轉之別。巽上爻翼宿十二度，加三度處暑，過爻爲
悔，得之則悔亡，故元永貞悔亡即處暑之日交於酉正。
若坤前之節氣與時位皆有孚，則大火之始不及於申初，
是星次有咎而節氣始孚也。此爻乃比較巽與坤曆數之不
同，因爲秋分之後，節氣又增多一日而生差異，故秋分
在巽初爻下三度而寒露在坤上爻下四度也。

象曰：萃有位，志未光也。

志未光，謂日在六三爻下三度，而萃於九五申初之
位，則大火之誌未得日光。

上六：齎咨、涕洟，无咎。

六三之動終於上六之申正。齎咨與嗟咨同，兌也。
涕洟、離也。離爲目，淚從目出。此乃月在離前兌後之
象，而日在坤之六三，必下弦也。六三第一年之曆數爲
八月二十一日，若二十三則下弦月在離前四度，位過亥
正，猶涕洟也。

象曰：齎咨涕洟，未安上也。

月在離前四度，故未安于離上。

第四組相綜周天卦之終，變成第五組。就八純卦而言，各自轉移六個時辰，至於相對之位，亦即百八十度之變動也。於是萃變成否，大畜變成泰；姤變成恆，復變成益；豐變成既濟，渙變成未濟；節變成損，旅變成咸。

第 三 篇
六 十 四 卦 新 解 下

(五)否泰、恆益、旣濟未濟、損咸……………267

　　附卦圖（IX）

(六)遯臨、豫小畜、井噬嗑、賁困……………305

　　附卦圖（X）

(七)訟明夷、小過中孚、比大有、蠱隨………343

　　附卦圖（XI）

(八)无妄升、解家人、蹇睽、剝夬……………383

　　附卦圖（XII）

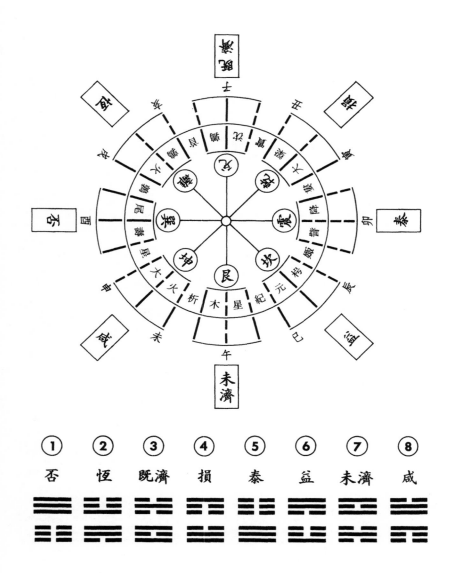

（IX）第五組相綜卦圖

第 五 組

否 ䷋ 乾上
坤下

否之匪人，不利君子貞，大往小來。

　　內體坤，星次大火，位于未申。外體乾，時位酉，
重其上者巽。否與泰相對。泰之內體乾爲星次大梁，外
體坤亦時位爲卯。乾坤所處之內外體涵義不同，學者不
知此理，僅從卦形推測，以乾爲大，以坤爲小，然則泰
之小往即否之小來，否之大往即泰之大來，其相對卦位
不變，有何不同可言耶？在此言往，在彼言來，豈非自
相矛盾。經所言之大小即是日月，並非乾大坤小之謂。
大往小來，日落月見。小往大來，將旦之象，月前往，
日隨後來也。日不能永在乾，月不能永在坤，故以乾爲
大坤爲小，刻板規定，乃是誤解。

　　外體乾之中爻乃酉正之位，天地之際，貞元之會，
春秋分日落之點，卦辭所言即就此間立義。匪讀爲彼。

彼人，即重於乾上者之巽次。坤爲大火，坤前爲壽星鶉
尾，日不在此坤而在彼巽，故否之彼人。坤自午正來，
若日在其中，當爲利君子貞。因日在彼人巽之中爻，乃
元而非貞，故曰不利君子貞。巽中爻尚屬鶉尾之處暑，
其爻下三度始入壽星之白露節。節氣在秋分前半個月，
則酉正時日未落，故曰大往小來，言日往月始來也。巽
中爻第五年之曆數爲八月初五日，酉正時，月入坤中爻
之下三度，位近申初。否爲秋日黃昏之卦，泰爲春日平
旦之卦，一衰一盛，一消一息，其道相反，故卦名亦相
反，泰有通達之義而否則時運不濟也。

象曰：否之匪人，不利君子貞，大往小來，則是天地不交而
萬物不通也；上下不交而天下无邦也；內陰而外陽，內柔而
外剛，內小人而外君子，小人道長，君子道消也。

　　天地之交在酉正。今巽中爻當之，非鶉尾之終，而
爻下三度始入於壽星，是星次與時位參差不相配，故天
地不交。周天之星次亦因而失其位，是萬物不通也。乾
上爻不得鶉尾之中，下爻亦不得壽星之中，是上下不交
也。乾中爻酉正以外星次沒入地下，是天之下無邦也。
內外則以酉正爲分際。秋分之前陽勝於陰，故外陽而內
陰。陰陽二字惟見於泰否之象傳，指無形節氣而言，與
剛柔之義有別。剛日柔月，日在外月在內，故內柔而外
剛。君子爲日，小人爲星，日沒於外而星現於內，故內
小人而外君子。暮夜開始，故小人道長，君子道消。陰
陽剛柔與爻畫無關，學者乃混同以爲說，若然，則象傳
重複其義，豈非成爲贅辭？象言天地皆指自然實象，不
限於乾坤。星次屬天，辰位屬地，故八卦代表天，亦代
表地。自大象定乾天坤地之虛象，遂誤會滋多矣。試想

日若在坤之星次，則坤非即天耶？何得以地目之。若乾爲外體之時位，則重之者每卦之星次皆可，安得稱時位之乾爲天耶？以泰否兩卦而言，內體之乾坤皆天，外體之乾坤則非。重於泰之坤上者乃震之星次，重於否之乾上者乃巽之星次，天動地靜，由泰否二卦得錯綜互用之易理焉。

象曰：天地不交、否。君子以儉德辟難，不可榮以祿。

　　　據象傳小人道長君子道消之義引伸以爲說。時難世衰，君子隱退，獨善其身。但象傳以君子小人象日星，非說人事。辟讀爲避。

初六：拔茅茹，以其彙，貞吉，亨。

　　　初六之動交於午正。貞吉，日在南正。亨、月在子正。初六之下三度乃大火星次之終，日抵其上，故曰拔茅茹，以其彙。茅茹，茅根也。彙、類也。以、與也。此即星次終之象。其第三年曆數十月十六日，午正時，月適交子正，故曰貞吉、亨。

象曰：拔茅貞吉、志在君也。

　　　君爲日，其誌爲日在南正。

六二：包承，小人吉，大人否亨。

　　　六二之動交於未正。六二仍屬寒露，其下四度始入霜降，包承者謂日在霜降也。霜降上承寒露而包有之。其第一年之霜降爲九月初十日。小人星也。大火中次房宿五度得陽，故小人吉。大人、月也。月入營室七度，

由亨而利，過卯正之位，故曰大人否亨。否亨即不亨，猶師初六之否臧即不臧。

象曰：大人否亨，不亂群也。

　　羣，星次也。日得大火之中次，是羣不亂也。羣不亂，故未正時月入利而否亨。

六三：包羞。

　　六三之動交於申正。壽星之次終於爻下三度，故六三所包者尚有欠缺，此即包羞之義。

象曰：包羞，位不當也。

　　因星次不全，故六三之位不當。

九四：有命无咎，疇離祉。

　　六三之動交於九四之酉初。六三爻下四度寒露節，得其時令，故有命无咎。其第二年曆數爲九月初六日，酉初時，月入艮中爻之下南斗十三度位近未初。疇讀爲儔，猶朋也。月爲日之儔。祉與止同音，艮也。疇離祉謂月在艮。

象曰：有命无咎，志行也。

　　誌天道。

九五：休否，大人吉。其亡其亡，繫于苞桑。

　　六三之動交於九五之酉正。秋分酉正日落，故曰休否，時窮而息也。六三第三年之曆數爲九月十二日，秋

分之終爲十五日，望月出於東方，故曰大人吉。惟日在
爻下三度，尚未沒落，故曰其亡其亡繫于苞桑。桑爲小
樹，日懸其上，卑可知矣。桑榆晚景之喩，與此同義。

象曰：大人之吉，位正當也。

仲秋酉正月出於東，其位正當。

上九：傾否、先否後喜。

六三之終交於上九之戌初。傾、側也。過酉正而入
戌初，位傾側而失正，故曰傾否。六三第二年之曆數爲
九月初二日，戌初時無月，若初三則彎月可見，故曰先
否後喜。後者月在中爻下一度也。

象曰：否終則傾，何可長也。

即使月見有喜，但自酉正至於上九之終，日落已過
半時，新月之稽留時間亦不可久。

泰 ䷊ 坤上
乾下

泰：小往大來，吉亨。

　　內體乾，星次大梁，位於丑寅。外體坤，時位卯，
重其上者震。九三乃春分之終，亦即降婁之終。春分之
後，陽氣漸盛，畫漸長夜漸短，而又時將平旦，故卦名
爲泰。大日小月，日在九三，自寅正來，月在日前往，
故曰小往大來吉亨。九三第二年曆數二月廿九日，寅正
時，月入震次之奎宿五度，適抵六五爻下，日來月即出
卯正矣。泰用九三，否用巽次之中爻，曆數不同，一得
新月於黃昏之際，一得殘月於昧爽之時，故小大往來相
反。一在秋分之前，一在春分之終，此其別也。

象曰：泰、小往大來，吉亨，則是天地交，而萬物通也，上
下交而其志同也；內陽而外陰，內健而外順，內君子而外小

272

人，君子道長，小人道消也。

震乾之星次皆當爻無參差，與時位之爻合，故天地交而萬物通。天地交在卯正，當其位者爲震之中爻，乃娵訾之終。於是九三降婁之終在寅正，初九大梁之終在丑正，星次皆得位，是萬物通也。九三上行抵卯初，則震中爻抵辰初，是與坤之上下爻相交者皆是星次之終，降婁在卯，是其誌同也。九三交卯初，初九交寅初，大梁在寅，亦上下交而其志同。內外以卯正爲分際，日在九三，春分之終，陽勝於陰，春分之前，陰勝于陽，當卯初時，是內陽而外陰也。日內月外，故內健外順。健順與否之剛柔同義。日內而星外，故內君子而外小人。日出星滅，故君子道長小人道消。

象曰：天地交、泰。后以財成天地之道，輔相天地之宜，以左右民。

后、後也。繼承之君謂之后，所以喻爻後之日。二三月節氣皆始於爻下一度，春分起震初爻之後，三月穀雨起乾九三之後，清明起九二之後，立夏起初九之後，故后以裁成天地之道。天道、星次也。地道、時位也。求星次與時位得當，故曰輔相天地之宜。天與地合謂之宜。爻前爲右，爻後爲左，右爲節氣之終，左爲節氣之始，故曰以左右民。小民乃星之象徵。以人事言，即人君治曆明時以助民，使知節令也。

初九：拔茅茹，以其彙，征吉。

初九之動交於子正。爻爲大梁星次之終，猶連茅之根，故曰拔茅茹，以其彙。彙，同次之星也。子正一日

之始，故征吉。

象曰：拔茅征吉，志在外也。

大梁星次出於子正，故其誌在外。

九二：包荒，用馮河，不遐遺。朋亡，得尚于中行。

九二之動交於丑正。包讀爲匏。匏瓜星名，在牽牛
須女之北，河鼓之東，原居丑正之地，今乾來，則匏瓜
星往居於巳正，故曰包荒。荒，空也，言不在於丑正。
學者不知包之爲星名，所有注解，都是附會不通。王弼
竟以包含荒穢解之，與下文用馮河，又如何能連貫耶？
惟聞一多知包爲匏瓜，但展轉訓詁，謂北斗一名匏瓜，
則是杜撰(1)，蓋亦不知天自有匏瓜星也。 匏瓜星在天
河之側，而匏瓜可作涉河之用，故曰用馮河不遐遺。遐
與遠同，訓作遠義，非。不遐遺留，是以原處荒也。朋
爲月。中行、午正之位。朋亡得尚於中行謂月抵南正。
九二第五年之曆數爲三月十七日。次日清明，丑正時，
月入箕宿初度而位過午正偏西。

象曰：包荒、得尚于中行，以光大也。

非包荒得上于中行，象傳摘句往往苟簡，最易啓誤
會。光大，謂月也。

九三：无平不陂，无往不復，艱貞无咎。 勿恤，其
孚于食有福。

九三之動交於寅正。春分陰陽平均，九三爲春分之

(1)聞一多周易義證類纂（古典新義）

終，過爻即交三月節氣，故曰无平不陂。陂、偏頗不正
也。月過望即返，其第四年曆數為二月二十日，月入艮
之南斗初度而位過午正，故无往不復，艱貞无咎。艱、
艮也。其第五年曆數為三月初二日。入朔適過寅初，可
能日蝕，然而今抵寅正而不見食，故曰：勿恤，其孚于
食有福。

象曰：无往不復，天地際也。

　　　爻辭如此複雜，僅取一短語釋之，疏矣。卯正為天
地際，蓋謂第二年二月廿九日月出也。但與爻旨有別。
或以乾天坤地為天地之際，則不知其旨而含混言之。

六四：翩翩不富，以其鄰；不戒以孚。

　　　九三之動交於六四之卯初。翩翩乃假借字，當如古
文作偏偏，以輕舉貌訓之，非。偏偏者日在大梁星次之
側也。九三乃降婁之終，其第五年曆數為三月初二日。
此二日不及大梁星次而侵入降婁，故偏偏不富以其鄰。
初一日入朔在過寅初之時，有日食之虞，今至卯初為初
二日，故不戒以孚。以孚謂日當交信然。不戒謂天不示
儆。古以日食為凶，乃天意告戒，人君反省修德，庶可
免於罪戾。

象曰：翩翩不富，皆失實也。不戒以孚，中心願也。

　　　月非朔，日非三月節，故皆失實。無日食之戒，故
中心所願。

六五：帝乙歸妹以祉，元吉。

　　　九三之動交於六五之卯正。相對酉正之位為元吉，

日在彼而不在此，即坤上爻當之。帝乙、天干乙日也。
坤上爻第六年之曆數爲九月十六日乙亥，酉正日落，月
適抵六五之卯正上升，故爲帝乙歸妹之象。祉、福也。
望月滿盈而乾得之，福大之象，故曰以祉。帝乙與妹皆
日月象徵，非成湯或紂父眞有嫁妹之史實也。歸妹六五
亦有帝乙歸妹之文，用震中爻，其第二年曆數正月廿九
日恰爲乙酉，日干同，故亦稱帝乙。

象曰：以祉元吉，中以行，願也。

日在酉正，月在卯正，故曰中以行，乃其所願。

上六：城復于隍，勿用師。自邑告命，貞吝。

九三之動終于上六之辰初，乾爻畫不斷，象城，坤
爻畫斷，象隍。九三加于上六，是城覆於隍也。辰初，
日已出，衆星已消，故曰勿用師。邑，乾邑也，在酉。
自邑告命，言月在酉告其所處之命也。九三第一年曆數
爲二月十八日，辰初時，月入坤之尾宿二度而過酉初。
酉正爲貞元之際，過酉初則貞道無多，故曰貞吝。

象曰：城復于隍，其命亂也。

坤上非坤而爲乾，故其時命亂。

恆 ䷟ 震上巽下

恆：亨无咎；利貞，利有攸往。

　　內體巽，星次鶉尾壽星，位於酉。外體震、時位戌
亥，重其上者離。恆，上弦月也。恆在亨无咎，則初八
日出於卯。恆月在利貞，則初八日沒於酉。震巽相對，
巽之星次在酉，震之星次在卯。故恆亨，即日在震，月
在兌也。恆利貞即日在巽，月在艮也。卦以巽爲主，則
恆亨爲巽在卯，平旦日出之時，及其黃昏，月見於南，
自利往而貞也。卦之所以名恆者，因巽第四年之曆數，
其上爻適爲七月初八日，其下爻適爲八月初八日，而又
臨黃昏之時故也。由利貞利有攸往之文觀之，日當在巽
之初爻而非其上爻。八月初八日酉初時，月在午初，及
酉正日落，月由午初前往而出現於午正。日自卯正至酉
正，月東行七度遂及於午正，然則當日出於卯正時，月

277

已過子正，故恆亨无咎也。

象曰：恆、久也，剛上而柔下。雷風相與，巽而動，剛柔皆應，恆。恆亨无咎，利貞，久于其道也。天地之道，恆久而不已也。利有攸往，終則有始也。日月得天而能久照，四時變化而能久成，聖人久于其道而天下化成。觀其所恆而天地萬物之情可見矣。

　　　　恆、上弦月也。月在日後約九十度，故曰剛上而柔下。震雷巽風，巽行往交於震，故曰雷風相與。由巽而震，剛日柔月之行皆相應，是爲恆。即日落月見於午，日行月亦行也。恆月自過子正之亨至於午正之利貞，歷六時，又增長七度而繼續不窮，故曰久於其道。此乃天地之道，恆月久而不已也。利有攸往終則有始，謂黃昏日終則月始見。春夏秋冬，每月皆有一恆，時間不息，日月所處之星次，變換不同，故日月得天而能久照，四時變化而能久成。聖人法天治世，亦以久始能化成也。天地萬物之情即日月星辰之變化，觀恆之所在，其實情可得而見之。

象曰：雷風、恆。君子以立，不易方。

　　　　日與恆月相距之位有定，而秋分之日落在酉，恆必見于午。君子法天，故亦立不易方。

初六：浚恆，貞凶，无攸利。

　　　　初六之動交於申初。恆月在初六，則日必在兌次之初爻，位於亥初。兌初爻第四年之曆數爲五月初七日，恆爲初八日，月在初六爻前二度而過申初，故曰浚恆貞凶。浚、深也。浚恆者，恆月西下位低也。无攸利謂日

不在初六，恆月不在於巳初之利也。

象曰：浚恆之凶，始求深也。

九二：悔亡。

九二之動交於酉初。其第五年曆數爲八月初五日，下三度入白露，適逢初八之上弦月。日過交爲悔，得之則悔亡。

象曰：九二悔亡，能久中也。

悔亡之恆月在艮中爻，位於午初而未見。自午初至午正，猶須行半個時辰，故能久中。

九三：不恆其德，或承之羞，貞吝。

九三之動交於戌初。其第一年曆數爲七月初五日，月未恆，故曰不恆其德。即使承之者爲初六日，恆亦不足，故曰或承之羞。恆月當見於未初之貞，而初六日之月巳過未正，故貞道吝。

象曰：不恆其德，无所容也。

月德不恆，則無所形容，言不成半規也。

九四：田无禽。

九三之動交於九四之戌正。地平之上謂之田，鶉首鶉火鶉尾謂之禽。時鶉尾亦西沒於地下，故田無禽。

象曰：久非其位，安得禽也。

九三屬鶉尾。日落酉正，恆月斯久。今交戌正，則

279

久非其位。鶉尾西沒，安得禽耶？

六五：恆、其德貞。婦人吉，夫子凶。

九三之動交於六五之亥初。恆月自午正行至申初，故其德貞。婦人爲月，夫子爲日，今日抵亥初，杳不可見，惟恆月居貞可見，故其象爲婦人吉夫子凶。

象曰：婦人貞吉，從一而終也。夫子制義，從婦、凶也。

一日之終在子正，於是恆月西沈，月從日，故曰從一而終。夫倡婦隨，是夫子制義也。今月見而日不見，反從月之貞而求日之所在，是夫從婦也，故凶。

上六：振恆，凶。

九三之動終於上六之亥正。振恆，恆月奮起也。恆月起於午正，日必落於酉正。時坤在酉而坎在午，恆月起於坎陷之中，故振恆，凶。

象曰：振恆在上，大无功也。

上弦月奮起於午正，則日不在上六之亥正，故曰在上大無功。蓋日如在亥正，恆月必在申正，位低下而非振矣。大即日。

益 ䷩ 巽上
震下

益：利有攸往，利涉大川。

內體震，星次娵訾降婁，位於卯。外體巽，時位辰
巳，重其上者坎。益者曆數增益也。曆數從星度右旋計
算，即自上而下也。故震之上爻爲正月中啓蟄，中爻啓
蟄之終，初爻二月節雨水之終。卯正爲利之始，午正爲
利之終，貞之始。卦辭以六二爲主，自卯正而辰初，即
利有攸往也。其第七年曆數爲正月廿三日，增一日入雨
水則廿四日也。大川、天河也，經艮而位於午，所謂漢
直戶，正是孟秋黃昏孟春昧爽之現象。月涉天河不及午
正，即利涉大川也。正月廿四日卯正時，日未出，月入
艮中爻下十四度即南斗二十一度，而見於過午初之位。
南斗在天河中。因曆數增益而得此象，故卦名益。

象曰：益，損上益下，民說无疆。自上下下，其道大光。利

有攸往，中正有慶。利涉大川，木道乃行。益動而巽，日進无疆。天施地生，其益无方。凡益之道，與時偕行。

震爲孟春仲春之卦，曆數損上益下，即自孟春而仲春，天時和暖，故民說无疆。日躔右旋，故自上下下，其道大光。自震之上爻至於下爻之下，即入春分也。利有攸往中正有慶，謂節入雨水，日出於卯正。震中爻原自寅初來，則重於巽位上之艮亦前向午位而行。艮爲天河，巽爲木，而月涉天河，行於巽上，故曰利涉大川，木道乃行。震出於卯，往重於巽上，自辰初而巳初，仍是上午之日，故曰益動而巽，日進无疆。春陽佈澤，萬物生長，故曰天施地生。但陽氣漸盛，無形無踪，故曰其益无方。節氣曆數之增益，四時不同，春增一日，夏增二日，秋增三日，冬增四日，歲終增五日，故曰凡益之道，與時偕行。

象曰：風雷、益。君子以見善則遷，有過則改。

由益之字義及象傳日進无疆之語，引伸而爲說。

初九：利用爲大作，元吉无咎。

初九之動交於寅初。初九乃二月節之終，下一度即交春分。春分晝夜平均，日出於卯正而沒酉正。利之始即卯正，元吉即酉正，故曰利用爲大作，元吉无咎。大作者日出也。此說明初九爲春分之特徵。

象曰：元吉无咎，下不厚事也。

春分之後日漸永，西沉之時須過酉正，約九日增加半刻，夏至則增五刻。今春分在初九之下一度，正是元

吉酉正日落，無須加時，故下不厚事。

六二：或益之，十朋之龜、勿克違，永貞吉。王用享于帝、吉。

六二之動爻於卯初。兩貝爲朋，十朋即二十貝。值十朋之龜，蓋以喻二十日之月象也。六二第一年曆數爲正月十七日己卯，爻下三度得正月二十日壬午，故曰或益之。於是月抵未初之位，故曰十朋之龜勿克違，永貞吉。乾爲王，在震後，其上爻交寅初，爻下二度乃二月二十日辛亥。辛日宜於郊祀，故曰王用享于帝吉。

象曰：或益之，自外來也。

因日行自震中爻右旋至於爻下，遂增益三日，故其數之益，乃自外來。

六三：益之用，凶事无咎；有孚，中行告，公用圭。

六三之動爻於辰初。第五年曆數爲正月十六日，其初一日適入於坎初爻之危宿十六度，乃立春娵訾之始。其所以如此巧合者，因第四年終之曆數增益，冬至爲十一月十五日，而十二月大三十日皆在坎之元枵星次也。坎凶，故凶事无咎。凶事无咎，六三承其後，亦得其益之用矣。午正爲中行，時當之者乃艮之中爻，逆數之，則第四年之十月終入大雪節也。古人治曆，日中測影之長短以定節氣，而冬至更爲重要。今大雪而日告正午，故公用圭。圭即土圭，公用之以測日影也。或以公執桓圭釋之，誤。

象曰：益用凶事，固有之也。

危宿十六度立春，適得正月初一日，故固有之。

六四：中行告，公從。利用爲依遷國。

六三之動交於六四之辰正。於是冬至正午，公從事
測日影，故曰中行告、公從。冬至爲曆元，至於六三之
正月中啓蟄，節氣皆與當爻之星度合，自辰正至午正，
皆屬於利，故曰利用爲依遷國。國、星次之象徵。冬至
之後，日自星紀而元枵而娵訾，即遷國也。

象曰：告、公從，以益志也。

冬至日影最長，故其誌益。

九五：有孚惠心，勿問。元吉有孚，惠我德。

六三之動交於九五之巳初。元吉之位酉正，時當之
者爲坤上爻。其第二年曆數九月初二日，若初三，則月
已過心宿而入尾宿二度，故曰有孚惠心。月犯心心憂，
月入尾則心不憂，是有惠於心也。勿問謂勿用此曆數，
而取第三年也。坤上爻第三年之曆數爲九月十二日，月
見於九五之下五度，入東壁三度。故曰元吉有孚，惠我
德，言惠我九五以月德也。

象曰：有孚惠心，勿問之矣。惠我德，大得志也。

大得志，謂日得其誌於元吉之位。

上九：莫益之！或擊之，立心勿恆，凶。

六三之動交於上九之巳正。震重於巽之時位則巽往
重於震之時位，其相對爻即恆卦之上六，乃巽上爻交亥

正也，今用之。巽次上爻第一年曆數為七月初五日，加三度處暑，乃初八日得上弦月，是為恆。今言莫益之，仍是初五日而未處暑也。或擊之言設或擊進一度為初六日，則月過心而入尾二度，猶非上弦，故曰立心勿恆。此與恆卦九三之義同。惟彼之日在戌初，此則在亥正，遲一時半而已。然而此時之月位甚低，已過酉初，不久即沒，乃凶象也。

象曰：莫益之！偏辭也。或擊之，自外來也。

　　偏辭者非正常之語，乃命令詞。日自上入於爻內，故曰自外來。

既濟　　☷☵　坎上
　　　　　　　離下

既濟：亨小；利貞，初吉終亂。

　　　內體星次鶉火，位於戌亥。外體坎，時位子，重其
上者兌。亨小者月過子正也。利貞者相對之午位，艮居
之。卦辭用艮初爻，乃冬至之始，舊歲已終入於新歲，
且日已過天河，故卦名既濟。其第二年曆數為十一月十
二日。若十五日抵於南正，則月在兌初爻之上二度入東
井二十七度而位過子正，故曰亨小。冬至乃周之曆元，
於夏為十一月初一日，於周則正月朔也，故曰初吉。是
年終，因有朔虛六日氣盈五日之閏餘，曆數變異，故曰
終亂。因此終亂，故第二冬至非復初吉而為十二日。既
濟與未濟兩卦，乃相互錯綜為用。既濟之日用未濟之艮
初爻，日月都已涉天河。未濟之日用既濟之兌上爻，日
月都未涉天河。曆數皆取月半十五日，其關鍵語即在小

286

亨與亨之有別，觀象傳可知矣。

象曰：既濟亨、小者亨也。利貞、剛柔正而位當也。初吉，柔得中也。終止則亂，其道窮也。

　　　上亨字下當脫去一小字，小者亨釋亨小，非獨亨而已。小者亨言月過子正。利貞為午正。剛柔即日月。剛柔正而位當，言日午正月子正，位相當。初吉為合朔。至朔齊同，朔月得冬至中氣，故柔得中。一歲之終，曆數亂，故其道窮。歲窮於冬至前，為三百六十五日有奇。

象曰：水在火上、既濟。君子以思患而預防之。

　　　由象傳終亂道窮之語引伸以為說。

初九：曳其輪，濡其尾，无咎。

　　　初九之動交於酉正。節氣猶屬大暑，酉正日未落，故曰曳其輪。尾、星名，當坤之初爻而位於午。濡其尾言月在尾宿。第三年曆數為七月十二日。若初九日，則上弦月入尾宿八度，在坤初爻之下二度而位近午正。

象曰：曳其輪，義无咎也。

　　　夏日未沒，故曳輪之象无咎。

六二：婦喪其茀，勿逐，七日得。

　　　六二之動交於戌正。茀或作髴，婦人之鬢髮，首飾也。鄭玄以為車蔽，朱熹從之。荀爽則以茀作紱，蓋以為蔽膝，宗廟之祭服，猶韍也。紱字之義亦見於困卦。

虞翻曰：「俗說以髴爲婦人蔽膝之韠、非。」訓詁之紛
歧如此，要皆不明爻旨而瞎猜之故。孰是孰非，當由爻
象決之。韠、月之象。婦爲坤。七日得謂初七日之月抵
於坤也。六二第一年曆數爲六月初五日，戌正時，月在
巽中爻之下六度，入軫宿十五度而位近酉初。是即坤婦
喪韠也。及初七日，月抵坤上爻之下三度，入氐宿四度
而位近申初。初五日之月在坤前廿四度，故喪韠勿逐，
及初七日自得之也。所得之韠在坤首而非在腰，則弦月
正象婦人之首飾而覆蓋之。至于車蔽應在車後。爾雅釋
器云：「輿、革前謂之鞎，後謂之韠；竹前謂之禦，後
謂之蔽」，可証。若蔽膝應繫于腰，決不可套在頭上。
故二說皆不合於天象，非也。當以首飾之義爲勝。

象曰：七日得，以中道也。

　　用鶉火之中。

九三：高宗伐鬼方，三年克之，小人勿用。

　　九三之動爻於亥正。鬼方乃輿鬼之地，處兌離時位
之間，不及未正五度至八度，今來居之者爲尾宿。高宗
即武丁，逸周書云：「武丁三十二年伐鬼方，次于荊；
三十四年克鬼方，氐羌來賓。」蓋借此史實以喻月侵輿
鬼之地。九三第三年曆數爲六月十一日己丑，亥正時，
月在尾宿十四度，不及未正八度，正是輿鬼之故地，故
曰三年克之。所謂鬼方者非指輿鬼星次而言，故曰小人
勿用。輿鬼星在九三之前七度。高宗爲日象，其臣月，
小人則輿鬼星也。

象曰：三年克之、憊也。

六四：繻有衣袽，終日戒。

九三之動交於六四之子初。繻、王弼讀爲濡。又謂衣袽所以塞漏舟，直是胡說。繻當讀爲襦，袽即絮。襦有衣絮，謂短衣有縫見衣絮也。衣絮乃月之象。九三第二年之曆數爲五月三十日，晦朔之間如衣之有縫。子正爲六月初一日之始，入朔在丑正，故三十日子初時月在爻前，過此裂縫而與日會，猶繻之見衣絮也。日月正交將有日蝕之虞，故曰終日戒。言月底之日終於子正即朔日之始，乃緊要關頭，不可不預加儆惕也。

象曰：終日戒，有所疑也。

入朔非必即逢日食，或有可能，故疑之。

九五：東鄰殺牛，不如西鄰之禴祭，實受其福。

九三之動交於九五之子正。星次左旋，前西後東，故爻前過子正者爲西鄰，爻後不及子正者爲東鄰。九三爻下二度爲小暑之始，爻前仍屬夏至。周之四時祭夏稱禴，西鄰禴祭則時爲夏至後矣。九三第三年曆數六月十一日己丑，前二日丁亥乃禴祭之日。古人祭祀用柔日，多取丁或辛，所謂先甲三日後甲三日者是也。後三日壬辰乃六月十四日之終，月入牽牛初度，爲殺牛之象。天官書曰：「牽牛爲犧牲。」西鄰屬夏至，陽氣方盛，東鄰屬小暑，陽氣始衰。西鄰在我爻前與我同次，我承其陽澤，東鄰在我後，陽已過往，與我無關。故曰西鄰禴祭，實受其福。凡同宗之人皆受先祖之福祐也。東鄰殺牛爲決定曆數之關鍵語，蓋月入牽牛，惟有第三年之曆數可以此爻當之。東鄰西鄰只是不同曆日位置之象徵，

非真有何史實可據。一般說者以東鄰爲殷，西鄰爲周，皆臆測之言，非也。或以坎爲西鄰，離爲東鄰，曲說更多，蓋不知此坎乃時位而非星次也。坎離相對，安得爲鄰？坎乃十二月卦，與夏季之禴祭有何關乎？

象曰：東鄰殺牛不如西鄰之時也。實受其福，吉、大來也。

　　西鄰爲夏至之時，與九三同星次。大爲日，日自前來，後者受其福，故吉。

上六：濡其首，厲。

　　九三之動終於上六之丑初。首、鶉首也。九三下一度爲鶉首之終。日月在鶉首，故曰濡其首。濡、濕也。鶉首之東井在天河中。厲、日在爻前。九三第五年曆數爲六月初四日，厲謂朔也。酉正合朔，今日猶在丑初，故月在日前九度，入東井三十二度，亦厲。

象曰：濡其首，厲，何可久也。

　　朔月在爻前，故厲不可久。

未濟 ䷿ 離上
坎下

未濟：亨，小狐汔濟，濡其尾，无攸利。

內體坎，星次元枵，位於辰巳。外體離，時位午，重其上者艮。未濟之相對卦爲既濟，日在彼不在此，故曰亨。時在子位者爲兌，未濟則日在兌之上爻，其星爲參八度，參在天河邊，故曰未濟。其第二年曆數四月十四日之終，當子正時，月入尾宿十五度，已過午正。尾在天河中，故曰小狐汔濟，濡其尾。小狐，月也。尾、星名，以爲狐尾，雙關之語。月過午正六度，入於貞，故曰无攸利。若爲十五日之終，則有攸利矣。汔通迄，至也。

象曰：未濟、亨，柔得中也。小狐汔濟，未出中也。濡其尾无攸利，不續終也。雖不當位，剛柔應也。

日在兌上爻，子正時，四月十六日之始，則亨而望月在午正，故柔得中。若十五日之始，月在艮前，不及析木星次之中，故未出中。若十五日之終則月不在尾而入箕宿十度，位於午正偏東二度，屬於利矣。故濡其尾无攸利乃十五日之始不續終也。月不及艮，雖不當午正之位，然固與日遙遙相對，故曰剛柔應。剛柔指日月而言，與二、五之爻畫無關，刻板以二五為應，乃虛妄之說。

象曰：火在水上，未濟。君子以慎辨物居方。

外體離上所重者乃艮之星次，而離之星次則與坎相對而屬既濟，此星物與方位之錯綜關係，不可誤解，務須慎辨，方能得之。推而言人事之未濟，自亦有其客觀因素，是故君子以審慎明辨事物，擇境而處也。

初六：濡其尾，吝。

初六之動交於卯正，冬日未出。其第二年曆數為十二月二十八日，若廿四日，則下弦月入尾宿六度而過午正，故曰：濡其尾、吝。吝，日在爻前也。

象曰：濡其尾，亦不知極也。

吝、故不知極。數窮於爻謂之極。

九二：曳其輪，貞吉。

九二之動交於辰正。其第三年曆為十二月廿三日。若廿五，則月入箕宿二度，位過午正，故曰曳其輪，貞吉。輪，日月也，惟日輪見而月輪隱耳。

象曰：九二貞吉，中以行正也。

月在南正，行於午中。

六三：未濟，征凶；利涉大川。

六三之動交於巳正。此言未濟與卦辭同義，惟曆數稍異。卦辭用兌次上爻之第二年曆數四月十五日之始，子正之時，此則用四月十七日之始，子終之時，日入東井二度交小滿中氣也。子終丑初乃坎上爻之時位與六三之符號同，蓋錯綜其義也。子爲坎地，故征凶。月入艮中爻之下六度，猶在天河中而位未過午正，故曰利涉大川。彼日此月俱涉河未濟。

象曰：未濟征凶，位不當也。

日月皆不在六三，故位不當。

九四：貞吉悔亡；震用伐鬼方，三年有賞于大國。

六三之動交於九四之午初。貞吉謂坎前之艮初爻當六五午正之位。艮初爻前加入斗餘五度，曆數不過爻，則中星牽牛初度無誤，故貞吉悔亡。冬至中星正確，則坎承其後亦當爻无悔矣。震用伐鬼方，日在震上爻，位於辰正。其第三年曆數爲正月廿四日甲戌，月入箕宿終度，亦不及未正八度，與既濟九三同，正是輿鬼之地，故三年克鬼方有成。及次日，月過鬼方入南斗十三度，因爲斗餘悔亡之故，月位抵未初。南斗共有二十六度，在二十八宿中爲大次，僅亞於東井，故曰有賞於大國。按經言國皆指星次，言邑或方皆指辰位，不可不辨。如晉上九維用伐邑，即是參宿之故地，與此鬼方同義。

象曰：貞吉悔亡，志行也。

六三牽牛初度之行在南正。

六五：貞吉无悔，君子之光有孚。

六三之動交於六五之午正。六三乃十二月節小寒，元枵星次之始，故貞吉无悔。君子之光有孚，即小寒日當午也。

象曰：君子之光，其暉吉也。

上九：有孚于飲酒，无咎。濡其首，有孚失是。

六三之動終於上九之未初。六三須女八度。須女、賤妾之稱，主酒食布帛之事，故曰有孚于飲酒。其第五年曆數為十二月初一日，適當未初入朔，是夫婦相叙燕樂之象。曆數正確，故无咎。濡其首即既濟之上六，日在離上爻之鶉首也。其曆數為六月初四日，朔在爻前，且入朔在酉正而非未初，故有孚失是。所謂失是者有二義：一為日在相對之彼方，而不在此，不可得而見；一為離上爻之日不若六三之氣朔齊同得時也。

象曰：飲酒濡首，亦不知節也。

六月節小暑在離上爻之下二度，不屬於鶉首，故濡首之義，為不知節。日不在此，則須女供飲酒，亦非節也。

損 ䷨ 艮上
兌下

損：有孚、元吉无咎；可貞，利有攸往。曷之用？
二簋可用；享。

　　漢石經享作亨。釋文：「享，香兩反。蜀才許庚
反。」是別蜀才作亨也。古者亨、享、烹三字皆作亨。
故有許丙（享）、普庚（烹）、許庚（亨）三切。在易
則各家隨其義而用之。

　　內體兌、星次實沈鶉首，位于子。外體艮，時位丑
寅，重其上者乾。兌中爻位子正乃亨而非元，故有孚元
吉无咎乃用兌之初爻，位在子初。兌初爻第二年曆數為
五月十五日終，月在相對艮初爻之上二度而位過午初。
日續行至子正，月即過午正入貞，故可貞，利有攸往。
簋為艮。月在艮，故問曷之用，而答曰二簋可用。二簋
者月在艮初爻二爻之間也。享當讀為亨，言日由元而至

295

亨，交於子正也。日由元向亨行，故月自利往可貞，乃相對之義。曷之用，問用何物。若答以簋可用享，則答非所問矣。且簋本爲宴享之器，復何待於疑問。故享必爲亨之譌，或淺人妄改之也。

象曰：損、損下益上，其道上行。損而有孚，元吉无咎。可貞，利有攸往，曷之用，二簋可用，享：二簋應有時，損剛益柔有時。損益盈虛，與時偕行。

損下益上，其道上行，乃日隨天左旋，時間之變動也。凡卦每爻之進，所歷半個時辰，以損之初爻爲例。自子初至子正，即時間上益而子初之時過去損於下也。此與益之損上益下有別。益就日躔本行右旋而言，一日一度，由上而下計之。損上益下乃一歲時節之變換，損下益上則一晝夜時間之轉移也。學者不知此別，對於損益二卦之象傳，都陷于矛盾而混淆不清。損而有孚，言初九爻自成正來至於子初，損去一個半時辰，乃行於元吉之時區，信然无咎也。望月在相對之艮初爻屬利。月可貞則日自元入亨矣。二簋可用乃月也。艮與兌相對，望月與日亦相對，故二簋應有時，即日行於亨月在艮亦行也。但日行一時，望月又東移一度餘，更見豐滿，故曰損剛益柔有時。日之損益，月之盈虛，決之於時間，故曰與時偕行。

象曰：山下有澤、損。君子以懲忿窒欲。

由損之字義引伸而爲說。

初九：已事、遄往无咎，酌損之。

初九之動爻於亥初。己乃日干名，或讀爲祀，或訓爲已過之已，皆非。己事者己日之事也。初九第二年之曆數己巳，與冬至日同。己日始於子正，今當亥初而言速往无咎，則非己巳日而爲戊辰也。戊日終則己日之事始，故遄往无咎，酌減一日可也。象傳言十五日，此用十四日，皆主此爻。

象曰：己事遄往，上合志也。

　　誌在爻上一度始合。

九二：利貞；征凶，勿損益之。

　　九二之動爻於子初。利貞，月在午正。子初，日入於坎陷之地，故征凶。其第六年曆數五月十四日乙亥，月入艮上爻箕宿三度，恰抵南正，故勿損益之。

象曰：九二利貞，中以爲志也。

　　中謂午正，非指九二爻而言，九二非中。

六三：三人行則損一人，一人行則得其友。

　　六三之動爻於丑初。三人行謂日月與歲星同次，損一人謂月去也。歲星始於星紀，曆元與日月同起牽牛初度，自此每年右旋一星次。六三之前爲乾之大梁，歲星蒞之則第五年也。六三第五年之曆數爲四月十八日，故初一至初三日落入大梁。初一日，日月歲星同次是三人行也。及初三日，月離大梁而抵於六三之實沈，是損一人也。自初五至十八日，日獨行於實沈之次，直至月終三十日，月又反抵於六三爻上，及五月初一日丑初時，

月來會日，故曰一人行則得其友。

象曰：一人行，三則疑也。

　　一人行爲日無疑，三人則爲誰耶？言六三爲實沈之次，乃第六年歲星之所在，其曆數爲四月廿八日。五月初一日，歲星與日月亦同次，三人行也。但一人行時則與六三爻不相干矣，故疑之而不可用也。

六四：損其疾，使遄有喜，无咎。

　　六三之動交於六四之丑正。疾、速也。自丑初至丑正，速損其時，故曰損其疾。六三第三年曆數爲四月廿五日，當丑初時月猶未出，及丑正則上升於東方，故曰使遄有喜，无咎。

象曰：損其疾，亦可喜也。

六五：或益之，十朋之龜、勿克違，元吉。

　　六三之動交於六五之寅初。兩貝爲朋，十朋之龜乃二十日之月象。漢儒釋以爾雅之神、靈、攝、寶、文、筮、山、澤、水、火等十種龜，非。蓋十種龜與十朋之龜，義不相同。六三第五年曆數爲四月十八日乙卯。或益之，元吉，則日在巽次之初交也。巽初交正是八月二十日乙卯，位在戌初，干支同。月在六五爻前十一度，故十朋之龜勿克違。戌初屬元，故元吉。

象曰：六五元吉，自上祐也。

　　六五至元吉，右行自上而下，故曰自上祐也。祐與右同，雙關語，以祈福言爲得祐助。祐，他本亦作佑。

上九：弗損益之，无咎。貞吉，利有攸往，得臣无家。

相對之申正。艮上爻節近小雪，日過酉初即落，今在申正，故勿損益之无咎。此損益指時間而言，非曆數也。其第一年曆數爲十月初七日。是月入朔在戌正時，故初七日申正，月合朔後之行度僅六日弱得七十八度，位於午正偏東十一度，是在利也。月必續行始抵南正，故曰貞吉，利有攸往。月來必經艮初爻，有大餘南斗五度須加入計算，故曰得臣无家。大餘五日在八卦常數之外，乃無家之象。得此無家之臣，故月入坎之危宿七度而非十二度。

象曰：弗損益之，大得志也。

日得申正之誌。

299

咸 ䷞
 兌上
艮下

咸：亨，利貞；取女吉。

內體艮，星次析木星紀，位於午。外體兌，時位未
申，重其上者坤。艮之中爻位於午正乃利貞之際。艮原
在東北之亨，其中爻由寅初至午正，故亨利貞。女，月
也，月來會日爲娶女之象。六二第二年之曆數爲十一月
初三日。酉正入朔，今當午正，則初一日在爻前二度，
月在爻前五度，故曰娶女吉。

象曰：咸、感也。柔上而剛下，二氣感應以相與。止而兌，
男下女，是以亨利貞取女吉也。天地感而萬物化生，聖人感
人心而天下和平。觀其所感而天地萬物之情可見矣。

柔與女皆月象，剛與男皆日象。柔上剛下，月在日
前也。日月秉陰陽二氣，月來會日，故感應以相與，此

300

咸之義也。止而說，艮向兌行也。十一月初一日由亨來而利而貞終於申初，月皆在日前自十度至二度，為男下女之象，故亨利貞娶女吉。由日月感應之義，引伸而說天下和平亦由於聖人之德足以感動人心。觀咸卦之所感可知天地萬物之情，謂知其日月星辰所處之位也。

象曰：山上有澤、咸。君子以虛受人。

　　柔上剛下，則其義為以虛受人。

初六：咸其拇。

　　初六之動交於巳初。初六冬至朔為歲首第一日，故為拇趾之象。咸其拇則日在爻前，歲終也。

象曰：咸其拇，志在外也。

　　歲終日在爻前，故誌在外。

六二：咸其腓，凶、居吉。

　　六二之動交於午初。腓，足肚，乃突出脛後之肉，以象日在爻後。其第二年曆數十一月初三日，咸其腓則初五也。酉正入朔，故初四日午初，月陷入坎險，是以凶。若初三則月在牛宿二度不凶，是以居吉。

象曰：雖凶，居吉、順不害也。

　　居吉則月順行無害。

九三：咸其股，執其隨，往吝。

　　九三之動交於未初。膝蓋以上為股，以下為脛，故

股以喻星次之上半段，乃節氣也。九三屬析木之次，節氣立冬終於爻下三度，故曰咸其股執其隨。其隨即隨後之三度也。今日在九三，是咸其股矣。然曆數須上移三度，則九三之日前往而不當爻，故往吝。

象曰：咸其股，亦不處也。志在隨人，所執下也。

不處言日過九三而行。股之誌，終於爻下三度，故爻誌從星次所執者下。

九四：貞吉，悔亡。憧憧往來，朋從爾思。

九三之動交於九四之未正。九三爻下五度入十月中氣小雪，其第三年曆數爲周之閏十二月初三日，月入於牛宿初度而位抵午正。貞吉悔亡，謂日過爻得小雪而又左旋交未正也。朋謂月，月在日後三十度，日前行五度則月亦隨之左旋，故曰憧憧往來，朋從爾思。爾謂日。月隨行依依不捨，乃思爾日也。

象曰：貞吉悔亡，未感害也。憧憧往來，未光大也。

悔亡節氣得正，故未感害。初三日之月，暉光未大。

九五：咸其脢，无悔。

九三之動交於九五之申初。脢，夾脊肉，以喻上月未盡之餘分而入朔者。无悔言初一日之月在日前未過，即尚未入朔也。九三第六年之曆數爲周之閏十二月（夏曆閏十月）初二日。上月終有餘分 $\frac{707}{940}$ 分未盡，過酉正始得入朔，今初一日猶在申初，則月之所行仍是此餘分而在爻前三度，故曰咸其脢无悔。

象曰：咸其脢，志末也。

誌上月終餘分未盡之數尾。

上六：咸其輔、頰、舌。

九三之動終於上六之申正。損上九用艮即在此上六
之位，咸上六則用兌在彼上九之位寅正，乃互相錯綜之
義。兌上爻第一年曆數爲四月初四日，爻下一度乃立夏
節之終。兌爲口。兩輔在口上，初一初二也。兩頰在口
旁，初三初四也。一舌在口內，初五也。得此五日，故
曰咸其輔頰舌。輔或酺，顳也。

象曰：咸其輔頰舌，滕口說也。

滕通騰。滕口說，騁辭也。

第五組周天八個卦之終變成第六組，即咸變成遯，
損變成臨；否變成豫，泰變成小畜；恆變成井，益變成
噬嗑；既濟變成賁，未濟變成困。

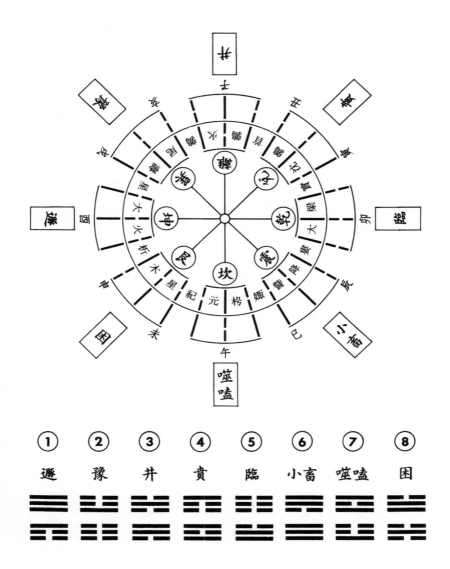

（X）第六組相綜卦圖

第 六 組

遯 ䷠ 乾上
　　艮下

遯：亨，小利貞。

　　內體艮，星次析木星紀，位於未申。外體乾，時位酉，重其上者坤。遯，遁也，言日遁至爻下也。八卦常數三百六十度，但歲實有三百六十五日有奇，每月節氣為三十日又十六分之七日，故自二月節後，節氣皆不當爻而須後退計之。艮初爻為曆元，冬至當爻，以其中爻為例，則十一月大雪在爻下五度，蓋一歲之將終也。此即卦取名於遯之義。

　　亨、小利貞言日行於亨，月自利而貞也。艮在貞不在亨，故知卦辭所用者乃相對之兌卦而以其初爻為主。艮初爻自午正來居未正，則兌初爻自子正至丑正行於亨也。艮初爻為冬至，相對之夏至則在兌初爻之下二度入東井三十一度，必下遯而後左旋入亨，故曰遯亨。第二

305

年曆數夏至為五月十七日，抵子正之亨時，則是日之始
也。於是月入牛宿七度在艮之下而位近午正，是猶在利
也。及日過子正六度之亨，則月抵南正，由利而貞，故
曰小利貞。

象曰：遯亨、遯而亨也。剛當位而應，與時行也。小利貞，
浸而長也。遯之時義大矣哉！

　　　　遯而亨，日後退而又左旋入於子正之亨也。剛當位
而應，言夏至之剛日當子正之位與柔月相應。此乃由子
初來而入於亨，故與時行。相應之月由利而抵南正，故
小利貞，乃日行之時浸而長也。夏至陽盛，又逢月半，
故遯之時義大。漢儒十二辟卦以遯為六月，不知艮乃孟
冬仲冬，而臨之兌始是孟夏仲夏。卦辭所言者日在相對
之臨，月在遯也。漢儒謬說，乃術數之誤。

象曰：天下有山、遯。君子以遠，小人不惡而嚴。

　　　　日不在艮而在相對之兌，故君子以遠。小人、星象
也。艮初爻牽牛初度，冬至點當午正，其相對之夏至點
井三十一度當子正，則周天星次各得其位，故小人不惡
而嚴。引伸以言人事，則遯之義為君子退遯，小人亦不
惡而嚴正也。似此則君子之澤深厚可知矣。舊讀以小人
屬上文斷句，非。

初六：遯、尾厲，勿用有攸往。

　　　　初六之動交於午正。遯，日在爻下。尾、星名。尾
厲，月在尾而位於坤艮之間也。初六冬至，其第六年曆
數十一月廿六日，午正時，月入心宿終度而不及於尾。
故尾厲必為廿七日之月入尾宿十四度而在艮前七度也。

初六之前須加入斗餘五度，故曆數上推，尾宿十四度當在艮前十二度而月位近申初，則星次得正。但初六爻下之日，不得前移，因爲初六是冬至曆元，周天星度之起點，若前移則失序矣，故曰勿用有攸往。

象曰：遯尾之厲，不往何？災也。

爲何不往？往則廿六日之月入大火之次，乃災也。尾厲則月入析木，不犯災矣。

六二：執之用黃牛之革，莫之勝說。

六二之動交於未正。黃牛之革即牽牛初度，當艮之初爻，位於未初。說即兌。六二所處之未正即兌初爻之時位。牽牛前有斗餘五度加入，則六二固有之星南斗七度須上移而過未正，故曰執之用黃牛之革，莫之勝說。言固執牛宿初度於未初，則六二之曆數不與兌之未正位相當也。

象曰：執用黃牛，固志也。

牽牛初度爲曆元，必固定其志，始有準則可遵。

凡經言牛皆指牽牛星而與艮次之初爻有關。象以固志爲釋得之。先儒以牛爲坤爲離，皆荒謬術數，無稽之說也。夫坤爲牝馬，離爲鳥，經有明文可據，安得變成牛耶？

九三：係遯有疾；厲、畜臣妾吉。

九三之動交於申正。其第六年曆數爲閏十二月初二日，爻下四度立冬之終，故係遯爲初六日在箕宿七度。於是月入坎中爻而位午正，坎爲疾，故係遯有疾。箕七度當爻則初一日在爻前五度，故厲。酉正始入朔，今過

申正，則日月相比連，日在箕宿二度，月在箕宿初度。
月爲臣，箕爲後宮之妾，故象畜臣妾。吉，朔也。

象曰：係遯之厲，有疾、憊也。畜臣妾吉，不可大事也。

以憊釋疾，以小事釋畜臣妾，望文爲訓耳。

九四：好遯，君子吉，小人否。

九三之動交於九四之酉初。小雪在爻下四度，日下
遯則西沒時間延緩，故好遯君子吉。蓋孟冬日過酉初即
落也。日不落則星不見，故小人不吉。君子爲日，小人
爲星。

象曰：君子好遯，小人否也。

經言小人否謂小人不吉，象傳則爲小人不好遯，義
稍有出入。

九五：嘉遯，貞吉。

九三之動交於九五之酉正。其第一年曆數爲十月初
七日。若初八則上弦月午正偏西四度，故嘉遯貞吉。

象曰：嘉遯貞吉，以正志也。

以月在南正爲誌。正釋貞字。

上九：肥遯，无不利。

九三之動終于戌初。肥遯，豐滿之月已過望也。九
三第七年之曆數爲十月十二日，下四度十六日己巳，月
正出卯正，故曰肥遯，无不利。

象曰：肥遯无不利，无所疑也。

過望之肥月，戌初時見於東方，自无所疑。

308

臨 ䷒ 坤上
兌下

臨：元亨、利貞，至於八月有凶。

　　內體兌，星次實沈鶉首，位於丑寅。外體坤，時位
卯，重其上者乾。兌自子來，其初爻自子初至於丑正，
是由元而亨也。月在其相對之艮初爻由午初至未正，是
由利而貞也。故卦以初九爲主。初九第二年之曆數爲五
月十五日，爻下二度夏至，日早出，故卦名臨。十五日
之終當子正時，月過午正七度，故曰元亨而月利貞。兌
初爻抵丑正，其隨後之卦爲離，星次鶉火，節氣六月小
暑大暑，繼位於子。其中爻當子正之元亨，曆數與兌之
初九相同，乃六月十五日之終也。惟入朔餘分不同，五
月初一日未正合朔，六月初一日過丑正入朔，故六月十
五日終於子正時，月適在午正之利貞，而交坎中爻之危
宿初度。此即至於八月有凶之義也。夏之六月於周爲八

309

月，易爲周人之書，自以周曆爲主。

漢儒之荒謬術數有所謂十二辟卦，以臨之九二爲十二月，以遯之六二爲六月，於是解此八月有凶，義多紛歧。虞翻以旁通說之，謂十二月即周之二月，六月即周之八月，故八月爲遯卦。荀爽以兌爲八月，用四方伯卦兌爲正秋之義，而虞翻非之。梁何妥謂自建子之月至建未之月爲八月，則自復卦算至遯凡八個月也。然本卦爲臨而非復，若然則此一卦辭何以不繫之於復耶？梁褚仲都謂自建寅之月至建酉之月凡八個月，則用鄭玄爻辰之說，臨九二爲正月，遯六二爲八月也。但鄭玄自創爻辰之說而釋此卦反用十二辟，以臨爲建丑之月，自相混亂竟至如此。唐李鼎祚孔穎達又謂自建丑之月至建申之月凡八個月乃自臨至否也。宋朱熹既用何妥之說，又誤解褚仲都爻辰之義，以爲建酉乃臨之反對卦觀是八月。殊不知觀爲八月，亦十二辟卦之義，自臨之十二月至觀之八月則九閱月矣。總上諸說，或以八月爲月名，或以爲八個月，任意湊合，莫衷一是，皆由于虛妄之術數，無理可喻者也。夫建子建丑建寅乃至建巳之月，皆陽氣生長之月，何月不可用而獨於臨卦言八月有凶何耶？象傳曰：「至於八月有凶，消不久也」。夫陽消不久，何得於陽方生之十一月，十二月或正月言之？若以陽消爲凶象，則八月之後，豈非更凶，有是理耶？陰陽消長乃節氣之自然，何凶之有？若然，勢必至上半年皆吉，下半年皆凶矣。且就遯觀兩卦而論，曾有何爻言及凶耶？否卦之九五雖有其亡其亡之語，然大人固吉而非凶也。故種種謬說，皆由於十二辟卦，方伯卦，反對卦及爻辰說之無稽，有以誤之。

兌爲孟夏仲夏，離爲季夏，艮爲孟冬仲冬，坎爲季

冬，乃八卦之自然次序。臨之兌初爻爲夏至，故至離之六月，陽氣始消。此象傳所以有消不久之釋也。

象曰：臨、剛浸而長，說而順，剛中而應。大亨以正，天之道也。至于八月有凶，消不久也。

兌上爻之下二度入東井初度爲小滿，四月中氣。兌中爻之下二度入東井十六度爲芒種，五月節氣。兌初爻之下二度入東井三十一度爲夏至。自四月至五月晝長夜短，故曰剛浸而長，即日永之義也。兌左旋往加於坤，故曰說而順。夏至爲剛中，至寅正而天明，至卯正前五刻而日出，故曰剛中而應。以上說明卦名臨及卦位之義。

大亨以正謂日過子正月過午正，此釋亨與貞，乃相對之義，必兌初爻第二年之望月也。繼兌之後爲離，兌往而離至於子位，其中爻六月十五日，亦曰亨而月貞，惟望月入坎，故有凶象。夏至之後，陽氣始消，至於六月，故曰消不久。此非釋凶字，蓋消不久若凶，則三秋之時豈非更凶，無此理也。

象曰：澤上有地，臨。君子以教思无窮容，保民无疆。

卦辭象傳言天道，大象則從臨字上發揮義理。言君子臨下，教人時時思事，无窮困之容，是以保民無疆。舊讀無窮斷句，以容字屬下文，非。

初九：咸臨，貞吉。

初九之動交於子正。第二年曆數五月十五日之終十六日之始，月過南正，故咸臨貞吉。月入南斗二十度，午正偏西。咸、感也。咸臨者感夏至之來臨也。

311

象曰：咸臨貞吉、志行正也。

誌月之道在南正。正釋貞。

九二：咸臨吉，无不利。

九二之動交於丑正。其第一年曆數四月十九日，若是日之始，月已過午入貞而非利，今言无不利，必是日之終二十日之始也。二十日爲四月節氣之終，過之即入五月節芒種，故咸臨者感五月節氣之來臨也。月入虛宿八度，位過午初，故无不利。

象曰：咸臨吉无不利，未順命也。

四月二十日乃小滿之終，未交五月節，故時令尚未順。

六三：甘臨，无攸利，旣憂之、无咎。

六三之動交於寅正。其第五年曆數爲四月十八日，爻下二度得中氣小滿。甘臨者，小滿來臨爲二十日也。寅正時之月交坎上爻須女八度，而位於未初，乃貞而非利，故曰无攸利。坎爲險陷，抵其境而憂之不深入，故曰旣憂之，无咎。

以上三爻之臨，皆與節氣有關。

象曰：甘臨、位不當也。旣憂之，咎不長也。

四月小滿在爻下二度，故六三之爻位不當。月初臨坎險，故咎不長。

六四：至臨、无咎。

六三之動交於六四之卯初。孟夏日出早，約在卯正

前三刻半，今日抵卯初，即將出矣，故至臨，无咎。

以下三爻之臨，皆言日出時間。

象曰：至臨无咎，位當也。

卯初之位，日至臨得當。

六五：知臨，大君之宜吉。

六三之動交於六五之卯正。知臨謂日在九二抵卯初也。九二五月節，卯初日已出，見而知其來臨也。日出適當其時，故大君之宜、吉。大君、日也。

象曰：大君之宜，行中之謂也。

行中謂九二，非指六五。

上六：敦臨吉、无咎。

六三之動終於辰初。敦臨、日在初九抵卯初也。初九節近夏至，卯初前一刻日出，及卯初，日已高升，故曰厚臨。

象曰：敦臨之吉，志在內也。

卯正爲內外之分際，夏至日抵卯初，故敦臨之誌在內。

豫 ䷏ 震上
　　坤下

豫：利建侯行師。

　　　　內體坤，星次大火，位於酉。外體震，時位戌亥，
重其上者巽。卦以坤中爻爲主，位在酉正。六二爻下四
度入霜降，九月中，日落時間約早於酉正一刻半，故卦
名豫。豫、預也。利建侯行師謂日落月出於東，必九月
半也。六二第七年曆數九月十五日，在爻下三度，時間
不及酉正，日已落而望月出現，故豫利建侯。

象曰：豫、剛應而志行。順以動，豫。豫順以動，故天地如
之，而況利建侯行師乎？天地以順動，故日月不過而四時不
忒。聖人以順動，則刑清而民服。豫之時義大矣哉！

　　　　剛、日也。季秋日落早，不待於酉正之時，故剛應
而志行，言日在六二爻下也。坤向震行而日已早落，故

314

曰順以動，豫。豫既由順而動，則天之星次與地之時位亦變動，故天地如之。日落時間既提早，則望月之出亦必較早，故曰而況利建侯行師乎？天地以坤之順動則日已沒望月已出，同時日得九月寒露終之節氣，則四時之序亦必不差，故日月不過而四時不忒，不過謂月半也。九月正是斷獄之時，故聖人以順動，則刑清而民服。豫卦之時義如此，是以大也。

象曰：雷出地奮，豫。先王以作樂崇德，殷薦之上帝，以配祖考。

　　豫者樂名，即武王所作之象舞也。先王，武王也。殷，大祭名，即大禘。周人郊祀后稷以配天，宗祀文王於明堂以配上帝。故武王作豫樂以尊祖考之德，而用之於殷祭也。以配祖考與配以祖考同義，王引之拘泥於語詞，以爲非祖考配上帝而是先王之德克配祖考，(1)豈有先王作樂崇德祭上帝而自配德於祖考之理？其義迂曲不可從。按卦辭象傳言豫乃關於天象與時令，大象取樂名以爲說，雜卦訓豫爲怠，序卦訓豫爲喜，皆非卦旨。

初六：鳴豫，凶。

　　初六之動交於申初。申初當兌辰之中爻，兌爲口，故曰鳴豫。節近立冬，日早落兩刻半，故在申初時爲凶象。

象曰：初六鳴豫，志窮、凶也。

　　初六爻下三度大火之終，即入立冬，故誌窮。立冬日抵申初凶，蓋過一時後即早落也。

（1）見王引之經義述聞

六二：介于石，不終日，貞吉。

六二之動交於酉初。其第一年曆數九月初六日，酉初時，月在艮下牛宿二度，位近未初。艮為石，故介於石。介讀為扴。說文：「刮也」。月如斧刮石之象。或訓介為堅，而繫辭傳作「介如石焉」，乃傅會之義理，非爻旨也。酉初，秋日未落，月未見，故曰不終日。月位近未初，故貞吉。

象曰：不終日貞吉，以中正也。

中正釋貞字，但月已過午正，約言之耳。

六三：盱豫、悔遲有悔。

六三之動交於戌初。張目上視曰盱。盱豫，言望月早出也。其第三年曆數為九月十二日，下四度寒露乃十六日。月抵卯正之下，將出未出之際，故曰盱豫。遲，日落時間過也，當酉正時月未出，已有悔矣，今遲至戌初而月仍不見，是悔遲又悔也。

象曰：盱豫有悔，位不當也。

戌初時，日在爻下，故位不當。

九四：由豫，大有得，勿疑，朋盍簪。

六三之動交於九四之戌正。由訓從，陰隨陽也。由豫言日在爻前月從于後也。六三第二年之曆數為九月初二日，由豫得朔，故大有得。酉初時月來會日，及戌正則月過日而當爻，日月比連，故曰勿疑，朋盍簪。朋為月。盍通闔。簪亦假借字，非括髮之物。括髮古用笄，

316

漢時始有簪名。此字訓詁紛歧。鄭玄訓速，蓋讀爲捷。京房作撍，馬融作藏，荀爽作宗，要皆不明爻旨，臆測而已。惟虞翻作戠，訓爲聚會得之。盍簪者合聚也，朋盍簪者月與日會也。

象曰：由豫、大有得，志大行也。

六五：貞疾，恆不死。

六三之動交於六五之亥初。疾、坎也。時坎星次在未，故貞疾。恆、上弦月也。上弦月亡於夜半，今猶在亥初，故恆不死。六三第五年之曆數爲九月初五日，恆則初八日得秋分之終也。月入坎上爻之須女八度而位抵申初。

象曰：六五貞疾，乘剛也。恆不死，中未亡也。

剛謂九四之爻，六五在其前，是乘剛也。六五爲中爻，故中未亡。然此僅從爻位爲釋，而于貞疾，恆不死之義，有何相關耶？語意甚晦，不可曉。

上六：冥豫、成有渝，无咎。

六三之動終於上六之亥正。冥豫，早暗也。本有月光，夜深，忽變暗，蓋月落也。承上爻之曆數而用九月初五日。當亥初時，初五日之月猶見於西方，及亥正即沒，故曰成有渝，无咎。若是上弦之月應在申正，則天尚未瞑，因爲非上弦而爲初五之月，故冥豫。

象曰：冥豫在上，何可長也。

日在亥正，冥豫之月自不可長存。

小畜 ䷈

小畜：亨，密雲不雨，自我西郊。

內體乾，星次大梁，位於卯。外體巽，時位辰巳，重其上者震。乾中爻位卯正，乃三月節氣穀雨之終，下一度清明之始，故穀雨在利而清明屬亨。清明日早出，日出則月藏，此卦名之所以稱小畜也。穀雨已過，故僅見密雲而不雨。卯正爲中，辰初爲西郊，故密雲在我西郊。因爲陰雲密佈，雖有月亦不可見，此小畜之又一義也。由此卦辭可知古曆之穀雨確在清明之前，而與今曆不同。畜通蓄，藏也。

象曰：小畜，柔得位而上下應之曰小畜。健而巽，剛中而志行，乃亨。密雲不雨，尚往也。自我西郊，施未行也。

柔、月也。柔得六四之位而爻上爻下應之，故卦名小畜。卦以乾中爻爲主，其第六年曆數爲三月廿八日，

卯正時，月在六四之上五度。次日清明，月在六四之下八度，或日出或天陰，月皆不可見，故卦名小畜。健而巽謂乾向巽行。剛中而志行，謂日入清明得大梁之中次也。清明在爻下未至卯正，乃亨而非利。穀雨在前，時節已過，故上往。密雲佈于西郊而不雨，故施未行。

象曰：風行天上、小畜。君子以懿文德。

　　　大象之義理與卦辭毫不相干。若取畜為養義而引伸為懿文德，則此文德之美豈小畜所能成哉？殆陋儒之胡說也。

初九：復自道，何其咎，吉。

　　　初九之動交於寅初。其第二年曆數三月廿九日，月來入乾上爻之下五度，次日入中爻之下三度，此原為三月朔後月所經之故道，故曰復自道，何其咎吉。

象曰：復自道，其義吉也。

九二：牽復、吉。

　　　九二之動交於卯初。其第一年曆數三月初三日，牽復吉，朔也。寅初入朔，至卯初，月過日相牽引而行。

象曰：牽復在中，亦不自失也。

　　　月被日牽引，復行於爻中，故不自失。

九三：輿說輻，夫妻反目。

　　　九三之動交於辰初。說讀為脫。輻通輹，車軸上之伏兔，所以承輿者。輿脫輹，日失中之象。其第一年曆

319

數爲二月十八日，月過半矣。夫日妻月，日在辰初，月在酉初，東西相背向，乃夫妻反目之象。

象曰：夫妻反目，不能正室也。

望文爲釋。

六四：有孚，血去惕出，无咎。

九三之動交於六四之辰正。惕讀爲逷，與渙上九之血去逷出同義。血去逷出謂黃昏日沒月遠出也。有孚，月當爻也。日在坤初爻位於酉正。其第三年曆數爲十月十三日，月入九三前五度之胃宿初度。日早沒，不待酉正，故血紅之日去而遠方之月出，適抵六四辰正之位，是以有孚无咎。

象曰：有孚惕出，上合志也。

月在九三爻上，而合於過辰正之位誌。

九五：有孚攣如，富以其鄰。

九三之動交於九五之巳初。九三爲降婁之終，下一度大梁之始，終始相鄰。其第二年曆數爲二月廿九日，爻下二度三月初一，午正入朔，當巳初時，月來會日而抵於爻，日月分處爻上爻下，乃有孚攣如也。二月終之日，侵入大梁星次，故曰富以其鄰。

象曰：有孚攣如，不獨富也。

二月終侵入大梁一度，是日月之行，皆以鄰富也。

上九：既雨既處，尚德載婦。貞厲，月幾望，君子征凶。

九三之動終於上九之巳正。既雨既處，非雨止之義也。雨乃穀雨，當九三之下一度，三月節氣也。處乃處暑，當巽次上爻之下三度，七月中氣也。九三抵巳正，則巽次之上爻在丑初。既雨既處，言節交穀雨或處暑，蓋就九三上九兩爻之錯綜關係而論也。尚，上也。德、得也。婦、月也。上得載婦，謂不論穀雨或處暑，月皆在爻前也。舊讀載字斷句，非。雨與處，德與婦，古皆同韻。第二年之穀雨二月三十日，月在爻前十三度；處暑七月十九日，月位亦同，故曰既雨既處，尚德載婦。又第七年之處暑正是七月十五日，今巽上爻在丑初，則十五日之始也。於是月出坎次之危宿十七度，位不及未正。故曰貞厲，月幾望。幾、近也。日入坎辰險地，故曰君子征凶。

象曰：既雨既處，德積載也。君子征凶，有所疑也。

德積載，語意費解。由於小象之苟簡，遂啓後學之誤會而以婦字屬下文矣。有所疑謂用既雨抑或既處也。作者對於此爻之辭並不瞭解，乃含混說之，其實等於不說。

井 ䷯ 坎上
巽下

井：改邑不改井，无喪无得，往來井井。汔至、亦未繘井，羸其瓶，凶。

內體巽，星次鶉尾壽星，位於戌亥。外體坎，時位
子，重其上者離。此乃周天星次對轉易位之卦，巽自東
南左旋至西北而成井，震自西北往居東南而成噬嗑，兌
自西南往東北成臨，艮自東北來居西南成遯。四維卦如
此，四正卦亦然。井、星名，在兌不在巽。巽居兌星次
之後九十度，與兌之西南時位亦相去九十度，恰處兩兌
之間。下弦月在前兌之井星，上弦月在後兌之井地，關
係密切，故以井爲則而名卦焉。井星所處之時地不同，
故曰改邑不改井。世間豈有邑改井不改之理？學者不知
井之爲星，是以淆惑而多曲解矣。六十四卦取名於星者
惟井與鼎而已。內體皆巽，但鼎星當巽之初爻而井星則

不在巽，此其別也。

井星自西南往東北，地改而星不改。卦以巽中爻爲主，爻下三度八月節白露，其第一年曆數七月廿三日，正是下弦月入井宿十五度而位於寅初。月往左旋，月來右旋，半周之行，不過增益七度，而井宿有三十三度，故曰：无喪无得，往來井井。

至，冬至也。星次牽牛初度，當艮之初爻，位於未正。自巽之初爻秋分，中經坤之大火，以至於艮之初爻冬至，每爻曆數所得之月位皆不在井，故曰汔至亦未繘井。汔通迄，終竟也。繘，汲也。巽之曆數爲第一年，則冬至乃第二年之始，周正月十二日也。月不及兌而入於畢宿十四度，畢爲天網，月如瓶而繫於網中，故羸其瓶凶。羸通縲。此與大壯之羸其角同義，亦月入畢也。

象曰：巽乎水而上水井，井養而不窮也。改邑不改井，乃以剛中也。汔至亦未繘井，未有功也。羸其瓶，是以凶也。

巽在坎下，坎爲水，故曰巽乎水。井星在兌，位於坎前，故曰上水井。井有三十三度，小半屬實沈，大半屬鶉首，月行其間，歷時最久，故曰井養而不窮，即无喪无得往來井井之義。月在井，日在巽之中爻，故曰以剛中，即七月二十三日也。月始終在井，惟時地變動，故改邑不改井。冬至之日，月不及井宿，故未有功，即十一月十二日也。月如瓶入於畢，是以羸其瓶乃凶象。

象曰：木上有水、井。君子以勞民勸相。

勞民勸相謂勞來人民以掘井，勸相助也。不知井之爲星，因字義傅會以爲説。

初六：井泥不食，舊井无禽。

　　初六之動交於酉正。兌辰之申位爲坤所佔，兌原爲井地而坤爲土，故井有泥。其第一年曆數八月初六日，月入箕宿四度，而在坤下，故井泥不食。兌次之中初爻屬鶉首，乃禽也，今離故地而他往，故舊井无禽。

象曰：井泥不食，下也。舊井无禽，時舍也。

　　下謂在坤泥之下，坤居兌之時位爲井泥。下非指初爻而言。時舍謂兌之時位未申爲舊井。讀舍爲捨，非。

九二：井谷射鮒；甕敝漏。

　　九二之動交於戌正。鮒，小魚也。魚乃一小星，位尾後箕前，當艮上爻之上，位過申初矣。艮爲山，天河經其間而來居井邑，故謂之井谷。射鮒，月如弓在魚星後之象。其第八年曆數八月初七日，戌正時，月入艮上爻之下箕宿七度，位近申初。月之弓背向魚星，正象井谷射鮒。又月缺不全，亦如破漏之甕也。

象曰：井谷射鮒，无與也。

　　井宿與鮒无關。

九三：井渫不食，爲我心惻。可用汲，王明，並受其福。

　　九三之動交於亥正。其第一年曆數爲七月初五日，月入氐宿十四度。若初六日則月過心宿而入尾宿二度，位坤初爻之上而過酉初。因坤在酉，已離井地，是井泥除去矣。月不在井地，故井渫不食。月不食井水而犯我

324

心宿，故為我心痛惻。心、星名，雙關語也。又第五年曆數七月十九日，月在乾上爻而見於辰初之位。二十日則月初出於卯正。由此可知二十三日之下弦月必入於井宿，故曰可用汲。然而如今月尚在乾而出東方，人人見其清暉，故曰王明並受其福。王為乾，王明即月在乾之象。凡第五年之曆數必比第一年增十四日，每爻皆然。而巽九三之處暑又必得上弦或下弦之月，故爻辭兼舉而論之。

象曰：井渫不食，行惻也。求王明，受福也。

　　　此斷句為釋，以行易心，語意難明。又用原文受福釋王明，等於未釋。作者殆不曉爻旨而含混說之。

六四：井甃无咎。

　　　九三之動交於六四之子初。井初度第六年之曆數適是五月初一日，全月三十日皆井，無有殘損，故曰井甃无咎。井初度在兌上爻之下二度，至於九三只有八十九度。五七兩月皆大，中夾一六月小，亦共只八十九日。因井甃无咎，則知九三必為七月終三十日也。

象曰：井甃无咎，修井也。

　　　望文為訓，於爻旨亦不能明。

九五：井冽，寒泉食。

　　　九三之動交於九五之子正。用坎次之中爻，時位於未正。日在坎中之危宿初度節氣交大寒，其第二年曆數為十二月十三日，未正時，月入東井二十三度，位過寅正。大寒時之井水當然清冷，故曰井冽。月入井中，如

汲取寒泉而食。

象曰：寒泉之食，中正也。

　　　中正非指九五之位，乃日在枵元之中次。

上六：井收；勿幕有孚，元吉。

　　　九三之動終於上六之丑初。元吉之位在酉正，時艮
中爻當之。其相對之兑中爻在卯正，即井十四度也。日
在元吉，月出於井，必望月矣。幕字皆以覆蔽爲訓，而
井收勿幕連讀，非。井屬公用，何爲加幕而覆蓋之耶？
無此理也。幕即冪，乃數之專名，平方積也，與坤六二
直方之方同義。艮中爻第六年曆數爲周之閏十二月十七
日，月入井二十六度，非井收之象。十六日爲平方數，
與勿幕之義違。故必爲十五日始合。是月酉正入朔，故
十五日月之行度僅有十四日而在兑上爻之參宿八度，剛
剛出井而見於辰初之位，故曰井收，勿幕有孚。收言收
其汲器，即月出井象也。

象曰：元吉在上，大成也。

　　　上六非元吉之位，故在上非指上六爻而言。元吉始
於酉正，元吉在上，即日過於酉正也。大即日，大成謂
日得位而井收有成，即十五日也。

噬嗑 ䷔ 離上
震下

噬嗑：亨，利用獄。

內體震、星次娵訾降婁，位於辰巳。外體離，時位
午，重其上者坎。震從卯來，亨則其中爻之下一度，二
月節也，與小畜之亨同義。噬嗑之震中爻自始至終皆行
於利之時位，故曰利用獄。震為四維卦，其中爻乃娵訾
降婁之分際，始於卯正終於午正，皆與四正之時位參差
不合，是以有糾紛須用獄得其平也。故六三之極限為午
正，六二為午初，初九為巳正始得之。

象曰：頤中有物曰噬嗑。噬嗑而亨，剛柔分。動而明，雷電
合而章。柔得中而上行，雖不當位，利用獄也。

物、日月也。日當六二之下，月當六三之上，是口
中有物之象，故卦名噬嗑。震自卯來，六二之下一度，

327

不及卯正，故亨。其第二年曆數爲雨水節正月廿九日，卯正時，月在六三之上六度，故曰剛柔分。雨水時日出稍遲，近卯正，殘月猶隱約可見。動而明，震向離行。震雷離電，六三交於九四而月在六三之前，故曰雷電合而章。章，月也。柔得中而上行，謂六三交於六五時，月得午正之位而前也。月雖不當午正之位，然日在午初之利位可以決獄也。月在日前不可得而見，但由日所處之位，可以決之，因日出前，殘月之位在六三前六度，今至午初，月又東移三度，則必午正偏西三度也。

象曰：雷電、噬嗑。先王以明罰勅法。

　　　由利用獄一語引伸而爲說。但卦辭以喻斷天象所處之位而已。

初六：屨校，滅趾，无咎。

　　　初九之動交於卯正。校、說文云：「木囚也」。凡桎梏項械皆屬於校，古以木爲之，乃巽之象徵。巽與震相對，震初交在卯正，則巽上爻在戌正。戌正屬震之時位下爻，震爲足，而巽之上爻加之，是足屨校滅趾之象也。初九第二年之曆數爲二月十四日，卯正時，月適在戌正，故舉此象位以明之。巽之爲校，可參考蒙初六用說桎梏句，義亦相同。

象曰：屨校滅趾，不行也。

　　　望文爲訓。

六二：噬膚滅鼻，无咎。

　　　六二之動交於辰正。六二乃娵訾星次之終，日當交

328

為噬膚之象。其第一年曆數正月十七日，月過中為滅鼻之象。兩者皆無咎。

象曰：噬膚滅鼻，乘剛也。

剛為日。過望之月為柔乘剛。

六三：噬腊肉遇毒，小吝无咎。

六三之動交於巳正。腊肉即乾肉。周禮天官：「腊人掌乾肉，凡田獸之脯腊膴胖之事」。鄭玄注：「腊、小物全乾者」。然則腊肉乃小禽獸不剖析之全體乾肉是也。漢書五行志：「味厚者腊毒」。顏師古注：「腊、久也」。然則腊肉乃陳肉而易有毒者也。近人屈萬里教授說：「古人每用毒矢毒藥以捕禽獸，所遇之毒當即毒藥或毒矢之毒」。(1) 此說頗合理，可從。然何以此爻而有此象，則莫能明之。按六三第九年曆數適為正月初一日，上月小二十九日，巳正時，月在震前之元枵星次，入危宿十四度，此即噬腊肉過毒之象也。上月終尚有餘分 $\frac{579}{940}$ 入朔，月與日會當在申初時，今日猶在巳正，則月位在當爻之日前二度，故小吝无咎。小、月也，月不及爻，有小疵，乃吝象。

象曰：遇毒，位不當也。

上月終之日在爻前，而月在危宿，故位不當。

九四：噬乾胏，得金矢，利、艱貞吉。

六三之動交於九四之午初。噬乾胏者月在乾也。得金矢者日將落也。時乾之中爻交辰初，艮上爻交酉初。

（1）屈萬里書傭論學集——說易散稿

艮上爻第四年曆數爲十月初九日，爻下四度交小雪則十三日也。小雪之日過酉初始落，故發出光芒有如金矢。於是月抵乾中爻之前而位在辰初，故曰噬乾肺。肺者帶骨之肉，蓋以喻乾中爻附著之位也。月在辰初屬利，日在酉初屬貞，而艮爲艱，故曰利、艱貞吉。吉者得小雪之正，乃吉日也。

象曰：利艱貞吉，未光也。

小雪交酉初，日尚未昏，月尚未見，故未光。未光指月而言。

六五：噬乾肉；得黃金，貞厲无咎。

六三之動交於六五之午正。噬乾肉者月在乾也。得黃金者日將落也。時乾中爻交辰正，艮中爻交酉初。艮中爻第五年之曆數爲十一月初六日，爻下五度交大雪則十一日也。大雪日落不及酉初，未落前有如黃金。於是月抵乾中爻前八度而位過辰正，故曰噬乾肉。乾肉者上爻與中爻中間之位象也。大雪日落不及酉初之時，而申正酉初間爲貞厲，故曰貞厲无咎，言其時日落之位正確也。

象曰：貞厲无咎，得當也。

日落得當於貞厲之位。學者常以陰陽爻畫說當位，然則此爻以六之陰處五之陽，應是不當矣，何以象言得當？可見當或不當與爻畫無關，自來說易皆無稽者也。

上九：何校滅耳，凶。

六三之動交於上九之未初。坎爲耳，月在巽，重於

坎地，爲荷校滅耳之象。六三第五年曆數正月十六日，月在相對巽次上爻之下十一度，入於軫宿五度而位過子正。軫四星作方形，月入其中如荷項械也。坎爲耳，然其星次不見於子，是滅耳之象也。子屬坎辰，爲險陷之地而月入之，故凶。

象曰：何校滅耳，聰不明也。

　　望文爲釋。

賁　　䷕　艮上
　　　　　離下

賁：亨，小利、有攸往。

　　內體離、星次鶉火，位於子。外體艮，時位丑寅，重其上者兌。離中爻居子正，亨之始。小利有攸往謂月由利而前往。卦辭以六二為主，其第二年曆數六月十五日之終十六日之始也。月入相對坎中爻之危宿初度，但位非居南正而偏東三度，因坎前之艮須加入斗餘五度之故。此所以不言利貞而特言小利有攸往。

象曰：賁亨，柔來而文剛，故亨分。剛上而文柔，故小利。有攸往、天文也。文明用止，人文也。觀乎天文以察時變；觀乎人文以化成天下。

　　日剛月柔乃天文，陽畫剛，陰畫柔乃爻別。日在離中爻位於子正，乃一日之終始，故柔來而文剛，亨分。

其相對之坎中爻為剛爻而月居之，位午正偏東三度，故剛上而文柔，小利。坎離相對，以八卦常數三百六十度計，則相對者為一百八十一度，但星度須於艮初爻前加入斗餘五度，則自離中爻右旋至坎中爻應為一百八十六度。同時周天星度對分之則為一百八十三度。故離中爻當子正時，坎中爻不得當午正而應偏東三度，始與天象合。或坎中爻當午正而離中爻過子正三度亦得。故曰有攸往，天文也。蓋坎離之卦爻雖相對，而求之於天文則參差不齊也。文明用止言離往加於艮。艮為時位而非星次。時位非天文，乃人所假定之文，故用止是人文。星次乃日月之行徑，以定四時之節令，故曰觀乎天文以察時變。一日周旋十二辰，朝出夕沒，故觀乎人文，足以化成天下。蓋日出而作，日入而息，晝夜有常，天下之人咸以為則也。

象曰：山下有火、賁。君子以明庶政，无敢折獄。

　　　　因象傳化成天下一語引伸而為說。離為季夏卦，亦非斷獄致刑之時。

　　　　按賁字有不同之義，或訓飾，或訓大，或通奔。以離為六月卦而言，則應是陽光盛大之義，與豐卦同。飾字引伸之即有光澤貌，乃指皓月而言，觀於賁六爻之辭可知也。若泥於文飾之義，則所有爻辭，都難索解。

初九：賁其趾，舍車而徒。

　　　　初九之動爻於亥初。震為足，坎為車。賁其趾，月在震也。月棄坎車而用震足，故捨車而徒。初九第六年之曆數為七月十五日，月在坎，入危宿七度。爻下三度立秋，月在震中爻入奎宿四度而位於辰初。奎四度乃娵

訾之終,故爲趾象。舍車而徒,則立秋之月象也。

象曰:舍車而徒,義勿乘也。

六二:賁其須。

六二之動交於子初。須、星名,即須女。賁其須,
月在須女也。其第二年曆數爲六月十五日,當子初時乃
十四日之將終,月入須女九度而位抵午正。學者不知須
之爲星,而以鬚解之,遂不勝其穿鑿迂曲矣。

象曰:賁其須,與上興也。

日在爻前,故月與上之日興而在須女。

九三:賁如濡如,永貞吉。

九三之動交於丑初。其第六年曆數爲六月十四日之
始,月涉天河入南斗十六度,故賁如濡如。位過未正,
故永貞吉。

象曰:永貞之吉,終莫之凌也。

月未過申初,及卦之終,亦不西沒,故終莫之凌。

六四:賁如皤如,白馬翰如,匪寇婚媾。

九三之動交於六四之丑正。賁如;月光皎潔也。皤
如,月色白也。白馬,震也。震之上爻在午初,位高,
故翰如。匪讀爲彼。彼寇婚媾,月在坎也。九三之第九
年曆數爲五月十八日。丑正時,月入坎之危宿初度而位
偏於未初,故曰彼寇婚媾。月既皎潔,營室在其東亦星
光燦然。營室東壁四星屬震,易稱爲白馬,今西方星圖

亦稱飛馬座，蓋所見之象有同感焉。

象曰：六四，當位疑也；匪寇婚媾，終无尤也。

六四當位為五月十八日，未交小暑，故可疑。若十九日夏至終入小暑，則月已出坎，即免寇患而无尤矣。

六五：賁于丘園，束帛戔戔；吝、終吉。

九三之動交於六五之寅初。艮為山。賁于丘園，日照艮地之象。帛二端為一兩，五兩為一束，即十端。九三第二年曆數五月三十日，是三束帛也。但時間尚在寅初，乃三十日之始，尚有十時半之行程未畢，故一束帛殘缺不足。戔戔，小殘也。月在交前十二度，故吝。明日合朔適在寅初，而日交鶉首之終，故終吉。

象曰：六五之吉，有喜也。

月來會日，是以有喜。

上九：白賁无咎。

九三之動終於上九之寅正。白賁，東方發白，天曙也。九三猶屬夏至，夜短畫長，日早出五刻，過寅正半刻即天明，故白賁无咎。

象曰：白賁无咎，上得志也。

過八分鐘，東方發白，故爻上得其誌。

困 ䷮ 兌上
坎下

困：亨，貞大人吉，无咎；有言不信。

　　內體坎，星次元枵，位於午。外體兌，時位未申，
重其上者艮。亨，日在子正，乃離之中爻。貞大人吉无
咎，即月在午正之九二爻。日月相對，必是望也。離中
爻第二年曆數恰是六月十五日，夜半則十六日之始矣。
月適交坎中爻之危宿初度，故无咎。若日在兌次初爻，
其曆數同，亦爲五月十五日終十六日始而位於丑正。但
望月己過未正而不當於九四，故有言不信。兌爲言。曆
數同何以有差異？因重於九四者乃艮初爻，其前有斗餘
五度加入，月須上移五度之故。五月合朔在未正，六月
合朔在寅初，有此差異，是以望月之位不同，一无咎一
不信也。

象曰：困，剛掩也。險以說，困而不失其所。亨，其惟君子乎？貞、大人吉，以剛中也。有言不信，尚口乃窮也。

　　剛**揜**謂九二之剛爻爲月所掩。險以說謂坎向兌行。月在坎中爻危宿初度，故困而不失其所。日過子正，故亨維君子。月抵南正故貞大人吉，亦即坎之剛爻得午中也。尚口謂重於兌九四者乃艮之初爻。其前有斗餘五度乃周天星度之終，故曰尚口乃窮。有此窮極之餘數，是以望月在兌之位不信。言與口皆兌之象。亨貞相對，日亨月貞，必皆望也。

象曰：澤无水、困。君子以致命遂志。

　　以卦形言，應爲澤下有水，因爲無理，故變言澤无水。由困字之義引伸而爲說。君子處困之時，惟有盡天命順我志而已。

初六：臀、困于株木，入于幽谷；三歲不覿。

　　初六之動爻於巳初。臀，元枵星次之終在爻前危宿十五度。株木爲巽，即初六所處巳初之位。其第二年曆數臀爲十二月廿七日，巳初時，月入艮次中爻之下八度即南斗十五度而位近未初。艮爲谷，白晝、星月俱不可見，故曰入于幽谷。第三年曆數在臀爲正月初八日，月入乾次中爻下之畢宿而位近寅正，乃上弦也。廿七日之月朝可見，上弦月則否，故曰三歲不覿。

象曰：入于幽谷，幽不明也。

　　月不見。

九二：困于酒食；朱紱方來，利用享祀；征凶、无咎。

　　九二之動交於午初。紱通韍，亦作芾，蔽膝也，宗廟祭祀之服。天子朱紱，諸侯赤紱。詩斯干篇云：「朱芾斯皇，室家君王」。采菽篇云：「赤芾在股，邪幅在下，彼交匪紓，天子所予」。天子與諸侯之蔽膝皆尚紅色，惟深淺之別而已。朱紱方來，乃日在乾始出東方之象。乾爲王，日如朱紱。利爲卯正之位，時當之者乃乾之上爻。其第七年曆數二月廿四日庚辰，剛日非祭祀所宜，必次日穀雨節辛巳日也。於是月抵九二爻前虛宿十度。次名元枵，星名虛而月處之，乃枵腹從公也，故曰困于酒食。日前行，月入於危宿，故征凶无咎。

象曰：困于酒食，中有慶也。

　　謂月在九二之中。

六三：困于石，據于蒺藜；入于其宮，不見其妻，凶。

　　六三之動交於未初。坎前爲艮次之初爻，前有斗餘五度須加入，艮爲石，蒺藜則斗餘也。月在艮，入此斗餘，故爲困于石據于蒺藜之象。六三第二年之曆數爲十一月廿七日，入于其宮，非廿八日即月終廿九日也。惟廿九日未初時之月適過斗餘之終而位當未正，故入於其中不見其妻必是月終之數。妻爲月。月困于石，又據蒺藜，虧剝極矣，乃妻凶之象。

象曰：據于蒺藜，乘剛也。入于其宮，不見其妻，不祥也。

月在日前爲柔乘剛。此剛字非指坎中爻而言。不祥
釋凶字。

九四：來徐徐，困于金車，吝、有終。

六三之動交於九四之未正。坎爲車，日居之乃金車
之象。來徐徐，月來也。月在爻前被阻，爲困於金車之
象。其曆數承前爻而言，乃二月初一日，日在六三下三
度入須女十一度矣。亥正合朔，今猶在未正，故月抵六
三之前須女七度。此乃星紀之終度，故曰吝、有終。

象曰：來徐徐，志在下也。雖不當位，有與也。

月來徐徐，所誌在爻下之朔。日月雖不當九四未正
之位，然月來會日，相去不遠，固同辰相與也。

九五：劓刖，困于赤紱，乃徐有說，利用祭祀。

六三之動交於九五之申初。用兌星次之上爻，位在
卯正。日不在乾而在兌，故不象朱紱而稱赤紱，乃諸侯
之蔽膝也。劓刖，已剝之月在九五。日早已出，月早已
消，故困於赤紱。兌上爻第五年曆數四月十八日乙卯；
小滿二十日丁巳，月適抵申初。丁日宜於祭祀，但在兌
上爻下二度，不及卯正之利，故曰乃徐有說，利用祭祀。
兌爲說。

象曰：劓刖，志未得也。乃徐有說，以中直也。利用祭祀，
受福也。

日在兌上爻，則剝月不在九五，是其誌未得。日交
小滿，得實沈之中，是以中直也。丁日卯正祭祀則受福。

上六：困于葛藟，于臲卼，曰動悔有悔，征吉。

六三之動終於上六之申正。葛藟者日月相近牽連之象。臲卼者，日將西沈不安之象。悔有悔者，月動過六三之爻悔之又悔也。征吉者朔也。六三爲小寒，酉初日落，申正時已暮色蒼涼矣。其第二年曆數十一月廿七日，爻下三度爲十二月初一日，亥正合朔，故申正時，月適當爻。尚須過三時，日月始交會，月過爻以就日於下，故動悔有悔、征吉。

象曰：困于葛藟，未當也。動悔有悔吉、行也。

未當，謂月未會日。行釋征字。學者常以爻畫陰陽之位釋當或否，謬誤之至。今困之上六，依其說應是當位矣，何以小象言未當耶？可見當或不當，與爻畫陰陽，爻位奇偶無關。

340

第六組周天八卦之終變成第七組，即困變成訟，賁變成明夷；遯變成小過，臨變成中孚；豫變成比，小畜變成大有；井變成蠱，噬嗑變成隨。

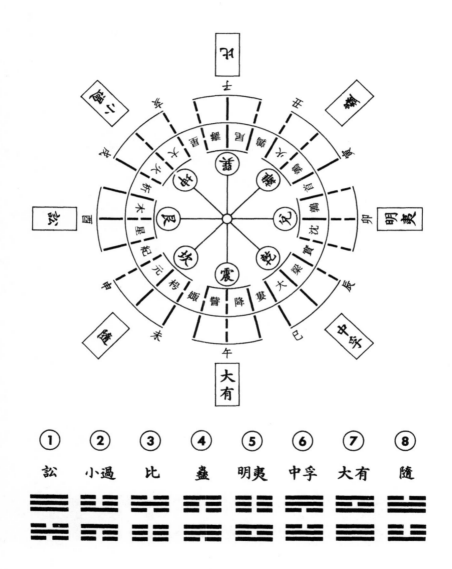

(XI) 第七組相綜卦圖

訟 ䷅ 乾上
坎下

訟：有孚窒惕，中吉，終凶，利見大人，不利涉大川。

　　內體坎、星次元枵，位於未申。外體乾，時位酉，
重其上者艮。坎承艮後爲冬至後之卦，日落時間早，所
以成訟。又坎上爻小寒位於申正，其前冬至位於酉初。
冬至爲歲首，每一歲終有斗餘五度須加入計算，於是冬
至小寒之陰曆年年不同，而十一月常侵入於坎之元枵，
所以曆數亦成訟。因有此二重糾紛，故卦以訟名。窒、
塞也。日入六三塞此虛空之位。惕，恐也。時抵申正，
冬日早落，有戒懼之象。其第二年曆數十一月廿七日，
侵入元枵之次，故訟有孚窒惕。其前重於九四上者爲艮
初爻之冬至，乃十一月十二日。冬至爲星紀之中，故中
吉。六三爻前爲星紀之終，過之入坎險，故終凶。冬至

十二日酉初時日早巳西沒，月早見於東方，位近辰正，故利見大人。廿七日小寒，申正時無月，但知其抵艮之箕宿十一度，位過酉正矣。酉正屬元而非利，箕在天河中，故曰不利涉大川。不利與利相反，所以誌時位，即是元。艮兌皆天河之所經，若月在兌，而兌在卯，則為利涉大川矣。故釋利或不利，非可拘泥於字義，應辨其時位。

象曰：訟、上剛下險；險而健，訟。訟、有孚窒惕，中吉，剛來而得中也；終凶，訟不可成也。利見大人，尚中正也。不利涉大川，入于淵也。

　　　外乾內坎曰上剛下險。但乾上為艮而非乾，故有訟義。坎向乾行曰險而健。坎上爻是小寒，日落於酉初而非酉正，故其義亦為訟。剛來而得中，日在冬至。此剛為日，彼剛為乾，含義不同。六三之上為星紀之終，無所爭執，故終凶訟不可成。尚中正謂乾九四上所重者乃艮初爻之冬至，其第二年曆數十一月十二日，故利見大人，月高懸於東也。尚中正與剛來而得中同義。入於淵謂月入天河，即日在六三，乃廿七日之月象。

象曰：天與水違行，訟。君子以作事謀始。

　　　就星次言，乾應在坎後，今反其道，是違行也。但此乾乃時位酉，重其上者得艮之星次。坎前為艮初爻之冬至點，一歲之始也，故君子法天亦作事謀始。大象之辭多屬空疏義理，甚少與卦旨合，此則得之。

初六：不永所事；小有言，終吉。

　　　初六之動爻於午正。其第三年曆數為正月初九日，

344

節氣大寒將盡，明日寅正時始交立春，故曰不永所事。上弦月在兌前，入畢宿十五度而位近卯正。兌爲言，小爲月，故小有言。初六爲大寒之終，故終吉。

象曰：不永所事，訟不可長也。雖小有言，其辨明也。

　　初六爲立春節前一日，大寒將終，故訟不可長。上弦月在兌前，一望即知，故其辨明。

九二：不克訟，歸而逋，其邑人三百戶无眚。

　　九二之動交於未正。王弼讀「歸而逋其邑，人三百戶」，非也。逋是內動詞，不得有賓詞。苟爽不分句，但增辭作釋云「逃失邑中之陽人，」謂九二變而爲陰成坤邑也。惟虞翻讀無誤，而朱熹從之。然諸家之說或用爻變，或用爻位之陰陽，敷衍釋義，總是牽強，無一得當，蓋不知爻辭所言者與曆數有關而託象於人事也。坎爲元枵之次，上承星紀。星紀之中爲冬至，終於坎前須女七度，此陽曆也。周以朔至齊同爲歲首，則其正月有半數侵佔元枵之次，故第一年之九二爲周二月初二日，是元枵逃亡十四人也。第二年爲周二月十三日，是玄枵逃亡三人也。第三年爲二月二十三日，是元枵得彼星紀之亡人七也。及三年終置閏，則第四年之九二爲二月初四日，是元枵又亡去十二人也。是以星紀元枵兩次間之陰陽曆數，年年糾紛不清。及第四年之終冬至前適得閏餘十二日，於是六三小寒爲二月初一日，九二大寒爲二月十六日，氣朔齊同不爽。二月三十日與元枵之三十度相應，故曰不克訟。因訟已得直，不能再訟也。歸而逋之「而」與爾通，（解九四之「解而拇」，同此語法）謂歸還爾之亡人，即去年失去之十二日也。其邑人者

345

元枵之星次也。星次三十度，是月大亦三十日，誇言之以一當十，故曰其邑人三百戶无眚。

象曰：不克訟，歸逋竄也。自下訟上，患至掇也。

歸還逋竄之人，故不能訟。坎在下而與上之星紀爭訟，所患者乃冬至來佔取。此一至字有特殊意義，學者皆不知，是以語意難明。王弼朱熹無注，荀爽王肅孔穎達輩便多曲說矣。

六三：食舊德，貞厲，終吉，或從王事无成。

六三之動交於申正。第三年曆數為十二月初八日。爻前七日侵入星紀之次，因冬至前有二十二日取之於舊歲閏餘而然，故曰食舊德。初七日為星紀之終而位於爻前，故曰貞厲終吉。申正至酉初間之時位曰貞厲。初七日申正時之月入震次下三度，位近午初而不及於乾，故曰或從王事无成。或、月也。乾為王。若初八日，月入乾，則從王事有成，但非食舊德矣。

象曰：食舊德，從上、吉也。

從上之星紀終度，不入坎險，是以吉。

九四：不克訟，復即命渝，安貞吉。

六三之動交於九四之酉初。與九二同義，九二為十二月十六日，六三則初一日也。復即命渝謂節氣復為小寒，月來復則變稱十二月也。(周之二月)。未初入朔，及酉初則月已復生入爻下二度，故安貞吉。吉、朔也。朱熹讀作「復即命，渝安貞」，而釋命為「正理」，渝為「變其心」，增辭附會，不通之至。凡經中之命字皆指時令月令而言，不含玄理虛義。

象曰：復卽命渝，安貞，不失也。

氣朔齊同不失。

九五：訟、元吉。

六三之動交於九五之酉正。元吉卽酉正之位。小寒之日沒於酉初而非酉正，故元吉有訟。

象曰：訟元吉，以中正也。

上九：或錫之鞶帶，終朝三褫之。

六三之動終於上九之戌初。戌初非終朝之時，故日不在此而在彼相對之離上爻，位辰初。鞶帶、大帶也。鞶帶以鏡爲飾，望月之象。或、日在離○之、指上九。月在上九爲或錫之鞶帶。離上爻第六年之曆數爲六月十四日，若十六日小暑，當丑初時，望月適在六三而抵未初之位，及日至辰初而月在六三爻下三度，故曰終朝三褫之。褫、奪也。「之」謂鞶帶。

象曰：以訟受服，亦不足敬也。

六月十六日在離上爻之下二度，且節入小暑，卯初日出，月早已沒，故曰以訟受服，亦不足敬。服卽鞶帶。受服謂丑初時月在六三也。

明夷 ䷣ 坤上 離下

明夷：利，艱貞。

內體離，星次鶉火，位於丑寅。外體坤，時位卯，
重其上者兌。兌中爻之下二度屬鶉首，離後屬鶉尾，此
三星次，總稱之爲朱鳥。夷即鴺，鵜鴺也。日在鴺，故
卦名明夷。釋爲明傷者非也。利爲卯正日出之位，安有
明傷之理？觀於初六爻辭之明夷于飛即可知矣。日在鶉
首出於卯正，而月在其相對之艮，未過酉正，此明夷利
艱貞之義也。艱即艮，其初爻當酉初者爲貞，其中爻當
酉正者爲元而非貞。艮初爻之前有五度加入，則酉正之
星爲南斗十二度而非七度，同時相對卯正之星乃兌中爻
下三度之東井十七度而非十四度。東井十七度入鶉首之
次二度矣，故明夷出於利。以曆數言，鶉首二度之第六
年爲五月十七日，月入斗餘之南斗廿三度而位過酉初四

348

度，故艱貞。五月芒種時之日早出，及卯正時，月亦早
已沒，此艱貞之又一義也。

象曰：明入地中，明夷。內文明而外柔順，以蒙大難，文王
以之。利艱貞，晦其明也。內難而能正其志，箕子以之。

　　　地中非指坤而言，即以卦形觀之，亦明在地下而非
地中。地中者，子午綫也。明入地中謂離中爻當子正之
時，月抵午正。其卦名明夷，因離爲鶉火，午正之時位
亦是離也。離中爻第二年曆數爲六月十五日，抵子正入
於地中則十六日之始矣。於是月適抵午正亦入於地中而
交於坎中爻之危宿初度。坎爲險難，爲陷阱，而月德柔
順，故曰外柔順以蒙大難。日在離，夜半不見，故曰內
文明。此一現象與文王囚於羑里時之情況相似。因文王
之功德未著，猶夜半之離日，文明在內也。而其遭遇又
如月之落入坎陷，雖柔順應變猶不免於大難也。以上釋
卦名，只說明離所處之時及其日月之象。明夷是鳥，不
得釋爲明傷。若日在地中爲明傷，則夜半之卦多矣，皆
可以明夷稱之，有是理乎？何況望月中天，一輪皎潔，
更何明傷之有。以明傷釋明夷，乃望文爲義，不知卦象
者之說，非象傳本旨。觀下文晦其明一語，即可知其說
之非矣。

　　　利艱貞定卦位，所用之爻不在離而在兌，故其象非
似文王而似箕子。利爲卯正之位即外體坤之中爻，時重
之者乃兌之中爻。日出於卯，故曰晦其明。此釋利字。
兌在卯則相對卦艮在酉，自酉初至酉正屬貞，艱貞言月
在艮初爻與二爻之間也。卦爲明夷，日必在鶉首，兌中
爻之下二度爲鶉首之始，故日不當爻而在爻下。月位艱
貞不得過酉正，故必爲望後。以天象星次而言，艮有斗

餘五度加入，則相對之星爲百八十三度而非百八十度，故兌中爻下三度上移入卯正之利始得正確位置。然則其曆數必爲第六年之五月十七日，日在鶉首二度，月入南斗二十三度而位過酉初四度也。艮爲艱，月未入地下而沒，故曰內難而能正其志。正其志釋貞字，貞乃位之誌也。箕子之德由晦而明，如日之復出，言受周之禮遇也。然而內懷亡國之痛，守貞正而隱藏其跡，又如月沒也。兩以字皆讀爲似。象傳之箕子因天象以喻人事，與六五爻辭之箕子義不相同。彼箕子乃指箕星而言，非人名。

象曰：明入地中、明夷。君子以莅衆，用晦而明。

　　用象傳語而引伸以說人事。

初九：明夷于飛，垂其翼；君子于行，三日不食；有攸往，主人有言。

　　初九之動交於子正。離爲鳥，爻下四度爲翼宿，故曰明夷于飛，垂其翼。翼、星名，在張宿之後。日月在張爲于飛之象，翼在後則下垂之象。其第二年曆數正是七月初一日，自六月廿七至七月初一，歷時三日，而日不食，故曰君子于行，三日不食。六月小只有廿九日，七月初一日在申初入朔，今猶在子正，月在日前八度，決無日食之可能。若是六月廿七日之始，則月在兌初爻之前三度入東井廿七度而位過寅初，故有攸往，主人有言。有攸往，日在爻前也。兌爲言，乃月之主人。

象曰：君子于行，義不食也。

　　以曆數決之，自無日食之理。

350

六二：明夷，夷于左股；用拯馬，壯吉。

六二之動交於丑正。下夷字京房作睇，子夏作睇，睇即睇，是也。以傷義釋之，非。夷於左股，言明魕側目視其左股也。股者星次中分，前屬小暑，後屬大暑，前爲右股，後爲左股。故夷於左股指大暑而言，在爻下三度也。六二第二年曆數六月十五日，若大暑則十八日矣。拯、拼也。馬、震也。時震高升於天，其上爻當午正，乃營室方中也。用拯馬者月用之。十八日丑正時，月入營室十二度，高懸於中天，故曰壯吉。壯吉者月，非馬之壯。

象曰：六二之吉，順以則也。

日順行得左股之星次大暑，故曰順以則。

九三：明夷于南狩，得其大首，不可疾貞。

九三之動交於寅正。離過寅初之東北維而南行，乃明夷南狩之象。九三尚屬鶉首，故曰得其大首。其第一年曆數五月十九日，月已過坎七度，入營室六度而位近未正，故曰不可疾貞。坎爲疾。不可疾貞者言非十七日或十八日之月位也。

象曰：南狩之志，乃大得也。

大爲日，當爻得鶉首之誌。

六四：入于左腹，獲明夷之心，于出門庭。

九三之動交於六四之卯初。坤爲腹，自四至五爲左腹，自五至上爲右腹，入于左腹，日在爻前也。獲明夷之心，月在離之中也。九三第五年曆數爲六月初四日，

入于左腹則初三日也。是月合朔在酉正，故初三日卯初時之月在離中爻之下一度，正是鶉火之中，乃明夷之心也。九三乃夏至之將終，日出於卯初，故曰于出門庭。

象曰：入于左腹，獲心，意也。

意讀爲臆。腹心皆想象之辭。

六五：箕子之明夷，利貞。

九三之動交於六五之卯正。箕子、漢趙賓讀荄茲，謂「陰陽氣亡箕子，箕子者萬物方荄茲也」。劉向云：「今易箕子作荄滋，荄滋者言其根荄方滋茂也」。荀爽王弼亦用此義。惟東漢馬融始以箕子爲紂之諸父。清儒王先謙謂文王作爻辭時，箕子未蒙難，不以馬融之說爲然。(1)由荄滋之義則本西漢卦氣之說，且濫用文字同音訓詁，乃無稽者。由紂諸父之說，則空言而已，又何以証明六五爻之必爲箕子其人而明傷乎？且卯正爲日月所出之位，而離之九三尚屬夏至，安得有明傷之理？箕子之事並非僻典，象傳亦曾言之，何以西漢學者不以爲解而有待於馬融耶？故我以爲兩說皆不當。明夷之卦辭爻辭皆爲鳥而非明傷，此其特點一。六爻之曆數皆以月位爲準，此其特點二。若明夷是鳥，則箕子之鳥，復成何語，故不得不訓爲明傷，其實非也。

箕子者箕星也。當艮上爻，屬析木之次，十月日躔之所經。明夷者離也。離爲星次，亦爲時位午。利貞即離之午正時位。故箕子之明夷、利貞，乃日在箕宿，月在午正也。之是動詞，至也。艮上爻箕宿三度，位於亥初，其第一年曆數十月初七日，加斗餘五度乃十二日，

（1）王先謙補註漢書儒林孟喜傳。

節入小雪。是月亥初合朔，十二日亥初時月恰抵午正，故曰利貞。日在箕宿八度，月由箕宿而來，此其所以為箕子之明夷也。即使箕子為人名，亦只是曆數巧合之象徵而已，猶帝乙之為乙日，非可以史實求証者也。

象曰：箕子之貞，明不可息也。

十月十二日之月在南正，故明不可息。由此可知明夷之義不得釋為明傷。

上六：不明，晦；初登于天，後入于地。

九三之動交於上六之辰初。九三尚屬夏至，辰初時日已高照矣，不得謂之不明晦。故知所用者乃坤次之上爻，時在丑初也。其第一年曆數八月廿一日，其下四度乃寒露節二十五日也。是月戌初入朔，故廿五日之始，月恰出於卯正，若是日之終廿六日之始，則無月。故不明，晦者謂月不明，夜暗也。寒露之初，月登於天，寒露之後，月入於地，蓋廿六日也。

象曰：初登于天，照四國也，後入于地，失則也。

照四國，月出也。失則，失寒露節之正則也。

小過 ䷽ 震上　艮下

小過：亨利貞，可小事，不可大事；飛鳥遺之音，不宜上，宜下，大吉。

　　內體艮，星次析木星紀，位於酉。外體震，時位戌亥，重其上者坤。小過者，月過也。陰陽合曆，月與節氣之日不相應，而陰曆之月過之，因爲艮是歲終之卦，朔虛氣盈而生閏餘故也。卦之取名小過，蓋本於此。然其曆數必爲第二歲之終，周之十二月與正月也。艮上爻之下五度夏曆十月中小雪，其第二年曆數爲十月二十二日，是月過望七日也。艮中爻之下五度十一月節大雪，而曆數爲十一月初八日，是月過朔七日也。艮初爻冬至爲十一月廿三日，是月過望八日也。卦辭即依此三爻之曆數而立說。

　　亨，日在艮上爻之小雪十月廿二日戌初時，月過丑

354

初，是小亨也。利貞，日在艮中爻之大雪十一月初八日酉正時，上弦月抵南正，是小利貞也。亨利貞之位皆指月而言，故可小事不可大事。若日在艮初爻冬至十一月二十三日酉初時，下弦月在巽中爻之下十一度，入壽星之角宿三度，而位過子初。鶉尾終於巽中爻之下二度，月去之已九度，是飛鳥已過，但聞其聲而已，故曰飛鳥遺之音。日在艮初爻，不在其上爻，故曰不宜上宜下大吉。若日在上爻爲十月十七日，月正在鶉首，不得有飛鳥遺音之象，是以不宜也。冬至爲大吉。

彖曰：小過，小者過而亨也。過以利貞，與時行也。柔得中是以小事吉也。剛失位而不中，是以不可大事也。有飛鳥之象焉。飛鳥遺之音，不宜上宜下，大吉，上逆而下順也。

　　　　小過下當脫一亨字。小者過而亨，言月過中而位在亨，月不可見也。與時行，言日自上爻之小雪至於中爻大雪之時也。於是月過朔而得上弦於南正之利貞，是柔得中也。大雪之日在酉正而非南正，故剛失位而不中。大雪日落於酉初，因其失位不中，是以不宜大事。剛柔指日月而言，與爻畫之陰陽無關。有飛鳥之象，謂月在巽。巽次大半屬鶉尾，故有鳥之象焉。上逆而下順，言日已抵艮次之中爻，若又用上爻，是倒行也。故以下行爲順。

象曰：山上有雷、小過。君子以行過乎恭，喪過乎哀，用過乎儉。

　　　　由小過之字義引伸而爲說。過恭過哀過儉乃小過份而已，非大過失也。但小字在卦辭及象傳乃月之代名，非形容詞。

初六：飛鳥以凶。

　　　　初六之動交於申初。由初六之位而知鶉火及鶉尾各有一部落入子位之坎地，故曰飛鳥以凶。

象曰：飛鳥以凶，不可如何也。

　　　　錯綜之位所當然，鳥不得不凶。

六二：過其祖，遇其妣；不及其君， 遇其臣， 无咎。

　　　　六二之動交於酉初。祖爲乾，妣爲坤，過其祖遇其妣，言月過乾而交於坤也。第一年曆數十月廿七日爲大雪，月入坤中爻下四度之房宿五度而位於戌正，是遇其妣也。若十二日小雪則月入乾，自小雪至大雪，故月過其祖。君爲日，臣爲月。不及其君，謂日過爻下，非六二所能及。遇其臣謂月來當爻。此乃十月終三十日之曆象。日在爻下八度，酉初時，月恰抵於六二，故无咎。

象曰：不及其君，臣不可過也。

　　　　月不可過六二之爻。

九三：弗過，防之！從或戕之，凶。

　　　　九三之動交於戌初。其第一年曆數爲十月初七日。戌正入朔，亥初合朔。弗過者謂初一日不可過戌初之時限也。防之者防月來正交，有日食之虞也。蓋戌初時月已臨日前矣。從謂艮下附有斗餘五度，若併入推算而九三往上移，則初一日過戌初十一度，更近於戌正，日食之時更迫，故曰從或戕之，凶。兩之字皆戌初之時位，

戕之、損下益上，時間過也。

象曰：從或戕之，凶如何也。

九四：无咎，弗過，遇之，往厲必戒，勿用永貞。

九三之動交於九四之戌正。无咎謂十月初一日正是戌正入朔。日勿過爻則日月相遇。若九三來當九四之時，則初一日在爻前，日月正交即有日食之虞，故曰往厲必戒。九三之曆數為十月初七日，月入坎中爻之下危宿十度而位過申初，是永貞之月位亦凶，故勿用之。然則當用何日乎？應加入斗餘五度計可也。

象曰：勿過遇之，位不當也。往厲必戒，終不可長也。

位不當言九三未至戌正之位。終不可長，言初一日已過戌正十二度，即近亥初，則戌終之時不可久留。

六五：密雲不雨，自我西郊；公弋，取彼在穴。

九三之動交於六五之亥初。用震中爻之星次，時位於未正。震中爻下一度為二月節雨水，日當爻尚未至雨水，故曰密雲不雨。位處午西，故曰自我西郊。公，震也。彼在穴，月在坎也。坎在震前。震中爻第二年曆數正月廿八日，未正時，月適抵坎初爻之危宿十六度而位於申正。月距日三十度而有出穴之象，故曰公弋，取彼在穴。

象曰：密雲不雨，已上也。

已通以。雨水在爻下，密雲不雨則未至雨水，日在其前，故曰以上。

上六：弗遇，過之；飛鳥離之，凶，是爲災眚。

九三之動終於上六之亥正。弗遇過之謂日已過上六亥正。飛鳥離之謂月在離。九三第二年之曆數爲十月十七日。若十九日則月入離五度而位近卯終，見於東方。十九日在九三爻下二度而謂過之者，因有斗餘五度之加入，日應過亥正也。離爲鶉火，月入火，故有災眚。

象曰：弗遇過之，已亢也。

日過亥正，高出爻上，故已亢。

中孚 ䷼ 巽上
兑下

中孚：豚魚吉；利涉大川，利貞。

　　內體兑，星次實沈鶉首，位於卯。外體巽，時位辰巳，重其上者乾。卦以六三爲主，名中孚者以實沈星次之中與月中合也。次中在六三之下一度，即參宿之終，而第二年曆數適爲四月十五日之始，有此巧合，故曰中孚。漢儒之荒誕術數，以中孚爲冬至，謂其卦氣起於初爻，蓋望文推測耳，非其實也。

　　豚、參宿也。易以參象羊，象虎，象豕，象豚，以星形如獸故也。魚亦一小星，在箕前尾側，即兑相對之艮次上爻前三度處也。六三下一度參宿九度爲四月十五日，辰初時，月入尾宿終度而與小星魚相近。日在豚，月在魚而稍過戌初之位，故曰豚魚吉。學者不知卦以星定日月之位，於是瞎猜，或讀豚爲遯，或以豚魚爲無知

之物，或以豚魚為江豚，種種曲說，陋矣。

　　兌為天河之所經，日自六三下行，是利涉大川也。第三年曆數實沈之中為四月廿六日，月入震初爻之下三度及兌上移於六四，則月抵南正，故曰利貞。

象曰：中孚，柔在內而剛得中，說而巽，孚乃化邦也。豚魚吉，信及豚魚也。利涉大川，乘木舟、虛也。中孚以利貞，乃應乎天也。

　　柔在內而剛得中，日在六三而月在內。剛為日，六三乃實沈之中，故剛得中。第一年曆數剛得中為四月初五日，辰初時，月在日後四十五度，抵離之上爻，故曰柔在內。說而巽，言兌向巽行，六三交於六四。實沈之中與時位辰正合，則周天之星次，莫不得其序，故曰孚乃化邦。邦、星次也，漸變而得正，其義為化。

　　信及豚魚，言日在參月在魚，參為豚。第二年曆數剛得中為四月十五日，日在六三爻下之參宿九度，望月在尾宿終度側之魚星而位過戌初，故曰信及豚魚。

　　利涉大川，日右旋於天河之象。日又隨天而左旋，於是六三交於六四，而九五而上九，是乘木舟也。巽為木，故曰木舟。但巽是空間之位置，木舟為虛象而已，故曰虛。第三年曆數實沈之中乃四月廿六日，行過辰正，于是月由午初而抵午正，即由利而貞也。故曰中孚以利貞乃應乎天。利貞之位與天相孚應，即震初爻降婁中次之星婁宿四度偏西，而月在婁宿六度抵南正也。

象曰：澤上有風、中孚。君子以議獄緩死。

　　中孚之卦何以有議獄緩死之義，殊難索解。或由象傳「孚乃化邦」一語，傅會而為說歟？

初九：虞吉，有它不燕。

初九之動交於寅初。虞、祭名。虞有三祭，初虞再虞爲喪祭，三虞卒哭爲吉祭，明日將旦則祔於祖廟。初虞再虞用柔日，三虞卒哭用剛日。士虞禮鄭玄注：「朝葬，日中而虞。再虞，三虞皆質明。」又云：「丁日初虞，己日再虞，庚日三虞，壬日卒哭。」然則自初虞至祔祭歷七日，而三虞吉祭則第四日用剛日也。有他不燕謂祔祭也。通常祭於祖廟，必有燕享，但祔祭則不然。因喪禮雖終，吉祭節哀而已，思親之情固未殺，不忍以酒食酬酢也。爻辭之言虞吉蓋與曆數有關。

初九第一年曆數爲五月初四日甲子，正與三虞吉祭用剛日合。初六丙寅卒哭，初七丁卯祔祭。時在寅初，五月將旦，亦與質明之義合。學者不知虞之爲祭名，所有註釋，皆是瞎扯。王弼訓虞爲專，程朱訓爲度，更牽強無理。

象曰：初九虞吉，志未變也。

九二：鳴鶴在陰，其子和之；我有好爵，吾與爾靡之。

九二之動交於卯初。爵皆訓爲爵位。靡虞翻訓共，王弼訓散，孔疏引伸王注爲分散而共之；程頤訓係慕，朱熹讀爲縻，訓係戀；朱駿聲讀爲劘，訓摩厲[1]；聞一多讀爲麾，通揮，又以爵爲觴爵[2]與王夫之之說同。訓詁紛歧如此。然鳴鶴與爵位或觴爵有何關係？義皆難安者也。

（1）朱駿聲六十四卦解。
（2）聞一多古典新義，周易義證類纂。

兌中爻下二度爲鶉首，兌又爲口，故以鳴鶴象之。日月爲父母，星爲子，日月俱在鶉首，而位於卯初，是平旦時鳴鶴在陰，其子和之之象也。鶉首之始乃五月節芒種，其第二年曆數適爲五月初二日，午正入朔，今初二卯初則月過日九度入東井廿五度也。兌爲澤，東井又天河所經；鶴處於澤於河，有飲啄之象焉。日象父鶴，月象母鶴，同在澤河，而月從日，故父鶴招曰，我有好爵，吾與爾靡之。鶴喜食魚，好爵者河中之魚也。故爵應讀爲嚼。好嚼與天河有關，即飲啄於河之喻也。日月同聚於河，故靡字當以訓共分而之爲是。

象曰：其子和之，中心願也。

六三：得敵，或鼓，或罷，或泣，或歌。

　　六三之動交於辰初。敵、月也。或鼓，月在震。蓋六三第三年之曆數四月廿五日，月抵震中爻下五度，位偏於午正之東也。或罷，月在艮。艮爲止，即罷也。蓋第五年曆數四月十八日，月抵艮中爻下十度，位過酉初也。或泣，月在坎，坎爲哭泣。蓋第八年曆數四月二十日，月入坎上爻下三度，位近申正也。或歌，月在兌，兌爲口。蓋第九年曆數四月初二日，月在六三爻下十三度也。

象曰：或鼓或罷，位不當也。

　　日在兌之上爻而月在震中爻之下或艮中爻之下，位不相當。若相當則震應得下弦之月，艮應得望月才是。

六四：月幾望，馬匹亡，无咎。

　　六三之動交於六四之辰正。其第二年曆數四月十四

日，是月近望也。辰正時，月在坤之尾宿五度而位過亥初。坤中爻爲房宿即天駟也。月過房後十度而在尾，是馬已逸去矣。故馬匹亡无咎。

象曰：馬匹亡，絕類上也。

房與尾五度同屬於坤，房前尾後而月在尾，故天駟絕其類而先上。

九五：有孚攣如，无咎。

六三之動交於九五之巳初。用巽次之中爻，位於丑正。巽中爻第二年曆數八月初一日，寅正合朔，今抵丑正，則月前於日相連，故曰有孚攣如无咎。

象曰：有孚攣如，位正當也。

位正當丑正。

上九：翰音登於天，貞凶。

六三之動交於上九之巳正。用巽次之上爻，位於寅正。巽爲雞。翰音，長鳴也，故雞亦名翰音。寅正五更時，雞三啼矣，故聲聞於天。巽上爻第二年曆數七月十六日，月已西下，位過申正，不久將沒，故貞凶。

象曰：翰音登于天，何可長也。

天將曉，夜即盡，爲時不長。

比 ䷇ 坎上
坤下

比：吉；原筮元永貞无咎；不寧方來，後夫凶。

　　內體星次大火，位於戌亥。外體坎，時位子，重其上者巽。比、近也。言所用之曆數或爻上或爻下相去接近，即繫辭傳所謂旁行而不流也。比吉，朔也。比由豫卦變來，原筮即豫之坤所處之時位，其中爻當酉正乃元也。天左旋至酉正爲貞元，日右旋於星次自酉正下行，一日過一度爲元永貞。此原筮元永貞之義也。坤中爻第一年曆數爲九月初六日，元永貞則初七矣。酉正時，月抵坎上爻入須女八度，位於未初，不入坎險，故无咎。及豫卦變成比，坤中爻交亥初，則月入坎二度，而位近申正，故曰不寧方來，後夫凶。不寧方、坎也。日夫月妻，月在日後，則妻後於夫也。月入坎陷，又抵申正，其象凶。若初一日酉正時，日月相去僅六度，月當爻，故比吉。

象曰：比、吉也，比、輔也，下順從也。原筮元永貞无咎，以剛中也。不寧方來，上下應也。後夫凶，其道窮也。

> 比、吉也。言九月初一日朔吉，辰正合朔，及亥初時，日在坤中爻之前五度，月抵爻下一度，相去不遠，故比吉。比之義爲輔，月在日下，故下順從。以剛中謂日在坤中爻。上下應謂坤前坎後，坤先行，坎隨來，相距九十度，位皆相應。其道窮謂月行窮於坎也。

象曰：地上有水、比。先王以建萬國親諸侯。

> 比有親輔之義，引伸之以爲說。

初六：有孚，比之无咎，有孚盈缶，終來有它吉。

> 初六之動爻於酉正。其第二年曆數十月初二日。有孚比之无咎，上月三十日也。日在爻前二度，月在爻前七度，日月後先相比近也。坤爲缶，日月在坤中，故有孚盈缶。次日朔，故終來有他吉。

象曰：比之初六，有它吉也。

六二：比之自內，貞吉。

> 六二之動爻於戌正。其第一年曆數九月初六日。比之自內，乃爻下四度霜降初十日也。月位過午正，故貞吉。

象曰：比之自內，不自失也。

> 得九月中氣，故星次不自失。

六三：比之匪人。

> 六三之動爻於亥正。匪讀爲彼。彼人、上月星次。

六三屬壽星，彼人則鶉尾，乃巽之中爻，時交子正。此
與否卦「否之匪人」同義。第一年曆數，此人爲八月廿
一日尚屬秋分，自此至彼，則彼人爲第二年之八月初一
日尚屬處暑也。比，親也。日月親於彼，不在此。

象曰：比之匪人，不亦傷乎？

此爲八月二十一日將終，彼爲八月初一日方始，一
有月可見，一無月，故曰比之彼人，不亦傷乎。

六四：外比之，貞吉。

六三之動交於六四之子初。外比之謂日在爻前。貞
吉謂月在南正。六三之前爲巽之初爻在子正，其第二年
曆數八月十六日之始，月入婁宿初度恰抵於午正。

象曰：外比於賢，以從上也。

以從上爻，謂日在九五。賢、角宿也。

九五：顯比，王用三驅，失前禽；邑人不戒，吉。

六三之動交於九五之子正。顯，明也，白晝也。王
爲乾。子正夜半，非顯比，故知用相對之乾上爻當午正
也。乾上爻第二年之曆數爲二月廿九日，三驅則三月初
一日矣。入朔適在午正，故曰失前禽。前禽謂月在前，
上月終之象也。合朔日不食，故曰邑人不戒吉。邑人謂
乾邑之人，即大梁星次。吉，朔也。

象曰：顯比之吉，位正中也。舍逆取順，失前禽也。邑人不
戒，上使中也。

日當午正，故位正中。日月隨天左旋爲順，本行右

旋爲逆。月自前來會日，會後則隨日左旋，故曰舍逆取順。畋獵之禮，三驅而止。禽在前，不逆射，逸過則順而射之，射不中則已。失前禽則禽逸過也。合朔前，月之經過如此象，故爻辭以爲喻。上使中謂乾上爻之日照耀中天，不見食象，是以邑人不戒。

上六：比之无首，凶。

六三之動終於上六之丑初。用坎上爻之星次，位在戌初。其第一年曆數十一月十六日，戌初時，月抵離中爻而出於卯正。離中爻屬鶉火而非鶉首，故比之無首。日入於坎，故凶。若十五日，月入鶉火初度，則與鶉首比矣，而日未入坎，則不凶也。

象曰：比之无首，无所終也。

无所終謂无鶉首之終。若不知首爲星次，則无所終之義晦，蓋首與終義相反者也。

按此卦只有初二兩爻與本卦有關，其他三、四兩爻用巽，五爻用乾，上爻用坎，錯綜以見義，正如繫辭傳所謂剛柔相易，不可爲典要，惟變所適也。

大有 ䷍ 離上
乾下

大有：元亨。

內體乾，星次大梁，位於辰巳。外體離，時位午，重其上者震。乾位於利，卦之終，其中爻入貞，今卦辭不言利貞而言元亨，可見日在相對比卦之坤中爻，由元而亨也。故大有爲上半夜之象，日在彼，月在此，日自亥初至子正，月自巳初至午正也。此義象傳詳之。乾三月，坤九月，日在坤，秋收之時，然則大有者豐年也。

象曰：大有、柔得尊位，大中而上下應之曰大有。其德剛健而文明，應乎天而時行，是以元亨。

柔，月也。尊位，六五午正之位也。大中，日在子正。而柔月在六五爻上或爻下應之，秋月中天，圓圓皎潔，是卦名大有之時也。乾德剛健而天文明，是星月在乾也。月往離之午正，日由亥初而子正，是應乎天而時

行也。天道左旋有時，日月相對應，而時行以日爲主，故爲元亨。以曆數按之，坤中爻第二年爲九月十七日。子正時，若十五日終十六日始，月在乾中爻之上十度位過午正。若十六日終十七日始，月在乾中爻之下三度而不及午正，此即上下應之也。

象曰：火在天上，大有。君子以遏惡揚善，順天休命。

　　　由象傳引伸而爲説。德剛健即能遏惡。文明即是揚善。應乎天即是順天。以時行即能休命。

初九：无交害匪咎，艱則无咎。

　　　初九之動爻於卯正。其第一年曆數爲三月十八日。若十六日與月對衝，可能月蝕，故无交害匪咎。至於十八日，月入艮中爻之下南斗八度而位近申正矣。故艱則无咎。艱、艮也。其實三月卯正，日已出矣，即使月有蝕，亦不可見。

象曰：大有初九，无交害也。

　　　初九爲十八日，自無交害。

九二：大車以載，有攸往、无咎。

　　　九二之動爻於辰正。大車以載，月在坤也，坤爲大車。九二爻下一度三月中氣清明，其第二年曆數恰好三月十五日，月在坤中爻之上八度，位過戌正。因日在九二爻下，故曰有攸往无咎。若爲十四日，則月未入坤，大車不得載矣。

象曰：大車以載，積中不敗也。

　　　十五日猶在辰正，故望月在坤中爻之前八度，成斜

對，是日尚有八時未盡，故積中不敗，言時間積累，月亦抵坤大車之中也。卦辭用日在坤，月在乾，此爻辭反之。

九三：公用亨于天子，小人勿克。

九三之動交於巳正。乾前爲震，公也。乾爲天子。月在震，前來會日於乾，乃公用亨于天子之象。小人、星也。震之星次已過往，不可能來就日，故小人勿克。九三第二年曆數二月廿九日，月在震中爻下三度，位不及午正，但白晝不可見。

象曰：公用亨于天子，小人害也。

星爲月所掩，故小人受害。

九四：匪其彭，无咎。

匪讀爲彼，月也。彭，滿盛貌。其，疑詞也。彼其彭，謂月其圓乎？日在九三交於九四之午初，月不可得而見，故疑之。其第一年曆數爲二月十八日，若十六日則望月在相對坤上爻，位子初。其所以必爲十六日者，因是月初合朔在未正之時故也。

象曰：匪其彭无咎，明辯晳也。

明月皎潔。辯通辨。

六五：厥孚交如威如，吉，

九三之動交於六五之午正。九三爻下二度，第二年曆數三月初一日，適於午正入朔，故曰厥孚交如威如，吉。威、畏也。日月正交，畏其食也。然而不食，故朔吉。

與比九五同義。

象曰：厥孚交如，信以發志也。威如之吉，易而无備也。

　　日月交會，其誌信然。備讀爲憊，困也，病也。變易之際而无困憊，即日不食也，故可畏而仍吉。釋易爲易簡，備爲防備，非。輕易無備，必多失敗，何能獲威如之吉，以語意言，亦不適者也。

上九：自天祐之，吉无不利。

　　九三之動終於上九之未初。乾在午則離星次在卯，乾上爻在未初則離上爻在辰初，乾上爻之下二度爲三月初一日，則離上爻之下一度爲六月初一日，其相互關係如此。日自乾右行至於離，是自天祐之也。祐與右同。六月初一日丑正入朔，及辰初時，日月俱在利，故吉无不利。

象曰：大有上吉，自天祐也。

　　上吉，日在離次之上爻，非上六之位。祐或作佑，原文當是右字，後儒任意益以偏旁，遂不同。

蠱 ䷑

蠱：元亨，利涉大川；先甲三日，後甲三日。

　　內體巽，星次鶉尾壽星，位於子。外體艮，時位丑
寅，重其上者離。元亨，子正之位，巽中爻當之。大川
者天河也。天河處卯正之利，乃兌次之東井也。利涉大
川謂月渡天河出於東方。卦以九二爲主，其第一年曆數
七月二十日，下三度白露節爲二十三日，交子正，是由
元入亨也。於是下弦月入東井十度而出於卯正，故利涉
大川。其第二年曆數九二爲八月初一日甲申，先甲三日
乃七月廿八日辛巳，後甲三日乃八月初四日丁亥。上月
終，此月始，故象傳曰終則有始，天行也。干支紀日，
純屬曆數。易原是星曆之書，故蠱言甲而巽言庚，而革
言己。先儒不知易之曆數體系，於是注釋語多迂曲。王
弼以甲爲甲令，先甲三日申令，後甲三日誅之。夫甲令

乃漢制，易經時代何嘗有耶？鄭玄以辛爲自新，丁爲丁寧，音訓附會而已，與卦旨何涉？蠱之六爻皆屬曆數，與天干紀日有關，其數繁複，最易惑亂，故卦名爲蠱。蠱、惑也，此是本義。左傳昭元年秦醫和曾言之：「淫溺惑亂之所生也，於文皿蟲爲蠱，穀之飛亦爲蠱，在周易，女惑男，風落山謂之蠱。」醫和所說，自是術家傅會周易，然以蠱之義爲惑則不誤。學者不知卦與曆數有關，第因爻辭有幹蠱之文，望文生義，遂用通假訓詁以蠱爲故，而又訓故爲事。幹父之事，幹母之事，自是語順。殊不知幹非動詞，乃天干之幹。幹父幹母即剛日柔日也。剛柔之日非一，難以確定，不無疑惑，故蠱仍當訓惑。

象曰：蠱、剛上而柔下；巽而止，蠱。蠱元亨而天下治也。利涉大川，往有事也。先甲三日，後甲三日，終則有始，天行也。

　　剛上柔下，非指上九初六之爻畫而言。剛是日，柔是月。剛上柔下謂日在上，月在下。此是何日乎？不無疑惑，故卦名蠱。巽是星次，艮是時位，巽往於艮，九三自丑初而丑正而寅初而寅正，所歷一時半，月又右行二度，其位何在，視何日而定，亦不無疑惑，故曰巽而止、蠱。按巽上爻第一年之曆數七月初五日，時位在丑初。此五日内合於剛上而柔下之原則者，必爲初一日之終初二日之始也。因爲入朔在卯正，若初一日丑初時月尚在日前，乃柔上而剛下也。初二日則日抵爻前三度，月入爻下六度矣。自丑初至寅正，日位未變，月又右旋二度，入於爻下八度。然初三初四亦是剛上柔下，何取何捨耶？由此觀之，則象傳之釋卦名，固取義於蠱惑也明矣。

元亨爲子正，一日終始之際，可以定爻之曆數，可以計月之行度，不至因參差而失則，凡遇有蠱惑，當以元亨之位決之，故曰蠱元亨而天下治。既以元亨爲宗，則誌在巽之中爻。其第一年曆數爲七月二十日己卯，若月利涉大川而東出，必爲二十三日之下弦月也。是日之始爲壬午，日在爻下三度，節入白露，左旋而交子正，則月亦前行，由出卯正四度而七度矣，故利涉大川者，乃往有事也。

若第二年之曆數則九二爲八月初一日甲申，故先甲三日辛巳乃七月廿八日，後甲三日丁亥乃八月初四日。一得月終之殘月，一得月初之新月，其形相同，惟弦之方向相反而已。此乃天道，故曰終則有始，天行也。象傳以天行釋先甲後甲，可見其旨在月象，辛丁之日干並非重要，所須知者乃此甲日是何日，却成問題耳。苟得其曆數則無惑矣。學者不知卦與曆數有關。徒然望文生義，如王弼鄭玄之說皆無當者也。清儒又有種種揣測，或以爲辛丁二日乃吉日宜於祭祀，或以爲自辛至丁七日內皆吉，或以爲先甲後甲乃六甲之日，遂使簡單問題益臻複雜。若思象傳終始乃天行一語，則諸說之無稽即可知矣。

象曰：山下有風，蠱。君子以振民育德。

由象傳元亨而天下治一語引伸而爲說。

初六：幹父之蠱，有子，考无咎；厲終，吉。

初六之動交於亥初。幹、天干十日也。幹父即剛日甲丙戊庚壬也。幹父之蠱，猶言剛日爲何日有所惑也。有子，地支名也。剛日合子，須考詳之正確无咎。考非

先考。解作先考无咎，則既言父，又言考，豈非乖戾之
辭？此考字當與履上九之「視履考詳」，及復六五象傳
之「中以自考」兩考字同義。初六第二年之曆數爲八月
十六日己亥，次日庚子，即幹父有子无咎。是月小，月
終二十九日壬子亦是幹父有子。屬者兩卦間之位，庚子
日屬之始，屬終則壬子之次日癸丑，乃九月初一日也。
故曰屬終吉。由屬終吉一語即可推証庚子之爲八月十七
日無誤。

象曰：幹父之蠱，意承考也。

　　　　小象作者對於蠱之六爻皆隨文敷衍，苟簡爲釋，未
得爻旨。

九二：幹母之蠱，不可貞。

　　　　九二之動交於子初。幹母之蠱，柔日是惑也。其第
三年曆數八月十二日己丑，爻下十四日辛卯，十六日癸
巳，皆幹母。但己丑辛卯兩日之月皆過午正，與不可貞
之義不合，惟癸巳日得之，乃入白露節也。

象曰：幹母之蠱，得中道也。

　　　　爻言不可貞即非中正之道。小象不解爻旨，惟以九
二爲中爻而釋之，殊不知日亦不當爻而在爻下四度。

九三：幹父之蠱，小有悔，无大咎。

　　　　九三之動交於丑初。小有悔者月過望也。小爲月。
无大咎者，所過不多也。大非日，若作大无咎，則大小
相對即是日，此爻辭之精義，須明辨之。其曆數與初爻
同，乃七月十六日己巳。若十五日戊辰或十七日庚午皆

幹父也。何去何從，是以有惑。但丑初時乃一日之始，故小有悔必爲庚午日也。是月大，申初入朔，十七日丑初時，月之行度僅有十五日又五時，故无大咎。

象曰：幹父之蠱，終无咎也。

以九三之終釋之，即十六日終。

六四：裕父之蠱，往見、吝。

九三之動交於六四之丑正。往見吝，月將出也。第三年曆數九三爲七月廿七日甲戌，月入東井三十二度，不及卯正三度，尚未出於東方，故繼往月始得見，時間有欠，乃吝象也。所謂裕父者，因是月入朔在子初，初一日戊申所行者幾全爲上月之餘分，故廿七日甲戌丑正時，月之行度僅得廿五日餘，而有往見吝之象。此甲戌之父日乃多餘者，遂稱之曰裕父。

象曰：裕父之蠱，往未得也。

望文爲釋，吝即是未得。

六五：幹父之蠱，用譽。

九三之動交於六五之寅初。譽，月光也。承上爻而言，甲戌日，月見東方，故用譽。

象曰：幹父用譽，承以德也。

上爻曰吝，此用譽，故繼之以德。德，得也，與未得相對。

上九：不事王侯，高尚其事。

九三之動終於上九之寅正。七月廿四日辛未，日在

376

九三前三度，月入參宿初度，居乾兌間，而位過巳正。乾為王，兌為侯，上不及乾，下不及兌，是不事王侯之象也。月位近午初，將達中天，是高上其事之象。

象曰：不事王侯，志可則也。

下弦之月，故誌可則。

隨 ䷐ 兌上 震下

隨：元亨利貞，无咎。

內體震，星次娵訾降婁，位於午。外體兌，時位未申，重其上者坎。震原位西北屬元，今在午，其中爻正交利貞，卦之終則居貞。故震由元而亨而利而貞无咎。其義與乾卦同。

彖曰：隨，剛來而下柔；動而說，隨。大亨貞无咎，而天下隨時。隨之時義大矣哉。

卦以震中爻爲主，其第二年曆數正月廿八日，下二度爲二月初一日午正，月在爻前四度。剛日柔月，月位於日前，故曰剛來而下柔。動而說，震往交於兌之時位也。月隨日行，故卦名隨。初一日在中爻下二度，自子至午，已歷半日矣，月之行又增七度，此即大亨貞，天下隨時之義。春陽中天，故讚曰隨之時義大。

象曰：澤中有雷，隨。君子以嚮晦入宴息。

　　澤中有雷，震重於兌上。兌上爻之時位爲申正，日晡矣，故曰向晦入宴息。宴、安也。

初九：官有渝，貞吉，出門交有功。

　　初九之動交於巳初。官、星官也。渝、變也。初九婁宿三度，雨水之終，下一度入春分。其第一年曆數，婁宿初度恰是二月初一日，故官有渝，謂由奎宿變換而入婁也。過未正入朔，故曰貞吉，出門交有功。午爲南門，過午正爲貞，日月相會爲交，合朔爲吉。今巳初，月在日前三度，尚未交也。

象曰：官有渝，從正吉也。出門交有功，不失也。

　　望文爲釋。貞吉即是正吉，有功即是不失。

六二：係小子，失丈夫。

　　六二之動交於午初。艮爲小子，日爲丈夫，月則母與妻也。日在震，月在艮，故曰係小子失丈夫。其第一年曆數正月十七日，而六三爲正月初二日。當初二日，日月在震，是妻係丈夫也。及廿一日，月入艮而沒於酉正，是母係小子也。

象曰：係小子，弗兼與也。

　　有所失自不能兼與。

六三：係丈夫，失小子。隨有求，得利居貞。

　　六三之動交於未初。其第一年曆數正月初二日，月在六二之下三度，是係丈夫也。當十二月廿六日，月在

379

艮，今已離去，是失小子也。月位不及午正是得利也。
妻在夫後，有求於夫，因而隨行，由利而貞，故曰得利
居貞，言月抵於午正也。

象曰：係丈夫，志舍下也。

　　誌星次在下。舍即星宿。日在營室十四度，屬娵訾
之次，月在奎七度，入降婁之次，故舍在下。

九四：隨有獲，貞凶；有孚在道，以明何咎。

　　六三之動交於九四之未正。六三第九年之曆數爲正
月初一日，申初入朔，今日抵未正，則已接近矣，故曰
隨有獲，貞凶。獲者得月也。凶謂有日食之虞也。日月
相遇在道有信，然而晴明無變，故曰以明何咎，言日不
見食也。

象曰：隨有獲，其義凶也。有孚在道，明功也。

　　日食必在朔，故其義凶。但一路日光照耀，無食之
象，是明見功也。

九五：孚于嘉、吉。

　　六三之動交於九五之申初。嘉、婚禮也，以喻日月
相會。承上爻而言，即正月初一日，申初入朔，故曰孚
于嘉、吉。朔而日食凶，不食則吉。

象曰：孚于嘉吉，位正中也。

　　以九五爲正中之位。

上六：拘係之，乃從維之，王用亨于西山。

　　六三之動終于上六之申正。日在乾爲王，乾上爻在

380

未初，位偏午西爲西山之象，故王用亨于西山即日在乾之上爻也。拘係之謂月在六三而上六繫之。按乾上爻第十年曆數爲二月廿七日丙申月適抵申正也，若廿八日丁酉祭山則月過六三而在上六之下，是從後維之矣。丁酉爲柔日，又交三月節氣穀雨，宜於祭祀，故王用亨於西山。亨通享。

象曰：拘係之，上窮也。

六三重于上六，是上窮也。

第七組八卦周天之終，繼之者爲第八組，於是隨變成无妄，蠱變成升；訟變成解，明夷變成家人；小過變成蹇，中孚變成睽；比變成剝，大有變成夬。

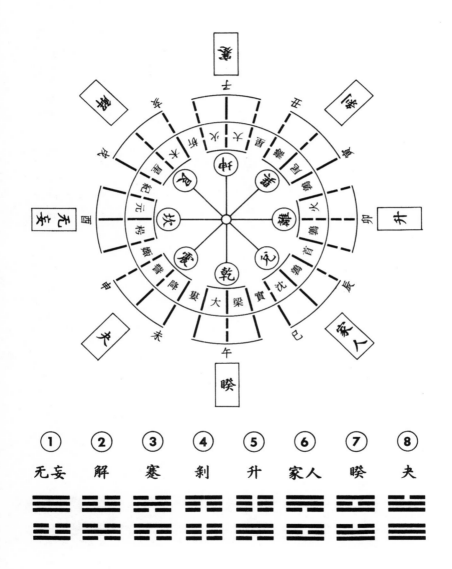

(XII) 第八組相綜卦圖

无妄　䷘　乾上
　　　　　震下

无妄：元亨利貞。其匪正有眚？不利有攸往。

　　內體震、星次娵訾降婁，位於未申。外體乾，時位
酉，重其上者坎。震原位西北，今位西南，是自元而亨
而利而貞，左旋一周天也。无妄之震，其初爻之動交於
午正，乃貞之始。春分在爻下一度，當初爻交南正時，
尚未春分，故曰其匪正有眚？不利有攸往。若是春分之
日，當爲利有攸往矣。不利、即貞或南正也。「其」疑
詞。匪即非字。此義用之於六二爻亦然，因二月節雨水
亦在爻下一度。惟不可用於六三，因恰是正月中啓蟄當
爻，且早已過午正也。

象曰：剛自外來，而爲主於內；動而健，剛中而應。大亨以

383

正，天之命也。其匪正有眚，不利有攸往，无妄之往，何之矣？天命不祐，行矣哉！

乾爲酉位，非星次，其星次在震後。震次原在乾酉位之前，今來居於乾後，是剛來自外而爲主於內也。剛爲日，在震上爻啓蟄，在震中爻啓蟄之終，在震初爻雨水之終。動而健謂震往向外體之乾行也。剛中而應謂日在六三乃正月中啓蟄，而與九四之酉初應也。以上說明卦之內外體相互關係。

大亨以正，謂震初爻自子正至午正，所行半日也。此乃天命雨水之終而非春分。春分在爻下一度，得節氣之中，始是无妄。今日當爻失中，則有眚，非无妄也。若天命在春分，則利有攸往而入南正，即无眚矣。故无妄之往何之矣，言春分无妄亦可抵南正之貞，相差僅一日而已。然而天命正當震初爻，未至春分，乃不可勉強者，故曰天命不祐，行矣哉！无妄之義謂節氣得當，但自震中爻起至於乾之三爻，節氣皆不當爻而差一日，皆有眚也。惟卦以震爲主，故取春分爲則。日右旋一日一度，不祐即不右，雙關語也。行矣哉，日隨天左旋也。以上釋卦辭。

象曰：天下雷行物與，无妄。先王以茂對時育萬物。

舊讀物與无妄句，非也。无妄乃卦名，大象卦名皆與象不連讀，此雖增益物與二字，稍有差異，然例不可破。震乃孟春仲春之卦，春雷發而啓蟄，萬物感陽，莫不振奮，故曰雷行物與。與字虞翻訓爲舉，得之。對當讀爲對。茂對時育萬物，言草木茂盛之時，先王以長育萬物，不違農事也。二月農耕方始。妄字之義有六說。

馬融鄭玄讀爲望，希望也。虞翻讀爲亡，亡失也。九家易訓爲災妄。王弼無訓，孔疏爲虛妄。蜀才訓爲邪妄。近人于省吾讀爲忘。訓詁之紛歧如此。要以孔疏之虛妄爲允。无妄者節令曆數正確，不虛妄也。

初九：无妄，往吉。

初九之動交於午正。无妄者春分也。日在爻下，故往吉。卦辭曰，其匪正有眚，不利有攸往；今言无眚往吉，即利有攸往也。

象曰：无妄之往，得志也。

得春分之誌於午正。

六二：不耕穫，不菑畬，則利有攸往。

六二之動交於未正。六二爲古曆正月啓蟄之終，春耕未始，更非收穫之時，故曰不耕穫。不菑畬，言非第一年或第二年之田，所耕者乃第三年之新田也。畬字有歧義，或以爲二年，或以爲三年。詩周頌臣工篇：「如何新畬」。毛傳：「田二歲曰新，三歲曰畬。」爾雅説文同之。又禮坊記引易「不菑畬，」鄭玄注：「田一歲曰菑，二歲曰畬，三歲曰新田。」究竟畬是幾歲田，疑莫能明。今以此爻辭之曆數証之，鄭玄之説是矣。此爻之含義，不耕穫所以定月令節氣，不菑畬所以定第幾歲之曆數，而以利有攸往句決之。六二第一年曆數正月十七日，未正時，月在亨。第二年曆數正月廿八日，月在日前，位於貞。第三年曆數二月初九日，月在辰初。日自未初至未正，則月自卯正至辰初，卯正爲利之起點，故曰利有攸往。由此觀之，不菑畬之田必爲新田矣。夫

三歲墾殖，田始成熟，故曰新田。若二歲之田尚未甚成熟，安得稱爲新田。毛鄭之所以異訓，由於文字次序不同之故。詩曰新畬，易曰菑畬，故毛以畬爲三年之田，鄭以畬爲二年之田。至於菑之義爲焚除穢草，自是初墾之田，無庸置疑者也。然鄭注雖確，亦非因知此爻之曆數而得之。

象曰：不耕穫，未富也。

　　未富謂耕穫之時令未足，非指財富而言。

六三：无妄之災；或繫之牛，行人之得邑人之災。

　　六三之動交於申正。其第二年曆數爲正月十三日己巳，月入離中交而位卯正。離爲鶉火，故曰无妄之災。牛、牽牛星也。或繫之牛謂月在艮次初爻之牛宿。其第三年曆數正月廿四日，若二十六日則月入牽牛六度而位近成正。日失位而不中，故行人得牛，邑人受害。行人謂月，邑人謂震六三之星次也。

象曰：行人得牛，邑人災也。

九四：可貞，无咎。

　　六三之動交於九四之酉初。乾之星次在震後，震上爻交酉初，則乾初爻交午正，故曰可貞无咎。

象曰：可貞无咎，固有之也。

　　乾初爻之星次在南正，故曰固有之。

九五：无妄之疾，勿藥有喜。

六三之動交於九五之酉正。坎為疾。无妄之疾，月在坎也。勿藥有喜，月已出坎也。六三第九年之曆數為正月初一日。上月終二十九日酉正時為立春之終，月已出坎四度，無待於初一日之補救，故曰无妄之疾，勿藥有喜。馬鄭訓妄為希望，然無希望之疾便是絕症，又何能勿藥有喜哉。

象曰：无妄之藥，不可用也。

无妄之藥謂當爻之正月朔，不用也。

上九：无妄；行有眚，无攸利。

六三之動，終于上九之戌初。六三為娵訾之中，於天行無眚，有眚則過也。其第五年曆數為正月十六日，戌初時，月適出於卯正，是有利也。故行有眚无攸利必為十七日，月在亨而未見。

象曰：无妄之行，窮之災也。

以上為窮，以眚為災。日由上而下，窮之則入於爻下。時間由下而上，窮之則進於戌初。

升　坤上
　　巽下

升：元亨，用見大人，勿恤，南征吉。

　　內體巽，星次鶉尾壽星，位於丑寅。外體坤，時位
卯，重其上者離。卦以九二爲主。巽自子來，其中爻當
子正時即是元亨。其第四年曆數爲七月廿三日，下弦月
入東井十一度而見於東方，故曰用見大人。用字譌，本
或作利是也。若第五年之曆數爲八月初五日，子正時，
月入心宿二度，月犯心則心憂。故勿恤者言非第五年之
曆數也。南征吉，言下弦月南行，旦則抵於南中。

象曰：柔以時升，巽而順，剛中而應，是以大亨用見大人。
勿恤、有慶也。南征吉，志行也。

　　柔、月也，以夜半時升。巽向坤行，日在巽中爻而
與月相應，一起自子正，一起自卯正，此大亨用見大人

之義也。月不犯心而見於東，故勿憂即有慶。日自子正至卯正，下弦月又右旋三度入東井十四度而適交南正，故南正吉乃誌日月之行。

象曰：地中生木、升。君子以順德，積小而高大。

地中生木，謂巽重於坤，卯正日出，故卦名升。象言月升，象言日升，含義不同。順德、坤也。日出於卯正，漸升漸高，君子法之，其積德亦由小而高大。

初六：允升，大吉。

初六之動交於子正。一日之始，故曰允升。其第一年曆數為八月初六日，大吉謂初一日朔也。

象曰：允升大吉，上合志也。

八月初一日在爻前五度，故上合誌。

九二：孚、乃利用禴，无咎。

九二之動交於丑正。禴為夏祭，但九二非夏而為孟秋，故孚謂月在九二，而適值禴祭之日也。利為卯正之位，時當之者乃離次之上爻，節令尚屬夏至，正禴祭之時。離上爻第八年曆數六月初六日，卯正時，月適抵於九二，故信而无咎。是日乙卯，柔日宜於祭祀。

象曰：九二之孚，有喜也。

九二得月有喜。

九三：升虛邑。

九三之動交於寅正。虛，星名。虛宿之邑即過子正

之位當之。升虛邑，月也。九三第一年曆數七月初五日。若初六之始則月入房宿二度而抵子正，自此上升即進於虛邑矣。

象曰：升虛邑，无所疑也。

六四：王用亨于岐山，吉、无咎。

九三之動交於六四之卯初。王、乾也。亨通享。乾中爻當未初，偏於午西，爲岐山之象。隨上六稱西山，義同，皆以乾當未初之爻爲準。乾中爻第七年曆數爲三月初九日乙未，若十一日丁酉，則月抵六四之下七度。清明丁日祭山，吉无咎。

象曰：王用亨于岐山，順事也。

月在六四，適值丁日，故祭山之事順。

六五：貞吉、升階。

九三之動交於六五之卯正。貞吉、月正午也。九三第五年曆數爲七月十九日，若二十三日則下弦月適抵南正，故曰貞吉。日左旋上升交卯正，月亦前進而過午正四度，故曰升階。然而日出月隱矣。

象曰：貞吉升階、大得志也。

日得下弦月之誌。

上六：冥升，利于不息之貞。

九三之動終於上六之辰初。冥即瞑，冥升，夜消失也。日出早於卯正，至酉正不沒，故冥升，利于不息之

貞。九三乃立秋將終，距秋分尚有一月，日早出遲落，故爻以爲言。卯正者利之始，酉正者貞之終。

象曰：冥升在上，消不富也。

上六爲辰初，日出不久，故夜消失不富。不富，時間不多也。

解　䷧　震上
　　　　坎下

解：利西南；无所往，其來復吉；有攸往，夙吉。

　　內體坎，星次元枵，位於酉。外體震，時位戌亥，重其上者艮。解有二義：一爲當上下月晦朔之際，一爲星次節氣之分。卦以坎初爻爲主，乃娵訾之始，節入立春，東風解凍也。其第五年曆數又適值正月初一日，亦解也。西南爲未正至申正之位，第五年之立春交氣在申初三刻，故曰利西南。利西南者乃日行自上午至於下午也。解之初六原位於未正，及動而交申初，即入西南維矣。无所往謂日在爻前元枵星次之終，乃十二月三十日也。明日丑正入朔，則月終未正時，月在爻前六度，故曰其來復吉。有攸往謂日抵爻入娵訾星次，乃正月初一日也。早巳合朔，月已過日在爻下六度矣，故曰夙吉。夙、早也。

392

象曰：解、險以動，動而免乎險、解。解、利西南，往得眾也。其來復吉，乃得中也。有攸往夙吉，往有功也。天地解而雷雨作，雷雨作而百果草木皆甲坼，解之時義大矣哉！

外體之震乃時位，震之星次在坎後，故險以動謂曰自坎之初爻下行至於震次之上爻也。坎初爻立春之始，震上爻啓蟄之始，日出危宿入營室，故曰動而免乎險。立春之後，東風解凍，故卦名解。

眾、娵訾星次也。坎初爻由利至於西南而節氣交立春，是解得娵訾之眾也。初一日丑正合朔，則上月終在申初時距合朔只欠半日，故月來復吉乃得晦朔之中也。若正月初一日，則早已朔吉，故往有功，言月已生也。

大寒之終，節入立春而啓蟄而雨水，故天地解凍而雷雨作。於是植物皆發芽，即百果草木皆甲坼也。此解之時義所以大，乃得陽春故也。象傳總言孟春時令，而以坎初爻爲主明甚。

象曰：雷雨作、解。君子以赦過宥罪。

象之雨指雨水節，象則以坎爲雨。由解之字義及來復吉一語引伸而爲說。

初六：无咎。

初六之動交於申初。節入立春，又爲正月初一日。故无咎。

象曰：剛柔之際，義无咎也。

冬盡春來，陰陽交際。又合朔日月之分際。

九二：田獲三狐，得黃矢，貞吉。

九二之動交於酉初。第四年曆數爲十二月初四日。
初一無月。初二、眉月近申正，是獲一狐也。初三、彎
月在申初，是獲二狐也。初四、鉤月過未正，是獲三狐
也。狐乃新月之象。九二節交大寒，今在酉初，日將落
矣。于是金色之光芒反射於月，是得黃矢也。月位稍過
未正，故貞吉。

象曰：九二貞吉，得中道也。

　　　九二大寒，元桴之中。

六三：負且乘，致寇至，貞吝。

　　　六三之動交於戌初。其第五年曆數十二月初一日。
未初入朔，日月始交會。不到未時，月猶在交前，是上
負之也。既過未時，則月入交下，是下乘之也。故負且
乘乃合朔前後月所處之位象也。及日抵戌初，則月已過
日三，入於坎險矣。坎爲寇，故曰致寇至。酉正爲貞元
之分際，戌初則屬元而非貞。日月右旋皆在元而不及於
貞，故曰貞吝。

象曰：負且乘，亦可醜也。自我致戎，又誰咎也。

　　　初一日未入朔前爲殘月，既合朔後得眉月，光皆暗
淡而形缺不美，且旦夕不可得而見之，故曰負且乘亦可
醜也。日月自入於坎，故曰自我致戎。日不得咎月，月
亦不得咎日，故曰又誰咎。戎字譌，本或作寇、是。

九四：解而拇，朋至斯孚。

　　　六三之動交於九四之戌正。而猶汝也。拇謂初一日
也。六三第二年曆數十一月廿七日，交下三度爲十二月

初一日，亥正合朔，今在戌正，則月尚在日前未合，故
曰解而拇。月爲朋，朋至始孚謂合朔至亥正時始信也。

象曰：解而拇，未當位也。

　　　日在爻下三度，月入爻下二度，皆未至戌正之位，
故未當。

六五：君子維有解、吉，有孚于小人。

　　　六三之動交於六五之亥初。六五乃西北維，戌終亥
初之分際，六三乃元枵星次之始，其前爲星紀之終。星
紀之終交亥初，則星紀合於亥，元枵合于戌，而日在元
枵初度，適得朔，故曰君子維有解，吉。蓋星次之始終
由上而下，時位之始終由下而上，相反之故。小人即星
次，如此則星次與時位合，故有孚於小人。卦爻與星次
之關係惟坎之元枵無差異，故爻特言之，亦以說明震中
爻時位之非中也。星次之解在坎前，時辰之解在震中爻
之後，此其別耳。

象曰：君子維有解，小人退也。

　　　六三之星須女八度退於六五爻下之戌終，故曰小人
退，此即君子維有解之義。

上六：公用射隼于高墉之上，獲之，无不利。

　　　六三之動終於上六之亥正。用震星次之上爻，位在
戌初。日在震爲公。戌初乃乾時位之上爻，高墉象也。
離爲隼，與坎相對而位於辰巳。公用射隼，謂日在震月
入離也。震次上爻第二年曆數正月十三日，戌初時，月
入離中爻下之張宿二度而位巳初。月如張弓而射隼，得

之於東南，屬利，故獲之无不利。

象曰：公用射隼，以解，悖也。

　　　震次在坎後，非上六之位，故用解卦，其位相悖。
解悖不可連讀。

家人 ䷤ 巽上
　　　　　離下

家人：利女貞。

　　　　內體離，星次鶉火，位於卯。外體巽，時位辰巳，
重其上者兌。星次爲家，星爲家人，時位者乃家人之所
處，即星次與辰位合得其所也。離爲四正卦之一，原位
在午，今位於卯，非其故地。故必利女貞始得之。離爲
中女，利貞即午。中女得中位，則少女兌、長女巽亦各
得其本位矣。

象曰：家人，女正位乎內，男正位乎外；男女正，天地之大
義也。家人有嚴君焉，父母之謂也。父父、子子、兄兄、弟
弟、夫夫、婦婦，而家道正。正家而天下定矣。

　　　　坤巽離兌爲女，位自卯至申，是女正位乎內。乾震
坎艮爲男，位自酉至寅，是男正位乎外。星次屬天，時

397

位屬地，星次與其時位合，乾坤坎離居四正，震巽艮兌居四隅，是天地之大義。父母者乾坤也。父子者乾與震坎艮三男也。兄弟者震坎艮也。夫婦者乾與坤，震與巽，坎與離，艮與兌，相對卦也。八卦各居其位爲家道正之象。家道正而倫常有序，天下安定矣。卦辭只論離之位，象傳則總周天星次之位而言之，且以人倫爲喻。

象曰：風自火出，家人。君子以言有物而行有恆。

　　　物、類也，序也。恆、常也。言有序，行有常，而不亂，是爲君子。

初九：閑有家，悔亡。

　　　初九之動交於寅初。鶉火之次，終於爻下二度，以寅爲家之範圍，則上行二度交於寅初得之。過爻爲悔，得之悔亡。

象曰：閑有家，志未變也。

　　　日在鶉火之終，未入鶉尾，故誌未變。

六二：无攸遂，在中饋；貞吉。

　　　六二之動交於卯初。遂、進也。无攸遂，言日在爻下，勿進於卯初也。大暑之日，在爻下三度，卯初時日未出，然已天亮矣。月尚隱約可見。鎮即廚，張宿爲天廚。在中廚謂日在張宿中。貞吉，月過午正。其第五年曆數爲六月十九日。至廿二日大暑，日入爻下之張宿三度，月入婁胃之間而位偏午正之西，故貞吉。

象曰：六二之吉，順以巽也。

　　　巽、遜也。日順行而巽於爻下。於是月貞吉。又象

可能用第一年之曆數六月初五日，卯初時，月入巽次中
爻下四度。若然，則巽爲卦名，故摘句只言吉而不言貞
吉，但此與爻旨違。

九三：家人嗃嗃，悔；厲吉，婦子嘻嘻；終吝。

九三之動爻於辰初。爻下二度入柳宿九度爲鶉火之
始，節交小暑。過爻爲悔。嗃或作熇，熾熱貌，其義較
勝。鶉火小暑，故家人嗃嗃，悔。九三第二年曆數五月
三十日，小暑則六月初三日，月在日後廿九度，不出鶉
火之家。厲吉，謂日在爻前，乃五月廿九日。月入兌之
東井二十一度，月爲婦，兌爲子又爲悅，故婦子嘻嘻。
若三十日月終，則月在爻前九度，故終吝。

象曰：家人嗃嗃，未失也。婦子嘻嘻，失家節也。

以離爲家人，日月俱在鶉火，故未失。婦子嘻嘻，
日月俱不在離而在鶉首，故失家節。

六四：富家，大吉。

九三之動爻於六四之辰正。鶉首終爲六月初一日，
是鶉火之家多得前次一度，故富家大吉。大吉即朔也。
月已過日，入鶉火三度。

象曰：富家大吉，順在位也。

九三上行一度，初一日得辰正，故順在位。

九五：王假有家，勿恤，吉。

九三之動爻於九五之巳初。王爲乾。離在辰，則乾
在未。乾之上爻爲降婁之終，位於申初，則乾之大梁，

全合於未之時位。王格有家，謂日在大梁而位於未。乾
上爻第二年曆數二月廿九日，爻下大梁二度爲三月初一
日，午正入朔，及申初，月巳生矣。合朔不見日食，故
勿恤，吉。

象曰：王假有家，交相愛也。

　　日月相會，象室家之好，故曰交相愛。

上九：有孚威如，終吉。

　　九三之動終於上九之巳正。有孚威如，謂合朔也。
朔可能日食，故可畏。但不食則吉。九三第八年曆數爲
六月初六日，爻前五度六月初一日，巳初入朔，巳正合
朔，在此過程中，不見日食，故巳終吉。

象曰：威如之吉，反身之謂也。

　　月合朔復生，反身行也。

蹇　☵　坎上
　　　　　　 艮下

蹇：利西南，不利東北，利見大人、貞吉。

　　內體艮，星次析木星紀，位於戌亥。外體坎，時位
子，重其上者坤。艮初爻乃冬至牽牛初度，一歲之始，
逆推之，六二與九三皆歲終之爻。歲終於牛前，有斗餘
五度加入，則六二與九三當爻之星，皆須倒退五度，天
象始與時位合。有此因素，故卦名蹇。蹇、跛也，難行
也，濡滯也。諸爻之蹇，皆取義於此。

　　利西南與利貞同義，言月由午初至於西南維，日在
九三所得之象也。不利東北與元亨同義，言月由子初至
於東北維，日在六二所得之象也。利見大人貞吉，言月
見於東南而至南正，日在初六所得歲終之象也。周之歲
首冬至朔在初六，是年終，九三為周之十二月初七日，
爻下三度初十日乃立冬之終，亥正時，月位不及申初五

401

度，正是西南。九三原由戌初來至於亥正，月亦由利來而非由南正之貞，故曰利西南。蹇者日須退三度又進交於亥正也。

六二是周十二月二十二日。若二十四日亥初時，日須退而又左旋二度，於是月過丑正六度，正是東北。六二原由酉正來至於亥初，月亦由子初之元位往於東北，故曰不利東北。不利者利之反，即元也。

初六是第二冬至，歲終又始，因前加斗餘五度，遂為周正月十二日。蹇則用歲終，乃十一日也。十一日戌正時，月近南正，不及者八度耳。初六由酉初來，日已早沒，月初見於辰正之位，及戌正時，遂近南正，故曰利見大人。若日續行過戌正，月即由利入貞而正中，故貞吉。以星度言，九三、十二月初十日，亥正時，日在箕六度，月入奎宿九度。六二、十二月二十四日，亥初時，日在南斗九度，月入角宿三度。歲終正月十一日，戌正時，日在南斗二十六度，月入畢宿四度。凡日之行皆須倒推五度，始與月位相應，蓋月自合朔後，皆必經過此斗餘五度，不可或缺者也。

象曰：蹇、難也，險在前也。見險而能止，知矣哉！蹇利西南，往得中也。不利東北，其道窮也。利見大人，往有功也。當位貞吉，以正邦也。蹇之時義大矣哉！

坎險艮止，前險而後者能止，智矣。此釋卦名及卦體。往得中，謂析木之中次往加於亥中，次與時合，而月見西南也。指九三而言。其道窮，謂析木之終，窮於戌終而入亥初，而月抵東北也。指六二而言。往有功，謂歲終往於戌正，見月行於利之功也。當位貞吉謂月抵南正也。南正為觀象之準則，故曰以正邦。蹇卦關係一

歲之終始，歸餘於終，須包括斗餘五度在內，且時位戌
亥，又為一日之終，故其時義大。卦辭所言者總論三爻
所得月之位，決之於曆數。象傳以節氣為主，兼論蹇之
星次與時位關係。

象曰：山上有水、蹇。君子以反身修德。

　　蹇難之際，君子須反求諸己而修德。由象傳見險而
能止一語引伸而為說。

初六：往蹇來譽。

　　初六之動，交於酉正。初六冬至朔，往蹇則周之歲
終閏十二月三十日，日在爻前入大餘南斗二十七度也。
南斗二十六度又四分之一，蔀法終，小餘亦盡，故為二
十七度。酉正時，晦、月來會日在爻前三度入南斗二十
五度。日月皆落於斗餘中，是日往蹇月來譽也。譽者、
月之暉也。

象曰，往蹇來譽，宜待也。
　　子正入朔，今月終日猶在酉正，故宜待。

六二：王臣蹇蹇，匪躬之故。

　　六二之動交於戌正。王臣蹇蹇，月在乾也。第五年
曆數正月初六日，爻下五度十一日大雪，戌正時，月在
乾次上爻之下八度，入胃宿十四度而偏於午正之東。月
行因減去斗餘五度，遂致淹滯，不然則當在乾上爻下十
三度而近於乾之中矣。故其蹇蹇非自身之緣故，乃由於
斗餘作用故也。

象曰：王臣蹇蹇，終无尤也。

王臣蹇蹇，則歲終之斗餘五度不失，故終无尤。

九三：往蹇來反。

九三之動交於亥正。小雪在爻下四度，是九三往蹇而日來反，得十月中也。

象曰：往蹇來反，內喜之也。

小雪在爻下四度，日來反，故內喜之。

六四：往蹇來連。

九三之動交於六四之子初。九三往蹇而爻下四度析木之中來交子初。於是上半次入子，下半次仍在亥，相連於六四子初之位，故曰往蹇來連。

象曰：往蹇來連，當位實也。

當子初之位者，乃析木中次之實。

九五：大蹇朋來。

九三之動交於九五之子正。子正者一日之終始。九三第三年之曆數爲周十二月廿八日，爻下三度閏月初一日，立冬之終過子正，故曰大蹇。寅初始入朔，月來會日，故曰朋來。

象曰：大蹇朋來，以中、節也。

九三之下三度尚屬立冬節氣，上移三度當子正，故曰以中、節也。子正爲中。

上六：往蹇來碩吉，利見大人。

九三之動終於上六之丑初。九三第五年之曆數十二

月廿一日，小雪為二十五日，丑初時，則九三往蹇而日來，乃碩吉也。日得中氣為碩吉。於是月出卯正，故利見大人。

象曰：往蹇來碩，志在內也。利見大人，以從貴也。

　　志在內謂得九三爻內小雪之誌，與九三象傳內喜之同義。大人為月，貴為日，月行從日，日小雪至丑初而月出，是從貴也。

睽　⚌ 　離上
　　　　　　兌下

睽：小事吉。

　　　　內體兌，星次實沈鶉首，位於辰巳。外體離，時位
　　　午，重其上者乾。睽，日月睽違也。月在兌而日不見，
　　　故小事吉。

象曰：睽、火動而上，澤動而下；二女同居，其志不同。行
說而麗乎明，柔進而上行，得中而應乎剛，是以小事吉。天
地睽而其事同也，男女睽而其志通也，萬物睽而其事類也，
睽之時義大矣哉！

　　　　外體之離乃時位午而非星次，日月隨天左旋，依時
　　　位上行，故離火動而上。兌澤乃星次，日月本行依星度
　　　右旋自上而下，故曰澤動而下。內外體之誌有別，故中
　　　女少女雖同居而其誌不同。行說而麗乎明謂兌往附麗於

離也。柔、月也。月在六三左旋上行而九四而六五抵於午正，於是得中而與剛日相應，即望月中天，夜半日在子正也。卦以月爲主，故小事吉。星爲天，時位爲地。兌之天應在西南，今來居東南，離之天應在南正，今在兌後而居於東，故兌之天與兌之地違，離之天與離之地違，然彼此之正隅相互關係不變，故天地睽而其事同。兌少女，艮少男，離中女，坎中男，男女兩兩相對，所處之時位皆然，故曰男女睽而其志通。志讀爲誌。推而言之，周天之星次與時位關係，莫不皆然，故曰萬物睽而其事類。萬物，恆星也。類，等也。此種錯綜作用，由兌星次所處之時位，即可知其睽違之實情，故睽之時用意義大。

象曰：上火下澤，睽。君子以同而異。

　　以讀爲似。內外體似同類而實異，君子亦然。

初九：悔亡，喪馬、勿逐自復；見惡人无咎。

　　初九之動交於卯正。爻下三度爲夏至，得之悔亡。卯正原爲坤次中爻房宿之地，房乃天駟，今兌來居之，則天駟他往在亥正，故曰喪馬。但馬自會歸來，故勿逐自復。初九第三年曆數夏至爲五月二十九日，月在日前二十九度。夏至晝長，日早出於卯正前五刻。此殘月在寅正時已出現於東方，及卯初時即沒而不見矣。惡人者殘月也，殘月醜而不美，故謂之惡人。惡人可見，則夏至之日在寅正，曆數無咎。

象曰：見惡人，以辟咎也。

　　辟通避。

九二：遇主于巷，无咎。

九二之動爻於辰正。爻下二度入鶉首，五月節芒種之始。星爲主，日月爲賓，兩爻之間謂之巷。遇主於巷者，日月遇鶉首也。九二第二年曆數四月廿九日，入鶉首東井十六度爲五月初二日矣。未正合朔，及初二日辰正，月過日十度，入東井廿六度，日月俱落於中初兩爻之間，故遇主于巷无咎。

象曰：遇主于巷，未失道也。

得鶉首五月節之道。

六三：見輿曳，其牛掣？其人天且劓，无初有終。

六三之動爻於巳正。輿、坎也，時在酉。坎爲元枵十二月之星次，日落早，故用其下爻，乃十二月終也。坎之前爲牛宿，日輪西下，故曰見輿曳，其牛掣？其，疑詞。掣，牽挽也。牛挽於前，輿曳於後，十二月終日將西沈之象。故曰其人天且劓，无初有終。坎第五年曆數，其上爻十二月初一日小寒，其中爻十二月十六日大寒，其下爻正月初一日立春。无初有終乃十二月三十日大寒之終，日在危宿十五度也。若是初一日小寒，位在戌初，日早已沒矣，不得謂之天且劓。惟大寒之終，日沒早於酉正二刻半，則酉初時日猶未沒，須過一刻半始沒，故曰其人天且劓。其人指日而言。且，將也。劓，日半落之象。又十二月終，月在日前四度，乃坎輿雙輪之象。爻不用兌而用坎，乃錯綜之義，由兌之位即可定坎之所在也。

象曰：見輿曳，位不當也。无初有終，遇剛也。

408

位不當謂日不在六三之巳正。遇剛謂十二月終酉初時，月來會日。

九四：睽孤，遇元夫，交孚，厲、无咎。

六三之動交於九四之午初。睽孤，孤月獨行也。遇元夫，日在艮也。艮上爻當子初，位屬元，故稱元夫。日夫月妻，艮兌相對，故此孤妻必爲望月，故交孚。艮上爻第二年曆數十月十七日，望則十五日在爻前，故厲无咎。厲者兩卦間之位，不當爻。圓月在六三前四度，亦厲也。

象曰：交孚无咎，志行也。

日月正交，信然无咎，乃誌望月之行。

六五：悔亡，厥宗噬膚，往何咎。

六三之動交於六五之午正。六三之宗乃實沈星次，始於乾下一度，至於六三共十五度，終於九二爻下一度共卅一度，求與離之三爻相合，六三上移一度即得之。離之上爻爲未初，離之下爻爲午初，皆膚之象。實沈之始當未初，其終當午初，即厥宗噬膚也。悔亡，日在六三爻下一度，進至於午正也。其第二年曆數恰爲四月十五日，月中得正午，故曰往何咎。以曆數按之，實沈之始爲三月終，實沈之終爲五月初一日，亦爲厥宗噬膚，因爲四月小只有二十九日之故。凡經中言膚者，非星次之終始，即大月之終始。若小月之終則謂之臀无膚，如夬九四，姤九三之類是也。

象曰：厥宗噬膚，往有慶也。

往得四月十五日，故有慶。

上九：睽孤；見豕負塗，載鬼一車；先張之弧，後說之弧。匪寇婚媾，往遇雨則吉。

六三之動，終於上九之未初。此爻所言，全是星月之象，蓋黃昏所見者也。兌次當午，則中星爲東井。此一天區，大星最多，共有九顆，西圖之雙子，獵戶，御夫諸星皆在焉。即參，天狼，南河，北河，五車，畢諸大星閃爍于中天也。其中以參宿最美，當兌六三之前。參宿似獸，易經稱爲虎爲羊爲豕。參中有三星，橫斜於背，如豕負土塊也。兌初九爻後五度爲輿鬼，即西圖之巨蟹座，中有星雲，中國稱爲積尸。故所見載鬼一車者即輿鬼也。張亦星名，當離次中爻初爻之間，位於辰正之西。先張之弧，謂弧月在張宿之先也。參宿東南爲天狼大星，天狼之東南爲弧矢星，弧矢之北即輿鬼。輿鬼星極微弱，不易辨識，故月令以弧代之。弧在兌後，故曰後說之弧。此兩弧字，一爲月之弧，一爲星名弧。學者不知爻言天象，遂有將星名之弧易爲壺者，而訓說爲置，誤矣。凡經中用說字，皆指兌而言。先張之弧後說之弧又含張弓脫弓之義，乃雙關語也。弧月入張宿，則日在震之上爻，時在戌初。其第二年曆數正月十三日，月在張宿二度而位近巳初。張有十八度，故謂之先張。此一夜景，星月齊輝，而必爲正月十三日者，則有下二語可以決之。震中爻當酉正者爲正月廿八日，其下一度二月節雨水。若正月廿七日，月在坎之危宿五度。坎爲寇，月來會日，婚媾之象，中途而遇寇，則被劫之象，故曰彼寇婚媾。匪字讀爲彼，作非字解誤。往遇雨，謂正月廿九日月終值雨水節也。於是酉正時，月出坎而抵

410

於震上爻，故吉。此爻言星，言月，言節氣，言曆數皆確然有徵。同時亦可証明古曆之雨水節後於驚蟄無誤。

象曰：遇雨之吉，群疑亡也。

群疑謂豕、鬼、弧、寇等象。雨天陰雲密佈自無星象可見。然爻辭之雨乃指雨水節而言，非必真有雨也。以如此複襍之爻辭而以如此不着邊際之簡單三字解之，又何足以釋惑。竊以爲作者並非明瞭爻旨，望文臆測而已。後之學者復依此疑字以解爻辭，只從陰陽爻畫上揣擯其義，越扯越遠，曲說紛紛矣。

剝 ䷖ 艮上
坤下

剝：不利有攸往。

　　內體坤，星次大火，位於子。外體艮，時位丑寅，
重其上者巽。卦終于寅正，其過程所歷爲元亨而不及於
卯正之利，故不利有攸往。剝有二義。一爲陽氣之剝。
坤乃九月卦，秋分之後，陰勝於陽，夜長晝短，晝之時
間被剝也。一爲月虧，其剝始於望後，至於晦，則剝極
矣。卦以坤中爻爲主，乃寒露將盡，過四日即入霜降。
其第三年曆數九月廿七日，不但夜半時，月未出，即卦
之終交寅初時亦不得見也。剝不利有攸往，乃指二十七
日之月而言，所謂往者乃日月隨天左旋之行也。利爲時
位之誌，始於卯正，故不利二字不可連讀，不字下讀應
稍頓。不利有攸往，即利有攸往之反，此爲經文中常見
之術語，不可專從文字意義解之。剝與夬相對，剝卦在

412

夜，所主爲月，夬卦在晝，所主爲日，此其別也。

　　先儒以卦爻之陰陽爲説，於是有所謂十二辟卦。否七月，觀八月，剝九月，坤十月，殊不知此四卦之內體皆坤，同是九月，惟所處之時位不同而已。坤者，九月下半夜之卦，剝者九月上半夜至於下半夜之卦，觀者九月下半夜至於上午之卦，否者九月下午黃昏之卦。先儒不知卦之內外體具有不同意義，僅從爻畫之形式次序而混同視之，一若整然可信，實則荒謬之術數也。若此十二辟卦可以代表十二月，則其他五十二卦又有何用哉。以剝卦而言，外體艮乃虛位，只是時間丑寅之記號，而艮之星次却在坤後也。坤前之星次爲巽，重在艮上，不見而已。故以剝之六五爲九月，純是空架構，不足信。

象曰：剝、剝也。柔變剛也。不利有攸往，小人長也。順而止之，觀象也。君子尙消息盈虛，天行也。

　　剛日柔月，剛晝柔夜，與爻畫之陰陽無關。夬之象曰剛決柔，言以日數決定月位。今剝曰柔變剛謂以月剝之象而變日數也。夬乃三月當午之卦，月不可見，以日爲主，故剛決柔。剝乃九月子夜，日不可見，以月象爲主，故柔變剛。此象傳之義也。月過望始剝，夜半時，剝至下弦之月皆可見，若不見，必已過二十三日矣。以節氣言，三月晝長夜短，日早出遲落，是剛決柔也。九月晝短夜長，日遲出早落，是柔變剛也。此象傳之又一義也。坤中爻第三年曆數爲八月廿七日，子正時，月在六五寅初之位，剝極矣，自不可見，故曰不利有攸往。然而星之生長可見，故曰小人長也。月爲大人，星乃小人。順而止之，言坤向艮行而終於寅正，所歷一個半時辰。惟星位變動可見，夜半中星昴，卦終則變易爲東井

413

矣，故曰觀象，言觀星象也。消息指節氣而言，盈虛指月之晦望而言，坤爲消卦，月近晦爲虛象，故卦名剝。此消息盈虛之理，乃自然之天道。君子重之者，蓋觀象以治曆明時也。

象曰：山附于地、剝。上以厚下安宅。

　　　　山在地上，山剝則地厚，地厚則在上者安宅。此純從卦形爲說，乃附會之義。

初六：剝床以足，蔑貞凶。

　　　　初六之動爻於亥初。床即女床，星名。女床有三小星，位當尾箕之北，織女之西，在今西圖武仙座。此一星名亦見於巽卦。尾宿有十八度，初六即是尾六度。女床約與尾十四度至箕三度相當，即在艮前也。戌正乃震初爻之時位，震爲足，故剝床以足，即女床星過戌正之位，亦即尾終度之所經也。其所以用此象者，蓋誌月在其間也。蔑，通滅。蔑貞者，日近於酉正也，酉正爲貞之終元之始，故日行於酉初至酉正間爲滅貞之象。時當酉正者爲艮次之初爻，冬至點也。其爻前有斗餘五度加入，則冬至之牛宿初度後移，未至於酉正，仍屬于貞。第六年冬至之曆數爲十一月廿六日。若廿七日，月適入尾宿終度而在女床之南。此即月剝床以震足之戌正位而日滅貞也。冬至日早落，故滅貞凶。

象曰：剝床以足，以滅，下也。

　　　　日月皆在坤之下。下非指初六而言。

六二：剝床以辨，蔑貞凶。

414

六二之動交於子初。於是女床星過亥初，即震中爻之時位。戌終亥初之際爲辨，辨者判也。月剝女床過此際，故曰剝床以辨。時當酉正者爲坎次之上爻，其第二年曆數爲十一月廿七日。若廿六日，月亦入尾宿終度而在女床之南。此即月剝床以辨之位而日滅貞凶也。先儒不知床之爲星名，貞之爲時位，又昧於卦爻與星次之關係，徒望文臆測，遂至訓詁紛歧。或以辨爲足之上，或以爲指間，或以爲膝下，或以爲床梐，或以爲床幹，天下豈有用足用指用膝而剝床之愚人哉？又豈有用床梐或床幹而剝床之理哉？理不可通，於是勿顧語法語義而曲解之，遂易剝床以足，剝床以辨之文，而成剝床之足剝床之幹矣。

象曰：剝床以辨，未有與也。

　　與六二無關。

六三：剝之无咎。

六三之動交於丑初。其第四年曆數八月廿三日，月正下弦，故剝之无咎。月入兌次之下七度即輿鬼三度而位近辰正。

象曰：剝之无咎，失上下也。

　　下弦月在兌離之間，上已過兌而不及辰正，下不及離而已過辰初，故失上下。

六四：剝床以膚，凶。

六三之動交於六四之丑正。仍用艮初爻星次，時位於亥初。其第六年曆數爲十一月二十六日。若二十七日

415

則月入箕宿二度而位過子初，在女床之南。子初爲膚，
故月剝床以膚。子初爲坎地，月入坎陷，其象凶。

象曰：剝床以膚，切近災也。

坎爲災，月臨其辰，故切近災。

六五：貫魚以宮人寵，无不利。

六三之動交於六五之寅初。魚、一小星名，在箕前
尾側。尾箕爲宮人。元命包云：「尾九星箕四星爲後宮
之場。」晉書天文志亦同。貫魚以宮人寵，謂日在尾宿
之終也。尾終在艮前，時艮上爻在子正，乃箕宿三度，
其第三年曆數爲十月廿八日。若二十三日之終二十四日
之始，則日入尾宿十七度，即貫魚矣。於是尾箕之宮人
皆蒙其光，故曰以宮人寵。是月未正入朔，二十三日終
之下弦月入翼宿中九度，而東出於卯正。卯正者利之起
點，故曰无不利。若二十四日終，月不可得而見，即不
利矣。故无不利之極限必爲下弦月。尾箕皆是宮人，範
圍過廣，今加貫魚以爲限，必在尾宿終無疑。然尾終究
在何度，仍有疑問，於是又用无不利一語以定月所在之
位，曆數遂確立而不可移矣。爻辭只簡單九個字，其含
義之精審如此。

按剝卦以虧月爲主，故各爻皆取下弦左右之月象。
初、二、四、五等爻日月皆不在坤，而以艮前之尾箕爲
準。但又諱言尾箕，而用其經度相當之小星女床與魚以
爲誌，苟不知天文，宜乎其義晦而難曉也。

象曰：以宮人寵，終无尤也。

終无尤謂十月廿三日終在子正。

416

上九：碩果不食；君子得輿，小人剝廬。

六三之動終於上九之寅正。碩果，圓月象。不食，望而月不蝕也。坤爲輿。日爲君子。小人爲星。廬，蘆菔也，虧月之象。六三第六年之曆數爲九月十六日，寅正時，月抵乾前七度，入婁宿十一度而位過申正，日月非對衝正交，月不蝕，故曰碩果不食。大火之次始於六三爻下四度，君子得輿則九月二十日也。於是月入兌次之東井初度而位於未初。兌爲小人、星也。月已剝形如蘆菔，故曰小人剝廬。廬用本義，語不可通，必爲蘆之假借。詩經信南山篇云：「中田有廬，疆埸有瓜，是剝是菹。」其廬字與此同，亦剝蘆菔也。望月爲碩果，二十日之月爲蘿蔔，皆象徵之辭。此非瘦長之紅白蘿蔔，乃中國北方常見之青蘿蔔，肥而脆，可生食以解煤毒。

象曰：君子得輿，民所載也。小人剝廬，終不可用也。

輿、眾也。君子得眾，即爲民所載矣。終不可用，言勿用壽星之終，即十九日，月未入兌也。

夬 ䷪ 兌上
乾下

**夬：揚于王庭；孚號有厲，告自邑，不利即戎；利
有攸往。**

內體乾，星次大梁，位於午。外體時位未申，重其
上者震。揚于王庭，日在乾爲王，正南之午爲王庭，月
來會日，乃臣對揚於王庭之象。卦以九二爲主，其第三
年曆數爲三月廿五日，月來對揚于王庭，乃月終三十日
也。自廿五日至月終，所歷五日，決斷月來之過程，故
卦名夬。廿五日之月在坎下，入危宿十七度，而位迫酉
初，故曰孚號有厲。坎下屬震，震爲號。兩卦間之位爲
厲。孚，月位信然也。酉原是乾邑，今乾次來居午，其
故邑爲坎所佔，坎、戎也，而月迫近之，故曰告自邑，
不利即戎。不利者，日月俱位於貞也。若月終三十日，
則日在九二爻下五度，月在九二爻前七度，是揚于王庭

418

矣。午正爲利貞之分際，日在利，故曰利有攸往。

象曰：夬、決也，剛決柔也。健而說，決而和。揚于王庭，柔乘五剛也。孚號有厲，其危乃光也。告自邑，不利即戎，所尚乃窮也。利有攸往，剛長乃終也。

　　剛決柔，言以日之數決斷月之所在，因爲白晝，月不可得而見也。健而說，言乾往向兌位行。決而和，言剛決柔而日月得中和之位，即月終月來會日於午也。月在日前爲柔乘剛，柔乘五剛謂柔乘五日之剛，乃至於王庭也。乾中爻第三年曆數三月廿五日，爻下二度入三月中清明。若廿六日，月適在上六，入營室十四度而位當申正。若廿七日，月在九五之上二度，入奎宿二度而位過申初。若廿八日，月在九四之上三度，入奎宿之終十六度而位過未正。若廿九日，月在九三之上五度，入胃宿初度而位過未初。若三十日，月在九二之上七度，入胃宿終度而位過午正。此五日之月位皆在日前，由日數決之，至第五日，月始涖王庭，故揚于王庭，乃柔乘五剛也。此柔非指上六爻畫，五剛非指五陽爻而言，然而卦形巧合，易滋誤會，學者不解爻旨，遂以爻畫之陰陽釋之，而莫知其非。且即使以爻畫而言，則剛往決柔，亦當爲剛乘柔，而非柔乘剛也。抑柔乘剛，其義只限柔乘九五爻之剛，非可同時乘五剛爻者也。夫爻畫成列，定位而已，有何陰陽變化之理可言哉。

　　三月廿五日午正時，月在危宿終度，故曰，其危乃光。危乃星名，象傳舉之以釋孚號有厲，極爲正確。此危字非以訓厲，學者不知厲爲時位之專名，望文生義，遂以厲爲危。試思危險即光明，有此理乎？所尚乃窮謂月所加之危宿乃其終度，故近於坎，不利即戎也。剛長

乃終謂日數增益即是月終三十日。日在爻下五度，不及
南正之貞，故利有攸往。

象曰：澤上于天，夬。君子以施祿及下，居德則忌。

　　　夬以剛日從乾中爻下行而決柔月之位，其義在動。
象傳引伸之以說人事，故曰居德則忌。

初九：壯于前趾，往不勝爲咎。

　　　初九之動交於巳初。初九爲大梁星次之終，前趾則
爻下一度入實沈之次而立夏也。其第二年曆數三月廿九
日，壯於前趾則月終三十日也。月之終與星次之終不相
當，故曰往不勝爲咎。

象曰：不勝而往，咎也。

九二：惕號，莫夜有戎，勿恤。

　　　九二之動交於午初。午初非莫夜，故日不在乾而在
坎之上爻位當酉正。惕號者，夜深天寒，惕然而號，遇
寇也。坎爲戎寇。日抵其上爻，節入小寒。冬日早落，
酉正時夜已深，故曰惕號，莫夜有戎。其第三年曆數爲
十二月初八日，上弦月在九二之前十三度，若初九則月
適在九二而抵午初。勿恤，言勿用坎之中爻也。坎中爻
在酉初，其曆數爲十二月廿三日，下弦月入心宿四度而
位近子初。月犯心則心憂，今爲上弦月，故勿恤也。

象曰：有戎勿恤，得中道也。

　　　中道謂坎之日在酉正。

九三：壯于頄，有凶；君子夬夬，獨行遇雨；若濡

420

有愠无咎。

九三之動交於未初。頄，顴骨也。顴突起在兩頰而非中，蓋以喻日在爻前。所居未初之位，偏於午西，亦頄之象。其第一年曆數爲二月十八日，壯於頄則十七日也。月入坤中爻之房宿初度而交子正。子正爲坎地，故有凶。夬讀爲趹。說文：趹、踶也。踶、趹也。又鷩字蹳字亦訓踶。然則夬夬爲難行之貌也。日行一日一度，甚遲緩，故君子夬夬，乃喻日之遲遲其行。九三下一度爲古曆三月節穀雨，故曰獨行遇雨。言十九日交穀雨，而無月相伴也。若濡，謂若濡滯其行則十八日也。於是月已過心宿而入於尾宿四度矣。故有愠无咎，言心雖有餘恨，可無咎也。

象曰：君子夬夬，終无咎也。

十八日當爻乃降婁星次之終，故終无咎。

九四：臀无膚，其行次且；牽羊悔亡，聞言不信。

九三之動交於九四之未正。九三爲降婁之終，其第二年曆數乃二月廿九日，月終三十日入大梁之次，是臀无膚之象。節氣之終與月終參差不相應，故其行次且。行、天道也。次且讀爲趑趄，却行不順也。兌爲羊，其星次在乾後，乾上爻上移一度加未正，則兌上爻亦上移一度加午初，是牽羊悔亡也。但乾大梁星次只三十度，而兌實沈星次有三十一度，乾次之中當未初，實沈之中却不當午初，鶉首之始亦因而不當巳正，故乾悔亡，而兌仍有悔，兌悔亡則乾失位，故聞言不信。羊與言皆兌之象。

象曰：其行次且，位不當也。聞言不信，聰不明也。

望文爲釋。

九五：莧陸夬夬，中行无咎。

九三之動交於九五之申初。莧陸二字之訓詁，非常紛歧。馬融鄭玄王肅曰：「一名商陸」。王弼曰：「草之柔脆者。」程頤朱熹曰：「今馬齒莧。」是皆以莧陸爲一種草名。荀爽曰：「莧根小，陸根大。」董遇曰：「莧、人莧也，陸、商陸也。」宋衷曰：「莧、莧菜，陸、當陸。」是皆以莧陸爲二種草名。虞翻以爲字誤，馬君荀氏所言皆非。「莧，說也，讀如莞爾而笑之莞；陸、和睦也。」是改字訓詁求義矣。王夫之朱駿聲以爲莧是羊，字非從草見聲。據說文：「莧、山羊細角者。從兔足從苜聲。」陸是高平之地。聞一多亦以莧爲羊，但讀陸爲踛，跳也。(1)總此諸說，孰是孰非耶？就文字通達言，自以聞氏之說最長，蓋羊跳趦趦然，固易曉者也。然何以此爻有此象，則非聞氏所能知矣。按兌爲羊象，其星次在乾後，乾九三交申初，則兌之上爻參宿八度在午正。午正即是中行，乃經所常用者也。九三第八年曆數三月初五日，戌初入朔，初五日申初時，月適在兌上爻之下二度，入實沈之中次。鉤月在羊首，細角之象也。羊一趦再趦抵南正，故曰莧踛夬夬，中行无咎。

象曰：中行无咎，未光也。

日在申初，月自不可見，故未光。

---

(1)聞一多著古典新義——周易義證類纂。

上六：无號，終有凶。

　　九三之動交於上六之申正。震爲號，九三乃降婁之終，上屬於震。无號，即再過一時，九三交於酉正，震全入地下也。於是日落，故終有凶。按夬上六即乾卦九三之位。乾九三曰，君子終日乾乾，夕惕若，屬无咎，乃指日在申正至酉初間而言，日尚未落，故屬无咎，與此稍異。

象曰：无號之凶，終不可長也。

　　自申正至酉正，夕陽不久即沒，故終不可長。

　　第八組卦之終，周而復始，又變成第一組卦。於是夬反爲乾，剝反爲坤；无妄反爲震，升反爲巽；解反爲坎，家人反爲離；蹇反爲艮，睽反爲兌。

第 四 篇
周 易 大 傳 新 解

1. 繫辭上……………………………………427

2. 繫辭下……………………………………454

3. 文言………………………………………476

4. 說卦………………………………………487

5. 序卦………………………………………495

6. 雜卦………………………………………498

7. 附錄………………………………………500

　（一）歐陽修易童子問下卷

　（二）王引之經義述聞三則

（一）　繫辭上

　　繫辭原指卦辭爻辭而言，此則繫辭傳也。分上下兩篇，通論易旨及其體用，亦間釋若干爻辭而發揮儒家之義理焉。舊說以爲孔子所作，非也。察其內容，駁而不純，且語多煩複，非出一人之手，亦非一時之作明甚。殆秦漢之際，學者摭集易家諸說，以爲講習之資者也。其論易之體用部份，頗見精義，惟文字過於簡泛，難免令人誤解耳。其子曰之解說爻辭部份，望文生義，大都傅會引伸之哲理，與爻旨無關，類同大象傳及文言，殆儒家之易學也。子曰者乃弟子對其師之尊稱，非必限於孔子；抑或出於假託，猶緯書所見之「孔子曰」者也。篇中多錯簡，亦有旁註之雜混，是以辭常割裂晦悖，不能暢曉。昔程頤曾於大衍章有所舉正，予發見者尚不止此，今一一董理之，則語自順矣。凡所移易，悉於句下加橫綫以爲誌，其原位之文，則仍保留，惟加括弧，以示可刪之意。至於分章，亦不照舊。

第 一 章

天尊地卑，乾坤定矣。卑高以陳，貴賤位矣。動靜有常，剛

柔斷矣。方以類聚，物以群分，吉凶生矣。在天成象，在地成形，變化見矣。

　　此段首舉乾坤，極爲重要。若不知八卦之體系與天地之關係，而僅從文字推敲，往往易陷於迷惑，不得其理。乾坤只八卦之二而已，並非代表周天大地之全體。惟乾坤所處之時位重要，故經列之於首，繫辭傳亦首言之。八卦代表天亦代表地，天即十二星次，地即十二辰位，於是有六爻之重卦，其外體屬辰，其內體屬次。乾之時位酉，坤之時位卯。乾之星次大梁，三月卦；坤之星次大火，九月卦。大梁與酉合，大火與卯合，是乾天重於酉地，坤天重於卯地，故曰天尊地卑，乾坤定矣。定者定位也。乾坤定天尊地卑之位，兼而言之，非乾專爲天坤專爲地也。以乾爲天坤爲地，取相對義，出於大象傳之虛構，非易理也。天上地下，其位相同，有東方之天，有西方之天，有正中之天；天之方位，皆由地而決，天之本身，周流不息，無固定之位。故天尊地卑，乃泛言天地上下之關係；乾坤定矣則說明乾坤特有天地之位。乾酉坤卯，東西之地平，日月星所出沒，天地之際會也。乾三月之日昏沒於酉，則坤大火之星出於卯，坤九月之日旦出於卯，則乾大梁之星沒於酉，故乾坤之剛柔關係，固互相對應者也。

　　卑高以陳，非天地之尊卑，乃指乾坤二卦之內外體而言，內體卑爲星次，外體高爲時位，故曰貴賤位矣。位卑者貴，位高者賤，即天與地之卦位序列也。不言高卑而言卑高，有深意存焉，而學者多忽之。若以乾專爲天，坤專爲地，則卑高以陳，惟一否卦可以當之。至於泰卦，適得其反矣，有是理乎？於是荀爽曲爲之說，謂

428

前二句爲否卦，後二句爲泰卦。若然，則繫傳僅論泰否二卦，而非說明易之體系，何關要旨哉。抑天地之尊卑顛倒，復成何理耶？其誤蓋大象乾天坤地之虛象有以啓之也。

乾坤之列位既定，於是進而說其天運之原則。外體之卯酉時位靜而不變，內體之星次動而不居，但有一定之局限。乾之大梁加於酉爲三月夜之始，坤之大火加於卯爲九月晝之始，故曰動靜有常，剛柔斷矣。剛柔者、晝夜之象也。

方即時位，類即星次。方以類聚即乾之大梁往重於乾之時位酉上，坤之大火往重於坤之時位卯上也。物以羣分，即星次所括之星羣，大梁包有胃昴畢三宿，大火包有氐房心尾四宿也。此申說上文動靜有常之義。日沒爲凶，日出爲吉，故曰吉凶生矣。

在天成象者，列宿也。在地成形者，八方之位也。地之形非指地上之物而言，以山川動植解之，誤矣。形者法則也。繫辭傳又說：「包犧氏仰觀象於天，俯觀法於地」，又曰「仰以觀於天文，俯於察於地理。」地之法，地之理，地之形，皆同義語，即十二辰也，即四方八方之位也。天象變動與地之時位合，故曰變化見矣。

是故剛柔相摩，八卦相盪。鼓之以雷霆，潤之以風雨。日月運行，一寒一暑。

剛柔相摩，晝夜疊相爲用也。八卦相盪，周天之星次左旋，前往後繼，相互錯綜也。鼓之以雷霆，春之雷電發也。潤之以風雨，春之和風細雨滋潤也。凡此皆說明乾卦之時。春介於冬夏之間，故曰 日 月 運 行，一 寒一暑，言寒往暑來也。

天地絪縕，萬物化醇。男女構精，萬物化生。乾道成男，坤道成女。乾知大始，坤作成物。乾以易知，坤以簡能。易則易知，簡則易從；易知則有親，易從則有功；有親則可久，有功則可大；可久則賢人之德，可大則賢人之業。易簡而天下之理得矣，天下之理得而易成位乎其中矣。

天地絪縕四句原在繫辭下傳，以釋損六三之爻辭，不倫不類，顯係錯簡，今移於此，則文從語順。

絪縕二字顯為動詞，玉篇以元氣釋之。孔穎達說：「絪縕、氣附著之義。」以天地為二氣，其說甚玄。天地絪縕者，天與地合，即卯酉之際也。日落于西，星出於卯，每月之星不同，但有序不亂，故曰萬物化醇。萬物者周天之星，並非泛言。男女者，日月也。日月合朔謂之男女構精。每月之朔，所處星次不同，故曰萬物化生。化生者，星生於東，隨時變化也。乾道為酉，坤道為卯。乾道成男，日在酉也。坤道成女，月在卯也。蓋日落望月東出之象。乾為三月卦，其星次大梁。春分之後，陽始壯，故曰乾知大始。三月日落于酉，則其相對坤之大火星次出於卯，故曰坤作成物。物、星象也。此與乾象傳之「大哉乾！元、萬物資始」同義。此乾坤二字指其星次而言，與乾道坤道之乾坤有異，與下之乾坤二字含義亦不同。

乾以易知，坤以簡能，此乾坤二字與乾道坤道之義同，乃卯酉位也。每日之日皆落于酉，故乾以易知。每夜之星皆生於卯，故坤以簡能。如此簡易之天則，自然人人易知易從，無所惑也。日行一日一度，一月一次，故易知則有親，有親者親於何星次也。卯酉之位相對，黃昏觀東出之星即可知日在何月，故易從則有功。日行

緩，一晝夜只右旋一度，故有親可久。一夜六辰，星左旋亦歷六辰，範圍廣，故有功可大。可久爲日之本行，故象賢人之德。可大者天左旋之夜景，故象賢人之業。德存于己，業見諸外，要皆決於乾坤卯酉之位，故易簡而天下之理得矣；天下之理得而易成位乎其中矣。易者星次之變易，四時之更換也。其中者乾坤之卯酉也。

此章總論乾坤之體用，若不了解乾坤代表星次，又代表卯酉時位，則文字糾纏不清，便莫名其妙而多空疏之曲說矣。

第 二 章

聖人設卦觀象，繫辭焉而明吉凶。剛柔相推而生變化，是故吉凶者、失得之象也，悔吝者、憂虞之象也，變化者、進退之象也，剛柔者、晝夜之象也。六爻之動，三極之道也，是故君子所居而安者易之序也；所樂而玩者爻之辭也。是故君子居則觀其象而玩其辭，動則觀其變而玩其占；是以自天祐之，吉无不利。

此章說明八卦之體用，及經中常見諸專詞之涵義。

八卦二十四爻乃代表天文之星次，故曰聖人設卦觀象。八卦之用爲擇日決疑，故曰繫辭焉而明吉凶。繫辭即卦辭與爻辭，經文也。日出晝，日沒夜，故曰剛柔相推而生變化。變化者天象也。象有得失，故吉凶見。如朝曦吉夕陽凶之類是也。象有憂虞，故悔吝生。悔者過也，吝者不及也。日不當爻，或前或後，前吝後悔，有小疵也。象有進退，故生變化。日月之行，邊進邊退，如蟻在磨，進緩而退速之謂也。象有晝夜，日陽而星月陰，故稱剛柔。凡此諸象，皆可於卦爻中求之。天象流

431

行於六爻間，變動不居，而有一定之法則，故曰六爻之動，三極之道也。動者內體之星次，星次經歷六爻，即第三爻自初至於上之過程，凡三時也。三指第三爻之星次，極指上爻之時位。三極之道者三爻動之終，非謂有三個極也。此乃卦爻運用之要則，然而學者不知而以三才附會之，謂爲天地人三才至極之道，謬矣。以初二爲地，以三四爲人，以五上爲天，全是刻板虛構之象，若然，則六爻之動，豈非地變爲人，人變爲天耶？惟上爲極，二與四皆中，安得稱爲極？若地極二，人極四，天極上，則是割裂六爻爲三段，各自孤立不相通，大悖於易理矣。繫辭傳所言者乃說明天象變化與六爻之關係，何有於三才哉！

卦之用爲六爻之動，而動有次第，故曰君子所居而安者乃易之序。易者爻位變動也。爻之含義爲何，非辭莫知，故曰所樂而玩者爻之辭也。爻之序即象之序，爻之動即象之變，爻象見於辭，得失見於變，故君子觀象玩辭，觀變玩占。但占有吉凶，惟自天祐之，則吉无不利。此大有上九爻辭，引之以爲結語。祐即右，雙關語也。以象言，日右行，即自天右之。利者卯正至午正之時區，日左行於此一時區即是上午，故吉无不利。大有上九之乾次在午，離次在卯，日自乾三月至離六月，故曰自天右之。變右爲祐，則成空泛之義理矣。

象者言乎象者也。爻者言乎變者也。吉凶者言乎其失得也。悔吝者言乎其小疵也。无咎者善補過也。是故列貴賤者存乎位，齊小大者存乎卦，辯吉凶者存乎辭，憂悔吝者存乎介，震无咎者存乎悔。是故卦有小大，辭有險易；辭也者，各指其所之。

此節與上節大旨相同，惟增益引伸其義而已。故併爲一章。

　　象即卦辭，所言者卦象。爻即爻辭，所言者變象。此與上節觀象繫辭同義。曆數或象不當爻，前吝後悔，相差無幾，故爲小疵。悔吝亡即是无咎，是善補其過失也。列貴賤者存乎位與卑高以陳，貴賤位矣同義。惟彼專爲乾坤二卦立義，此則泛言六十四卦之體系也。八卦二十四爻常數三百六十度，而周天星次三百六十五度有餘，節氣與卦爻相配，並非一律平均，又大月三十日，小月廿九日，與卦爻相配，亦有參差，兩者必須隨時調整，才能使曆數不違天象，故曰齊小大者存乎卦。小、陰曆月也。大、陽曆節氣也。若無卦爻辭則吉凶之義難明，故明辨吉凶存乎辭。介、微細也，存乎介與小疵同義。曆數至震卦始過爻有悔。其中爻之下一度入奎宿五度二月節，古曆雨水。其初爻下一度入婁宿四度春分。故曰震无咎者存乎悔，悔則節氣无咎也。此舉震作例以明齊小大之義，故繼曰卦有小大。學者不知其理而訓震爲動，然則動无悔反有咎矣，揆之常情，豈非悖謬。繫傳言動者多矣，何獨於此不言動而言震耶？震次之悔，僅過爻一度，即悔最多之大雪亦只過艮中爻五度，所以謂之小疵而存乎介。作者舉震以說明爻與節氣關係及悔之義，大抵早期之易學家皆知卦爻之含義，無庸細說者也。及易之體系失傳，後之學者徒從文字訓詁求之，是以多遁辭而不自知其非矣。

　　辭有險易，與吉凶同義。指其所之，即指出其爻之險或易，決於辭旨也。

　　以上二節統論八卦之體用，極爲精審，惟文字過於簡錬，不易了解耳。

第 三 章

易與天地準，故能彌綸天地之道。仰以觀於天文，俯以察於地理，是故知幽明之故。原始反終，故知死生之說。精氣爲物，遊魂爲變，是故知鬼神之情狀。與天地相似，故不違。知周乎萬物而道濟天下，故不過。旁行而不流，樂天知命，故不憂。安土敦乎仁，故能愛。範圍天地之化而不過，曲成萬物而不遺，通乎晝夜之道而知，故神无方而易无體。

　　　易以星曆爲主，本章即說明易與日月星之關係。
　　　易之書與天地準合，故能普徧條理天地之道。天道即周天十二星次，地道即十二辰之時位。仰觀天文，觀日月星象也。俯察地理，察方位也。由此即可知晝夜幽明之故矣。夜半者一日之終始，晦朔者一月之終始，冬至者一歲之終始，時間無窮，必原其始，反於終，依其周期，故知死生之說。死者往時也，生者今時也。
　　　精氣爲物，列星之象。說文云：萬物之精，上爲列星。遊魂爲變，日月之行。日月周行於列宿，故知鬼幽神明之情狀。陽神陰鬼，乃晝夜之喻，非謂有人鬼天神之狀可知也。易與天地相似，故與天地之道不違。易之智徧及周天列星而其行與天下之地道相成，故不過。不過者謂星次與時位合也。萬物即是星。天下即是大地。日月左旋右轉，旁行而不流漫失節，樂其自然之天，知其時命之所處，故不憂。不憂、無災患也。日月合朔而不侵犯，是安其所居而重乎仁也，故能愛。此二語乃以人事擬天道，非謂人之樂天知命，人之敦仁能愛也。天道運行一任自然，其義爲樂天。四時成而有節令，其義爲知命。日月相偶，其義爲仁愛，會合有一定之星次，其義爲安土，皆比喻也。

434

範圍天地之化而不過謂易理包括四時之運化也。曲成萬物而不遺謂易體渾成周天之星次而無缺失也。天圓故曲成。通乎晝夜之道而知謂晝觀日行，夜察星移也。天道周流不息，故陽神無固定之位，其變易亦無固定之體。

第 四 章

一陰一陽之謂道，繼之者善也，成之者性也。成性存存，道義之門。仁者見之謂之仁，知者見之謂之知，百姓日用而不知。（故君子之道鮮矣）顯諸仁，藏諸用，鼓萬物而不與聖人同憂，盛德大業至矣哉！

陰陽即是日月，道即是天道。日月運行不息，晝夜疊相爲用，故曰繼之者善也。此乃自然之天性，故曰成之者性也。陰陽成性，存之又存，即是繼善。其存從何處見之？乃出入於卯酉之門也。道義之門，爲卯酉之象徵。道即陰陽之道，義者宜也。道所宜故謂之道義。日出於卯，具長育羣生之功，故仁者見之謂之仁。日落於酉而星月出見，觀星月之位可知時令，故智者見之謂之智。百姓日出而作，日入而息，習用此道，然而不知天運之理，故曰百姓日用而不知。見之謂之兩之字皆陰陽之代詞。所謂善、性、仁、知諸字皆指陰陽天道而言，學者附會爲孟子之性善說，以言人生，誤矣。

成性存存，道義之門二句，原列在第五章，不倫不類，今移於此，則語意足而文自順。

故君子之道鮮矣句乃錯簡，當爲子曰釋同人九五爻辭之結語而混入於此，宜刪。蓋繫傳此章所論者陰陽之道，非君子之道也。

顯諸仁，陽也。藏諸用，陰也。此二句承上文謂之
仁智二語而來。陰陽化育，一任自然，非若聖人之有心
行仁，而竭智焦慮，故曰鼓萬物而不與聖人同憂。此陰
陽之盛德大業，孰能與之比，故讚曰至矣哉。至者極善
也。盛德者陽之象，大業者陰之象。與第一章可久則賢
人之德，可大則賢人之業同義。

富有之謂大業。日新之謂盛德。生生之謂易。成象之謂乾。
效法之謂坤。極數知來之謂占。通變之謂事。陰陽不測之謂
神。

此節疑非正文，當是學者附記之語而混入者。

夫易廣矣大矣，以言乎遠則不禦，以言乎邇則靜而正，以言
乎天地之間則備矣。夫乾、其靜也專，其動也直，是以大生
焉。夫坤、其靜也翕，其動也闢，是以廣生焉。

易與天地準，故範圍廣大。周天轉運不息，故以言
乎遠則不禦。不禦者莫能止之也。夜觀中星以為則，近
在目前，故言乎邇則靜而正。正者南正也。易能彌綸天
地之道，故言天地之間則周備而不失。乾坤二卦相對為
用。其外體為時位酉卯，其內體為星次大梁大火。乾、
其靜也專，謂其外體時位酉也。外體不動，故靜。日皆
落於酉，故專。其動也直，謂其內體大梁星次也。日在
於大梁，自旦至暮，自東而西，故其行直。日之所在，
故大生焉。乾為三月黃昏之卦，日沒夜始，其相對之坤
大火星次出於卯。當其未出，不可得而見，故其靜也翕
然。翕、斂也，藏也。及其既出，則繁星漸昇漸高，故
其動也闢。星之範圍廣大，是以廣生焉。此舉乾坤為例
以說明易廣矣大矣之義。乾坤皆有動有靜，兼括二體明
矣。可見以乾專為天，坤專為地，乃謬說也。

436

廣大配天地，變通配四時，陰陽之義配日月，易簡之善配至德。

此節亦學者附記之文而混入於此。前一附記曰通變之謂事，陰陽不測之謂神，此則言變通配四時，陰陽配日月，可見非出一人之手，蓋學者各自發揮其見解，旁註詮釋而已。又易簡之論見於首章，與本章亦不相涉。

第 五 章

子曰：易其至矣乎！夫易、聖人所以崇德而廣業也。知崇禮卑，崇效天，卑法地。天地設位而易行乎其中矣。（成性存存，道義之門。）

此儒家附會之義理，所謂人法天地也。繫辭傳若為孔子所作，決無自稱子曰之理。學者惑於舊說，不敢非之，於是曲為之解，謂是後人所加。後人何為而加此二字？且此處加，他處不加，又成何體統耶？觀於此節文字之支離，恐有脫簡。

易道廣大，聖人法之，所以亦崇其德而廣其業。聖人具大智之德，故智崇。聖人以禮治為業，故禮卑。此崇卑之分，蓋智由天賦，故效天。時間以地為節，與禮之功用相似，故法地。易準天地，天有位，十二次也，地有位，十二辰也。天地之位設，而後變易之象行於其中矣。此與第一章之天下之理得而成位乎其中矣同義。

聖人有以見天下之賾，而擬諸其形容，象其物宜，是故謂之象。聖人有以見天下之動而觀其會通，以行其典禮，繫辭焉以斷其吉凶，是故謂之爻。極天下之賾者存乎卦，鼓天下之動者存乎辭。言天下之至賾而不可惡也，言天下之至動而不可亂也。擬之而後言，議之而後動，擬議以成其變化。

賾、幽深也。天下之賾，謂太空也。太空有列星，故擬諸其形容，象其物宜，以爲識別，如龍牛羊馬豕鶴雉之類，於是謂之象。天象流行不居而有周期，可定爲法則，故有以見天下之動，觀其會通以行其典禮。典禮者數也。又從而繫辭焉以斷吉凶，於是謂之爻。爻位變動主占而占用數，卦明體而著靜象，此其別也。故極天下之賾存乎卦象，鼓天下之動存乎爻辭。言極幽深之象不可醜惡，惡則象不象矣。言天運之至動不可紛亂，亂則動失當矣。故必擬其物象之宜而後言，議其爻位之當而後動。擬之議之蓋所以成卦爻之變化也。

此節重出於篇末，而于此脫去加橫綫之二句，故爲補正。

第六章

此章釋爻辭七，皆儒家義理之說。其實與爻旨並不相關。因爲爻辭義晦，而此種空論易解，故人皆喜引用之。然而喧賓奪主矣。

鳴鶴在陰，其子和之，我有好爵，吾與爾靡之。子曰：君子居其室出其言善，則千里之外應之，況其邇者乎？居其室出其言不善，則千里之外違之，況其邇者乎？言出乎身，加乎民；行發乎邇，見乎遠。言行、君子之樞機；樞機之發榮辱之主也。言行、君子之所以動天地也，可不愼乎？

釋中孚九二爻辭。從一和字引伸發揮，空論耳。門軸爲樞，門限爲機。

同人、先號咷而後笑。子曰：君子之道，或出或處，或默或語。二人同心，其利斷金；同心之言，其臭如蘭，故君子之道鮮矣。

初六，藉用白茅无咎。子曰：苟錯諸地而可矣。藉之用茅，何咎之有？愼之至也。夫茅之爲物薄，而用可重也——愼斯術也以往，其无所咎矣。

釋大過初六爻辭。

勞謙，君子有終，吉。子曰：勞而不伐，有功而不德，厚之至也。語以其功下人者也。德言盛，禮言恭；謙也者、致恭而存其位者也。

釋謙九三爻辭。德求其盛，禮求其恭。存其位即有終也。

亢龍有悔。子曰：貴而无位，高而无民，賢人在下位而无輔，是以動而有悔也。

釋乾上九爻辭。此與乾文言雷同，可見文言抄襲於此。亢龍乃星名，此則望文發揮義理。

不出戶庭，无咎。子曰：亂之所生也，則言語以爲階。君不密則失臣，臣不密則失身，幾事不密則害成，是以君子愼密而不出也。

釋節初九爻辭。不出戶庭者人也，人不出則言語亦可守密。此種義理，直是胡扯。

子曰：作易者其知盜乎？易曰：負且乘，致寇至。負也者、小人之事也。乘也者、君子之器也。小人而乘君子之器，盜思奪之矣。上慢下暴，盜思伐之矣。慢藏誨盜，冶容誨淫。易曰：「負且乘，致寇至，」盜之招也。

釋解六三爻辭。

第 七 章

天一地二、天三地四、天五地六、天七地八、天九地十。天數五，地數五，五位相得而各有合，天數二十有五，地數三十。凡天地之數五十有五，此所以成變化而行鬼神也。

　　此節原有錯簡，朱熹依程子之意改正之，是也。今依本義序列。

　　自一至十乃自然數，一切數皆由此十數化生。以奇爲天，以偶爲地，誌別而已。五奇數相加得二十五，五偶數相加得三十，即五位相得而各有合也。此十數之總和是五十五，乃基本數，推而廣之，一切數俱不離此十字之運用，故曰此所以成變化而行鬼神也。此節只說基本自然數之神妙，不可與大衍之數混爲一談。

大衍之數五十，其用四十有九。分而爲二以象兩，掛一以象三，揲之以四以象四時，歸奇於扐以象閏。五歲再閏，故再扐而後掛。

　　五十乃揲蓍之策數。揲蓍之目的在求得七九六八之數，故不能用五十。若用五十，則四揲三變之終，不可能得六，其他數亦然。惟有四十九策始可，故數備五十而用則必須捨棄其一。此自然數運用之絕對條件，不得不爾，非有何奧妙存乎其間。蓍有五十者備整數而已。用爲推算之具，故曰大衍。

　　揲蓍之法用四十九策，兩分之，從任何一邊取出一策而虛掛之，於是以四揲焉，每邊揲終必有餘，或一或

二或三或四也。若每邊所餘皆四，則併其掛一得九。若每邊所餘皆二，或一與三，則拼其掛一得五。此第一變也。去其餘九或五，尚有四十或四十四策，又兩分而以四揲之，則揲餘之數非四即八。此第二變也。又去其餘四或八，尚有三十二或三十六或四十策，又如前法分揲之，所得揲餘亦非四即八。此第三變也。三變而後佈卦之一爻。若揲餘為三少，則四十九減十三得三十六，以四除之得九。若為三多，則四十九減二十五得二十四，以四除之得六。若為一少二多，則四十九減二十一得二十八，以四除之得七。若為一多二少，則四十九減十七得三十二，以四除之得八。三變所得必不出七九六八之數，乃揲蓍之所求者也。三變佈卦一爻，故六爻有十八變而後卦成。然則以七九為陽爻六八為陰爻也。至於此四數字如何占吉凶，則因占法失傳，不可得而知矣。

象者象徵也，附會而已，非可據以推演曆數。象兩象三是何物耶？說者以兩儀三才當之。夫大極生兩儀，兩儀生四象，又何來三才乎？且兩儀既是天地矣，而三才又是天地人，豈非重複乎？吾知其必不然也。兩者匹也，奇偶相對之二數也。四十九數分之，必一邊奇一邊偶，故曰分而為二以象兩。揲蓍必三變而後佈一爻，第一變掛一，第二變第三變則不掛，掛一以兼三變，故曰以象三。若為兩儀三才，作者何為惜此二字而勿用哉？

扐字、韓康伯孔穎達以為掛一之數而以揲餘為奇；虞翻以為揲餘之數而以掛一為奇，韓孔說非，虞說是。扐、餘也。三變所餘之數又拼入掛一之奇數，故曰歸奇于扐。一爻既佈，又求其次爻，依樣胡蘆，掛一而再得揲餘之數，故曰再扐而後掛。後掛者扐後於掛一也。所謂象四時，象閏、五歲再閏，皆是虛象，非可實証。閏

者，曆有歲餘，左傳所謂歸餘於終，以置閏也。扐亦餘數，故象之，象其餘之義，非扐即閏也。再扐象再閏，非再扐即再閏之數也。若必求其五年曆數則泥矣。

先儒喜用數附會為說。禮記鄉飲酒云：「賓主象天地也；介僎象陰陽也；三賓象三光也；讓之三也，象月之三日而成魄也；四面之坐象四時也。」如此胡扯，象而已，有何理之可言。大衍之象，作如是觀可也。

七九六八乃揲蓍所得之數，用以佈爻為占，理本簡單。此與卦爻用六用九為識，原為兩事，非可混同。蓋卦先在，九六之爻確定，不可移易，而揲蓍所以求卦。若揲蓍必以九六，始與卦爻合，則所得七八之數有何用耶？且十八變成一卦，若捨棄七八不用，則不可能以十八變為限。倘或所得都是七八而非九六，又當如何耶？學者誤解爻誌之九六即是揲蓍之九六而強為之說，謂九六變，七八不變，筮以變為占，故乾爻稱九，坤爻稱六云云。然則揲蓍所得之七八，必須棄置勿用矣。此乃不可能之事也。

又七九六八之數，河圖用之，洛書用之，呂氏春秋之四時月令亦用之，要皆以識位，各有其術數，各自為義，更非可與揲蓍之數混同者也。

乾之策二百一十有六，坤之策百四十有四，凡三百六十，當期之日。

此又是一種附會。以揲蓍之數與乾坤二卦之六爻，配合周天曆數，適巧合也。揲蓍所得之九六源於三十六及二十四，於是以乾一爻當三十六，坤一爻當二十四，各以六乘之，即得二百一十六與一百四十四，合之為三百六十。但以揲蓍所得七八之源廿八與三十二乘六，其

結果亦同，何以乾一爻不可用廿八，坤一爻不可用三十二耶？則因乾爻稱九坤爻稱六故也。然乾爻用九坤爻用六，爲何四倍之？且乾坤只是六十四卦之二，非可代表周天者也。若強以乾坤代表周天，則陰陽各半，何以其數有差異耶？總之此種虛構配合，純出於附會，不可理喻者也。

朱熹又進而以河圖之數解之曰：「凡此策數生于四象。蓋河圖四面，太陽居一而連九，少陰居二而連八，少陽居三而連七，太陰居四而連六。揲著之法則通計三變之餘，去其初掛之一，凡四爲奇，凡八爲偶。奇圓圍三，耦方圍四，三用其全，四用其半。積而數之則爲六七八九，而第三變揲數策數亦皆符會。蓋餘三奇則九，而其揲亦九，策亦四九三十六，是爲居一之大陽。餘二奇一耦則八，而其揲亦八，策亦四八三十二，是爲居二之少陰。二耦一奇則七，而其揲亦七，策亦四七二十八，是爲居三之少陽。三耦則六而其揲亦六，策亦四六二十四，是爲居四之老陰。是其變化往來進退離合之妙，皆出自然，非人力之所能爲也。少陰退而未極乎虛，少陽進而未極乎盈，故此獨以老陽老陰計六爻之策數，餘可推而知也。」所謂陰陽老少，所謂四奇八耦，所謂圓三奇，方半耦，皆朱熹之任意湊合，又何嘗皆出於自然哉。河圖既有四面矣，而四象之太陽太陰之相連皆在西北，少陰少陽之相連皆在東南，僅佔二面而已，何以缺東北西南二面而無涉乎？蓋邵雍之八卦小橫圖有老陽少陰少陽老陰之四象而朱熹以河圖之一二三四方位當之；揲著有九七六八之數，又以河圖相同之數附會之，不得不然也。夫單數爲奇，雙數爲偶，乃不易之義，今以四爲奇，八爲偶，豈非荒謬，蓋非基於本數而以倍數定奇

偶也，有是理乎？周三徑一，乃數之定理，今以圓之圍三與方之圍四配，而又僅用方之半，無非湊合六七八九之數而已，又何數理之可言哉。蓋此四數，不出於三與二之湊合，若用三與四，則不可能有三次之相配，與揲著之三變不符故也。夫既以四爲奇八爲耦矣，而四方又爲耦，而八又爲二奇一耦，何嘗有一定之法則，殆類數字遊戲，可作種種不同之分析配合，任意爲之以自圓其虛妄之說而已。

二篇之策，萬有一千五百二十，當萬物之數也。

　　六十四卦，陰陽爻各半，各爲一百九十二爻，以三十六與二十四分別乘之，即得六千九百一十二與四千六百零八，合之爲此數。

　　乾坤既當期之日三百六十，則萬有一千五百二十豈非即三十二歲之曆數乎？六十四卦之半即三十二，以之乘三百六十，其理相同。其數逾萬即以當萬物之數，亦附會之說耳。

是故四營而成易，十有八變而成卦，八卦而小成，引而伸之，觸類而長之，天下之能事畢矣。

　　四營謂分二，掛一，揲四，歸奇也。易，一變也。三變成一爻，故十八變成卦。八卦乾坤震巽坎離艮兌，各佔周天之局部，故曰小成。六十四卦乃八卦相互左旋一周天，故引而伸之，觸類而長之，天下之能事畢矣。兩之字皆八卦之代詞。或以八卦爲三畫之卦，而以九變爲小成，非也。

　　此章論數，意盡于此。以下爲錯簡，義不相貫，宜刪。

（顯道神德行，是故可與酬酢，可與佑神矣。）

第 八 章

（子曰：知變化之道者，其知神之所爲乎？）

　　　　此二語與下文不相連，亦是錯簡。朱熹併入上章，
亦不妥。

易有聖人之道四焉，以言者尚其辭，以動者尚其變，以制器
者尚其象，以卜筮者尚其占。是以君子將有爲也，將有行
也，問焉而以言，其受命也如響，无有遠近幽深，遂知來
物，非天下之至精，其孰能與於此。

　　　　尚占尚辭以決疑，而行事得以趨吉避凶也。

參伍以變，錯綜其數。通其變遂成天地之文，極其數遂定天
下之象，非天下之至變，其孰能與於此。

　　　　參伍即三五，乃一爻之數十五度也。五日一候，三
候一節氣，所謂三微成著者是也。此爲組別之數，與常
數之義異，故稱參伍。參伍者三個五也。此參伍之數，
交錯綜合而成一爻，故曰錯綜其數。八卦各有三爻爲九
候三節氣，每日皆左旋於十二辰，故通其變遂成天地之
文。天文謂三爻所當之星次，地文謂三爻所加之辰位。
周天星次三百六十五度，以當一歲，故曰極其數遂定天
下之象。此周天之極變，惟八卦二十四爻能得之。以上
伸說尚變尚象之義。

易、无思也，无爲也，寂然不動，感而遂通天下之故，非天
下之至神，其孰能與於此。

　　　　易本天道，天道自然，故无思无爲。天體恆星原是

445

寂然不動，日月運行其間，陰陽感應之，遂通天下之變
故。似此陰陽不測，豈非天下之至神，孰能比之耶？

夫易、聖人之所以極深而研幾也。唯深也，故能通天下之
志。唯幾也，故能成天下之務。唯神也，故不疾而速，不行
而至。子曰：易有聖人之道四焉者，此之謂也。

　　志、誌也。極深通誌，尚變尚象也。務、事也。研
幾成事，尚占尚言也。天體運行，來去無踪，一任於自
然，感而遂通，神妙之極。
　　總上三段之文而以子曰結之。

第 九 章

子曰：夫易何為者也？夫易、開物成務，冒天下之道，如斯
而已者也。是故聖人以通天下之志，以定天下之業，以斷天
下之疑。

　　承上章而伸說之。開物成務，謂易能知來物以成事
功。冒、覆也。冒天下之道，謂極數定象，能覆冒周天
之道。通天下之志與冒天下之道同義，定天下之業與成
天下之務同義，斷天下之疑與開物同義。

是故蓍之德圓而神，卦之德方以知，神以知來，知以藏往，
其孰能與於此哉！六爻之義易以貢，聖人以此洗心，退藏於
密，吉凶與民同患，（神以知來知以藏往其孰能與於此哉）
古之聰明叡知神武而不殺者夫！

　　圓而神，數也。方以知，象也。圓動而方靜，動則
變，故神；靜則有象可見，故智。蓍用為占，故神以知
來。卦中有象，故智以藏往。似此神智，孰能如之。由

著得卦，於是易貢六爻之義，聖人用之洗心決疑，退而
將其所占者密藏之以待驗，或吉或凶與人民同其憂患。
聖人之德如此，其古之聰明叡知神武而不好殺之人乎！

是以明于天之道，而察于民之故，是興神物以前民用，聖人
以此齋戒以神明其德夫！

聖人以是明天道，察人事，於是在民用之前，興此
著之神物而占凶吉焉。聖人即因此而齋戒，以神道明其
德乎！

（是故闔戶謂之坤，闢戶謂之乾；一闔一闢謂之變，往來不
窮謂之通；見乃謂之象，形乃謂之器，制而用之謂之法；利
用出入，民咸用之謂之神。）

此節是錯簡，當在下章而混入于此。本章論易與著
卦，非論乾坤。

是故易有太極，是生兩儀，兩儀生四象，四象生八卦。八卦
定吉凶，吉凶生大業；是故法象莫大乎天地，變通莫大乎四
時，懸象著明莫大乎日月；崇高莫大乎富貴，備物致用，立
成器以爲天下利，莫大乎聖人。探賾索隱，鉤深致遠，以定
天下之吉凶，成天下之亹亹者，莫大乎著龜。

太極者大圜之中，即北辰也。兩儀者陰陽，即晝夜
而以卯酉綫分大圜爲二也。四象者大圜四分之，於卯酉
綫上又畫一子午綫也。於是定四正之位，而有左青龍右
白虎前朱雀後玄武之象焉。四又分而爲八，即加畫四維
以定四隅也。於是八卦之位成。四正四維各當一卦之中
爻，即乾酉坤卯坎子離午爲四正卦，震西北，巽東南，
艮東北，兌西南爲四維卦也。決吉凶以行事，則八卦之
用也。

八卦代表天又代表地。地爲法，時位也。天有象，星次也。故曰法象莫大乎天地。四時節氣決於日躔，十二月決於朔望，故曰變通莫大乎四時，懸象著明莫大乎日月。八卦之用定吉凶生大業，而事業之崇高莫大乎富貴，故備著物以致用，立卦之成器以爲天下利，莫大乎聖人。著，神物也。卦有天象可稽，故謂之成器。著策既成，卦爻既得，於是探幽索隱，鈎深致遠，以定天下之吉凶而成天下亹勉之事功，則著龜之用大矣。亹亹猶勉勉也。

是故天生神物，聖人則之；天地變化，聖人效之。天垂象，見吉凶，聖人象之；河出圖，洛出書，聖人則之。易有四象所以示也；繫辭焉所以告也；定之以吉凶所以斷也。

神物、著也，天地變化，四時晝夜也。聖人以著爲法則而定卦，復以卦爻效驗天地之變化。天有星象，日月所行而見吉凶，故聖人以八卦象之。河圖洛書皆天象也。河圖即龍圖，龍尾在天河中，故曰河出圖。東方宿角亢氏房心尾謂之龍，其象甚美。圖即象也。河圖見於論語；洛書之說甚晚，先秦典籍中絕無言之者，當創于戰國末期，因龍圖而增益之也。洛書者龜書也。北方玄武或稱天黿，當指室壁四星，狀如龜背而言，其位距天河不遠，故以爲洛書也。繫辭以河圖洛書爲象。洪範僞孔安國傳始以洛書爲數而附會九疇。及宋邵雍又以河圖配合五行之數爲說，於是河圖之數十，而洛書之數九，稱爲先天後天之易數，要皆荒謬无稽者也。

三月黄昏，龍見於東，六月大火中，十月黄昏，定之方中，即聖人以河圖洛書爲則也。龍與龜只是四象之二，益之以白虎朱雀，則周天之象備，故曰易有四象，

所以示也。卦辭爻辭所言者皆天象，故曰繫辭焉，所以
告也。以吉凶定象，其用爲決疑，故曰所以斷也。

（易曰：自天祐之，吉无不利。子曰：祐者助也。天之所助
者順也。人之所助者信也。履信思乎順，又以尙賢也，是以
自天祐之，吉无不利。）

　　　　此節顯係錯簡，當列下傳第三章中。

第 十 章

子曰：書不盡言，言不盡意。然則聖人之意，其不可見乎？
子曰：聖人立象以盡意，設卦以盡情僞，繫辭焉以盡其言。
變而通之以盡利，鼓之舞之以盡神。<u>通其變使民不倦，神而
化之，使民宜之。易窮則變，變則通</u>，通則久。是以自天祐
之，吉无不利。

　　　　書以記言，言以表意，然書不能盡記，則有遺言遺
　　意矣。象亦以表意，簡而易曉，故聖人立象以盡意。又
　　設卦以誌象之虛實，而繫以卦辭爻辭盡其言焉。卦有虛
　　象，外體之時位也。卦有實情，內體之星次也。
　　　　列星左旋，日月隨行，皆出於卯。卯正之位，利之
　　始也，故曰變而通之以盡利。四時日月運行不測，故曰
　　鼓之舞之以盡神。日出而作，日入而息，故曰通其變使
　　民不倦。四時運化，民事不違，故曰神而化之，使民宜
　　之。易窮則變，謂一歲之終也。終則又始，故變則通，
　　通則久。於是引大有上九爻辭以証之。自天祐之，日右
　　行也。日出於卯皆吉象，故吉无不利。此利字即元亨利
　　貞之利，乃卯正至午正之時區標識。
　　　　自「通其變」以下一段，乃脫簡混入下篇「黃帝堯
　　舜氏作」之下，不倫不類，改列于此，則文從語順矣。

乾坤其易之縕邪？乾坤成列，而易立乎其中矣。乾坤毀則无以見易，易不可見則乾坤或幾乎息矣。夫乾確然示人易矣，夫坤隤然示人簡矣。是故闔戶謂之坤，闢戶謂之乾；一闔一闢謂之變，往來不窮謂之通；見乃謂之象，形乃謂之器，制而用之謂之法。利用出入，民咸用之謂之神。

　　此節論乾坤之體用，極爲精審。無如亂簡分散，遂使原旨隱晦。夫乾夫坤兩句錯入下篇。是故闔戶以下一段錯入前章中。今董理之，使復其舊。

　　縕字虞翻訓爲藏，侯果韓康伯訓爲淵隩，語意皆難通。縕之義同絪，乃繩也。乾坤其易之縕謂乾坤二卦乃變易之準繩，指其所處之位而言。乾之外體時位酉，坤之外體時位卯，卯酉者日月星出沒之門限，故爲天體運行之準繩。乾坤成酉卯之列，則四時之日月變換皆經其間，故曰易立乎其中矣。若無卯酉之位，即晝夜不分，故曰乾坤毀，无以見易。乾坤之內體又代表星次，乾大梁坤大火乃三月與九月之卦。使其外體之卯酉毀无以見易，則乾坤之次無所屬，故曰或幾乎息矣。上一乾坤指時位，後一乾坤指星次，學者不知重卦之體系，宜乎不得繫傳之旨而多曲解也。

　　乾入於酉，坤出於卯，日在乾爲三月黃昏，日在坤爲九月平旦，其象易知。乾確然示人易，坤隤然示人簡二句，與首章之義同，言日在乾沒于酉而坤之星次出于卯也。確然，剛堅貌，日也。隤然、柔順貌，星也。以卯酉別晝夜，人人可見，故其法簡易。

　　春陽啓，秋陽閉。乾大梁三月，坤大火九月，故闔戶謂之坤，闢戶謂之乾。此與第四章坤動闢之義有別。動闢者謂三月黃昏坤之大火東出，此則言節氣也。自九

450

月霜降至三月清明，節氣更換，故曰一闔一闢謂之變。乾坤往來，星次左旋，相互為用，循環不已，故曰往來不窮謂之通。日落而星出，故曰見乃謂之象。乾九五飛龍在天，即其例也。乾坤內體三畫之卦形所以表星象，故曰形乃謂之器。凡繫傳之器字皆指卦而言，所謂「制器者以其象」或觀象制器，乃以星次為則而畫卦之義，非謂觀象而創造民用器具也。故繼曰制而用之謂之法。制即是制器。用之者言日月之行用此卦器也。卦爻與星度相當，故此器可為法則。日月星皆出卯入酉，人人所知，故曰利用出入，民咸用之謂之神。

　　按乾坤之名，六爻與三爻之卦同稱。重卦有內外體之分，是二乾二坤也。但其用有別，外體為時位，內體為星次。故繫傳所言之乾坤有時主時位，有時主星次，最易混淆，若不知區別，則義晦而難通矣。乾坤其易之縕，指其外體時位而言。乾坤或幾乎息，指其內體星次而言。乾坤毀，全亡也。幾乎息非全毀也。其義之有別即在於此。坤闔乾闢指內體星次而言。若為時位，當為坤闢乾闔矣，非其義也。何以乾之外體必為酉而坤必為卯？由乾坤二卦而知之也。乾九三曰「君子終日乾乾，夕惕若，」非畫之終歟？坤初六曰「履霜堅冰至，」非九月霜降之時歟？乾坤乃相對卦。彼九月，此必三月；此黃昏酉，彼必平旦卯，乃自然之道也。

是故形而上者謂之道，形而下者謂之器；化而裁之謂之變，推而行之謂之通，舉而措之天下之民謂之事業。

　　承上文而申說之。形、卦形也。乾坤二卦有內外體之分，形而上者，外體也。外體為卯酉時位，乃虛象，而為日月星左旋所出入之途，故謂之道。形而下者、內

451

體也。內體爲星次大梁大火，乃日月右行之所憑藉，故謂之器。此義本極簡單，而朱熹不解、曰：「卦爻陰陽皆形而下者，其理則道也」，直是夢囈，還成何義耶？因此而有所謂形而上之學，義同玄學矣。積非成是，可勝言哉！

化而裁之謂之變與一闔一闢謂之變同義。推而行之謂之通與往來不窮謂之通同義。舉而措之天下之民謂之事業，即制此器爲法，治曆以明時，使民皆由之，不違農事也。

是故（夫象聖人有以見天下賾之而擬諸形容象其物宜，是故謂之象。聖人有以見天下之動而觀其會通，以行其典禮，繫辭焉以斷其吉凶，是故謂之爻。極天下之賾者存乎卦，鼓天下之動者存乎辭。）化而裁之存乎變，推而行之存乎通，神而明之存乎其人，默而成之，不言而信，存乎德行。

是故夫象四字不成語法，凡用是故者必上有所承而申說之。自夫象起至存乎辭止一段與上文毫不相關，必爲錯簡無疑。且重出於第五章中，故此處可刪。

是故化而裁之存乎變，推而行之存乎通二句直承上文而申言之。神而明之存乎其人，謂此道此器得神而明之者則在人也。此道此器，寂然而成，不言而確者，則本乎天之自然德行也。

子曰：知變化之道者，其知神之所爲乎？顯神道德行，是故可與酬酢，可與祐神矣。

此節錯簡，混入第七章之末第八章之首，當列此處爲結論較妥。又顯神道原作「顯道神」，自是誤倒，并爲改正。

神而明之，存乎其人，故曰知變化之道者其知神之所爲乎？變化之道，即上文「化而裁之謂之變」之道，即四時日躔易位也。其人能顯天之神道與其德行，則必善於占而知事之吉凶者，故可與酬酢，可與祐神。祐、宥也。祐神，助祭也。酬酢，燕饗也。

（二）　繫　辭　下

第　一　章

八卦成列，象在其中矣。因而重之，爻在其中矣。剛柔相推，變在其中矣。繫辭焉而命之，動在其中矣。

吉凶、悔吝者生乎動者也。剛柔者立本者也。變通者趣時者也。吉凶者，貞勝者也。天地之道，貞觀者也。日月之道，貞明者也。天下之動，貞夫一者也。（夫乾確然示人易矣，夫坤隤然示人簡矣。）爻也者效此者也。象也者像此者也。爻象動乎內，吉凶見乎外。功業見乎變，聖人之情見乎辭。

　　　繫辭上首論乾坤二卦之重要，繫辭下則首論八卦之總體與運用。

　　　八卦成列，謂三畫卦八，總有二十四爻，序列成大圓，以代表周天也。象在其中者，周天之星象分佈八卦中也。天有十二星次，與八卦相配，則兩爻當一次也。因而重之謂依此八卦之體而又畫一八卦與之重疊，蓋用以代表晝夜十二辰之時位，於是星次之爻即在所重之時位中矣。星次與時位重，故生六爻之卦六十四也。此四語爲易經體系之關鍵，惟文字過於簡單，遂致意晦而解

之者多遁辭矣。孔穎達說：「象亦有爻，爻亦有象，所以象獨在卦，爻獨在重者，卦則爻少而象多，重則爻多而象少，故在卦舉象，在重舉爻也。」卦由三爻組成，象在卦中即在爻中，何以爻少而象多。重則爻多謂六爻也。然何以爻多而象反少？其理何在？孔氏不知「因而重之」一語之涵義，僅從文字上敷衍引伸而爲說，直如夢囈也。朱熹依邵雍之先天大橫圖以爲解，曰：「因而重之謂各因一卦而以八卦次第加之爲六十四也。爻、六爻也，既重而後卦有六爻也。」如此機械式排列，驟看似甚有理，其實非也。因一卦而以八卦次第加之，而實則以一卦配合八卦而爲其內體也。若次第加之，則前進後繼，不可能同時皆屬於一卦。蓋八卦成列，彼此互相銜結，豈可割裂一卦，以配外體之八卦，此其誤一。邵雍之小橫圖自乾至坤八卦右行順序排列，及用之構爲圓圖則中斷之，乾兌離震仍是右行，而巽坎艮坤則變爲左旋，豈有周天順序，半左半右之理，於是其大圓圖亦隨而無理，此其誤二。八卦成列，代表周天，不可割裂，邵雍之大圓圖則以八卦佔八分一之圓周，是以八周天構成一周天也，有是理乎？此其誤三。以一卦旋轉於八卦之內，則內體與外體不可能重疊，則所謂因一卦而以八卦次第加之者，非因而重之之義矣，此其誤四。八卦相連，二十四爻俱應豎畫而非橫畫，若橫畫則八卦各自孤立，不相連矣。大圓圖六十四卦間爻與爻之關係只成六條緯綫，非周天之經度也，此其誤五。有此五誤，則邵雍之圖，純係荒謬之虛構也無疑矣。而朱熹用之以解繫辭傳，能有當乎？且因此一卦而以八卦次第加之，有何意義，此所因之卦，有何作用，朱熹無說，故可斷言其必昧於因而重之一語之眞旨也。

所謂重者有兩個相同之物體，疊在一起，渾然無間之謂。六爻之序列，非重也。三爻之卦疊於八卦之任何一卦上謂之重。故八卦有兩套，一套代表十二星次，一套代表十二辰位，以星次加於辰位，即因而重之之要義也。時位不動，星次左旋，一靜一動，始見其變化。不然，則成列之八卦，直是死象矣。故重卦之主要功用，即在於此。八卦之星次，左旋於八卦之時位一周，即是一晝夜也。繫辭傳此四語中之兩其字含義不同，宜加注意。前一其字乃列之代詞，後一其字乃所重卦之代辭。重之者八卦重複也。此一之字又是八卦之代詞。只要弄清此三個虛字之性質，則繫傳之旨即照然若揭矣。

　　剛柔相推謂晝夜也。晝夜有時，故變在其中，乃指所重之時位而言。繫辭焉而命之謂六爻也。卦有卦辭，爻有爻辭，所繫之辭，所以誌時日，爻爻不同，故曰動在其中矣。動者內體，其中亦指時位而言。內體三爻爲星次，乃日月之所行，內體之動即日或月之動。吉凶悔吝決之於日月之動，故曰生乎動者也。剛柔爲晝夜，乃易之主要作用，故曰立本。晝夜之時間，決於日所運行之時位，故曰變通者趨時者也。貞乃時區之名，始於午正，終於酉正。貞有吉有凶，日自午正至申初爲貞吉，過申初爲貞凶。蓋過申初日晡，夕陽不能久留，將有沒落之虞也。故貞勝吉則吉，貞勝凶則凶。此貞字即元亨利貞之貞，爲晝夜時區四象限之一。觀象以南正爲則，中星聚於午正之位，故曰天地之道貞觀者也。中星爲天道，午位爲地道。日月在午正謂之貞明。日在午易知，月在午則有弦望之不同。上弦黃昏，下弦平旦，望則夜半，月皆在午。天下之動貞夫一，謂一日也。日行一日一度，星月運行至南正，皆以某一日之時爲準，而日本

456

身更無論矣。此貞夫一之義也。古人治曆明時，晝測日影，夜考中星，南正之貞，為最重要之時位，故繫辭傳屢言之。

夫乾夫坤兩句乃錯簡，此處宜刪之。

效此者驗此一也。象此者像此一也。當爻以某一日為準，象亦以此一日為準。爻象皆決于內體卦之星次，故曰爻象動於內。吉凶之兆則決之於外體之時位。例如外體乾為酉時，則黃昏日落，其兆凶。又如外體坤為卯時，則平旦日出，其兆吉。此即吉凶見於外之義也。人事之吉凶成敗，決於爻象之動，故曰功業見乎變。而聖人則繫辭以明之。故曰聖人之情見乎辭。

天地之大德曰生。聖人之大寶曰位，何以守位曰仁。何以聚人曰財。理財正辭，禁民為非曰義。

此節與正文全無關係，當係某一學究旁註之語而混入者。仁字當為人字之譌。

古者包犧氏之王天下也，仰則觀象於天，俯則觀法於地，觀鳥獸之文與地之宜，近取諸身，遠取諸物，於是始作八卦，以通神明之德，以類萬物之情。

前文論八卦之結構，此則繼論八卦之起源，當屬於一章。

包犧即庖犧，或作宓犧，或作伏義，亦作伏戲，皆同音字也。顧名思義，顯係牧畜時代之託名，非必真有其人。此名初見於莊子，莊子多寓言，可能即由彼所託始。大宗師篇曰：「夫道……狶韋氏得之以挈天地，伏戲氏得之以襲氣母，維斗得之，終古不忒，日月得之，終古不息。」道即天道。狶韋得之者，以立春為歲首，

457

乃夏曆也。豨韋即婑訾之次，正月之日躔在娵。氣母即冬至，伏戲氏得之者，以冬至為歲首，乃周曆也。春秋時，冬至日在牽牛，伏犧之名即因牛宿而來。莊子此言顯然是曆與天合之義。所謂豨韋伏戲，皆星之託名也。維斗得之者謂以北斗柄所指之方位建時節也。然終古不忒，以今觀之，則不然矣，即牧畜時代斗柄之所指與戰國時代亦必不同。蓋歲差之理，非莊子所能知也。由莊子之說，可知伏戲與觀象治曆有關，故繫辭傳作者取其說焉。自後附會益甚，竟至中國之文字，亦創始於伏戲矣。尚書序，說文序皆以繫傳此文為據。

　　包犧氏有無其人，無關宏旨，姑妄言之，姑妄聽之可也。惟此段文字說明八卦之性質及其作用，則極為精確。觀象於天，與觀鳥獸之文同義，即觀星也。所謂河圖洛書，所謂青龍白虎朱雀玄武之類是也。觀法於地與與地之宜同義。地有何法？謂以南正測影考星也。冬至日影最長，夏至日影最短，觀影而知四時之分，得一歲之周期焉。此即以地中為法，影之長短各有所宜也。畫測日影，近在身邊，故曰近取諸身。夜考中星，故曰遠取諸物。伏戲由觀象觀法經驗之累積而知天道之周期，於是創作八卦以準之，為治曆明時之用，故曰以通神明之德，以類萬物之情。神明之德即陽德也。通者四時之運也。萬物之情即星象也。類者分為十二次也。由此觀之，八卦二十四爻代表周天十二次而為日躔之準則也明矣。此一結構豈非最簡單之渾天圖與？

是故易者象也，象也者象也。象者材也，爻也者效天下之動者也，是故吉凶生而悔吝著也。

　　凡用是故必為結語而於上文有所承，此節原列觀卦

458

制器章後，孤立而義無所歸，當是錯簡，今改列於此，似較勝。

象爲卦辭，總論一卦之體用。材通裁，斷也。爻辭言變，故曰效天下之動。由爻之動，可見吉凶悔吝之象焉。凡象辭爻辭所言者莫非天象。

第 二 章

此章觀卦制器，全係附會之說，無理可喻。當是某一陋儒之所作。而結語皆用「蓋取」，亦只姑妄言之，疑詞而已，非可認眞視之，以爲一切民生器用發明，皆由於卦也。

包犧氏作，結繩而爲網罟，以佃以漁，蓋取諸離。

此處當脫包犧氏三字，於是原文成「作結繩」而不成語矣。鑒於下文之神農氏作，黃帝堯舜氏作，則此處亦必爲包犧氏作無疑。編簡者誤以「古者包犧氏之王天下也」一段，合拼於此章，刪去此「包犧氏」三字，遂至不倫不類矣。離與羅同音，故網罟蓋取諸離。以離卦而言，與網罟實毫不相關。韓康伯以「離、麗也」之訓詁解之。

包犧氏沒，神農氏作，斲木爲耜，揉木爲耒，耒耨之利，以教天下，蓋取諸益。

農事有益民生，故取諸益。

日中爲市，致天下之民，聚天下之貨，交易而退各得其所，蓋取諸噬嗑。

噬嗑者飲食也。以有易無，民生所需，故以爲食貨之事，蓋取諸噬嗑。

神農氏沒，黃帝堯舜氏作，（通其變使民不倦，神而化之，使民宜之，易窮則變，變則通，通則久，是以自天祐之，吉无不利。）（黃帝堯舜）垂衣裳而天下治，蓋取諸乾坤。

通其變至吉無不利一段，顯然是論易之文，與制器何關？且此其字亦上無所承，故必爲錯簡無疑。下之黃帝堯舜四字，亦是重複衍辭，宜刪。

垂衣裳取諸乾坤者，以坤六五有黃裳元吉之語也。相傳黃帝始制衣裳，與堯舜何關？故垂衣裳之義，不涉制器，乃無爲而治也。上衣下裳，象乾尊坤卑。

刳木爲舟，剡木爲楫，舟楫之利以濟不通，致遠以利天下，蓋取諸渙。服牛乘馬，引重致遠以利天下，蓋取諸隨。重門擊柝，以待暴客，蓋取諸豫。斷木爲杵，掘地爲臼，臼杵之利，萬民以濟，蓋取諸小過。弦木爲弧，剡木爲矢，弧矢之利，以威天下，蓋取諸睽。

舟楫之利取諸渙者，以渙卦辭有利涉大川之語也。服牛乘馬取諸隨者，由隨字義引伸之也。重門擊柝取諸豫者，由豫字義引伸之，猶預防也。杵臼取諸小過者，以卦形言也。弧矢之利取諸睽者，以睽上九有張弧說弧之語也。

上古穴居而野處，後世聖人易之以宮室，上棟下宇，以待風雨，蓋取諸大壯。古之葬者，厚衣之以薪，葬之中野，不封不樹，喪期无數，後世聖人易之以棺椁，蓋取諸大過。上古結繩而治，後世聖人易之以書契，百官以治，萬民以察，蓋取諸夬。

大壯之九三爲穀雨，六五爲雨水，於是附會之，以爲宮室之興，取於大壯。大過之卦形，兩端象土地而中

實，有如棺槨也。不封則無窆，不樹則無墳木，喪期无數則無禮制。夬、決也。卦形缺上，爲契刻之象，故書契之作取於夬。

　　以上諸說，或望文生義，或取象於卦形，或摘卦爻辭之片語，或本卦爻之節氣，拉雜爲之，原是淺薄附會之見，實與卦旨無關。

第 三 章

（是故易者象也，象也者像也；彖者材也，爻也者效天下之動者也。是故吉凶生而悔吝著也。）（陽卦多陰，陰卦多陽其故何也？陽卦奇，陰卦耦。其德行何也？陽一君而二民，君子之道也；陰二君而一民，小人之道也。）

　　以上兩節皆爲錯簡。朱熹分立爲兩章，然一章豈寥寥數語所能成耶？故余不從，而另拼入於他章中。

　　此章專釋爻辭，與上篇第六章同其性質，可能原相聯屬，因散簡而分歧。

易曰：憧憧往來，朋從爾思。子曰：天下何思何慮，天下同歸而殊塗，一致而百慮，天下何思何慮。日往則月來，月往則日來，日月相推而明生焉。寒往則暑來，暑往則寒來，寒暑相推而歲成焉。往者屈也，來者信也，屈信相感而利生焉。尺蠖之屈以求信也，龍蛇之蟄以存身也。精義入神以致用也，利用安身以崇德也。窮神知化，德之盛也。過此以往，未之或知也。（窮神知化，德之盛也。）

　　此釋咸九四爻辭。凡子曰所釋之爻，皆人事義理，此獨言天道，則卦之本旨也。若以常情揆之，其說直難曉矣。咸九四之憧憧往來，朋從爾思，原爲日月往來之

象。朋爲月，朔後隨日左旋，故曰朋從爾思。艮之初爻
爲冬至，二爻爲大雪，三爻爲小雪。九四爲時位未正，
三往重之，則初爻當午正，此卦之動也。朋從非指人而
言，乃出於自然之天道，故曰天下何思何慮，同歸而殊
塗。同歸者日月交會合朔也。殊塗者日有日道，月有月
道也。日月之會一月一次，而反復無窮，故曰一致而百
慮。若以人情言，則朋友相思念，有何不當，而可斥之
耶？因爲爻辭所言者爲日月，而艮爲孟冬仲冬，兌爲孟
夏仲夏之卦，故繼曰，日月相推而明生，寒暑相推而歲
成。往者沒於西也，來者出於東也。卯正爲利之始，日
月皆出於此，故曰屈信相感而利生焉。往者節氣過也，
來者正交令也。艮爲歲終卦，有斗餘五度須於冬至前加
入，於是小雪在三爻之下四度，大雪在二爻之下五度，
皆不當爻，故一往一來，卦始與天象合，此即尺蠖之
屈以求伸之義。又八卦常數三百六十度，一周之終，尚
欠五度不見，然星度固存在，不可棄置，故曰龍蛇之蟄
以存身也。咸卦之艮，以節氣言爲歲終，歸餘於終，乃
治曆之要事，故曰精義入神，以致用也。艮乃冬日，在
咸卦，其大雪至冬至之時位居於午初與午正之間，屬於
利而非貞。日高達中天矣，故曰利用安身，以崇德也。
艮初爻冬至爲舊歲之終，新歲之始，一陽復生，故曰窮
神知化，德之盛也。所謂德，皆指日德而言，以聖人之
德釋之，誤矣。過艮之初爻，則冬至以後，究屬何日難
知，故曰過此以往，未之或知也。

　　此爻所釋，全關艮之曆數，學者不知，徒從文字上
索解，發揮空論，如朱熹之註，增辭穿鑿，玄之又玄，
語皆不通。

易曰：自天祐之，吉无不利。子曰：祐者助也。天之所助者順也；人之所助者信也。履信思乎順，又以尚賢也，是以自天祐之，吉无不利也。

> 釋大有上九爻辭，乃儒家義理之說。此節脫簡，混入繫辭上第九章之末，茲爲改列於此。

易曰：困于石，據于蒺藜；入于其宮，不見其妻凶。子曰：非所困而困焉名必辱；非所據而據焉身必危；既辱且危，死期將至，妻其可得見耶？

> 釋困六三爻辭。

易曰：公用射隼于高墉之上，獲之，无不利。子曰：隼者禽也。弓矢者器也。射之者人也。君子藏器于身待時而動，何不利之有？動而不括，是以出而有獲，語成器而後動者也。

> 釋解上六爻辭。以上四爻皆以易曰始，而以子曰結之，與後數爻之釋例不同。括、結也。

子曰：小人不恥不仁，不畏不義，不見利不勸，不威不懲。小懲而大誡，此小人之福也。易曰：屨校滅趾无咎，此之謂也。

> 釋噬嗑初九爻辭。

善不積不足以成名，惡不積不足以滅身。小人以小善爲无益而弗爲也，以小惡爲无傷而弗去也，故積惡而不可掩，罪大而不可解。易曰：何校滅耳凶。

> 釋噬嗑上九爻辭。滅趾滅耳皆刑也，一凶而一无咎何哉？蓋天象之譬，非可以常情喻者也。作者以小懲釋滅趾，以大罪釋滅耳，殆就无咎與凶之文，臆測引伸而已。又何足以說明滅趾之痛必輕於滅耳耶？

子曰：危者、安其位者也，亡者、保其存者也，亂者、有其治者也；是故君子安而不忘危，存而不忘亡，治而不忘亂；是以身安而國可保也。易曰：其亡其亡，繫于苞桑。

　　　　釋否九五爻辭。

子曰：德薄而位尊，知小而謀大，力小而任重，鮮不及矣。易曰：「鼎折足，覆公餗，其形渥凶，」言不勝其任也。

　　　　釋鼎九四爻辭。渥讀爲炎，危也。

子曰：知幾其神乎？君子上交不諂，下交不瀆，其知幾乎？幾者動之微，吉之先見者也。君子見幾而作，不俟終日。易曰：介于石，不終日、貞吉。介如石焉，寧用終日，斷可識矣。君子知微知彰，知柔知剛，萬夫之望。

　　　　釋豫六二爻辭，此亦以天象曆數爲義。坤中爻房初度，九月寒露將終，下四度入霜降，此乃天道之自然，故上交不諂抑，下交不瀆亂。節氣相交，所差一間耳，故爲知幾。寒露霜降之際，日早落，月早見，約過酉初二刻五分之時，無待於酉正。日左旋半時，月右行增半度，其動不易覺，故曰幾者動之微，吉之先見者也。酉初，日尚未落，故君子見幾而作，无待終日。介于石，月在艮也。六二第一年之曆數爲九月初六日，酉初時，月入艮初爻前之南斗廿一度而位於未初，是貞吉也，雖尚未見，但可推而知，故曰寧用終日，斷可識矣。介通扴，切也。艮爲石，月過艮，同時位，則是切過石也。此釋「于」爲如，則讀介爲砎，堅也。義稍異。君子、日之象。微者日昏暗。彰者日光明。柔剛者夜與晝之分際。故曰君子知微知彰，知柔知剛。此日之隱見有時，爲人人所共覩，故曰萬夫之望。

子曰：顏氏之子，其殆庶幾乎？有不善未嘗不知，知之未嘗復行也。易曰：不遠復，无祗悔，元吉。

　　　　釋復初九爻辭。與論語：「有顏回者好學，不遷怒，不貳過」同義。

（天地絪縕，萬物化醇，男女媾精，萬物化生。）易曰：「三人行則損一人，一人行則得其友，」言致一也。

　　　　釋損六三爻辭。天地絪縕四句與爻辭全不相關，必錯簡無疑。當有子曰一段文字脫去而以此錯簡湊成之，故語意悖戾。

子曰：君子安其身而後動，易其心而後語，定其交而後求，君子修此三者，故全也。危以動則民不與也。莫之與則傷之者至矣。易曰：莫益之！或擊之，立心勿恆，凶。

　　　　釋益上九爻辭。以上十二爻除咸九四，豫六二外，皆儒家之易說，純屬空疏義理。

第 四 章

　　　　此章錯簡最多，顛倒混雜，語意支離，不堪卒讀。然蛛絲馬跡，不無可尋之處，爰爲整理之，或有當也。

子曰：乾坤其易之門邪？乾陽物也，坤陰物也。陰陽合德而剛柔有體，因貳以濟民行，以明失得之報，以體天地之撰，以通神明之德。夫乾、天下之至健也，德行恆易以知險。夫坤、天下之至順也，德行恆簡以知阻。能說諸心，能研諸（侯之）慮，定天下之吉凶，成天下之亹亹者；是故變化云爲，吉事有祥。

　　　　乾坤之外體時位爲酉卯，日月星之所出沒，故爲變

465

易之門。日在乾之星次，故曰乾陽物。月在乾之相對坤卦，星次大火，故曰坤陰物。陰陽之德相應合，而晝夜之剛柔分際有體。因此陰陽二物以成人民之行事準則，謂日入而息也。以明失得之報者，謂失晝得夜，失日得月，其報易明也。以體天地之撰者，謂乾之星次重於乾之酉位，坤之星次重於坤之卯位，蓋酉正卯正乃天地之交際也。以通神明之德者，即日月相應，日落月出也。乾三月卦，日在其中爻而交酉正，故其象至健，而其德行則常易而知險。酉正之位，三月日將沒，是以其道易知，而爲險象。乾中爻第二年清明適爲三月十五日，月在相對之坤中爻，入氐宿十三度，已出卯正。但日在酉正尚未沒，則月不得見，故坤象至順，而德行恆簡而知阻。簡謂卯正之位，阻謂月雖出尚有阻礙而隱也。十五日之月在氐宿，不及心宿八度，十六日之月已過心宿而入尾宿，月不犯心則心悅，故曰能說諸心。乾中爻在酉正可以考曆數之正確，故曰能研諸慮。諸侯之慮句，當衍「侯之」二字，應刪。慮者憂虞之象，謂曆數有悔吝也。三月中氣在乾中爻下一度是悔，得之則悔亡。時恰逢三月十五日，節氣中，月亦中，此即能研諸慮之義。卯酉之位可定吉凶，以濟事功，故乾坤定天下之吉凶，成天下之亹亹。因此，乾坤之變化所爲，吉事有祥，謂日落望月出爲吉兆也。

此章論乾坤，與繫辭上第十章「乾坤其易之緼邪」大旨相同。惟彼詳而此略，彼明確而此稍晦耳。

陽卦多陰，陰卦多陽，其故何也？陽卦奇，陰卦耦。其德行何也？陽一君而二民，君子之道也；陰二君而一民，小人之道也。

466

此節原編在第三章，不類，茲為改列於此。乾坤之三爻皆純陽純陰，陽在乾，陰在坤，相對之義顯然。但六子之卦，陰陽爻錯雜，不無所疑，故發問也。震坎艮為三男，故稱陽卦。而爻皆二陰一陽，是陰多也。巽離兌為三女，故稱陰卦。而爻皆二陽一陰，是陽多也。似此，其義豈非矛盾？於是解之曰，陽卦奇，陰卦偶。因陰爻有二畫，陽爻只一畫，陽卦共有五畫，故其數奇。陰卦只有四畫，故其數偶。然則其陰陽之德行又如何分耶？於是解之曰，以少為主，則陽一君為君子之道，陰一民為小人之道。君子之道，即日之所在，小人之道即星次也。

此說牽強附會，蓋從震坎艮為時位，自戌至寅，日之所行，則其相對之巽離兌為自辰至申之時位，乃星之所行。此夜象也。若然，則君子之道，限於震之初爻戌正，坎之中爻、子正，艮之上爻、寅正，有此理乎？一日不限於夜，使日在辰正午正申正，非當三陰卦一民之道耶？夫卦爻畫分陰陽，不過符號以誌位而已，無以為名，名之陰陽以誌別，非此陰爻即陰，陽爻即陽也。奇偶之說，既不合理，而二君一民之喻，更是胡扯。

（其稱名也，雜而不越，於稽其類，其衰世之意邪？）
（夫易彰往而察來，而微顯闡幽，開而當名辨物正言斷辭則備矣。）
（其稱名也小，其取類也大，其旨遠，其辭文，其言曲而中，其事肆而隱。）
（因貳以濟民行，以明失得之報。）

第 五 章

易之興也，其於中古乎？作易者其有憂患乎？其稱名也小，

其取類也大，其旨遠，其辭文，其言曲而中，其事肆而隱。
夫易彰往而察來，顯微而闡幽，開而當名、辨物、正言、斷
辭、則備矣。

六個其字皆易之代詞。稱名小謂卦名。取類大，謂
卦爻所代表者乃天象。旨遠辭文謂卦辭爻辭。言曲而中
謂吉凶之占語。肆而隱謂事繁多而隱晦。易之內容如此
深奧，蓋作易者有憂患之故也。

彰往察來即曲而中。顯微闡幽即發其肆而隱之事。
「顯微而」原作「而微顯」，其句語意不順，當是文字
錯倒，茲為改正。「開」者開筮也，或是當時占家之慣
語。筮得某卦即是當名，與上文稱名句應。因而求其象
即是辨物，與上文取類句應。正言斷詞，與上文旨遠辭
文句應。如是則易之能事盡備矣。

是故履德之基地；謙德之柄也；復德之本也；恆德之固也；
損德之脩也；益德之裕也；困德之辨也；井德之地也；巽德
之制也。

履和而至，謙尊而光，復小而辨於物，恆雜而不厭，損先難
而後易，益長裕而不設，井居其所而遷，巽稱而隱。
履以和行，謙以制禮，復以自知，恆以一德，損以遠害，益
以興利，困以寡怨，井以辯義，巽以行權。

舉此九卦為例，即當名辨物正言斷辭之義也。凡此
卦名皆與德行有關，隨字義而引伸為說，皆儒家之義理
也。此三段大旨略同，何以不厭煩複？臆者原文只有第
一段，後之學者作不同之增解，而編者混合之歟？謙尊
而光，巽以行權之義，皆本於象傳。長裕而設之設字義
晦。韓康伯增詞足意以「虛設」解之，朱熹牽強以造作

解之，語皆難安。竊以爲設當訓置，長裕不置即德增益永不已也。

第 六 章

易之爲書也不可遠，爲道也屢遷，變動不居，周流六虛，上下无常，剛柔相易，不可爲典要，唯變所適。其出入以度，外內使知懼。又明於憂患與故，无有師保，如臨父母。初率其辭而揆其方，既有典常，苟非其人，道不虛行。

　　不可遠者言變易只是一間，相差不多也。易爲書，以日月爲主，日行一日一度，月行一時一度而已，故不可遠。天道不息，有四時之不同，有晝夜十二時之差，故爲道也屢遷，變動不居。晝六時，夜六時，星次相反相成，故周流六虛，上下无常。日在此，月在彼，此爲晝，彼爲夜，故剛柔相易，不可爲典要，唯變所適。一卦之內體爲星次，外體爲時位。星次三爻總三十一度，自上而下計之，日入卦從外來，日出卦從內去，故曰其出入以度，外內使知懼。懼者恐失時也。以乾坤爲例，乾三爻之節氣皆在爻下一度，坤三爻之節氣皆在爻下四度。以乾坤之第三爻言，則自外入始得穀雨與寒露，以其初爻言，則自內出始得立夏與立冬，然而兩卦之度數不同，須加警惕，不然即失時矣。視卦爻之曆數及其所處之時位，可知其遭遇之吉凶與其原因，故曰又明於憂患與故。凡此種種，卦爻皆有規則可循，雖無師保之指導，亦如臨父母之面命也。初循卦爻之辭而揆度其所處之方位焉，既有典常可遵，即使占者非其人，然道自有其道，亦決不虛行也。

易之爲書也，原始要終以爲質也。六爻相雜，唯其時物也。

469

其初難知，其上易知，本末也。初辭擬之，卒成之終。

此節說明重卦之運用法則，極為重要。易以變動為主。若卦之六爻只作序列看，則是靜體無以見其動。故卦之內外體具有不同之意義。外體為時位，靜止而定時限。內體為星次，日月之本行，動而左旋以與時位合。一靜一動，變化始見，此即六爻卦構成之要則。

原始要終，謂推初爻之起原而終於內體重疊外體之時位，即第三爻重於上爻也。此即易之體質。六爻相錯雜，即是時與物相交。時、時位，物、星次。但內外體相重，若由現卦之位起推，則三加於四，加於五，終于上，二爻後繼合於五，初爻又後繼合于四，其動僅有三爻之時而不得六爻。故初爻之動須溯源於過去之時間。以乾為例，其外體三爻為酉，則內體三爻所處之時位為未正申初及申正，此現成之卦體也。溯其原則內體乾自午來，故其初爻之動由午初而交午正，二爻繼動則由未初而未正，三爻繼動則由申初而申正，遂成現卦矣。於是行未來之時位，即三加於四，加于五，而終于上也。如是才能得六爻時位之動象。乾內體三爻所歷之時間，每爻皆得三時，即初爻自午初終于酉初，二爻自午正終于酉正，三爻自未初終于上之戌初也。每卦之體用皆如此。故原始要終，時物相雜，其初難知，其末易知。初爻原始，即本也。上爻要終即末也。初爻之辭須擬定其原有之時位，然後依之而動，卒成於終焉。

若夫雜物撰德，辨是與非，則非其中爻不備。噫！亦要存亡吉凶，則居可知矣。知者觀其象辭，則思過半矣。

雜物撰德者言星次相錯雜，前次與後次連接而數陽德之所在也。陽為德，日也。星次與卦爻相配，並不一

470

致而有參差。最宜注意之位在內外體之間。自五至三爲一次，自四至二亦是一次。若內體爲四正之卦，則外體上所重者必爲其前之四維卦，星次之分際，決之於五與三。若內體爲四維之卦，則外體上所重者必爲其前之四正卦，星次之分際決於四與二。有此種種錯綜微妙關係，不離三四兩爻。以四與二爲主，則是三是中爻。以五與三爲主，則四是中爻。故曰辨是與非則非其中爻不備。六爻之卦，三與四爲中爻，非二與五也。二與五不同功，以二與五同爲中爻者蓋割裂內外體而以三畫之卦爲準耳。然則此三與四爻間之一間復成何用乎？

存吉亡凶，察之於相雜之六爻，則所居者之象可知。所謂存亡指朔望日月蝕否而言。其義見於象辭，智者觀玩之即得。

二與四同功而異位。其善不同。二多譽，四多懼，近也。柔之爲道，不利遠者，其要無咎，其用柔中也。

三與五同功而異位，三多凶，五多功。貴賤之等也，其柔危，其剛勝邪？

此伸說非中爻不備存亡吉凶之義例。

二與四相距一個時辰，所重之星次亦相距三十一度。時位有遲早之異，而日月之關係則同功。使日在二爲月半，在四亦爲月半，其間之三則月初也。若三爲朔，而月在四或在二，距離相同各十五度，但四爲殘月，二爲新月，月相無異而其善不同。何哉？因二爲朔后之月，漸生漸豐，漸離漸遠，於日無礙，故多譽。譽者月之光也。四來會日，漸趨漸近，有日食之虞，故多懼。懼者，迫近也。若日在四爲上月中，或在二爲此月中，則月遠在相對之位，可能月蝕，故曰柔之爲道，不利遠者。不

蝕則吉，故曰其要無咎，其用柔中。柔者月也。柔中者望也。

三與五相距亦三十度，若皆爲月初，則夾其間之四爲上月半。日自上月朔后，月已生長，故五多功。至月終，月復反而抵於四，及三而下月合朔，可能日食，故三多凶。四與五或三相距各十五度而居中，故曰貴賤之等也。貴者五之位高也。賤者三之位卑也。月半則有月食之虞，故曰其柔危，其剛勝邪。剛柔即日月。

繫傳只言三與五，二與四同功、而不言二與五同功，蓋深知六爻之相互關係如此。後之說易者專以二五爲主爲中爲應，蓋不知外體爲時位，與內體之星次有別，五上所加之星次與二之星次並非同功故也。其說之荒謬無稽，觀此節之文即可知矣。

第 七 章

易之爲書也，廣大悉備，有天道焉，有人道焉，有地道焉。兼三材而兩之，故六。六者非他也，三材之道也。

　　此又一家之說，而以六爻爲天地人三才之道，乃傅會而無理者，較之易緯乾鑿度之說更甚焉。乾鑿度以三畫以下爲地，四畫以上爲天。動于地應于天，初以四，二以五，三以上。其說本已虛構，三才之說又從而增益之。此或出諸漢陋儒之見，因誤解上繫中有「六爻之動三極之道也」一語而然。又自此章至篇終，皆瑣碎無條理，且多重複前所已見之義，改頭換面而已。

道有變動，故曰爻。爻有等，故曰物。物相雜，故曰文。文不當，故吉凶生焉。

472

變動之道謂之爻。爻各十五星度，故物有等。星物相錯雜乃天文也。其文不當爻位，或吉或凶，當則无咎也。

若六爻為三才之道，則道有變動，豈非地道可變人道，人道可變天道，有此理乎？

易之興也，其當殷之末世，周之盛德邪？當文王與紂之事邪？其稱名也雜而不越，於稽其類，其衰世之意邪？是故其辭危。危者使平，易者使傾。其道甚大，百物不廢；懼以終始，其要无咎，此之謂易之道也。

前章已言「易之興也其于中古乎？作易者其有憂患乎？」此則因前說而又引伸之也。其非出一人之手可知矣。前說不肯定作易者為何人，此亦只疑是當文王與紂之事而已。但後儒又因此文而傅會，遂謂文王作易矣。盛德為文王，末世為紂。易之辭危，為文王危乎？抑為紂危乎？易之辭有吉有凶，且吉多於凶，豈皆危哉！故此段文字，義理不清，乃陋儒之胡扯耳。以殷之末世為中古，可見繫辭傳必非孔子所作明甚。蓋有中古必有近古，以漢人言文王之時為中古，孔子之時為近古，可，以孔子言則不通矣。故繫傳作者非一人，且皆秦漢之際學者所作無疑，甚至有漢儒之說混入其中也。事危則辭危，事易則辭易。危者使平，易者使傾，此易所寓慎戒之義。故易道廣大，包羅萬象，而所戒懼者在終始之際，但求无咎而已。

第 八 章

（夫乾、天下之至健也，德行恆易以知險。夫坤、天下之至

473

順也，德行恆簡以知阻。能說諸心，能研諸侯之慮，定天下之吉凶，成天下之亹亹者。是故變化云爲，吉事有祥。）

此節錯簡，拼入第四章中。

象事知器，占事知來。天地設位，聖人成能。人謀鬼謀，百姓與能。

八卦以象告，爻象以情言，剛柔雜居，而吉凶可見矣。

變動以利言，吉凶以情遷。是故愛惡相攻，而吉凶生；遠近相取，而悔吝生；情僞相感，而利害生。

凡易之情，近而不相得則凶，或害之，悔且吝。

將叛者其辭慙，中心疑者其辭枝，吉人之辭寡，躁人之辭多，誣善之人其辭游，失其守者其辭屈。

此末章頗爲零碎，不成體統，蓋拉雜拼湊之文也。

象、星也，爲日月運行之器。占、筮也。天地設位者天爲星位，地爲時位也。鬼謀者占筮也。剛柔雜居者晦朔之日月也。

變動以利言者，日隨天左旋也。吉凶以情遷者，日右旋一日行一度也。愛惡相攻者，合朔或蝕或不蝕也。遠近相取者，日月睽違相距之道也。情僞相感者，內體之星次加于時位也。

近而不相得凶，即合朔日蝕也。合朔或在爻前或在爻後，故或害之，悔且吝。

言者心聲也。末節泛論出言者之不同心理表現，可謂至矣。孟子自稱知言，曰：「詖辭知其所蔽，淫辭知其所陷，邪辭知其所離，遁辭知其所窮。」此亦似之，可謂知言矣。然若以論卦爻之辭，則不知所云。虞翻附會以爲說，謂坎人之辭慙，離人之辭枝，震人之辭多，兌人之辭游，巽人之辭詘。然則此六子者惟有艮爲吉人

矣，有是理乎？且求之諸卦辭，寧有此情此象乎？又朱熹註云：「卦爻之辭亦猶是，」蓋亦牽強之説也。

　　史記太史公自序曰：「易大傳天下一致而百慮，同歸而殊塗。」此二語本於繫辭，惟顛倒其序而已，而稱爲易大傳；可見西漢學者以大傳作十翼之總稱，以與經別。本篇之命名即有取於太史公之意云爾。

（三）　文言

文言專釋乾坤二卦，當爲乾文言坤文言之簡稱，遂以爲題。乾文言者乾文之言，坤文言者坤文之言。孔穎達謂「釋二卦之經文，故稱文言」，得之。

此篇原編列繫辭傳後，王弼取以分附於二卦，頗見累贅，今爲復舊。

舊說以文言爲孔子所作，獨歐陽修非之。觀於乾文言之煩複雜亂，必非出於一人也明甚。大抵秦漢之際諸家之說，學者雜取之以爲講習之資而已。語多空疏之義理，望文生義，多與卦旨無關，惟其辭易曉，故學者喜引用之。然而害經惑世，使易理沈淪，亦此種空說之過也。

（甲）　乾文言

第 一 節

元者善之長也。亨者嘉之會也。利者義之和也。貞者事之幹也。君子體仁足以長人，嘉會足以合禮，利物足以和義，貞固足以幹事：君子行此四德者，故曰乾，元、亨、利、貞。

476

左傳魯穆姜筮遇艮之隨而有是說，乃爲隨之元亨利貞發揮其義也。不知某一陋儒採之，稍易其辭而以釋乾象。自此，學者遂以四德爲乾所獨有，謬矣。具四德之卦尚有坤、屯、隨、臨、革、无妄，非僅乾而已。

第 二 節

初九，潛龍勿用，何謂也？子曰：龍德而隱者也。不易乎世，不成乎名，遯世而无悶，樂則行之，憂則違之，確乎其不拔，潛龍也。

以初爻位下爲潛龍。

九二，見龍在田，利見大人，何謂也？子曰：龍德而正中者也。庸言之信，庸行之謹，閑邪存其誠，善世而不伐，德博而化，易曰見龍在田，君德也。

以九二爲正中爲龍德爲君德。

九三，君子終日乾乾，夕惕若，厲无咎，何謂也？子曰：君子進德修業，忠信所以進德也，脩辭立其誠，所以居業也。知至至之可與幾也，知終終之可與存，義也，是故居上位而不驕，在下位而不憂，故乾乾因其時而惕，雖危无咎矣。

幾也之也字衍。幾、期也。可與期者未來之時。可與存者已成之時。九三居外卦之下，內卦之上，至至指外卦之上九，終終指當爻。居上不驕，在下不憂，亦就九三之爻位而發揮義理。

九四，或躍在淵、无咎，何謂也？子曰：上下无常，非爲邪也；進退无恆，非離群也；君子進德修業，欲及時也，故无咎。

477

九四居內體之上外體之下，故上下无常。但此乃酉
初時位，九三來交之，故進退无恆。酉初日晚矣，故欲
及時。此亦就爻位爲說。以上四爻皆是空義，實與爻旨
无涉。蓋龍爲星，在相對之坤，或躍爲月涉天河，皆非
當乾之爻位者也。

九五，飛龍在天，利見大人，何謂也？子曰：同聲相應，同
氣相求；水流濕，火就燥；雲從龍，風從虎；聖人作而萬物
覩。本乎天者親上，本乎地者親下，則各從其類也。

此釋天象，非主人事，不然，則語辭離奇，雜亂難
明矣。九五爲酉正之位，日落月出，東西遙對，故曰同
聲相應，即利見大人也。四正或四維之卦，節氣可通，
乾三爻與坤三爻互對，故曰同氣相求，即飛龍在天也。
乾九三交酉正，坤六三交卯正，其星角亢氐出於東，皆
龍也。坎水離火，一在子，一在午，子午亦相對之位，
故曰水流濕，火就燥。坎雲坤龍，龍前雲後，故曰雲從
龍。虎、參宿，在兌。風、巽也。兌巽皆四維卦，兌前
而巽後，故曰風從虎。聖人即大人，月之象。萬物即龍
虎等羣星。日落而月出星現，故曰聖人作而萬物覩。星
屬天，月隨龍出，故曰本乎天者親上。酉正時位屬地，
日沒地下，故曰本乎地者親下。一上昇，一下落，故曰
各從其類。類、星次，即方以類聚之義。

上九，亢龍有悔，何謂也？子曰：貴而无位，高而无民，賢
人在下位而无輔，是以動而有悔也。

此亦就爻位立說。上九爲戌初之位，重之者九三乃
降婁星次之終。乾者大梁之次，三月節氣始於九三之下
一度。日在爻下交三月節，故貴而無位。位、戌初上九

478

也。降婁之星皆出爻外，星爲小人，故高而無民。高亦指上九之位而言。賢人、月也。月不在乾，是曰君無輔臣也。其第一年曆數，三月節爲二月十九日，月過望在坤之下，故爲在下位而君無輔之象。日過爻爲悔，日悔則月亦隨而悔，故曰動而有悔。但經言亢龍有悔，亢龍乃星名，位在相對之辰初，非在上九。今僅就上九爻位與大梁星次之關係而論，故結語不及亢龍。此說人事義理而所據者天象與曆數也。

第 三 節

潛龍勿用，下也。見龍在田，時舍也。終日乾乾，行事也。或躍在淵，自試也。飛龍在天，上治也。亢龍有悔，窮之災也。乾元用九，天下治也。

上節以子曰答問爲釋，此節不同，顯係他家之說，且比較簡單。然有三義可取，即一曰時舍，乃指星次而言，所以釋龍也。時大角星見於東北地平之上，而日在氐，故龍爲時舍。二曰窮之災，謂月在大火之次。二月十六日，月入氐宿七度，十七日入房宿五度，十八日入尾宿八度，皆屬於大火之次，故曰窮之災。三曰乾元用九。元之時位始於酉正。乾之九五，上九皆是乾元。酉正爲天地之交際，過酉正之天入於地下，故曰天下治。九五龍出卯正上天，故爲上治。天上天下乃彼此相反見義。

第 四 節

潛龍勿用，陽氣潛藏。見龍在田，天下文明。終日乾乾，與時偕行。或躍在淵，乾道乃革。飛龍在天，乃位乎天德。亢龍有悔，與時偕極。乾元用九，乃見天則。

此又一家之說。陽氣潛藏釋潛龍。日在坤之龍爲九月，季秋陽閉，故陽氣潛藏。今日在乾之初九乃季春，啓而非閉，故勿用潛龍。龍乃天文，故龍見爲文明。九三位申正，至酉正日落，故曰與時偕行。九三下一度爲大梁之始，二月十九日，月在箕入天河中，故乾道革而或躍在淵。或者月也，非言龍。龍出於東，故曰位乎天德。天德，龍也，非以乾爲天。九三往加於戌初，則亢龍亦位過辰初，故曰與時偕極，上九酉之終，乃時之極也。天則與第三節天下治同，以酉正爲乾元，乃春分日落之際，故爲天則。

第 五 節

乾元者始而亨者也。 利貞者性情也。 乾始、 能以美利利天下，不言所利，大矣哉！大哉乾乎！剛健中正，純粹精也。六爻發揮，旁通情也。時乘六龍，以御天也。雲行雨施，天下平也。

此乃摘取象傳之文而爲說，大旨相同，亦言天象與元亨利貞四字之時位關係。所謂性情剛健純粹皆指天道而言，非關人事。

乾元下當脫一亨字，始而亨釋元亨，言日自酉正至子正也。元亨之相對位爲利貞，自黃昏至半夜之天象變化，即星自東至於南正，故曰利貞者性情也。性情謂天見其性情，有象可知。乾始即元，即九五之酉正，其相對卯正即利之起點，日落於元之酉正，則星出於利之卯正，故曰乾始，能以美利利天下。酉正爲每日日落之準則，而四時日所處之星次不同，則其相對之星出於卯正者亦時時變異，不能刻板執一，故曰：「不言所利大矣哉。」以上說明乾元與利之相對時位關係，即就乾卦之

外體言之。

乾之內體爲星次大梁，三月卦也。春分之後，陽勝於陰，日落須過酉正。內體加於酉，則九二合於九五之酉正，故曰剛健中正。剛健者乾之陽德，中正者九二爲大梁之中，九五爲酉正之位也。乾包括大梁全部星次三十度，而終於初爻之畢宿十一度，不若其他星次之有所出入參差，故曰純粹精也。因此，九二爲三月節穀雨之終，初爻爲三月中氣清明之終，正確不移。內體主動，左旋於不動之六爻時位，即九三加於初而逐爻上移終於上九之過程，故曰六爻發揮，旁通情也。日之所居，或在初，或在二，或在三，或在此三爻左右，並不一定，此即旁通之義。虞翻以相對卦爲旁通而以卦變說之，謬矣。

六龍者角亢氐房心尾六星也。角當巽之初爻，亢居巽與坤之間，氐房心尾全在坤。乾與坤相對，乾自酉至子，則六龍自卯至午，房宿南正。乾自子至寅，則六龍西流，房宿抵西南維。故曰時乘六龍以御天。乾之中爻爲穀雨之終，黃昏酉正，夜半子正，日天皆行於地下，故曰雲行雨施，天下平也。平者夜半交三月中氣也。

第 六 節

此節六爻之釋，純是儒生之義理，傅會牽合，與卦旨無涉，蓋不知易者之空言也。

君子以成德爲行，日可見之行也。潛之爲言也，隱而未見，行而未成，是以君子勿用也。

從一潛字爲說

君子學以聚之，問以辨之，寬以居之，仁以行之。易曰：見

龍在田，利見大人，君德也。

　　以龍及大人為君德，殊不知龍為星，大人為月，皆
陰德也。

九三：重剛而不中，上不在天，下不在田。故乾乾因其時而
惕，雖危无咎矣。

　　牽合九二九五爻而臆測之。殊不知九三位於申正，
日尚在天也。且九二九五乃取象於相對龍星之出現，與
九三之專言日者不同，何得混合說之，直是張冠李戴。
以屬為危，與第二節之釋同，乃文字訓詁，其實屬為兩
卦間之符號，即九三之前九四之後所包者十四度皆屬春
分。春分日落於酉正，今在申正酉初之間，日猶未落，
此屬无咎之義也。然於此時，以危訓之，尚無大礙，若
屬在他卦，而非申正之時，則何危之有？故徒恃文字訓
詁以釋易，往往有時而窮。

九四：重剛而不中，上不在天，下不在田，中不在人，故或
之。或之者疑之也，故无咎。

　　此釋更是胡扯。以三才而言，三四兩爻皆是人，何
以中不在人？人豈獨限於三耶？九四為酉初之位，已近
地平而在田矣。作者對于卦位茫然無知，而徒牽合九二
與九五爻而為說耳。疑之何以无咎？蓋徒取義於文字之
訓詁，而不知或者固實有所指也。其語辭之不通，竟至
於此！三才之說，始於漢儒，而繫辭傳則列於終篇，此
爻之釋，顯然依據繫辭，其出於漢陋儒之作乎？

夫大人者與天地合其德，與日月合其明，與四時合其序，與
鬼神合其吉凶。先天而天弗違，後天而奉天時，天且弗違，
而況于人乎？況于鬼神乎？

易以大人爲月之象徵，此則以爲人而引伸說之，語多浮誇，不可理喻。大人德如天地之高厚，明如日月之照耀，行如四時之有序，尚可說也。而其吉凶合鬼神，則不可思議矣。吉凶者事也，事可吉可凶。若以言人，則吉人凶人當指有德與無德者而言，大人豈可兼具兩種善惡人格哉。若以鬼神福善禍淫，大人能知趨吉避凶爲義，則語辭不通，凶豈可合哉。曆數有先天後天，皆與天違。此言大人先天後天，語意甚晦。蓋謂大人修德止於至善，天應之以吉祥，是先天而天勿違也。若天見凶象，大人知戒懼修省而反於正，是後天而奉天時也。朱熹云：「先天不違謂意之所爲，默與道契；後奉天時，謂知理如此，奉而行之。」是以先天爲天道，後天爲天理矣，道之與理，其別如何？蓋本宋之道學理學而爲此玄虛之說耳。且文中明言所奉者天時，又何有於後天之玄理哉。天且勿違謂先天也。大人之德行，皆與天合，則於人事，於鬼神，自亦無失，不待言矣。此是專論大人之文章，實與爻旨無關。

亢之爲言也，知進而不知退，知存而不知亡，知得而不知喪。其唯聖人乎？知進退存亡而不失其正者，其唯聖人乎？

　　　　上九位高而亢之義亦爲高，位高則危，因而引伸以爲說。殊不知經言亢龍乃星名，時見於相對之辰位而非在上九也。

（乙）　坤文言

坤、至柔而動也剛，至靜而德方，後得主而有常，含萬物而化光。坤道其順乎？承天而時行。

摘取象傳之辭，約略而爲説。首兩句與繫辭「夫坤
其靜也翕，其動也闢」同義而稍異。坤之內體爲星次，
日之所行，故至柔而動剛。坤之外體爲時位卯，故至靜
而德方。星之德柔，日之德剛，日隨星天左旋，動而不
息。時位屬地，固定不變；天之德圓，地之德方。此二
句乃說明坤卦內外體之不同含義，其實各卦皆如此，非
僅坤而已。彼繫辭所說乃乾坤對舉之義，有其一定之範
圍，非若此之泛泛也。後得主而有常，含萬物而化光，
則取義於象傳，言日在內體之坤。坤道其順乎，承天而
時行二語，亦取自象傳，惟含義不同。象傳言順承天，
指坤在元之酉正；此言坤道則指外體之坤，乃卯位也。
內體往重於外體，即卯位承天而時行矣。時間左旋，此
以左旋爲順，與曆家之說亦不同。

積善之家，必有餘慶，積不善之家，必有餘殃。臣弑其君，
子弑其父，非一朝一夕之故，其所由來者漸矣，由辯之不早
辯也。易曰履霜堅冰至，蓋言順也。

　　初六爻辭只是說明時令當爻爲霜降，爻下四度立冬
始冰也。此則傅會爲説，亦儒家之義理，其實非爻旨。

直其正也，方其義也。君子敬以直內，義以方外；敬義立而
德不孤。直方、大不習，无不利，則不疑其所行也。

　　直方爲正義，內敬而外義，亦儒家之義理，從文字
訓詁而引伸之，非爻旨也。何謂大不習，何謂无不利，
則語晦，不可得而知矣。

陰雖有美，含之以從王事，勿敢成也。地道也，妻道也，臣
道也；地道無成而代有終也。

爻辭有兩義，一爲可貞，一爲无成有終。此則混合之而爲義理之說，乃傅會者也。以坤爲陰，爲地道，爲妻道，爲臣道。然而既從王事，何以勿敢成？既勿敢成矣，又何必從王事耶？大概謂坤只能順從，不可作主，既使有成，亦勿敢自以爲功也。但經明言无成，非謂勿敢成也。地道无成而代有終，語亦艱晦難曉，若解爲代天有終，豈非僭越耶？且代天有終，又豈可稱无成耶？其語之乖戾如此，必爲陋儒之說無疑。

天地變化，艸木蕃；天地閉，賢人隱。易曰括囊无咎无譽，蓋言謹也。

　　謹與艸木蕃有何關係？天地閉與賢人隱有何關係？天地閉，秋冬時也，艸木又何能蕃？若賢人法之而或出仕或隱遯，豈非荒謬？此種東拉西扯之附會，還有何理之可言耶？

　　荀子謂括囊无咎无譽者爲腐儒，又是一說。蓋荀子取无咎无譽之義，而此謹義則由括囊二字而生也。

君子黃中通理，正位居體，美在其中，而暢于四支，發于事業，美之至也。

　　黃爲中色，乃五色配五行之說。六五亦中位，故曰黃中通理，正位居體。於是引伸而爲說。殊不知元吉之位在對方之酉正而非六五之卯正。

陰疑於陽必戰，爲其嫌於无陽也，故稱龍焉。猶未離其類也，故稱血焉。夫玄黃者天地之雜也，天玄而地黃。

　　无陽之无字衍，李鼎祚集解作「兼於陽」，是也。兼於陽與疑於陽同義。若嫌於无陽，當以得陽爲快，又

何必戰哉。龍星乃陰物，故龍戰于野之義爲陰疑於陽。疑，礙也。嫌，厭也。陽，日也。上六爲辰初之位，六三之星次來交之。日在六三而抵辰初，則旭日東升而夜象消。自卯正至辰初乃陰陽交戰消長之際，故陰礙於陽必戰。六三爲氐宿初度，其前角亢，其後房心，皆是龍也。日在龍則龍隱，故龍嫌於陽。龍在坤不在乾，若日在乾，則黃昏時龍昇天，今日在坤，故平旦龍消。相對之義顯然，而學者不知，以乾爲龍，以龍爲陽，謬誤久矣。龍有六星，今日猶在氐，故曰猶未離其類。日初出色紅，象龍之血，故稱其血玄黃。日出之色，先紅而後黃，反照於地平上，然非全紅全黃而雜有青天，故曰天地之雜，天玄而地黃。

六爻之釋，五爻皆空疏之義，惟此爻得其旨。

（四） 說　卦

　　說卦篇漢初巳亡，宣帝時河內女子得之以獻，即此是，蓋偽作也。王充論衡正說篇曾載其事，揚雄法言問神篇亦說：「易損其一也，雖蠢知闕焉。」王充揚雄皆謂易原缺一篇，及隋書經籍志又謂「秦焚書，周易獨以卜筮得存，唯失說卦三篇，後河內女子得之。」何以一篇又變成三篇耶？蓋兼序卦雜卦兩篇而言也。原止一篇耳，析而爲三，不知始於何人？

　　此篇所述之卦位，有兩種不同之體系，自相乖戾。一以相對爲序，即乾與坤，震與巽，坎與離，艮與兌是也。一以震東兌西，坎北離南，乾西北巽東南，艮東北坤西南列位。卦位相對爲易之重要作用，必不可違，後一說乃荒謬者也。其說與孟京之卦氣四方伯卦及易緯所言者合，必成哀之際，孟京之徒取以竄入無疑，是以歧義兩存焉。然則此篇之文，偽中又有偽矣。此一荒謬卦位，遂使易之體用瓦解，陷於紊亂，實在害人不淺。後之學者又以此爲孔子所作，不敢置疑，率奉爲圭臬以解經，宜乎其說之多虛妄也。

　　又所列之象多重複，且多非經所有，大抵雜取漢時

占驗家之謬說而成，故蕪穢瑣碎，不可究詰。凡於經或彖象所無者，今加橫綫於下以別之。

昔者聖人之作易也，幽贊於神明以生蓍，參天兩地以倚數；觀象於陰陽以立卦，發揮於剛柔以生爻；和順於道德而理於義；窮理盡性以至於命。

　　　生蓍者出蓍策以占筮也。蓍用數。參天兩地者，天以三，地以二爲誌也。天圓地方，天包地，圓內之方，其面積之比例爲三與二，圓大方亦大，圓小方亦小，其比值相依爲用而不變，故曰三天兩地而倚數。三數奇，二數偶，揲蓍所得之七八九六，亦不出此三天兩地之結合，七者二偶一奇，八者二奇一偶，九者三奇，六者三偶，亦倚數也。

　　　陰陽者晝夜之天象，卦準天，故曰觀象於陰陽以立卦。剛柔者日月也，日月之行變動不居而爻主變，故曰發揮於剛柔而生爻。

　　　道德者天之道，天之德。義者宜也，正也。卦以準天，不有違失，故和順於天道天德而理得其正。理者天之理，性者天之性，命者天之令。天有十二次，理也。天有寒暑，性也。天有四時十二月，命也。易言變，故窮理盡性以至於命。所謂窮，所謂盡，所謂至，蓋一歲之終也。呂氏春秋曰：「日窮於次，月窮於紀，星迴於天，數將幾終，歲將更始，」即此義也。

昔者聖人之作易也，將以順性命之理，是以立天之道、曰陰與陽，立地之道、曰柔與剛，立人之道、曰仁與義。兼三材而兩之，故易六畫而成卦。分陰分陽，迭用柔剛，故易六位而成章。

襲取繫辭傳三材之說而更附會之。三材者謂六爻之初二爲地，三四爲人，五上爲天，不過機械式之比附，尚無大礙也。今又進而以陰陽爲天道，剛柔爲地道，仁義爲人道，則初爻剛，二爻柔，三爻義，四爻仁，五爻陽，上爻陰，有何理耶？而結句曰「分陰分陽，迭用柔剛，故易六位而成章，」然則只有天地而人道無存矣。若以分陰分陽爲奇偶之位，而以剛柔爲爻畫之別，則天人地之序豈非因迭用而顛倒不堪耶？

經無陰陽柔剛，但言大小，乃指日月而言。象傳多言剛柔，與經之大小同義。陰陽惟見於泰否二卦，蓋象傳指節氣而言，亦天象也。繫辭傳曰：「剛柔者晝夜之象也」。又曰：「陰陽之義配日月」。是剛柔與陰陽固無大差別也明甚。夫天陽地亦陽，天陰地亦陰，天剛地亦剛，天柔地亦柔，地之剛柔視天以爲定耳，豈可以陰陽專屬於天，剛柔專屬於地？人有陰陽，男女之分也；人有剛柔，秉性之異也；皆不可兼而有之。若仁義則道德之名，豈可與陰陽剛柔相比擬？若然，則仁且義者豈非成爲半陰半陽，半剛半柔之人邪？故此種比擬，乃不倫不類者，必陋儒所爲之義理也。

天地定位，山澤通氣，雷風相薄，水火不相射。八卦相錯，數往者順，知來者逆，是故易、逆數也。

此以八卦兩兩相對爲原則，是也。然其序列如何，乾坤定位於何方，則未明言之。乾天坤地，艮山兌澤，震雷巽風，坎水離火，皆出於大象之傳。

八卦代表周天之星次，亦代表晝夜之時位。時位左旋，卦爻由下而上數之，故曰數往者順。星次右旋，由上而下數之，故曰知來者逆。以六爻言，即自初至上爲

順數，自上至初爲逆數。星次與時位隨時配合，於是成重卦六十四，此即八卦相錯之義也。若八卦本身，既已成列，則彼此不可能相錯，義固顯然者也。邵雍以左行爲順，右行爲逆，就其小橫圖言，自乾至坤爲右行，自坤至乾爲左行，尚可說也。及其構爲圓圖，取相對卦之義，而裁斷其橫圖，於是坤與震接，乾與巽接，則自乾左右旋皆逆，自坤左右旋皆順矣。周天左則俱左，右則俱右，豈可半逆半順，直是無理極矣。朱熹原亦疑之，語類答董銖問曰：「橫圖據見在的畫較爲自然，圓圖便是就這中間拗作兩截，恁地轉來者是奇，恁地轉去者是偶，有些造作，不甚依他元初的畫。」夫既疑其造作難通矣，而又援之以爲此節之注何哉？

雷以動之，風以散之，雨以潤之，日以暄之，艮以止之，兌以說之，乾以君之，坤以藏之。

　　　此亦以相對卦爲義。雷動，艮止，兌說，取義於象傳，餘則臆造。

帝出乎震，齊乎巽，相見乎離，致役乎坤，說言乎兌，戰乎乾，勞乎坎，成言乎艮。

萬物出乎震，震、東方也。齊乎巽，巽東南也，齊也者言萬物之潔齊也。離也者明也，萬物皆相見，南方之卦也；聖人南面而聽天下，嚮明而治，蓋取諸此也。坤也者地也，萬物皆致養焉，故曰致役乎坤。兌、正秋也，萬物之所說也，故曰說言乎兌。戰乎乾，乾、西北之卦也，言陰陽相薄也。坎也者水也，正北方之卦也，勞卦也，萬物之所歸也，故曰勞乎坎。艮、東北之卦也，萬物之所成終而所成始也，故曰成言乎艮。

490

此八卦之位即邵雍所謂文王後天方位也。其謬悖有二：一爲破壞八卦之相對作用，一爲破壞八卦之自然序列。乾與巽，兌與震，坤與艮對峙，則所謂雷風相薄，山澤通氣，天地定位者還成何義耶？依此序列，則震東爲卯，巽東南爲辰巳，離南爲午，坤西南爲未申，兌西爲酉，乾西北爲戌亥，坎北爲子，艮東北爲丑寅。若以時位與星次相配，則震爲大火，九月卦也；巽爲鶉尾、壽星，七八月卦也；離爲鶉火，六月卦也；坤爲實沈鶉首，四五月卦也；兌爲大梁，三月卦也；乾爲娵訾、降婁，正二月卦也；坎爲元枵，十二月卦也；艮爲析木、星紀，十與十一月卦也。除坎離艮巽無誤外，其餘四卦皆失其序矣。而震季秋，坤孟夏仲夏，更是無理。且乾坤生六子，有一定之自然次序。今震居少子長女之間，坤居中女少女之間，兌以少女，獨介於乾坤之間，而乾則遠離長子而與中子爲鄰，如此紊亂，尚成何體統耶？又觀其所言兌爲正秋，則震必爲正春，是以左旋之時位爲月令，與星次之右旋者反其道矣。此與易緯通卦驗之說如出一轍。通卦驗曰：乾主立冬，坎主冬至，艮主立春，震主春分，巽主立夏，離主夏至，坤主立秋，兌主秋分，蓋以三畫卦之中爻爲四立四仲也。孟喜京房之卦氣說有四方伯卦，亦以震東兌西坎北離南爲序而配合春秋冬夏。緯書之謬說，蓋出於孟京。孟喜、宣帝時人，京房、元帝時人，而緯書興於成哀之際。故此種謬說實創始於孟喜京房。喜自稱得易候陰陽災變書，宣帝以其改師法不用爲博士，則此說之非故，可想而知矣。及京房之易立於學官，其說盛行，於是有緯書，亦可想而知也。由此觀之，則此篇河內女子所獻之僞書，後又有所增益，而竄入孟京緯書之說，可斷言矣。是以其內容自

相矛盾也。

又此節文字極爲拙劣。萬物之潔齊，萬物之所說，成何義耶？陰陽相薄，乾與坤相薄乎？抑與巽相薄乎？萬物之所歸，何所指耶？萬物之所成終而所成始，則艮當爲冬至歲終又始之卦，若以爲立春，則非周曆之終始矣。總之，純是胡扯之說，不成義理者也。

神也者妙萬物而爲言者也。動萬物者莫疾乎雷，撓萬物者莫疾乎風，燥萬物者莫熯乎火，說萬物者莫說乎澤，潤萬物者莫潤乎水，終萬物始萬物者莫盛乎艮。故水火相逮，雷風不相背，山澤通氣，然後能變化旣成萬物也。

此節缺乾坤而專言六子，蓋以乾坤爲天地，難於立說故也。其序列如上文而結論又用相對卦義，蓋思彌縫其矛盾而不顧其紊亂者也。

乾、健也，坤、順也 ，震、動也，巽、入也 ，坎、陷也，離、麗也，艮、止也，兌、說也。

除巽外，其義皆本於彖傳。

乾爲馬，坤爲牛，震爲龍，巽爲雞，坎爲豕，離爲雉，艮爲狗，兌爲羊。
乾爲首，坤爲腹，震爲足，巽爲股，坎爲耳，離爲目，艮爲手，兌爲口。
乾、天也，故稱乎父。坤、地也，故稱乎母。震、一索而得男，故謂之長男。巽、一索而得女，故謂之長女。坎、再索而得男，故謂之中男。離、再索而得女，故謂之中女。艮、三索而得男，故謂之少男。兌、三索而得女，故謂之少女。

一索再索三索，謂初爻，二爻，三爻也。此言八卦

之序列，頗為重要。

乾為天，為圓，為君，為父，為玉，為金，為寒，為冰，為大赤，為良馬，為老馬，為瘠馬，為駁馬，為木果。

坤為地，為母，為布，為釜，為吝嗇，為均，為子母牛，為大輿，為文，為衆，為柄，其於地也為黑。

震為雷，為龍，為玄黃，為旉，為大塗，為長子，為決躁，為蒼筤竹，為萑葦，其於馬也為善鳴，為馵足，為作足，為的顙，其於稼也為反生，其究為健，為蕃鮮。

　　　震為馬，但無善鳴之象。

巽為木，為風，為長女，為繩直，為工，為白，為長，為高，為進退，為不果，為臭，其於人也為寡髮，為廣顙，為多白眼，為近利市三倍，其究為躁卦。

坎為水，為溝瀆，為隱伏，為矯輮，為弓輪，其於人也為加憂，為心病，為耳痛，為血卦，為赤，其於馬也為美脊，為亟心，為下首，為薄蹄，為曳，其於輿也為多眚，為通，為月，為盜，其於木也為堅多心。

　　　坎為疾，但無心病；為耳，但無耳痛；為輿，但無多眚。

離為火，為日，為電，為中女，為甲胄，為戈兵，其於人也為大腹，為乾卦，為鱉，為蟹，為蠃，為蚌，為龜，其於木也為科上槁。

　　　離為明，但無日，日豈限於離哉？

艮為山，為徑路，為小石，為門闕，為果蓏，為閽寺，為指，為狗，為鼠，為黔喙之屬，其於木也為堅多節。

艮爲石，但無小石。

兌爲澤，爲少女，<u>爲巫</u>，爲口舌，<u>爲毀折</u>，<u>爲附決</u>，<u>其於地</u>
<u>也爲剛鹵</u>，爲妾，爲羊。

（五） 序 卦

有天地然後萬物生焉。盈天地之間者唯萬物，故受之以屯。
屯者盈也，屯者物之始生也。物生必蒙，故受之以蒙。蒙者
蒙也，物之稺也。物稺不可不養也，故受之以需。需者飲食
之道也。飲食必有訟，故受之以訟。訟必有衆起，故受之以
師。師者衆也。衆必有所比，故受之以比。比者比也。比必
有所畜，故受之以小畜。物畜然後有禮，故受之以履。履而
泰，然後安，故受之以泰，泰者通也。物不可以終通，故受
之以否。物不可以終否，故受之以同人。與人同者，物必歸
焉，故受之以大有。有大者不可以盈，故受之以謙。有大而
能謙必豫，故受之以豫。豫必有隨，故受之以隨。以喜隨人
者必有事，故受之以蠱。蠱者事也。有事而後可大，故受之
以臨。臨者大也。物大然後可觀，故受之以觀。可觀而後有
所合，故受之以噬嗑。嗑者合也。物不可以苟合而已，故受
之以賁。賁者飾也。致飾然後亨則盡矣，故受之以剝。剝者
剝也。物不可以終盡，剝上反下，故受之以復。復則不妄
矣，故受之以无妄。有无妄然後可畜，故受之大畜。物畜然
後可養，故受之以頤。頤者養也。不養則不可動，故受之以
大過。物不可以終過，故受之以坎。坎者陷也。陷必有所
麗，故受之以離。離者麗也。

以上爲原編經上篇三十卦之序。始乾坤，終坎離。其中乾與坤，頤與大過，坎與離爲正對卦，餘皆兩兩反覆爲之。

有天地然後有萬物，有萬物然後有男女，有男女然後有夫婦，有夫婦然後有父子，有父子然後有君臣，有君臣然後有上下，有上下然後禮義有所錯。夫婦之道不可以不久也，故受以之恆。恆者久也。物不可以久居其所，故受之以遯。遯者退也。物不可以終遯，故受之以大壯。物不可以終壯，故受之以晉。晉者進也。進必有所傷，故受之以明夷。夷者傷也。傷於外者必反於家，故受之以家人。家道窮必乖，故受之以睽。睽者乖也。乖必有難，故受之以蹇。蹇者難也。物不可以終蹇，故受之以解。解者緩也。緩必有所失，故受之以損。損而不已必益，故受之以益，益而不已必決，故受之以夬。夬者決也。決必有遇，故受之以姤。姤者遇也。物相遇而後聚，故受之以萃。萃者聚也。聚而上者謂之升，故受之以升。升而不已必困，故受之以困。困乎上者必反下，故受之以井。井道不可不革，故受之以革。革物者莫若鼎，故受之以鼎。主器者莫若長子，故受之以震。震者動也。物不可以終動，止之，故受之以艮。艮者止也。物不可以終止，故受之以漸。漸者進也。進必有所歸，故受之以歸妹。得其所歸者必大，故受之以豐。豐者大也。窮大者必失其居，故受之以旅。旅而无所容，故受之以巽。巽者入也。入而後說之，故受之以兌。兌者說也。說而後散之，故受之以渙，渙者離也。物不可以終離，故受之以節。節而信之，故受之以中孚。有其信者必行之，故受之以小過。有過物者必濟，故受之以既濟。物不可窮也，故受之以未濟終焉。

　　以上爲原編經下篇三十四卦之序。其中惟中孚與小

過正對，餘皆兩兩反覆。

易經原有之編制以兩兩反覆卦爲主，其目的無非使學者易於記憶耳，別無奧義存於其間。且以易理言，八卦準天道，既已成列，象在其中，豈可顛倒？故原編之次序，並不合於周天之體系，惟取巧於卦形而已。因乾坤坎離頤大過中孚小過八卦不可能有反覆兩卦，遂改取相對之體。其實此兩兩相對之卦却與天象合者也。

序卦之說，膚淺無聊，全是附會。錢玄同謂「不知何淺人作，」誠然。

韓康伯曰：「凡序卦所明，非易之蘊也，蓋因卦之次，託以明義。」

（六） 雜 卦

乾剛坤柔，比樂師憂。臨觀之義，或與或求。屯而不失其居，蒙雜而著。震、起也。艮、止也。損益、盛衰之始也。大畜、時也。无妄、災也。萃聚而升不來也。謙輕而豫怠也。噬嗑、食也。賁、无色也。兌見而巽伏也。隨、无故也。蠱則飭也。剝、爛也。復、反也。晉、畫也。明夷、誅也。井通而困相遇也。咸、速也。恆、久也。渙、離也。節、止也。解、緩也。蹇、難也。睽、外也。家人、內也。否泰、反其類也。大壯則止，遯則退也。大有、眾也。同人、親也。革、去故也。鼎、取新也。小過、過也。中孚、信也。豐、多故也。親寡、旅也。離上而坎下也。小畜、寡也。履、不處也。需、不進也。訟、不親也。大過、顛也。姤、遇也，柔遇剛也。漸、女歸待男行也。頤、養正也。既濟、定也。歸妹、女之終也。未濟、男之窮也。夬、決也，剛決柔也，君子道長，小人道憂也。

此依卦名望文訓詁，只是「雜糅眾卦，錯綜其義」而已，實在無多價值。錢玄同謂「不知何學究作」，誠然。李鏡池說：「他是一首六十四卦歌訣，他不大着重

498

卦義，只是有意把諸卦用韻編成歌訣，當是一種便於記
誦的啓蒙書也。」(1)

　　自大過以下，卦不反對兩兩相從，當是錯簡，蘇軾
改正之云：頤、養正也；大過、顚也；姤、遇也，柔遇
剛也；夬、決也，剛決柔也，君子道長，小人道憂也；
漸、女歸待男行也；歸妹、女之終也；既濟、定也；未
濟、男之窮也(2)。

---

(1) 李鏡池易傳探源——古史辨第三冊上編。
(2) 見洪邁容齋隨筆二卷十五，書易脫誤。

（七） 附 錄 一

宋歐陽修撰易童子問三卷，其下卷專論繫辭、文言、說
卦而下皆非孔子所作，極有見地，茲為抄錄附後，以供
參考。

歐陽修：易童子問

童子問曰：繫辭非聖人之作乎？曰：何獨繫辭焉，文言說卦而下，皆非聖
人之作；而衆說淆亂，亦非一人之言。昔之學易者，雜取以資其講說，而說非
一家，是以或同或異，或是或非，其擇而不精，至使害經而惑世也。然有附託
聖經，其傳已久，莫得究其從來而覈其真偽。故雖有明智之士，或貪其博雜之
辯，溺其富麗之辭；或以為辨疑是正，君子所慎；是以未始措意於其間。若余
者可謂不量力矣。遽然遠出諸儒之後，而學無師授之傳，其勇於敢為而決於不
疑者，以聖人之經尚在，可以質也。

童子曰：敢問其略？曰：乾之初九曰：「潛龍勿用，」聖人於其象曰：「
陽在下也，」豈不曰其文已顯而其義已足乎？而為文言者又曰：「龍德而隱者
也」。又曰：「陽在下也。」又曰：「陽氣潛藏」。又曰：「潛之為言，隱而
未見。」

繫辭曰：「乾以易知，坤以簡能；易則易知，簡則易從；易知則有親，易
從則有功；有親則可久，有功則可大；可久則賢人之德，可大則賢人之業。」
其言天地之道，乾坤之用，聖人所以成其德業者，可謂詳而備矣，故曰：「易
簡而天下之理得矣」者，是其義盡於此矣。俄而又曰：「廣大配天地，變通配
四時，陰陽之義配日月，易簡之善配至德」。又曰：「夫乾，確然示人易矣，

夫坤隤然示人簡矣。」又曰：「夫乾天，下之至健也，其德行常易而知險；夫坤，天下之至順也，其德行常簡而知阻。」

繫辭曰：「六爻之動，三極之道也」者，謂六爻而兼三材之道也，其言雖約，其義無不包矣。又曰：「易之爲書也，廣大悉備，有天道焉，有人道焉，有地道焉，兼三材而兩之，故六。六者非他也，三材之道也。」而說卦又曰：立天之道，曰陰與陽；立地之道，曰柔與剛；立人之道，曰仁與義。兼三材而兩之，故易六畫而成卦，分陰分陽，迭用柔剛，故易六位而成章」。

繫辭曰：「聖人設卦觀象，繫辭焉而明吉凶」。又曰：「辨吉凶者存乎辭。」又曰：「聖人有以見天下之動，而觀其會通，以行其典禮，繫辭焉而斷其吉凶，是故謂之爻。」又曰：「易有四象，所以示也，繫辭焉，所以告也，定之以吉凶，所以斷也。」又曰：「設卦以盡情僞，繫辭焉以盡其言。」其說雖多，要其旨歸，止於繫辭明吉凶爾，可一言而足也。

凡此數說者其略也，其餘辭雖小異，而大旨則同者，不可以勝舉也。謂其說出於諸家，而昔之人雜取以釋經，故擇之不精，則不足怪也。謂其出於一人，則是繁衍叢脞之言也。其遂以爲聖人之作，則又大謬矣。孔子之文章，易春秋是矣；其言愈簡，其義愈深，吾不知聖人之作繁衍叢脞之如此也。雖然，辨其非聖之言而已，其於易義尚未有害也；而又有害經而惑世者矣。

文言曰：「元者、善之長也，亨者，嘉之會也，利者、義之和也，貞者、事之幹也；」是謂乾之四德。又曰：「乾元者始而亨者也，利貞者性情也，」則又非四德矣。謂此二說，出於一人乎？殆非人情也。

繫辭曰：「河出圖，洛出書，聖人則之」。所謂圖者，八卦之文也，神馬負之，自河而出，以授於伏羲者也。蓋八卦者，非人之所爲，是天之所降也。又曰：「包羲之王天下也，仰則觀象於天，俯則觀法於地，觀鳥獸之文，與地之宜，近取諸身，遠取諸物，於是作八卦。」然則八卦者是人之所爲也，河圖不與焉。斯二說者，已不能相容矣。而說卦又曰：「昔者聖人作易也，幽贊於神明而生蓍，三天兩地而倚數，觀變於陰陽而立卦」。則卦又出於蓍矣。八卦之說如是，是果何從而出也！謂此三說出於一人乎？則殆非人情也。人情常患自是其偏見，而立言之士，莫不自信其欲以垂乎後世，惟恐異說之攻之也；其肯自爲二三之說以相牴牾而疑世，使人不信其書乎？故曰，非人情也。凡此五說者自相乖戾，尚不可以爲一人之說，其可以爲聖人之作乎？

童子曰：於此五說，亦有所取乎？曰：乾無四德，而洛不出圖書，吾昔已言之矣。若元亨利貞，則聖人於象言之矣。吾知自堯舜以來用卜筮爾，而孔子不道其初也，吾敢妄意之乎？

童子曰：是五說皆無取矣，然則繁衍叢脞之言，與夫自相乖戾之說，其書

皆可廢乎？曰：不必廢也。古之學者皆有大傳，今書禮之傳尚存；此所謂繫辭者，漢初謂之易大傳也，至後漢已爲繫辭矣。語曰：「爲趙魏老則優，不可以爲滕薛大夫也」。繫辭者謂之易大傳，則優於書禮之傳遠矣，謂之聖人之作，則僭僞之書也。蓋夫使學者知大傳爲諸儒之作，而敢取其是而捨其非，則三代之末去古未遠，老師名家之世學，長者先生之餘論，雜於其間者在焉，未必無益於學也。使以爲聖人之作，不敢有所擇而盡信之，則害經惑世者多矣。此不可以不辨也，吾豈好辨者裁？

童子曰：敢問四德？曰：此魯穆姜之所道也。初穆姜之筮也，遇艮之隨，而爲「元亨利貞」說也。在襄公之九年，後十有三年而孔子始生，又數十年而始贊易。然則四德非乾之德，文言不爲孔子之言矣。

童子曰：或謂左氏之傳春秋也，竊取孔子文言以上附穆姜之說，是左氏之過也，然乎？曰：不然，彼左氏者胡爲而傳春秋，豈不欲其書之信於世也！乃以孔子晚而所著之書，爲孔子未生之前之說，此雖甚愚者之不爲也。蓋方左氏傳春秋時，世猶未以文言爲孔子作也，所以用之不疑。然則謂文言爲孔子作者出於近世乎？

童子曰：敢問八卦之說。或謂伏羲已授河圖，又俯仰於天地觀取於人物，然後畫爲八卦爾。二說雖異，會其義則一也，然乎？曰：不然，此曲學之士牽合傅會以苟通其說，而遂其一家之學爾。其失由於妄以繫辭爲聖人之言，而不敢非，故不得不曲爲之說也。河圖之出也，八卦之文已具乎？則伏羲授之而已，復何所爲也。八卦之文不具，必須人力爲之，則不足爲河圖也。其曰：「觀天地，觀鳥獸，取於身，取於物，然後始作八卦」；蓋始作者前未有之言也。考其文義，其創意造始，其勞如此，而後八卦得以成文，則所謂河圖者，何與於其間哉？若曰已授河圖，又須有爲而立卦，則觀於天地鳥獸取於人物者，皆備言之矣，而獨遺其本始所授於天者，不曰取法於河圖，此豈近於人情乎？考今繫辭二說離絕，各自爲言，義不相通，而曲學之士牽合以通其說而誤惑學者，其爲患豈小哉？古之言僞而辨，順非而澤者，殺無赦。嗚呼！爲斯說者，王制之所宜誅也。

童子曰：敢問生蓍立卦之說。或謂聖人已畫卦必用蓍以筮也，然乎？曰：不然，考其文義可知矣。其曰「昔者聖人之作易也」者，謂始作易時也。又曰「幽贊於神明以生蓍，參天兩地而倚數，觀變於陰陽而立卦，發揮於剛柔而生爻」者，謂前此未有蓍，聖人之將作易也，感於神明而蓍爲之生，聖人得之遂以倚數而立卦。是言昔之作易立卦之始如此爾。故漢儒謂伏羲畫八卦由數起者，用此說也。其後學者知幽贊生蓍之怪，其義不安，則曲爲之說曰：用生蓍之意者，將以救其失也。又以卦由數起之義，害於二說，則謂已畫卦而用蓍

502

以筮，欲率合二說而通之也。然而考其文義豈然哉？若曰已作卦而用著以筮，則大衍之說是已。大抵學易者莫不欲尊其書，故務為奇說以神之，至其自相乖戾，則曲為率合而不能通也。

童子曰：敢請益！曰：夫論未達者未能及於至理也，必指事據跡以為言，余之所以知繫辭而下非聖人所作者，以其言繁衍叢脞而乖戾也。蓋略舉其易知者爾，其餘不可以悉數也。其曰「原始反終，故知死生之說」，又曰「精氣為物，遊魂為變，是故知鬼神之情狀」云者，質於夫子平生之語可以知之矣。其曰「觀於象辭則思過半矣」，又曰「八卦以象告，爻象以情言」云者，以常人之情而推聖人可以知之矣。其以乾坤之策三百有六十當期之日，而不知七八九六之數同，而乾坤無定策，此雖筮人皆可以知之矣。至於何謂子曰者，講師之言也。說卦雜卦者，筮人之占書也。此又不待辨而可以知者，然猶皆迹也。若夫語以聖人之中道而過，推之天下之至理而不通，則思之至者可以自得之。

童子曰：既聞命矣，敢不勉。

附 錄 二

漢儒之爻辰卦變說，類多荒謬，王引之辨之甚詳，茲錄其述聞，以供參考。

王引之：經義述聞三則

一 爻辰

易之取象見於說卦者皎然可據矣。漢儒推求卦象皆與說卦相表裏，而康成則又以爻辰說之。陽爻之初、二、三、四、五、上，值辰之子寅辰午申戌。陰爻之初、二、三、四、五、上，值辰之未酉亥丑卯巳。而以十二辰之物象，十二次之星象配之。（詳見惠氏易漢學）。舍卦而論爻，已與說卦之乾爲坤爲者異矣。而其取義則又迂曲。如九二爻鄭以爲辰當值寅者也，而於困九二：「困于酒食」注云：「二據初，辰在未，未上值天廚，酒食象」。（見士冠禮疏）。則舍本爻之寅而言初爻之未。未值天廚，何不繫於值未之初六而繫於值寅之九二乎？

九三爻當值辰者也，而於離九三「鼓缶而歌」注云：「艮爻也，位近丑，丑上值弁星，弁星似缶」。（詩宛丘正義）則舍辰宮之星而言丑宮之星，丑者六四所值之辰，豈九三所值乎？艮主立春，所值者寅也，何不取象於寅而取於所近之丑乎？坎六四：「尊酒簋二用缶」，注云：「爻在丑，丑上值斗可以斟之象，斗上有建星似簋，建星上有弁星，弁星形又如缶」。（宛丘正義）爻辰既值斗，何不逕取斗象，而取於斗所酌之尊，又不直取建星弁星，而取建星弁星所似之簋與缶，不亦迂曲而難通乎？上六「繫用徽纆」，注云：「爻辰在巳，巳爲蛇，蛇蟠屈似徽纆也。」（宣二年公羊傳疏）爻辰既在巳而爲蛇，何不逕

504

取蛇象而取蛇所似之徽縲乎？初九辰在子，子爲鼠。九二辰在寅，寅爲虎。九三辰在辰，辰爲龍。九四辰在午，午爲馬。九五辰在申，申爲猴。上九辰在戌，戌爲犬。初六辰在未，未爲羊。六二辰在酉，酉爲雞，六三辰在亥，亥爲豕。六四辰在丑，丑爲牛。六五辰在卯，卯爲兔。豈亦將象其禽之所似以爲爻乎？展轉牽合徒見糾紛耳。且未宮之天厨，丑宮之天弁，史記天官書，漢書天文志皆不載，（天官書張素爲天厨，主觴客在鶉火之次，非未宮。鄭所謂未值天厨，蓋與鬼之屬外厨六星也。輿鬼未宮鶉首之宿。）則西漢時尚未有此星名。（開元占經，石氏星占有天弁，甘氏星占有外厨。案甘石天文各八卷見於天官書正義所引七錄，而漢書藝文志無之，則其書後出可知）。況易作於殷周之際，安得所謂天厨天弁者而比象之乎？李鼎祚集解序自言刊輔嗣之野文，補康成之逸象，而所采鄭注，不及爻辰一語，可謂知所去取矣。

又案乾卦正義曰：「先儒以爲九二當大簇之月，陽氣見地；則九三爲建辰之月，九四爲建午之月，九五爲建申之月爲陰氣始殺，不宜稱飛龍在天；上九爲建戌之月，羣陰旣盛，上九不宜言與時偕極。於此時陽氣僅存，何極之有，先儒此說，於理稍乖」。則爻辰相間而主月，沖遠固已非之矣。況十二消息卦分主一月，易之例也，故臨有至於八月之文。若每一爻分主一月則經無此例。今爻辰乃以乾之六爻分主奇數之月，坤之六爻分主偶數之月，而諸卦之陽爻陰爻亦如之。乾初九值子在一陽始生之月，坤初六值未乃在陰浸長之月，已乖建始之義，而卦爻之陰陽相間者，如屯則初九值子，六二遂值酉；蒙則初六值未，九五遂值寅，推之他卦，莫不皆然。亂次奪倫，莫此爲甚，豈經義之所有乎？錢氏答問，不知糾正，而又引伸其說，顚矣！

又案十二辟卦每卦各主一月，爻辰則每爻各主一月，而其說每相牴牾。如乾主建巳之月者也，而爻辰則初九值子，九二值寅，九三值辰，九四值午，九五值申，上月值戌，皆非建巳之月。坤主建亥之月者也，而爻辰則六三值亥，而初六則值未，六二則值酉，六四則值丑，六五則值卯，上六則值巳，皆非建亥之月。臨二陽在下，建丑之月也，而爻辰則九二值寅，六四始值丑。姤一陰在下，建午之月也，而爻辰則初六值未，九四始值午，爻與卦不相背而馳乎？夫十二辟卦之主月，理之不可易者也，卦之不合而猶謂其爻之主是辰乎？

又案漢書律曆志曰：「十一月乾之初九，故黃鐘爲天統；六月坤之初六，故林鐘爲地統；正月乾之九二，故大族爲人統」。而周官大師鄭注，周語韋注皆祖述之，此爻辰之所自出也。案律呂以陰陽相間，而乾坤之爻則初二三四五上六位相連，斷無相間主月之理。京氏易傳曰：建子起潛龍，建巳已極，主六位。建午起坤宮初六爻，易云履霜堅冰至；建亥龍戰於野」。是乾六爻主前六辰，坤六爻主後六辰，以類相從，豈如六律之相間乎？黃鐘下生林鐘，三分損

一也。林鐘上生大族，三分益一也。而乾之初九不能下生坤之初六，坤之初六不能上生乾之九二。然則陰陽十二律與乾坤十二爻次序絕不相同，以爻配律，斯不通之論矣。易緯乾鑿度又曰：「天道左旋，地道右遷，二卦十二爻而期一歲，乾貞於十一月子，左行陽時六，坤貞於六月未，右行陰時六，歲終則從其次卦，三十二歲期而周六十四卦」。其說與鄭氏爻辰相似而不同，蓋西漢之末，好事者務爲穿鑿，言人人殊，總之非易之本義也。

二　虞氏釋貞以「之正」，違失經義。

虞仲翔發明卦爻多以之正爲義，陰居陽位爲失正，則之正而爲陽。陽居陰位爲失正，則之正而爲陰。蓋本象象傳之言位不當者而增廣之，變諸卦失正之爻以歸於既濟，可謂同條共貫矣。然經言位不當者惟論爻之失正，未嘗言其變而之正也。夫爻因卦異，卦以爻分，各有部居，不相雜厠。若爻言初六，六三，六五，而易六以九；言九二、九四、上九，而易九以六，則爻非此爻，卦非此卦矣，不且紊亂而無別乎？遍考象象傳文，絕無以之正爲義者，既已無所根據矣，乃輒依附於經之言貞者而以之正解之。如注坤利牝馬之貞云：「坤爲牝，震爲馬，初動得正，故利牝馬之貞。」注「安貞吉」云：「復初得正，故貞吉。」案象曰：「牝馬地類，行地无疆，柔順利貞。」又曰：「安貞之吉，應地无疆。」皆以純陰之卦言之，未嘗以爲初爻之正也。

注蒙利貞云：「二五失位，利變之正，故利貞」。案象曰：「蒙以養正，聖功也」，以九二之剛中包六五言之，未嘗以爲二五之位當之正也。

注師象「師衆也，貞正也，能以衆正可以王矣」云：「二失位，變之五爲比，故能以衆正可以王矣」。案下文曰：「剛中而應，行險而順」，則所謂能以衆正者，仍以下坎上坤之卦言之，非謂變而爲比，然後能以衆正也。

注臨元亨利貞云：「乾來交坤，動則成乾，故元亨利貞」。又注象「大亨以正，天之道也」云：「謂三動成乾，天得正爲泰，天地交通，故亨以正，天之道也」。案象曰：「說而順，剛中而應」，乃大亨以正之由；若謂三動成乾，則是健而順，非說而順矣。象又曰：至于八月有凶，消不久也，謂建未之月也（周八月夏六月），則臨爲丑月之卦甚明；若謂三動成泰，則是寅月而非丑月，不得與未月爲消息矣。

注无妄元亨利貞云：「三四失位，故利貞也」。又注象「大亨以正，天之命也」云：「變四承五，乾爲天，巽爲命，故曰大亨以正，天之命也。」案象曰「動而健，剛中而應，大亨以正，天之命也」，四句一意相承，若謂變四之正則是動而巽，非動而健，失其所以爲无妄矣。

注大畜利貞云：「二五失位故利貞。」又注象「大正也」云：「二五易位

506

故大正」。案象曰：「其德剛上而上賢能止健，大正也」，謂上艮下乾也，若二五易位，則上巽下離，不得謂之止健矣。

注頤貞吉云：「謂三之正，五上易位，故頤貞吉」。案卦體上止下動象人之頤，故名曰頤；若謂三之正，五上易位，則上不止而下不動，不得謂之頤矣。頤象已不見，尚何養正則吉之有乎？

注離象「柔麗乎中正故亨」云：「柔謂五陰，中正謂五，伏陽出在坤中，故中正而亨」。案二五皆柔而得中。象曰：「黃離元吉，得中道也」；「六五之吉，離王公也」；即所謂柔麗乎中正也。若謂五伏陽出在坤中，故中正而亨，則是剛麗乎中正矣，豈柔麗之謂乎？

注恆亨无咎利貞云：「初利往之四，終變成益，則初四二五皆得其正。」案象曰：「恆亨无咎利貞，久于其道也」，久者不變之謂也，若謂初變之四，二變之五，則是無恆矣，豈久於其道之謂乎？

注大壯利貞云：「四失位爲陰所乘，與五易位乃得正，故利貞也。」又注象「大者正也」云：「四進之五乃得正，故大者正也。」按象曰：「大壯、大者壯也，剛以動故壯。大壯利貞，大者正也」。皆以下乾上震言之，若謂九四之正而爲六四，則大者失其大，壯者失其壯矣，尚何利之有乎？

注明夷利艱貞云：「五失位，變出成坎爲艱，故利艱貞矣。」又注象「內難而能正其志，箕子以之」云：「五乾天位，今化爲坤，箕子之象；坤爲晦，箕子正之，出五成坎體，離重明麗正坎爲志，故正其志。」案象曰：利艱貞，晦其明也，仍取明在地中之象，若謂六五之正而爲坎爲重明，則明在地中之象不見，尚何得言晦其明乎？

注萃「利見大人，亨利貞」云：「三四失位，利之正變成離，離爲見，故利見大人，亨利貞，聚以正也。」案象曰；「順以兌，剛中而應，故聚也」，以下坤上兌言之也。若謂三四之貞則下艮上坎，當爲見險而止，不得謂之順以說矣。順說之象既失，尚何聚之有乎？

注革「元亨利貞」云：「四動體離，五在坎中，以成既濟。」案象曰「文明以說，大亨以正，」以下離上兌言之也。若謂九四之正而爲六四，則是下離上坎，不得謂之說矣。

注漸利貞云：「初上失位，故利貞。」又注象進以正云：「謂初已變爲家人，四進已正，而上不正，三動成坤，上來反三，故進以正。」案象曰：「進得位，往有功也，進以正可以正邦也。其位剛得中也。止而巽，動不窮也。」則所謂利貞者正以中四爻得位而言，非謂初上失位當動而之正也。若謂初六變爲初九，上九變爲上六，則是下離上坎，不得謂之止而巽矣。

注兌亨利貞云：「二失正，動應五，故亨利貞。」又注象說以利貞云：「二

507

三四利之正，故說以利貞也。」案象曰：「剛中而柔外，說以利貞」，惟其剛柔相濟，故說利貞也。若謂二三四之正，則剛中柔外之象不見，不得謂之說以利貞矣。

注渙「利涉大川利貞」云：二失正，變應五，故利貞也。」案象曰：「剛來而不窮」，謂否四之二也，卦以剛來為義，不謂剛化為柔也。且內卦為坎，故云利涉大川，若九二之正而為六二，則坎象不見，尚何利涉之有乎？

注中孚利貞云：「二利之正而應五也。」又注象「中孚以利貞乃應乎天也」云：「訟乾為天，二動應乾，故乃應乎天也」。案象曰：「柔在內而剛得中，說而巽，孚乃化邦也」；若九二之正而為六二，則內卦剛不得中，能巽而不能說矣，尚何利之有乎？

注小過亨利貞云：「五失正，故利貞」。案經下文曰：「可小事，不可大事；」象曰：「柔得中是以小事吉也，剛失位而不中，是以不可大事也；」若六五已之正而為九五，則是剛得位而中矣，下文何以云不可大事乎？五之正則為咸，象曰過以利貞與時行也，未嘗言咸以利貞也。

仲翔注革卦又曰：「動成既濟，乾道變化，各正性命，保合太和，乃利貞，故元亨利貞與乾同義也」，則乾之利貞，仲翔亦必以之正解之，蓋乾九二、九四、上九皆陽居陰位，動則成既濟故也。案象曰：「乾道變化，各正性命，保合大和乃利貞，首出庶物，萬國咸寧，」則各正性命者謂庶物之性命各得其正，非謂乾之六爻各正而成既濟也。且文言曰：貞者事之幹也，君子貞固足以幹事，則固守之謂之貞，豈變而之他之謂乎？仲翔於乾之利貞先已誤解，宜乎諸卦之言貞者皆相因而致誤矣。

至於爻不當位而言貞者，虞氏皆以之正為解，尋文究理實不當。如虞氏所說坤六三含章可貞，象曰：「含章可貞，以時發也，」謂內含章美，待時而發，非謂動而之正也；而虞則云：「三失位，發得正，故可貞矣。」訟九四「安貞吉」象曰「安貞不失也，」謂安靜不犯，不失其正，非謂動而之正也；而虞則云：「動而得位，故安貞吉矣。」履九二「幽人貞吉，」象曰：「幽人貞吉，中不自亂也，」謂居內履中在幽而正，非謂動而之正也；而虞則云：「之正得位，故貞吉矣。」隨六三利居貞，謂居處貞正而不妄動，非謂動而之正也；而虞則：「之正得位矣」。无妄九四可貞无咎，謂比近九五可以任正，非謂動而之正也；而虞則云，「動得正故可貞矣。」咸九四貞吉悔亡，象曰：「貞吉悔亡，未感害也，」謂始感以正，不逢患害，非謂動而之正也。（動而之正則為蹇，不復感應以相與矣）。而虞則云：「應初動得正，故貞吉而悔亡矣」。大壯九二貞吉，象曰：「九二貞吉以中也，」謂剛中而應不失其正，非謂動而之正也；而虞則云：「變得位，故貞吉矣。」九四貞吉悔亡，謂行不違

謙，不失其正，非謂動而之正也；而虞則云：「之五得中故貞吉而悔亡矣。」晉初六「晉如摧如貞吉，」象曰：「晉如摧如，獨行正也，」謂進明退順，不失其正，非謂動而之正也；而虞則云：「動得位，故貞吉矣。」解九二貞吉，象曰：「九二貞吉，得中道也」，謂剛中而應，不失其正，非謂動而之正也；而虞則云：「之正得中，故貞吉矣」。損九二利貞，象曰：「九二利貞，中以為志也；」謂志在履正不失其正，非謂動而之正也；而虞則云：「失位當之正，故利貞矣。」上九无咎貞吉，謂用正而吉，不制於柔，非謂動而之正也；而虞則云：「上失正，之三得位，故无咎貞吉矣。」姤初六貞吉，謂柔而守正乃以獲吉，非謂動而之正也；而虞則云：「初四失正，易位則吉矣。」（姤為一陰始生，方且漸進而為遯為否為觀為剝為坤，斷無初爻變而之正之理。）升六五貞吉升階，象曰：「貞吉升階，大得志也」；謂體柔而應，居順履中，非謂動而之正也；而虞則云：「二之五，故貞吉矣。」鼎六五利貞，謂居中以柔應乎剛正，非謂動而之正也；而虞則云：「動而得正，故利貞矣」。艮初六「艮其趾无咎，利永貞，」象曰：「艮其趾，未失正也，」謂處止之初，至靜而定，非謂動而之正也；而虞則云：「動而得正，故未失正矣。」歸妹九二利幽人之貞，象曰：「利幽人之貞，未變常也」；謂在內履中能守其常，非謂動而之正也；而虞則云：「變得正，故利幽人之貞矣。」巽初六利武之貞，謂濟以威武乃能幹事，非謂動而之貞也；而虞則云：「乾為武人，初失位，利之正為乾，故利武人之貞矣。」未濟九二貞吉，象曰：「九二貞吉，中以行正也」；謂救難以正，而不違中，非謂動而之貞也；而虞則云：初已正，二動成震，故行正矣」。九四貞吉悔亡，象曰：「貞吉悔亡，志行也；」謂以剛奉柔，志在乎正，非謂動而之正也；而虞則云：「動正得位，故吉而悔亡矣。」六五貞吉无悔，謂御剛以柔，合乎中道，非謂動而之正也；而虞則云：「之正則吉，故貞吉无悔矣。」（未濟六爻皆不當位，如以之正為義，則六爻皆當言貞，何以九二，九四，六五言貞而其餘則否乎？可見言貞者本爻自有守正之義，非謂變而之正也）。

　　於經所本無之義而強為之說，其能若合符節乎？更有援引他爻以為義者，取類尤為龐雜。如益六二永貞吉，謂六二長守其正乃以得吉也；而虞云：「二得正遠應，利三之正，己得承之，上之三得正，故永貞吉；」則取三上之之正以為永貞矣。如其說則永貞之文何不繫於三上兩爻而繫於六二乎？萃九五元永貞，悔亡．謂九五久行其正，其悔乃消也；而虞云：「四變之正，則五體皆正，故元永貞；」則取四爻之之正以為永貞矣。如其說則元永貞之文何不繫於四爻而繫於九五乎？理由牽合，文則齟齬，未見其為不易之論也。虞氏言之正者，不可枚舉，而其釋貞以之正，最足以亂眞，故明辯之。

三　虞氏以旁通說彖象，顯與經違。

引之謹案：易之彖及大象，惟取義於本卦健順動巽險明止說之德，天地雷風水火山澤之象，無不各隨其本卦，義至明也。虞仲翔以卦之旁通釋之，雖極意彌縫，究與經相牴牾。

如履彖曰：「柔履剛也」，虞曰：坤柔乾剛，謙坤藉乾，故柔履剛。又「履帝位而不疚」，虞曰：謙震爲帝，坎爲疾病，五履帝位，坎象不見，故履帝位而不疚。此謂履與謙通，謙上體有坤，互體有震坎也。然經云：「說而應乎乾，」謂下兌上乾也；若取義於下艮上坤之謙，則是止而應乎坤矣，豈說而應乎乾之謂乎？

豫彖曰：「豫順以動，故天地如之。」虞曰：「小畜乾爲天，坤爲地，如之者，謂天地亦動以成四時。」又天地以順動，故日月不過而四時不忒。虞曰：「豫變通小畜，坤爲地，動初至三成乾，故天地以順動；變初至五，離爲日，坎爲月，皆得其正，故日月不過；動初時，震爲春，至四，兌爲秋，至五離爲夏坎爲冬，四時位正，故四時不忒。」又聖人以順動則刑罰清而民服。虞曰：「動初至四，兌爲刑，坎爲罰，坎兌體正，故刑罰清。坤爲民，乾爲清，以乾乘坤故民服。」此謂豫與小畜旁通，小畜下體有乾，互體有離兌也。然經云：「順以動豫，」謂下坤上震也，若取義下乾上巽之小畜，則是巽矣，豈順以動之謂乎？

離彖曰：「日月麗乎天，百穀草木麗乎土。」虞曰：「乾五之坤成坎爲月，離爲日，日月麗天也；震爲百穀，巽爲草木，乾二五之坤成坎震，體屯，屯者盈也，盈天地之間者唯萬物，萬物出震，故百穀草木麗乎土。」此謂離與坎通，坎二至四互成震也。然經云：「重明以麗乎正」；又云：柔麗乎中正，謂上下皆離也；若取義於上下皆坎之習坎，則是重險而剛中矣，豈明與柔之謂乎？

革彖曰：「天地革而四時成。」虞曰：「謂五位成乾爲天，蒙坤爲地，震春兌秋，四之正，坎冬離夏，則四時具；坤革而成乾，故天地革而四時成也。」此謂革與蒙通，蒙坤爲地，二至四互成震也。然經云：「文明以說，」謂下離上兌也，若取義於下坎上艮之蒙，則是險而止矣，豈文明以說之謂乎？此旁通之不合於象者也。

坤彖曰：「地勢坤，君子以厚德載物。」虞曰：「君子謂乾，陽爲德，動在坤下，君子之德車，故厚德載物。」此謂坤與乾通也，然經云地勢不云天行，何得以乾釋之乎？

小畜彖曰：「風行天上、小畜，君子以懿文德。」虞曰：「豫坤爲文，乾離照坤，故懿文德。」此謂小畜與豫通也，然經云風行天上，不云雷出地奮，

510

何得以豫釋之乎？

履象曰：「上天下澤、履，君子以辨上下定民志。」虞曰；謙坤爲民，坎爲志，謙時坤在乾上，變而爲履，故辨上下定民志。」此謂履與謙通也。然經云上天下澤，不云地中有山，何得以謙釋之乎？

同人象曰：「天與火、同人。君子以類族辨物。」虞曰：「師坤爲類，乾陽物，坤陰物，以乾照坤，故以類族辨物。」此謂同人與師通也。然經云天與火，不云地中有水，何得以師釋之乎？

大有象曰：「火在天上、大有，君子以遏惡揚善順天休命。」虞曰：「乾爲揚善，坤爲遏惡爲順（比內卦坤），以乾滅坤，故遏惡揚善順天休命。」此謂大有與比通也。然經云火在天上，不云地中有水，何得以比釋之乎？

謙象曰：「地中有山、謙，君子以裒多益寡，稱物平施。」虞曰：「乾爲物爲施，坎爲平，履、乾盈益謙，故以裒多益寡，稱物平施。」此謂謙與履通也。然經云地中有山，不云上天下澤，何得以履釋之乎？

復象曰：「雷在地中、復，先王以至日閉關，商旅不行，后不省方。」虞云：「巽爲商旅，爲近利市三倍，姤巽伏初，故商旅不行。姤象曰，后以施命誥四方，今隱復下，故后不省方。」此謂復與姤通也。然經云雷在地中，不云天下有風，何得以姤釋之乎？

離象曰：「明兩作、離，大人以繼，明照於四方。」虞曰：「乾五之坤成坎，坤二之乾成離，離坎、日月之象，故明兩作離。陽氣稱大人，則乾五、大人也，乾二五之光繼日之明」。此謂離與坎通也。然經云明兩作，不云水洊至，何得以坎釋之乎？

夬象曰：「澤上于天、夬，君子以施祿及下，居德則忌。」虞曰：「下謂剝坤，坤爲衆臣，以乾應坤，故施祿及下。乾爲德，艮爲居（謂剝艮），故居德則忌。」此謂夬與剝通也。然經云澤上于天，不云山附于地，何得以剝釋之乎？

姤象曰：「天下有風、姤，后以施命誥四方」。虞曰：「復震二月東方，姤五月南方，巽八月西方，復十一月北方，故以誥四方。此謂姤與復通也。然經云天下有風，不云雷在地中，何得以復釋之乎？

革象曰：「澤中有火、革，君子以治曆明時。」虞曰：「蒙艮爲星。」此謂革與蒙通也。然經云澤中有火，不云山下出泉，何得以蒙釋之乎？

兌象曰：「麗澤兌，君子以朋友講習。」虞曰：「伏艮爲友，坎爲習，震爲講。」（艮互體坎震）此謂兌與艮通也。然經云麗澤，不云兼山，何得以艮釋之乎？此旁通之不合於象者也。

夫象象釋易者也，不合於象象，尚望其合於易乎？今世言易者多宗虞氏而不察其違失，非求是之道也。

八卦古曆譜

鄭衍通著

八卦古曆譜概說

中國的治曆明時，起源很早。堯典說：「乃命羲和欽若昊天歷象日月星辰，敬授民時。」又謂「日中星鳥以殷仲春，日永星火以正仲夏，宵中星虛以殷仲秋，日短星昴以正仲冬。」又謂「期月三百有六旬有六日，以閏月定四時成歲。」在四千三百年前，中國已經知道以黃昏中星來定二分二至，并且以閏月來處理陰陽合曆了。從殷墟發現的甲骨中有一份完整的干支表自甲子至癸亥共六十日，又卜辭中常有十三月的記載，這是三千三百年前甲子紀日和年終置閏的實物證據。但比較正確的曆法大概完成於春秋時代。春秋二百四十二年中，以日繫月，以月繫年，書晦朔，書南至，書日食，整然可觀。所以漢劉歆根據牠作成世經，晉杜預根據牠編成長曆。因為曆法的發展，到了戰國時代就出現了六種曆書，就是黃帝、顓頊、夏、殷、周及魯曆。這六曆到漢時還存在，而且著錄於漢書藝文志，可惜現在都喪失了。

中國的古曆都是四分曆，但是有兩種不同的體系。四分是指歲終餘分定為四分之一日而言。不同的體系是指曆元而言，一以冬至朔甲子日為元始，一以立春朔己巳日或甲寅日為元始。黃帝、殷、周、魯四曆屬於前者，而顓頊、夏二曆則屬於後者。大概冬至曆先創而立春曆繼起，而且以節氣言，立春亦不能脫離冬至而不顧的。古人晝測日影以定節氣，冬至影最長，夏至影最短，比較容易掌握，故曆法創立，取法於冬至，乃自然的必然的道理。冬至之日既得，用以推算其他廿三個節氣，便輕而易舉了。因為一個節氣佔 15 $7/32$ 日，以立春而言，不過後於冬至 $45^{21}/_{32}$ 日吧了。由此我們可知所謂顓頊曆的己巳元就是殷曆甲子部第四章第五年的立春朔，

而甲寅元就是殷曆己酉部第四章第五年的立春朔。兩曆術雖不同，而理實貫通。漢初承秦制行顓頊曆，及武帝太初改曆仍以冬至爲據，故其詔書載：「日得甲子夜半朔旦冬至。」這就是立春曆不可不顧冬至的最好說明。

現存最早的四分曆法可供參考的只有史記曆書所附的歷術甲子篇。此歷始於漢武帝太初元年，終於漢成帝建始四年，凡七十六年，這就是甲子部了。但此曆非常簡單，只可計算年終時陰陽曆的朔與冬至的干支記日而已。例如第一年終陰曆三百五十四日又餘 $\frac{348}{940}$ 分，陽曆三百六十五日又餘 $\frac{8}{32}$ 分，則書大餘五十四小餘三百四十八，又大餘五，小餘八。這是由於六十約過的餘數而用甲子計算，則得第二年之正月朔爲戊午日，而冬至爲己巳日。照此逐年推算下去至十九年終則入第二章（漢昭帝始元二年），於是書陰曆大餘三十九，小餘七百五，又陽曆大餘三十九，小餘二十四，可見曆數陰陽完全相等，也就是朔至齊同，同交於癸卯日了。這就是甲子部癸卯章。同樣的推演則得第三章（漢宣帝地節四年）爲癸未章，第四章（漢元帝初元二年）爲癸亥章。甲子篇的應用不過如此，至於除了冬至外之節氣相當於那一天，月的大小，閏月及連大月究竟怎樣安排，都是無法可查的。甲子篇當然不是司馬遷的作品而是後人所添附。何況鄧平的太初曆和劉歆的三統曆相同，都是八十一分術而與四分術有異。

顓頊曆的甲寅元是用公元前三六六年的立春朔，亦就是殷曆己酉部戊申章第五年的立春朔。冬至曆元以夜半子正時爲起點，顓頊曆則用晨初或寅初。「唐書大衍曆日度議」說：「顓頊曆上元甲寅歲正月甲寅晨初合朔立春，七曜皆值艮維之首……，其後呂不韋得之以爲秦法，更考中星，斷取近距，以乙卯歲正月己巳合朔立春爲

上元。」又說：「魯宣公十五年丁卯歲（公元前五九四）顓頊曆第十三部首，與麟德曆俱以丁巳平旦立春。至始皇三十三年丁亥（公元前二一四）凡三百八十歲，得顓頊曆壬申部首，是歲秦曆以壬申寅初立春。」如果依照呂不韋的上元，則決不可能得有甲寅歲而逢正月朔立春的曆元。公元前三六六年入顓頊曆第十六部首就是甲寅日立春朔，但這亦是乙卯年而非甲寅。由此可知甲寅年甲寅月甲寅日寅初時的曆元只是理想而已，事實上殊不可能。

一九七二年山東省臨沂縣銀雀山的漢墓出土一份竹簡曆書，那是漢武帝元光元年的曆，頗為完整。漢初沿用秦曆，以十月為年始，而置閏於年終，稱為後九月，元光元年的曆正是如此。此曆記載摘要如次：

（月）		（朔）		（月）		（朔）	
十月	大	己	丑	五月	大	丙	辰
十一月	小	己	未	六月	小	丙	戌
十二月	大	戊	子	七月	大	乙	卯
正月	大	戊	午	八月	小	乙	酉
二月	小	戊	子	九月	大	甲	寅
三月	大	丁	巳	後九月	小	甲	申
四月	小	丁	亥				

元光元年是殷曆丙午部第四章（乙巳）的第九年，是顓頊曆辛亥部的第五年，推算結果，皆與此曆不符。若照殷曆則十月大己丑，入朔餘分為六九八，故十二月正月非連大月。其序列當如次：

十月大	己丑（698）	正月小	戊午（315）
十一月小	己未（257）	二月大	丁亥（814）
十二月大	戊子（756）	三月小	丁巳（373）

四月大	丙戌（872）	八月小	乙酉（ 48）
五月小	丙辰（431）	九月大	甲寅（547）
六月大	乙酉（930）	後九月小	甲申（106）
七月大	乙卯（489）		

若顓頊曆則十月小己丑，入朔餘分爲三九四。故正月小而非大。其序列當如次：

十月小	己丑（394）	五月小	丙辰（127）
十一月大	戊午（893）	六月大	乙酉（626）
十二月大	戊子（452）	七月小	乙卯（185）
正月小	戊午（ 11）	八月大	甲申（684）
二月大	丁亥（510）	九月小	甲寅（243）
三月小	丁巳（ 69）	後九月大	癸未（742）
四月大	丙戌（568）		

由此可見大衍曆議所謂顓頊曆以寅初爲合朔立春的，乃是錯誤。若其部首以午正爲合朔，則元光曆的十三個月的朔日干支，才能完全符合。漢書律曆志說：「先籍半日名曰陽曆，不籍名曰陰曆，所謂陽曆者先朔月生，陰曆者朔而後月迺生。」然則此元光曆所採用者乃是陽曆，而大衍曆議的顓頊曆却用陰曆，是不確的。由於元光曆，我們可以斷定顓頊曆部首的氣朔并不齊同，立春用寅初，朔用午正。

大初以前的古曆皆是四分術。一歲三百六十五日又四分之一。這四分之一爲配合月策或作九百四十分之二百三十五，爲配合節氣或作三十二分之八，其實無異。月策爲二十九日又九百四十分之四百九十九。十九年置七閏月共二百三十五個月，是爲一章。合四章共七十六年，九百四十個月稱爲一部。凡部首及章首必定是氣朔同

日，但加時不同。以殷曆言，部首加時在子，第二章在酉，第三章在午，第四章在卯，惟冬至與朔相齊同日。顓頊曆的部首則立春加時在寅，朔加時在午，第二章氣在亥，朔在卯，第三章氣在申，朔在子，第四章氣在巳，朔在酉。積二十部一千五百二十年稱爲一紀。於是紀日之干支復原，以殷曆言，冬至朔又爲甲子，以顓頊曆言，立春朔又爲甲寅或己巳。一紀之數實已完備無缺，然而又以三紀四千五百六十年稱爲一元，蓋所以求紀年之干支亦復原而已。殷曆始於甲寅歲，故第二紀甲戌，第三紀甲午，於是終而後始，又得甲寅歲。顓頊曆若以甲寅始，亦當如此，若以乙卯，則繼之者當爲乙亥與乙未，理正相同。

四分術如此齊整，其體系自然很合理想，無奈配合天道却並非精密無間。因爲一歲的小餘只有 0.2422 日，實較四分 0.25 爲少。故四百年必至差三日而曆數後天了。又一月的眞長平均爲 29.53059 日亦比月策 $29\frac{499}{490}$ 日短些，故歷三百年，則朔亦後天一日。氣差不易覺，朔失則立見。「春秋保乾圖」說：「三百年斗曆改憲」，原因就在於此。

四分術雖非絕對正確，但頗適於實用，所以現行的西曆還是採取，而於每四年加一閏日。不過，爲求長遠準確計，除了以四百除盡之年外，凡其他逢百的年份則不置閏以資補救罷了。

我爲研究易經，曾編成曆譜一章，稱爲八卦曆譜，對於節氣與朔望的陰陽曆日，一目瞭然，自覺法頗完善，足資利用。八卦二十四爻，每爻代表十五日，總得三百六十日，尚餘五日又四分之一日，則於歲終加入計算。一歲以冬至爲始，而冬至則以艮之初爻爲誌，因爲艮之初爻乃牽牛初度，在春秋時適當冬至日躔之故。在天爲度，在曆爲日，曆所以合天，理固相通。一年分爲二十四氣，故一

爻相當於一氣，艮初爻爲冬至，則坎初爻爲立春，震初爻爲春分，乾初爻爲立夏，兌初爻爲夏至，離初爻爲立秋，巽初爻爲秋分，坤初爻爲冬至。每一節氣爲十五日又三十二分之七，故自二月節至立夏皆加一日，自四月中小滿至六月節小暑皆加二日，自六月中大暑至秋分皆加三日，自九月節寒露至十月中小雪皆加四日，大雪則加五日，故最終於艮初爻之前加入五日計算（四年終爲六日）便是正確無失了。古曆以干支紀日，六十日甲子一周，三百六十日恰得六十甲子，故以八卦二十四爻範圍之，亦甚方便。

卦爻序列自下向上數之，這是左旋，相當於時鐘的方向，但天度右旋計算，故曆日自上向下排列，乃是反時鐘方向進展。每一爻相當的干支，用以誌陰曆的某月某日，而節氣則附於後，以供參考。至於一年陰陽月的大小及入朔餘分則另列一表以爲依據。

古曆置閏皆在年終，證以殷墟卜辭，春秋左傳，及秦漢的後九月，都是如此。自漢太初曆以後，始以無中氣之月爲閏月，這是比較進步的曆法，今從之。

一部四章的章首都是冬至朔不誤，但其餘的節氣並不章章相同，而間有一日之差。故今仿史記曆術甲子篇，而擴充之，將首部四章編成此譜，卽可將陰陽曆數概括無遺了。

這一曆譜對於研究先秦古籍，或不無裨益，輒以付梓，亦野人獻曝之意云爾。

一九七四年十月鄭衍通作於新加坡

甲子蔀　第一章

甲子蔀　甲子章

第一年　冬至正月朔夜半　甲子

正月小	一分入朔	甲子
二月大	五〇〇分入朔	癸巳
三月小	五九分入朔	癸亥
四月大	五五八分入朔	壬辰
五月小	一一七分入朔	壬戌
六月大	六一六分入朔	辛卯
七月小	一七五分入朔	辛酉
八月大	六七四分入朔	庚寅
九月小	二三三分入朔	庚申
十月大	七三二分入朔	己丑
十一月小	二九一分入朔	己未
十二月大	七九〇分入朔	戊子

甲子篇云：「大餘五十四，小餘三百四十八」，故第二年正月朔爲
　　戊午。十二月共354日，餘分入次年正月朔，日法940分，
　　凡入朔餘分過441分者爲大月三十日，不及者爲小月二十九
　　日。

第二年　正月十二日冬至　己巳

正月小	三四九分入朔	戊午
二月大	八四八分入朔	丁亥
三月小	四〇七分入朔	丁巳
四月大	九〇六分入朔	丙戌
五月大	四六五分入朔	丙辰
六月小	二四分入朔	丙戌
七月大	五二三分入朔	乙卯
八月小	八二分入朔	乙酉
九月大	五八一分入朔	甲寅
十月小	一四〇分入朔	甲申
十一月大	六三九分入朔	癸丑
十二月小	一九八分入朔	癸未

十二月共354日

甲子篇云：「大餘四十八，小餘六百九十六，」故第三年正月朔爲
　　壬子。

第三年　正月廿三日冬至　甲戌

正月大	六九七分入朔	壬子
二月小	二五六分入朔	壬午
三月大	七五五分入朔	辛亥
四月小	三一四分入朔	辛巳
五月大	八一三分入朔	庚戌
六月小	三七二分入朔	庚辰
七月大	八七一分入朔	己酉
八月小	四三〇分入朔	己卯
閏月大	九二九分入朔	戊申
九月大	四八八分入朔	戊寅
十月小	四七分入朔	戊申
十一月大	五四六分入朔	丁丑
十二月小	一〇五分入朔	丁未

十三月共 384 日

大餘十二，小餘六百三，故第四年正月朔爲丙子。

第四年　正月初四日冬至　己卯

正月大	六〇四分入朔	丙子
二月小	一六三分入朔	丙午
三月大	六六二分入朔	乙亥
四月小	二二一分入朔	乙巳
五月大	七二〇分入朔	甲戌
六月小	二七九分入朔	甲辰
七月大	七七八分入朔	癸酉
八月小	三三七分入朔	癸卯
九月大	八三六分入朔	壬申
十月小	三九五分入朔	壬寅
十一月大	八九四分入朔	辛未
十二月大	四五三分入朔	辛丑

十二月共 355 日。

大餘七，小餘十一，故第五年正月朔爲辛未。

第五年　　正月十五日冬至　　乙酉

正月小	一二分入朔	辛未
二月大	五一一分入朔	庚子
三月小	七〇分入朔	庚午
四月大	五六九分入朔	己亥
五月小	一二八分入朔	己巳
六月大	六二七分入朔	戊戌
七月小	一八六分入朔	戊辰
八月大	六八五分入朔	丁酉
九月小	二四四分入朔	丁卯
十月大	七四三分入朔	丙申
十一月小	三〇二分入朔	丙寅
十二月大	八〇一分入朔	乙未

十二月共 354 日

大餘一，小餘三百五十九，故第六年正月朔為乙丑。

第六年　　正月廿六日冬至　　庚寅

正月小	三六〇分入朔	乙丑
二月大	八五九分入朔	甲午
三月小	四一八分入朔	甲子
四月大	九一七分入朔	癸巳
五月大	四七六分入朔	癸亥
閏月小	三五分入朔	癸巳
六月大	五三四分入朔	壬戌
七月小	九三分入朔	壬辰
八月大	五九二分入朔	辛酉
九月小	一五一分入朔	辛卯
十月大	六五〇分入朔	庚申
十一月小	二〇九分入朔	庚寅
十二月大	七〇八分入朔	己未

十三月共 384 日

大餘二十五，小餘二百六十六，故第七年正月朔為己丑。

第七年　正月初七日冬至　乙未

正月小	二六七分入朔	己丑
二月大	七六六分入朔	戊午
三月小	三二五分入朔	戊子
四月大	八二四分入朔	丁巳
五月小	三八三分入朔	丁亥
六月大	八八二分入朔	丙辰
七月小	四四一分入朔	丙戌
八月大	九四〇分入朔	乙卯
九月大	四九九分入朔	乙酉
十月小	五八分入朔	乙卯
十一月大	五五七分入朔	甲申
十二月小	一一六分入朔	甲寅

十二月共 354 日

大餘十九，小餘六百一十四，故第八年正月朔爲癸未。

第八年　正月十八日冬至　庚子

正月大	六一五分入朔	癸未
二月小	一七四分入朔	癸丑
三月大	六七三分入朔	壬午
四月小	二三二分入朔	壬子
五月大	七三一分入朔	辛巳
六月小	二九〇分入朔	辛亥
七月大	七八九分入朔	庚辰
八月小	三四八分入朔	庚戌
九月大	八四七分入朔	己卯
十月小	四〇六分入朔	己酉
十一月大	九〇五分入朔	戊寅
十二月大	四六四分入朔	戊申

十二月共 355 日

大餘十四，小餘二十二，故第九年正月爲戊寅。

－ 11 －

第九年　正月廿九日冬至　丙子

正月小	二三分入朔	戊寅
二月大	五二二分入朔	丁未
閏月小	八一分入朔	丁丑
三月大	五八〇分入朔	丙午
四月小	一三九分入朔	丙子
五月大	六三八分入朔	乙巳
六月小	一九七分入朔	乙亥
七月大	六九六分入朔	甲辰
八月小	二五五分入朔	甲戌
九月大	七五四分入朔	癸卯
十月小	三一三分入朔	癸酉
十一月大	八一二分入朔	壬寅
十二月小	三七一分入朔	壬申

十三月共 383 日

大餘三十七，小餘八百六十九，故第十年正月朔爲辛丑。

第十年　正月十一日冬至　辛亥

正月大	八七〇分入朔	辛丑
二月小	四二九分入朔	辛未
三月大	九二八分入朔	庚子
四月大	四八七分入朔	庚午
五月小	四六分入朔	庚子
六月大	五四五分入朔	己巳
七月小	一〇四分入朔	己亥
八月大	六〇三分入朔	戊辰
九月小	一六二分入朔	戊戌
十月大	六六一分入朔	丁卯
十一月小	二二〇分入朔	丁酉
十二月大	七一九分入朔	丙寅

十二月共 355 日

大餘三十二，小餘二百七十七，故第十一年正月朔爲丙申。

第十一年　　正月廿一日冬至　丙辰

正月小	二七八分入朔	丙申
二月大	七七七分入朔	乙丑
三月小	三三六分入朔	乙未
四月大	八三五分入朔	甲子
五月小	三九四分入朔	甲午
六月大	八九三分入朔	癸亥
七月大	四五二分入朔	癸巳
八月小	一一分入朔	癸亥
九月大	五一〇分入朔	壬辰
十月小	六九分入朔	壬戌
十一月大	五六八分入朔	辛卯
閏月大	一二七分入朔	辛酉
十二月小	六二六分入朔	庚寅

十三月共 384 日

大餘五十六，小餘一百八十四，故第十二年正月朔爲庚申

第十二年　　正月初二日冬至　　辛酉

正月小	一八五分入朔	庚申
二月大	六八四分入朔	己丑
三月小	二四三分入朔	己未
四月大	七四二分入朔	戊子
五月小	三〇一分入朔	戊午
六月大	八〇〇分入朔	丁亥
七月小	三五九分入朔	丁巳
八月大	八五八分入朔	丙戌
九月小	四一七分入朔	丙辰
十月大	九一六分入朔	乙酉
十一月大	四七五分入朔	乙卯
十二月小	三四分入朔	乙酉

十二月共 354 日

大餘五十，小餘五百三十二，故第十三年正月朔爲甲寅。

第十三年　正月十四日冬至　丁卯

正月大	五三三分入朔	甲寅
二月小	九二分入朔	甲申
三月大	五九一分入朔	癸丑
四月小	一五〇分入朔	癸未
五月大	六四九分入朔	壬子
六月小	二〇八分入朔	壬午
七月大	七〇七分入朔	辛亥
八月小	二六六分入朔	辛巳
九月大	七六五分入朔	庚戌
十月小	三二四分入朔	庚辰
十一月大	八二三分·入朔	己酉
十二月小	三八二分入朔	己卯

十二月共 354 日

大餘四十四，小餘八百八十，故第十四年正月朔爲戊申。

第十四年　正月廿五日冬至　壬申

正月大	八八一分入朔	戊申
二月小	四四〇分入朔	戊寅
三月大	九三九分入朔	丁未
四月大	四九八分入朔	丁丑
五月小	五七分入朔	丁未
六月大	五五六分入朔	丙子
七月小	一一五分入朔	丙午
閏月大	六一四分入朔	乙亥
八月小	一七三分入朔	乙巳
九月大	六七二分入朔	甲戌
十月小	二三一分入朔	甲辰
十一月大	七三〇分入朔	癸酉
十二月小	二八九分入朔	癸卯

十三月共 384 日

大餘八，小餘七百八十七，故第十五年正月朔爲壬申。

第十五年　　正月初六日冬至　　丁丑

正月大	七八八分入朔	壬申
二月小	三四七分入朔	壬寅
三月大	八四六分入朔	辛未
四月小	四〇五分入朔	辛丑
五月大	九〇四分入朔	庚午
六月大	四六三分入朔	庚子
七月小	二二分入朔	庚午
八月大	五二一分入朔	己亥
九月小	八〇分入朔	己巳
十月大	五七九分入朔	戊戌
十一月小	一三八分入朔	戊辰
十二月大	六三七分入朔	丁酉

十二月共 355 日

大餘三，小餘一百九十五，故第十六年正月朔爲丁卯。

第十六年　　正月十六日冬至　　壬午

正月小	一九六分入朔	丁卯
二月大	六九五分入朔	丙申
三月小	二五四分入朔	丙寅
四月大	七五三分入朔	乙未
五月小	三一二分入朔	乙丑
六月大	八一一分入朔	甲午
七月小	三七〇分入朔	甲子
八月大	八六九分入朔	癸巳
九月小	四二八分入朔	癸亥
十月大	九二七分入朔	壬辰
十一月大	四八六分入朔	壬戌
十二月小	四五分入朔	壬辰

十二月共 354 日

大餘五十七，小餘五百四十三，故第十七年正月朔爲辛酉。

第十七年　正月廿八日冬至　戊子

正月大	五四四分入朔	辛酉
二月小	一〇三分入朔	辛卯
三月大	六〇二分入朔	庚申
閏月小	一六一分入朔	庚寅
四月大	六六〇分入朔	己未
五月小	二一九分入朔	己丑
六月大	七一八分入朔	戊午
七月小	二七七分入朔	戊子
八月大	七七六分入朔	丁巳
九月小	三三五分入朔	丁亥
十月大	八三四分入朔	丙辰
十一月小	三九三分入朔	丙戌
十二月大	八九二分入朔	乙卯

十三月共 384 日

大餘二十一，小餘四百五十，故第十八年正月朔爲乙酉。

第十八年　正月初九日冬至　癸巳

正月大	四五一分入朔	乙酉
二月小	一〇分入朔	乙卯
三月大	五〇九分入朔	甲申
四月小	六八分入朔	甲寅
五月大	五六七分入朔	癸未
六月小	一二六分入朔	癸丑
七月大	六二五分入朔	壬午
八月小	一八四分入朔	壬子
九月大	六八三分入朔	辛巳
十月小	二四二分入朔	辛亥
十一月大	七四一分入朔	庚辰
十二月小	三〇〇分入朔	庚戌

十二月共 354 日

大餘十五，小餘七百九十八，故第十九年正月朔爲己卯。

第十九年　正月二十日冬至　戊戌

正月大	七九九分入朔	己卯
二月小	三五八分入朔	己酉
三月大	八五七分入朔	戊寅
四月小	四一六分入朔	戊申
五月大	九一五分入朔	丁丑
六月大	四七四分入朔	丁未
七月小	三三分入朔	丁丑
八月大	五三二分入朔	丙午
九月小	九一分入朔	丙子
十月大	五九〇分入朔	乙巳
十一月小	一四九分入朔	乙亥
十二月大	六四八分入朔	甲辰
閏月小	二〇七分入朔	甲戌

十三月共 384 日

大餘三十九，小餘七百五，故第二十年正月朔爲癸卯，卽甲子部第二章之始。

甲子蔀　甲子章

第一年

艮　━━━
　　━ ━
　　━ ━　甲子冬至，正月初一日
　　━ ━　己卯小寒，正月十六日
坎　━━━　甲午大寒，二月初二日
　　━ ━　己酉立春，二月十七日
　　━ ━　甲子啓蟄，三月初二日
震　━ ━　巳卯三月十七日，雨水十八日庚辰
　　━━━　甲午四月初三日，春分初四日乙未
　　━ ━　己酉四月十八日，穀雨十九日庚戌
乾　━━━　甲子五月初三日，清明初四日乙丑
　　━━━　己卯五月十八日，立夏十九日庚辰
　　━ ━　甲午六月初四日，小滿初六日丙申
兌　━━━　巳酉六月十九日，芒種廿一日辛亥
　　━━━　甲子七月初四日，夏至初六日丙寅
　　━ ━　己卯七月十九日，小暑廿一日辛巳
離　━ ━　甲午八月初五日，大暑初八日丁酉
　　━━━　己酉八月二十日，立秋廿三日壬子
　　━ ━　甲子九月初五日，處暑初八日丁卯
巽　━ ━　己卯九月二十日，白露廿三日壬午
　　━ ━　甲午十月初六日，秋分初九日丁酉
　　━ ━　己酉十月廿一日，寒露廿五日癸丑
坤　━ ━　甲子十一月初六日，霜降初十日戊辰
　　━ ━　己卯十一月廿一日，立冬廿五日癸未
　　━━━　甲午十二月初七日，小雪十一日戊戌
艮　━━━　己酉十二月廿二日，大雪廿七日甲寅
　　━ ━　己巳正月十二日，冬至

甲子篇云：「大餘五，小餘八」，故第二冬至爲己巳。
古曆啓蟄先雨水後，穀雨先清明後，與今不同。又漢爲景帝諱，啓蟄改作驚蟄。

第二年

艮 ——
—— —— 己巳冬至，正月十二日
—— —— 甲申小寒，正月廿七日
坎 ——————— 己亥大寒，二月十三日
—— —— 甲寅立春，二月廿八日
震 —— —— 己巳三月十三日，啓蟄十四日庚午
甲申三月廿八日，雨水廿九日乙酉
—————— 己亥四月十四日，春分十五日庚子
—————— 甲寅四月廿九日，穀雨三十日乙卯
乾 —————— 己巳五月十四日，清明十六日辛未
—————— 甲申五月廿九日，立夏八月朔丙戌
—— —— 己亥六月十四日，小滿十六日辛丑
兌 —————— 甲寅六月廿九日，芒種七月二日丙辰
—————— 己巳七月十五日，夏至十七日辛未
—————— 甲申七月三十日，小暑八月三日丁亥
離 —— —— 己亥八月十五日，大暑十八日壬寅
—————— 甲寅九月初一日，立秋初四日丁巳
—————— 己巳九月十六日，處暑十九日壬申
巽 —————— 甲申十月初一日，白露初四日丁亥
—— —— 己亥十月十六日，秋分二十日癸卯
—— —— 甲寅十一月初二日，寒露初六日戊午
坤 —— —— 己巳十一月十七日，霜降廿一日癸酉
—— —— 甲申十二月初二日，立冬初六戊子
—— —— 己亥十二月十七日，小雪廿二日甲辰
艮 —— —— 甲寅正月初三日，大雪初八日己未
—— —— 甲戌正月廿三日，冬至

甲子篇云：「大餘十，小餘十六」，故第三冬至爲甲戌。

—— 19 ——

第三年

艮 ——
　　—— 甲戌冬至，正月廿三日
　　—— 己丑小寒，二月初八日
坎 ——— 甲辰大寒，二月廿三日
　　—— 己未三月初九日，立春初十日庚申
　　—— 甲戌三月廿四日，啟蟄廿五日乙亥
震 —— 己丑四月初九日，雨水初十日庚寅
　　——— 甲辰四月廿四日，春分廿五日乙巳
　　——— 己未五月初十日，穀雨十二日辛酉
乾 ——— 甲戌五月廿五日，清明廿七日丙子
　　——— 己丑六月初十日，立夏十二日辛卯
　　—— 甲辰六月廿五日，小滿廿七日丙午
兌 —— 己未七月十一日，芒種十三日辛酉
　　——— 甲戌七月廿六日，夏至廿九日丁丑
　　—— 己丑八月十一日，小暑十四日壬辰
離 —— 甲辰八月廿六日，大暑廿九日丁未
　　—— 己未閏月十二日，立秋十五日壬戌
　　——— 甲戌閏月廿七日，處暑九月朔戊寅
巽 —— 己丑九月十二日，白露十六日癸巳
　　—— 甲辰九月廿七日，秋分十月朔戊申
　　—— 己未十月十二日，寒露十六日癸亥
坤 —— 甲戌十月廿七日，霜降十一月初二日戊寅
　　—— 己丑十一月十三日，立冬十八日甲午
　　—— 甲辰十一月廿八日，小雪十二月初三日己酉
艮 —— 己未十二月十三日，大雪十八日甲子
　　—— 己卯正月初四日，冬至

　　　大餘十五，小餘二十四，故第四冬至為己卯

第四年

———

艮 — —

— — 己卯冬至，正月初四日

— — 甲午小寒，正月十九日

坎 ——— 己酉二月初四日，大寒初五日庚戌

— — 甲子二月十九日，立春二十日乙丑

— — 己卯三月初五日，啓蟄初六日庚辰

震 — — 甲午三月二十日，雨水廿一日乙未

——— 己酉四月初五日，春分初七日辛亥

——— 甲子四月二十日，穀雨廿二日丙寅

乾 ——— 己卯五日初六日，清明初八日辛巳

——— 甲午五月廿一日，立夏廿三日丙申

— — 己酉六月初六日，小滿初八日辛亥

兌 ——— 甲子六月廿一日，芒種廿四日丁卯

——— 己卯七月初七日，夏至初十日壬午

——— 甲午七月廿二日，小暑廿五日丁酉

離 — — 己酉八月初七日，大暑初十日壬子

——— 甲子八月廿二日，立秋廿六日戊辰

——— 己卯九月初八日，處暑十二日癸未

巽 ——— 甲午九月廿三日，白露廿七日戊戌

— — 己酉十日初八日，秋分十二日癸丑

— — 甲子十日廿三日，寒露廿七日戊辰

坤 — — 己卯十一月初九日，霜降十四日甲申

— — 甲午十一月廿四日，立冬廿九日己亥

——— 己酉十二月初九日，小雪十四日甲寅

艮 — — 甲子十二月廿四日，大雪廿九日己巳

— — 乙酉正月十五日，冬至

大餘二十一，無小餘，故第五冬至爲乙酉

第五年

艮

　　　　乙酉冬至，正月十五日
　　　　庚子小寒，二月初一日
坎　　　乙卯大寒，二月十六日
　　　　庚午立春，三月初一日
　　　　乙酉啓蟄，三月十六日
震　　　庚子四月初二日，雨水初三日辛丑
　　　　乙卯四月十七日，春分十八日丙辰
　　　　庚午五月初二日，穀雨初三日辛未
乾　　　乙酉五月十七日，清明十八日丙戌
　　　　庚子六月初三日，立夏初四日辛丑
　　　　乙卯六月十八日，小滿二十日丁巳
兌　　　庚午七月初三日，芒種初五日壬申
　　　　乙酉七月十八日，夏至二十日丁亥
　　　　庚子八月初四日，小暑初六日壬寅
離　　　乙卯八月十九日，大暑廿二日戊午
　　　　庚午九月初四日，立秋初七日癸酉
　　　　乙酉九月十九日，處暑廿二日戊子
巽　　　庚子十月初五日，白露初八日癸卯
　　　　乙卯十月二十日，秋分廿三日戊午
　　　　庚午十一月初五日，寒露初九日甲戌
坤　　　乙酉十一月二十日，霜降廿四日己丑
　　　　庚子十二月初六日，立冬初十日甲辰
　　　　乙卯十二月廿一日，小雪廿五日己未
艮　　　庚午正月初六日，大雪十一日乙亥
　　　　庚寅正月廿六日，冬至

大餘二十六，小餘八，故第六冬至爲庚寅

第六年

艮 ▅▅▅

　　▅▅▅　庚寅冬至，正月廿六日
　　▅▅▅　乙巳小寒，二月十二日

坎 ▅▅▅▅▅

　　▅▅▅　庚申大寒，二月廿七日
　　▅▅▅　乙亥立春，三月十二日
　　▅▅▅　庚寅三月廿七日，啓蟄廿八日辛卯

震 ▅▅▅▅▅

　　▅▅▅　乙巳四月十三日，雨水十四日丙午
　　▅▅▅▅▅　庚申四月廿八日，春分廿九日辛酉
　　▅▅▅▅▅　乙亥五月十三日，穀雨十四日丙子

乾 ▅▅▅▅▅

　　▅▅▅▅▅　庚寅五月廿八日，清明三十日壬辰
　　▅▅▅▅▅　乙巳閏月十三日，立夏十五日丁未
　　▅▅▅　庚申閏月廿八日，小滿六月朔壬戌

兌 ▅▅▅▅▅

　　▅▅▅▅▅　乙亥六月十四日，芒種十六日丁丑
　　▅▅▅　庚寅六月廿九日，夏至七月朔壬辰
　　▅▅▅　乙巳七月十四日，小暑十七日戊申

離 ▅▅▅

　　▅▅▅▅▅　庚申七月廿九日，大暑八月初三日癸亥
　　▅▅▅▅▅　乙亥八月十五日，立秋十八日戊寅
　　▅▅▅▅▅　庚寅八月三十日，處暑九月初三日癸巳

巽 ▅▅▅▅▅

　　▅▅▅　乙巳九月十五日，白露十八日戊申
　　▅▅▅　庚申十月初一日，秋分初五日甲子
　　▅▅▅　乙亥十月十六日，寒露二十日己卯

坤 ▅▅▅

　　▅▅▅　庚寅十一月初一日，霜降初五日甲午
　　▅▅▅▅▅　乙巳十一月十六日，立冬二十日己酉
　　▅▅▅　庚申十二月初二日，小雪初七日乙丑

艮 ▅▅▅

　　▅▅▅　乙亥十二月十七日，大雪廿二日庚辰
　　▅▅▅　乙未正月初七日，冬至

　　　大餘三十一，小餘十六，故第七冬至爲乙未

第七年

艮
　乙未冬至，正月初七日
　庚戌小寒，正月廿二日
坎　乙丑大寒，二月初八日
　庚辰二月廿三日，立春廿四日辛巳
　乙未三月初八日，啟蟄初九日丙申
震　庚戌三月廿三日，雨水廿四日辛亥
　乙丑四月初九日，春分初十日丙寅
　庚辰四月廿四日，穀雨廿六日壬午
乾　乙未五月初九日，清明十一日丁酉
　庚戌五月廿四日，立夏廿六日壬子
　乙丑六月初十日，小滿十二日丁卯
兌　庚辰六月廿五日，芒種廿七日壬午
　乙未七月初十日，夏至十三日戊戌
　庚戌七月廿五日，小暑廿八日癸丑
離　乙丑八月十一日，大暑十四日戊辰
　庚辰八月廿六日，立秋廿九日癸未
　乙未九月十一日，處暑十五日己亥
巽　庚戌九月廿六日，白露三十日甲寅
　乙丑十月十一日，秋分十五日己巳
　庚辰十月廿六日，寒露十一月朔甲申
坤　乙未十一月十二日，霜降十六日己亥
　庚戌十一月廿七日，立冬十二月二日乙卯
　乙丑十二月十二日，小雪十七日庚午
艮　庚辰十二月廿七日，大雪正月三日乙酉
　庚子正月十八日，冬至

大餘三十六，小餘二十四，故第八冬至為庚子

第八年

──

艮 ──
　── ──　庚子冬至，正月十八日
　── ──　乙卯小寒，二月初三日
坎 ────　庚午二月十八日，大寒十九日辛未
　── ──　乙酉三月初四日，立春初五日丙戌
　── ──　庚子三月十九日，啓蟄二十日辛丑
震 ── ──　乙卯四月初四日，雨水初五日丙辰
　── ──　庚午四月十九日，春分廿一日壬申
　────　乙酉五月初五日，穀雨初七日丁亥
乾 ────　庚子五月二十日，清明廿二日壬寅
　────　乙卯六月初五日，立夏初七日丁巳
　── ──　庚午六月二十日，小滿廿二日壬申
兌 ────　乙酉七月初六日，芒種初九日戊子
　────　庚子七月廿一日，夏至廿四日癸卯
　────　乙卯八月初六日，小暑初九日戊午
離 ── ──　庚午八月廿一日，大暑廿四日癸酉
　────　乙酉九月初七日，立秋十一日己丑
　────　庚子九月廿二日，處暑廿六日甲辰
巽 ────　乙卯十月初七日，白露十一日己未
　── ──　庚午十月廿二日，秋分廿六日甲戌
　── ──　乙酉十一月初八日，寒露十二日己丑
坤 ── ──　庚子十一月廿三日，霜降廿八日乙巳
　── ──　乙卯十二月初八日，立冬十三日庚申
　── ──　庚午十二月廿三日，小雪廿八日乙亥
艮 ────　乙酉正月初八日，大雪十三日庚寅
　── ──　丙午正月廿九日，冬至

大餘四十二，無小餘，故第九冬至爲丙午

第九年

```
艮 ━━ ━━
   ━━ ━━  丙午冬至，正月廿九日
   ━━ ━━  辛酉小寒，二月十五日
坎 ━━━━━  丙子大寒，二月三十日
   ━━ ━━  辛卯立春，閏月十五日
   ━━ ━━  丙午啓蟄，三月初一日
震 ━━ ━━  辛酉三月十六日，雨水十七日壬戌
   ━━ ━━  丙子四月初一日，春分初二日丁丑
   ━━ ━━  辛卯四月十六日，穀雨十七日壬辰
乾 ━━━━━  丙午五月初二日，清明初三日丁未
   ━━━━━  辛酉五月十七日，立夏十八日壬戌
   ━━ ━━  丙子六月初二日，小滿初四日戊寅
兌 ━━━━━  辛卯六月十七日，芒種十九日癸巳
   ━━━━━  丙午七月初三日，夏至初五日戊申
   ━━ ━━  辛酉七月十八日，小暑二十日癸亥
離 ━━━━━  丙子八月初三日，大暑初六日己卯
   ━━━━━  辛卯八月十八日，立秋廿一日甲午
   ━━━━━  丙午九月初四日，處暑初七日己酉
巽 ━━━━━  辛酉九月十九日，白露廿二日甲子
   ━━ ━━  丙子十月初四日，秋分初七日己卯
   ━━ ━━  辛卯十月十九日，寒露廿三日乙未
坤 ━━ ━━  丙午十一月初五日，霜降初九日庚戌
   ━━ ━━  辛酉十一月二十日，立冬廿四日乙丑
   ━━ ━━  丙子十二月初五日，小雪初九日庚辰
艮 ━━━━━  辛卯十二月二十日，大雪廿五日丙申
   ━━ ━━  辛亥正月十一日，冬至
```

大餘四十七，小餘八，故第十冬至為辛亥

第十年

艮
— — 辛亥冬至，正月十一日
— — 丙寅小寒，正月廿六日

坎 辛巳大寒，二月十一日
— — 丙申立春，二月廿六日
— — 辛亥三月十二日，啓蟄十三日壬子

震 丙寅三月廿七日，雨水廿八日丁卯
辛巳四月十二日，春分十三日壬午
丙申四月廿七日，穀雨廿八日丁酉

乾 辛亥五月十二日，清明十四日癸丑
丙寅五月廿七日，立夏廿九日戊辰
辛巳六月十三日，小滿十五日癸未

兌 丙申六月廿八日，芒種三十日戊戌
辛亥七月十三日，夏至十五日癸丑
丙寅七月廿八日，小暑八月二日己巳

離 辛巳八月十四日，大暑十七日甲申
丙申八月廿九日，立秋九月二日己亥
辛亥九月十四日，處暑十七日甲寅

巽 丙寅九月廿九日，白露十月三日己巳
— — 辛巳十月十五日，秋分十九日乙酉
— — 丙申十月三十日，寒露十一月四日庚子

坤 — — 辛亥十一月十五日，霜降十九日乙卯
— — 丙寅十二月初一日，立冬五日庚午
辛巳十二月十六日，小雪廿一日丙戌

艮 — — 丙申正月初一日，大雪初六日辛丑
— — 丙辰正月廿一日，冬至

大餘五十二，小餘一十六，故第十一冬至為丙辰

第十一年

艮

丙辰冬至，正月廿一日
辛未小寒，二月初七日
坎
丙戌大寒，二月廿二日
辛丑三月初七日，立春初八日壬寅
丙辰三月廿二日，啓蟄廿三日丁巳
震
辛未四月初八日，雨水初九日壬申
丙戌四月廿三日，春分廿四日丁亥
辛丑五月初八日，穀雨初十日癸卯
乾
丙辰五月廿三日，清明廿五日戊午
辛未六月初九日，立夏十一日癸酉
丙戌六月廿四日，小滿廿六日戊子
兌
辛丑七月初九日，芒種十一日癸卯
丙辰七月廿四日，夏至廿七日己未
辛未八月初九日，小暑十二日甲戌
離
丙戌八月廿四日，大暑廿七日己丑
辛丑九月初十日，立秋十三日甲辰
丙辰九月廿五日，處暑廿九日庚申
巽
辛未十月初十日，白露十四日乙亥
丙戌十月廿五日，秋分廿九日庚寅
辛丑十一月十一日，寒露十五日乙巳
坤
丙辰十一月廿六日，霜降三十日庚申
辛未閏月十一日，立冬十六日丙子
丙戌閏月廿六日，小雪十二月二日辛卯
艮
辛丑十二月十二日，大雪十七日丙午
辛酉正月初二日，冬至

大餘五十七，小餘二十四，故第十二冬至爲辛酉

第十二年

```
    ——————
艮  ——————
    ——  ——  辛酉冬至，正月初二日
    ——  ——  丙子小寒，正月十七日
坎  ——————  辛卯二月初三日，大寒初四日壬辰
    ——  ——  丙午二月十八日，立春十九日丁未
    ——  ——  辛酉三月初三日，啓蟄初四日壬戌
震  ——  ——  丙子三月十八日，雨水十九日丁丑
    ——————  辛卯四月初四日，春分初六日癸巳
    ——————  丙午四月十九日，穀雨廿一日戊申
乾  ——————  辛酉五月初四日，清明初六日癸亥
    ——————  丙子五月十九日，立夏廿一日戊寅
    ——————  辛卯六月初五日，小滿初七日癸巳
兌  ——————  丙午六月二十日，芒種廿三日己酉
    ——————  辛酉七月初五日，夏至初八日甲子
    ——  ——  丙子七月二十日，小暑廿三日己卯
離  ——  ——  辛卯八月初六日，大暑初九日甲午
    ——————  丙午八月廿一日，立秋廿五日庚戌
    ——————  辛酉九月初六日，處暑初十日乙丑
巽  ——————  丙子九月廿一日，白露廿五日庚辰
    ——  ——  辛卯十月初七日，秋分十一日乙未
    ——  ——  丙午十月廿二日，寒露廿六日庚戌
坤  ——  ——  辛酉十一月初七日，霜降十二日丙寅
    ——  ——  丙子十一月廿二日，立冬廿七日辛巳
    ——————  辛卯十二月初七日，小雪十二日丙申
艮  ——  ——  丙午十二月廿二日，大雪廿七日辛亥
    ——  ——  丁卯正月十四日，冬至
```

大餘三，無小餘，故第十三冬至爲丁卯

第十三年

艮　丁卯冬至，正月十四日
　　壬午小寒，正月廿九日
坎　丁酉大寒，二月十四日
　　壬子立春，二月廿九日
　　丁卯啓蟄，三月十五日
震　壬午三月三十日，雨水四月初一日癸未
　　丁酉四月十五日，春分十六日戊戌
　　壬子五月初一日，穀雨初二日癸丑
乾　丁卯五月十六日，清明十七日戊辰
　　壬午六月初一日，立夏初二日癸未
　　丁酉六月十六日，小滿十八日己亥
兌　壬子七月初二日，芒種初四日甲寅
　　丁卯七月十七日，夏至十九日己巳
　　壬午八月初二日，小暑初四日甲申
離　丁酉八月十七日，大暑二十日庚子
　　壬子九月初三日，立秋初六日乙卯
　　丁卯九月十八日，處暑廿一日庚午
巽　壬午十月初三日，白露初六日乙酉
　　丁酉十月十八日，秋分廿一日庚子
　　壬子十一月初四日，寒露初八日丙辰
坤　丁卯十一月十九日，霜降廿三日辛未
　　壬午十二月初四日，立冬初八日丙戌
　　丁酉十二月十九日，小雪廿三日辛丑
艮　壬子正月初五日，大雪初十日丁巳
　　壬申正月廿五日，冬至

大餘八，小餘八，故第十四冬至爲壬申

544　　　　　　　－ 30 －

第十四年

艮

壬申冬至，正月廿五日
丁亥小寒，二月初十日

坎

壬寅大寒，二月廿五日
丁巳立春，三月十一日
壬申三月廿六日，啓蟄廿七日癸酉

震

丁亥四月十一日，雨水十二日戊子
壬寅四月廿六日，春分廿七日癸卯
丁巳五月十一日，穀雨十二日戊午

乾

壬申五月廿六日，清明廿八日甲戌
丁亥六月十二日，立夏十四日己丑
壬寅六月廿七日，小滿廿九日甲辰

兌

丁巳七月十二日，芒種十四日己未
壬申七月廿七日，夏至廿九日甲戌
丁亥閏月十三日，小暑十六日庚寅

離

壬寅閏月廿八日，大暑八月朔乙巳
丁巳八月十三日，立秋十六日庚申
壬申八月廿八日，處暑九月二日乙亥

巽

丁亥九月十四日，白露十七日庚寅
壬寅九月廿九日，秋分十月三日丙午
丁巳十月十四日，寒露十八日辛酉

坤

壬申十月廿九日，霜降十一月四日丙子
丁亥十一月十五日，立冬十九日辛卯
壬寅十一月三十日，小雪十二月五日丁未

艮

丁巳十二月十五日，大雪二十日壬戌
丁丑正月初六日，冬至

大餘十三，小餘十六，故第十五冬至爲丁丑。

第十五年

艮

— — 丁丑冬至，正月初六日
— — 壬辰小寒，正月廿一日

坎

—— 丁未大寒，二月初六日
— — 壬戌二月廿一日，立春廿二日癸亥
— — 丁丑三月初七日，啓蟄初八日戊寅

震

—— 壬辰三月廿二日，雨水廿三日癸巳
— — 丁未四月初七日，春分初八日戊申
—— 壬戌四月廿二日，穀雨廿四日甲子

乾

—— 丁丑五月初八日，清明初十日己卯
—— 壬辰五月廿三日，立夏廿五日甲午
—— 丁未六月初八日，小滿初十日己酉

兌

—— 壬戌六月廿三日，芒種廿五日甲子
— — 丁丑七月初八日，夏至十一日庚辰
—— 壬辰七月廿三日，小暑廿六日乙未

離

— — 丁未八月初九日，大暑十二日庚戌
—— 壬戌八月廿四日，立秋廿七日乙丑
—— 丁丑九月初九日，處暑十三日辛巳

巽

—— 壬辰九月廿四日，白露廿八日丙申
— — 丁未十月初十日，秋分十四日辛亥
— — 壬戌十月廿五日，寒露廿九日丙寅

坤

— — 丁丑十一月初十日，霜降十四日辛巳
— — 壬辰十一月廿五日，立冬十二月朔丁酉
—— 丁未十二月十一日，小雪十六日壬子

艮

— — 壬戌十二月廿六日，大雪正月朔丁卯
— — 壬午正月十六日，冬至

大餘十八，小餘二十四，故第十六冬至爲壬午。

第十六年

艮 —— ——
　　—— ——　壬午冬至，正月十六日
　　—— ——　丁酉小寒，二月初二日
坎 ————　壬子二月十七日，大寒十八日癸丑
　　—— ——　丁卯三月初二日，立春初三日戊辰
　　————　壬午三月十七日，啓蟄十八日癸未
震 —— ——　丁酉四月初三日，雨水初四日戊戌
　　————　壬子四月十八日，春分二十日甲寅
　　————　丁卯五月初三日，穀雨初五日己巳
乾 ————　壬午五月十八日，清明二十日甲申
　　————　丁酉六月初四日，立夏初六日己亥
　　—— ——　壬子六月十九日，小滿廿一日甲寅
兌 ————　丁卯七月初四日，芒種初七日庚午
　　————　壬午七月十九日，夏至廿二日乙酉
　　————　丁酉八月初五日，小暑初八日庚子
離 —— ——　壬子八月二十日，大暑廿三日乙卯
　　————　丁卯九月初五日，立秋初九日辛未
　　————　壬午九月二十日，處暑廿四日丙戌
巽 ————　丁酉十月初六日，白露初十日辛丑
　　—— ——　壬子十月廿一日，秋分廿五日丙辰
　　—— ——　丁卯十一月初六日，寒露初十日辛未
坤 —— ——　壬午十一月廿一日，霜降廿六日丁亥
　　—— ——　丁酉十二月初六日，立冬十一日壬寅
　　—— ——　壬子十二月廿一日，小雪廿六日丁巳
艮 —— ——　丁卯正月初七日，大雪十二日壬申
　　—— ——　戊子正月廿八日，冬至

　　大餘二十四，無小餘，故第十七冬至爲戊子。

- 33 -

第十七年

良
```
━━━━━━
━━　━━
━━　━━　戊子冬至，正月廿八日
━━　━━　癸卯小寒，二月十三日
```
坎
```
━━━━━━　戊午大寒，二月廿八日
━━　━━　癸酉立春，三月十四日
━━　━━　戊子啓蟄，三月廿九日
```
震
```
━━　━━　癸卯閏月十四日，雨水十五日甲辰
━━━━━━　戊午閏月廿九日，春分四月朔己未
　　　　　癸酉四月十五日，穀雨十六日甲戌
```
乾
```
━━━━━━　戊子四月三十日，清明五月朔己丑
━━━━━━　癸卯五月十五日，立夏十六日甲辰
━━　━━　戊午六月初一日，小滿初三日庚申
```
兌
```
━━━━━━　癸酉六月十六日，芒種十八日乙亥
━━━━━━　戊子七月初一日，夏至初三日庚寅
━━━━━━　癸卯七月十六日，小暑十八日乙巳
```
離
```
━━　━━　戊午八月初二日，大暑初五日辛酉
━━━━━━　癸酉八月十七日，立秋二十日丙子
━━━━━━　戊子九月初二日，處暑初五日辛卯
```
巽
```
━━━━━━　癸卯九月十七日，白露二十日丙午
━━━━━━　戊午十月初三日，秋分初六日辛酉
━━　━━　癸酉十月十八日，寒露廿二日丁丑
```
坤
```
━━　━━　戊子十一月初三日，霜降初七日壬辰
━━　━━　癸卯十一月十八日，立冬廿二日丁未
━━━━━━　戊午十二月初四日，小雪初八日壬戌
```
良
```
━━　━━　癸酉十二月十九日，大雪廿四日戊寅
━━　━━　癸巳正月初九日，冬至
```

大餘二十九，小餘八，故第十八冬至爲癸巳。

第十八年

```
    ──────
艮  ──  ──
    ──  ──   癸巳冬至，正月初九日
    ──  ──   戊申小寒，正月廿四日
坎  ──────   癸亥大寒，二月初九日
    ──────   戊寅立春，二月廿四日
    ──────   癸巳三月初十日，啓蟄十一日甲午
震  ──  ──   戊申三月廿五日，雨水廿六日己酉
    ──────   癸亥四月初十日，春分十一日甲子
    ──  ──   戊寅四月廿五日，穀雨廿六日己卯
乾  ──────   癸巳五月十一日，清明十三日乙未
    ──────   戊申五月廿六日，立夏廿八日庚戌
    ──  ──   癸亥六月十一日，小滿十三日乙丑
兌  ──────   戊寅六月廿六日，芒種廿八日庚辰
    ──────   癸巳七月十二日，夏至十四日乙未
    ──────   戊申七月廿七日，小暑三十日辛亥
離  ──  ──   癸亥八月十二日，大暑十五日丙寅
    ──────   戊寅八月廿七日，立秋九月朔辛巳
    ──────   癸巳九月十三日，處暑十六日丙申
巽  ──────   戊申九月廿八日，白露十月朔辛亥
    ──  ──   癸亥十月十三日，秋分十七日丁卯
    ──  ──   戊寅十月廿八日，寒露十一月三日壬午
坤  ──  ──   癸巳十一月十四日，霜降十八日丁酉
    ──  ──   戊申十一月廿九日，立冬十二月三日壬子
    ──────   癸亥十二月十四日，小雪十九日戊辰
艮  ──  ──   戊寅十二月廿九日，大雪正月初五日癸未
    ──  ──   戊戌正月二十日，冬至
```

大餘三十四，小餘十六，故第十九冬至爲戊戌。

第十九年

艮

戊戌冬至，正月二十日
癸丑小寒，二月初五日

坎
戊辰大寒，二月二十日
癸未三月初六日，立春初七日甲申
戊戌三月廿一日，啓蟄廿二日己亥

震
癸丑四月初六日，雨水初七日甲寅
戊辰四月廿一日，春分廿二日己巳
癸未五月初七日，穀雨初九日乙酉

乾
戊戌五月廿二日，清明廿四日庚子
癸丑六月初七日，立夏初九日乙卯
戊辰六月廿二日，小滿廿四日庚午

兌
癸未七月初七日，芒種初九日乙酉
戊戌七月廿二日，夏至廿五日辛丑
癸丑八月初八日，小暑十一日丙辰

離
戊辰八月廿三日，大暑廿六日辛未
癸未九月初八日，立秋十一日丙戌
戊戌九月廿三日，處暑廿七日壬寅

巽
癸丑十月初九日，白露十三日丁巳
戊辰十月廿四日，秋分廿八日壬申
癸未十一月初九日，寒露十三日丁亥

坤
戊戌十一月廿四日，霜降廿八日壬寅
癸丑十二月初十日，立冬十五日戊午
戊辰十二月廿五日，小雪三十日癸酉

艮
癸未閏月初十日，大雪十五日戊子
癸卯正月初一日，冬至
大餘三十九，小餘二十四，故第二十冬至爲癸卯。
首章之終 6939 日，又有餘分 $\frac{24}{32}$ 入次章癸卯冬至朔。

甲子蔀　　第二章

甲子蔀 癸卯章

第一年 冬至朔 癸卯

正月大	七〇六分入朔	癸卯
二月小	二六五分入朔	癸酉
三月大	七六四分入朔	壬寅
四月小	三二三分入朔	壬申
五月大	八二二分入朔	辛丑
六月小	三八一分入朔	辛未
七月大	八八〇分入朔	庚子
八月小	四三九分入朔	庚午
九月大	九三八分入朔	己亥
十月大	四九七分入朔	己巳
十一月小	五六分入朔	己亥
十二月大	五五五分入朔	戊辰

十二月共 355 日

大餘三十四，小餘一百一十三，故第二十一年正月朔爲戊戌。

第二年 正月十二日冬至 己酉

正月小	一一四分入朔	戊戌
二月大	六一三分入朔	丁卯
三月小	一七二分入朔	丁酉
四月大	六七一分入朔	丙寅
五月小	二三〇分入朔	丙申
六月大	七二九分入朔	乙丑
七月小	二八八分入朔	乙未
八月大	七八七分入朔	甲子
九月小	三四六分入朔	甲午
十月大	八四五分入朔	癸亥
十一月小	四〇四分入朔	癸巳
十二月大	九〇三分入朔	壬戌

十二月共 354 日

大餘二十八，小餘四百六十一，故第二十二年正月朔爲壬辰。

第三年　正月廿三日冬至　甲寅

正月大	四六二分入朔	壬辰
二月小	二一分入朔	壬戌
三月大	五二〇分入朔	辛卯
四月小	七九分入朔	辛酉
五月大	五七八分入朔	庚寅
六月小	一三七分入朔	庚申
七月大	六三六分入朔	己丑
八月小	一九五分入朔	己未
九月大	六九四分入朔	戊子
閏月小	二五三分入朔	戊午
十月大	七五二分入朔	丁亥
十一月小	三一一分入朔	丁巳
十二月大	八一〇分入朔	丙戌

十三月共 384 日

大餘五十二，小餘三百六十八，故第二十三年正月朔爲丙辰。

第四年　正月初四日冬至　己未

正月小	三六九分入朔	丙辰
二月大	八六八分入朔	乙酉
三月小	四二七分入朔	乙卯
四月大	九二六分入朔	甲申
五月大	四八五分入朔	甲寅
六月小	四四分入朔	甲申
七月大	五四三分入朔	癸丑
八月小	一〇二分入朔	癸未
九月大	六〇一分入朔	壬子
十月小	一六〇分入朔	壬午
十一月大	六五九分入朔	辛亥
十二月小	二一八分入朔	辛巳

十二月共 384 日

大餘四十六，小餘七百一十六，故第二十四年正月朔爲庚戌。

- 39 -

第五年　正月十五日冬至　甲子

正月大	七一七分入朔	庚戌
二月小	二七六分入朔	庚辰
三月大	七七五分入朔	己酉
四月小	三三四分入朔	己卯
五月大	八三三分入朔	戊申
六月小	三九二分入朔	戊寅
七月大	八九一分入朔	丁未
八月大	四五〇分入朔	丁丑
九月小	九分入朔	丁未
十月大	五〇八分入朔	丙子
十一月小	六七分入朔	丙午
十二月大	五六六分入朔	乙亥

十二月共 355 日

大餘四十一，小餘一百二十四，故第二十五年正月朔爲乙巳。

第六年　正月廿六日冬至　庚午

正月小	一二五分入朔	乙巳
二月大	六二四分入朔	甲戌
三月小	一八三分入朔	甲辰
四月大	六八二分入朔	癸酉
五月小	二四一分入朔	癸卯
閏月大	七四〇分入朔	壬申
六月小	二九九分入朔	壬寅
七月大	七九八分入朔	辛未
八月小	三五七分入朔	辛丑
九月大	八五六分入朔	庚午
十月小	四一五分入朔	庚子
十一月大	九一四分入朔	己巳
十二月大	四七三分入朔	己亥

十三月共 384 日

大餘五，小餘三十一，故第二十六年正月朔爲己巳。

第七年　正月初七日冬至　乙亥

正月小	三二分入朔	己巳
二月大	五三一分入朔	戊戌
三月小	九〇分入朔	戊辰
四月大	五八九分入朔	丁酉
五月小	一四八分入朔	丁卯
六月大	六四七分入朔	丙申
七月小	二〇六分入朔	丙寅
八月大	七〇五分入朔	乙未
九月小	二六四分入朔	乙丑
十月大	七六三分入朔	甲午
十一月小	三二二分入朔	甲子
十二月大	八二一分入朔	癸巳

十二月共 354 日

大餘五十九，小餘三百七十九，故第二十七年正月朔爲癸亥。

第八年　正月十八日冬至　庚辰

正月小	三八〇分入朔	癸亥
二月大	八七九分入朔	壬辰
三月小	四三八分入朔	壬戌
四月大	九三七分入朔	辛卯
五月大	四九六分入朔	辛酉
六月小	五五分入朔	辛卯
七月大	五五四分入朔	庚申
八月小	一一三分入朔	庚寅
九月大	六一二分入朔	己未
十月小	一七一分入朔	己丑
十一月大	六七〇分入朔	戊午
十二月小	二二九分入朔	戊子

十二月共 354 日

大餘五十三，小餘七百二十七，故第二十八年正月朔爲丁巳。

第九年　　正月廿九日冬至　　乙酉

正月大	七二八分入朔	丁巳
閏月小	二八七分入朔	丁亥
二月大	七八六分入朔	丙辰
三月小	三四五分入朔	丙戌
四月大	八四四分入朔	乙卯
五月小	四〇三分入朔	乙酉
六月大	九〇二分入朔	甲寅
七月大	四六一分入朔	甲申
八月小	二〇分入朔	甲寅
九月大	五一九分入朔	癸未
十月小	七八分入朔	癸丑
十一月大	五七七分入朔	壬午
十二月小	一三六分入朔	壬子

十三月共 384 日

大餘十七，小餘六百三十四，故第二十九年正月朔爲辛巳。

第十年　　正月十一日冬至　　辛卯

正月大	六三五分入朔	辛巳
二月小	一九四分入朔	辛亥
三月大	六九三分入朔	庚辰
四月小	二五二分入朔	庚戌
五月大	七五一分入朔	己卯
六月小	三一〇分入朔	己酉
七月大	八〇九分入朔	戊寅
八月小	三六八分入朔	戊申
九月大	八六七分入朔	丁丑
十月小	四二六分入朔	丁未
十一月大	九二五分入朔	丙子
十二月大	四八四分入朔	丙午

十二月共 355 日

大餘十二，小餘四十二，故第三十年正月朔爲丙子。

第十一年　　正月廿一日冬至　　丙申

正月小	四三分入朔	丙子
二月大	五四二分入朔	乙巳
三月小	一〇一分入朔	乙亥
四月大	六〇〇分入朔	甲辰
五月小	一五九分入朔	甲戌
六月大	六五八分入朔	癸卯
七月小	二一七分入朔	癸酉
八月大	七一六分入朔	壬寅
九月小	二七五分入朔	壬申
十月大	七七四分入朔	辛丑
閏月小	三三三分入朔	辛未
十一月大	八三二分入朔	庚子
十二月小	三九一分入朔	庚午

十三月共 383 日

大餘三十五，小餘八百八十九，故第三十一年正月朔爲己亥。

第十二年　　正月初三日冬至　　辛丑

正月大	八九〇分入朔	己亥
二月大	四四九分入朔	己巳
三月小	八分入朔	己亥
四月大	五〇七分入朔	戊辰
五月小	六六分入朔	戊戌
六月大	五六五分入朔	丁卯
七月小	一二四分入朔	丁酉
八月大	六二三分入朔	丙寅
九月小	一八二分入朔	丙申
十月大	六八一分入朔	乙丑
十一月小	二四〇分入朔	乙未
十二月大	七三九分入朔	甲子

十二月共 354 日

大餘三十，小餘二百九十七，故第三十二年正月朔爲甲午。

第十三年　正月十三日冬至　丙午

正月小	二九八分入朔	甲午
二月大	七九七分入朔	癸亥
三月小	三五六分入朔	癸巳
四月大	八五五分入朔	壬戌
五月小	四一四分入朔	壬辰
六月大	九一三分入朔	辛酉
七月大	四七二分入朔	辛卯
八月小	三一分入朔	辛酉
九月大	五三〇分入朔	庚寅
十月小	八九分入朔	庚申
十一月大	五八八分入朔	己丑
十二月小	一四七分入朔	己未

十二月共 354 日

大餘二十四，小餘六百四十五，故第三十三年正月朔爲戊子。

第十四年　正月廿五日冬至　壬子

正月大	六四六分入朔	戊子
二月小	二〇五分入朔	戊午
三月大	七〇四分入朔	丁亥
四月小	二六三分入朔	丁巳
五月大	七六二分入朔	丙戌
六月小	三二一分入朔	丙辰
七月大	八二〇分入朔	乙酉
閏月小	三七九分入朔	乙卯
八月大	八七八分入朔	甲申
九月小	四三七分入朔	甲寅
十月大	九三六分入朔	癸未
十一月大	四九五分入朔	癸丑
十二月小	五四分入朔	癸未

十三月共 384 日

大餘四十八，小餘五百五十二，故第三十四年正月朔爲壬子。

第十五年　正月初六日冬至　　丁巳

正月大	五五三分入朔	壬子
二月小	一一二分入朔	壬午
三月大	六一一分入朔	辛亥
四月小	一七〇分入朔	辛巳
五月大	六六九分入朔	庚戌
六月小	二二八分入朔	庚辰
七月大	七二七分入朔	己酉
八月小	二八六分入朔	己卯
九月大	七八五分入朔	戊申
十月小	三四四分入朔	戊寅
十一月大	八四三分入朔	丁未
十二月小	四〇二分入朔	丁丑

十二月共 354 日

大餘四十二，小餘九百，故第三十五年正月朔爲丙午。

第十六年　正月十七日冬至　　壬戌

正月大	九〇一分入朔	丙午
二月大	四六〇分入朔	丙子
三月小	一九分入朔	丙午
四月大	五一八分入朔	乙亥
五月小	七七分入朔	乙巳
六月大	五七六分入朔	甲戌
七月小	一三五分入朔	甲辰
八月大	六三四分入朔	癸酉
九月小	一九三分入朔	癸卯
十月大	六九二分入朔	壬申
十一月小	二五一分入朔	壬寅
十二月大	七五〇分入朔	辛未

十二月共 355 日

大餘三十七，小餘三百八，故第三十六年正月朔爲辛丑。

— 45 —

第十七年　正月廿七日冬至　丁卯

正月小	三〇九分入朔	辛丑
二月大	八〇八分入朔	庚午
三月小	三六七分入朔	庚子
閏月大	八六六分入朔	己巳
四月小	四二五分入朔	己亥
五月大	九二四分入朔	戊辰
六月大	四八三分入朔	戊戌
七月小	四二分入朔	戊辰
八月大	五四一分入朔	丁酉
九月小	一〇〇分入朔	丁卯
十月大	五九九分入朔	丙申
十一月小	一五八分入朔	丙寅
十二月大	六五七分入朔	乙未

十三月共 384 日

大餘一，小餘二百一十五，故第三十七年正月朔爲乙丑。

第十八年　正月初九日冬至　癸酉

正月小	二一六分入朔	乙丑
二月大	七一五分入朔	甲午
三月小	二七四分入朔	甲子
四月大	七七三分入朔	癸巳
五月小	三三二分入朔	癸亥
六月大	八三一分入朔	壬辰
七月小	三九〇分入朔	壬戌
八月大	八八九分入朔	辛卯
九月大	四四八分入朔	辛酉
十月小	七分入朔	辛卯
十一月大	五〇六分入朔	庚申
十二月小	六五分入朔	庚寅

十二月共 354 日

大餘五十五，小餘五百六十三，故第三十八年正月朔爲己未。

第十九年　　正月二十日冬至　　戊寅

正月大	五六四分入朔	己未
二月小	一二三分入朔	己丑
三月大	六二二分入朔	戊午
四月小	一八一分入朔	戊子
五月大	六八〇分入朔	丁巳
六月小	二三九分入朔	丁亥
七月大	七三八分入朔	丙辰
八月小	二九七分入朔	丙戌
九月大	七九六分入朔	乙卯
十月小	三五五分入朔	乙酉
十一月大	八五四分入朔	甲寅
閏月小	四一三分入朔	甲申
十二月大	九一二分入朔	癸丑

十三月共 384 日

大餘十九，小餘四百七十，故第三十九年正月朔爲癸未，卽甲子部第三章之章首。

甲子蔀 癸卯章

第一年

良 癸卯冬至，正月朔
戊午小寒，正月十六日
坎 癸酉二月初一日，大寒初二日甲戌
戊子二月十六日，立春十七日己丑
癸卯三月初二日，啓蟄初三日甲辰
震 戊午三月十七日，雨水十八日己未
癸酉四月初二日，春分初四日乙亥
戊子四月十七日，穀雨十九日庚寅
乾 癸卯五月初三日，清明初五日乙巳
戊午五月十八日，立夏二十日庚申
癸酉六月初三日，小滿初五日乙亥
兌 戊子六月十八日，芒種廿一日辛卯
癸卯七月初四日，夏至初七日丙午
戊午七月十九日，小暑廿二日辛酉
離 癸酉八月初四日，大暑初七日丙子
戊子八月十九日，立秋廿三日壬辰
癸卯九月初五日，處暑初九日丁未
巽 戊午九月二十日，白露廿四日壬戌
癸酉十月初五日，秋分初九日丁丑
戊子十月二十日，寒露廿四日壬辰
坤 癸卯十一月初五日，霜降初十日戊申
戊午十一月二十日，立冬廿五日癸亥
癸酉十二月初六日，小雪十一日戊寅
良 戊子十二月廿一日，大雪廿六日癸巳
己酉正月十二日，冬至

大餘四十五，無小餘，故第二十一冬至爲己酉

562

— 48 —

第二年

艮
己酉冬至，正月十二日
甲子小寒，正月廿七日
坎
己卯大寒，二月十三日
甲午立春，二月廿八日
己酉啓蟄，三月十三日
震
甲子三月廿八日，雨水廿九日乙丑
己卯四月十四日，春分十五日庚辰
甲午四月廿九日，穀雨三十日乙未
乾
己酉五月十四日，清明十五日庚戌
甲子五月廿九日，立夏六月朔乙丑
己卯六月十五日，小滿十七日辛巳
兌
甲午六月三十日，芒種七月初二日丙申
己酉七月十五日，夏至十七日辛亥
甲子八月初一日，小暑初三日丙寅
離
己卯八月十六日，大暑十九日壬午
甲午九月初一日，立秋初四日丁酉
己酉九月十六日，處暑十九日壬子
巽
甲子十月初二日，白露初五日丁卯
己卯十月十七日，秋分二十日壬午
甲午十一月初二日，寒露初六日戊戌
坤
己酉十一月十七日，霜降廿一日癸丑
甲子十二月初三日，立冬初七日戊辰
己卯十二月十八日，小雪廿二日癸未
艮
甲午正月初三日，大雪初八日己亥
甲寅正月廿三日，冬至

大餘五十，小餘八，故第二十二冬至爲甲寅。

第三年

艮
甲寅冬至，正月廿三日
己巳小寒，二月初八日
坎
甲申大寒，二月廿三日
己亥立春，三月初九日
甲寅三月廿四日，啓蟄廿五日乙卯
震
己巳四月初九日，雨水初十日庚午
甲申四月廿四日，春分廿五日乙酉
己亥五月初十日，穀雨十一日庚子
乾
甲寅五月廿五日，清明廿七日丙辰
己巳六月初十日，立夏十二日辛未
甲申六月廿五日，小滿廿七日丙戌
兌
己亥七月十一日，芒種十三日辛丑
甲寅七月廿六日，夏至廿八日丙辰
己巳八月十一日，小暑十四日壬申
離
甲申八月廿六日，大暑廿九日丁亥
己亥九月十二日，立秋十五日壬寅
甲寅九月廿七日，處暑三十日丁巳
巽
己巳閏月十二日，白露十五日壬申
甲申閏月廿七日，秋分十月二日戊子
己亥十月十三日，寒露十月十七日癸卯
坤
甲寅十月廿八日，霜降十一月二日戊午
己巳十一月十三日，立冬十七日癸酉
甲申十一月廿八日，小雪十二月四日己丑
艮
己亥十二月十四日，大雪十九日甲辰
己未正月初四日，冬至

大餘五十五，小餘十六，故第二十三冬至爲己未。

564

— 50 —

第四年

艮

```
己未冬至，正月初四日
甲戌小寒，正月十九日
```

坎

```
己丑大寒，二月初五日
甲辰二月二十日，立春二十一日乙巳
己未三月初五日，啓蟄初六日庚申
```

震

```
甲戌三月二十日，雨水二十一日乙亥
己丑四月初六日，春分初七日庚寅
甲辰四月廿一日，穀雨廿三日丙午
```

乾

```
己未五月初六日，清明初八日辛酉
甲戌五月廿一日，立夏廿三日丙子
己丑六月初六日，小滿初八日辛卯
```

兌

```
甲辰六月廿一日，芒種廿三日丙午
己未七月初七日，夏至初十日壬戌
甲戌七月廿二日，小暑廿五日丁丑
```

離

```
己丑八月初七日，大暑初十日壬辰
甲辰八月廿二日，立秋廿五日丁未
己未九月初八日，處暑十二日癸亥
```

巽

```
甲戌九月廿三日，白露廿七日戊寅
己丑十月初八日，秋分十二日癸巳
甲辰十月廿三日，寒露廿七日戊申
```

坤

```
己未十一月初九日，霜降十三日癸亥
甲戌十一月廿四日，立冬廿九日己卯
己丑十二月初九日，小雪十四日甲午
```

艮

```
甲辰十二月廿四日，大雪廿九日己酉
甲子正月十五日，冬至
```

無大餘，小餘二十四，故第二十四冬至爲甲子。

第五年

艮
```
━━━━━
━ ━
━ ━  甲子冬至，正月十五日
━ ━  己卯小寒，正月三十日
```
坎
```
━━━━━  甲午二月十五日，大寒十六日乙未
━ ━  己酉三月初一日，立春初二日庚戌
━ ━  甲子三月十六日，啟蟄十七日乙丑
```
震
```
━ ━  己卯四月初一日，雨水初二日庚辰
━━━━━  甲午四月十六日，春分十八日丙申
━━━━━  己酉五月初二日，穀雨初四日辛亥
```
乾
```
━━━━━  甲子五月十七日，清明十九日丙寅
━━━━━  己卯六月初二日，立夏初四日辛巳
━ ━  甲午六月十七日，小滿十九日丙申
```
兌
```
━ ━  己酉七月初三日，芒種初六日壬子
━━━━━  甲子七月廿八日，夏至廿一日丁卯
━━━━━  己卯八月初三日，小暑初六日壬午
```
離
```
━ ━  甲午八月十八日，大暑廿一日丁酉
━━━━━  己酉九月初三日，立秋初七日癸丑
━━━━━  甲子九月十八日，處暑廿二日戊辰
```
巽
```
━━━━━  己卯十月初四日，白露初八日癸未
━ ━  甲午十月十九日，秋分廿三日戊戌
━ ━  己酉十一月初四日，寒露初八日癸丑
```
坤
```
━ ━  甲子十一月十九日，霜降廿四日己巳
━ ━  己卯十二月初五日，立冬初十日甲申
━ ━  甲午十二月二十日，小雪廿五日己亥
```
艮
```
━ ━  己酉正月初五日，大雪初十日甲寅
━ ━  庚午正月廿六日冬至
```

大餘六，無小餘，故第二十五冬至為庚午。

第六年

```
 ━━━━━
艮 ━ ━
 ━ ━  庚午冬至，正月廿六日
 ━ ━  乙酉小寒，二月十二日
坎 ━━━  庚子大寒，二月廿七日
 ━ ━  乙卯立春，三月十二日
 ━ ━  庚午啓蟄，三月廿七日
震 ━ ━  乙酉四月十三日，雨水十四日丙戌
 ━ ━  庚子四月廿八日，春分廿九日辛丑
 ━━━  乙卯五月十三日，穀雨十四日丙辰
乾 ━━━  庚午五月廿八日，清明廿九日辛未
 ━━━  乙酉閏月十四日，立夏十五日丙戌
 ━ ━  庚子閏月廿九日，小滿六月一日壬寅
兌 ━━━  乙卯六月十四日，芒種十六日丁巳
 ━━━  庚午六月廿九日，夏至七月初二日壬申
 ━ ━  乙酉七月十五日，小暑十七日丁亥
離 ━ ━  庚子七月三十日，大暑八月初三日癸卯
 ━━━  乙卯八月十五日，立秋十八日戊午
 ━ ━  庚午九月初一日，處暑初四日癸酉
巽 ━━━  乙酉九月十六日，白露十九日戊子
 ━ ━  庚子十月初一日，秋分初四日癸卯
 ━ ━  乙卯十月十六日，寒露二十日己未
坤 ━ ━  庚午十一月初二日，霜降初六日甲戌
 ━ ━  乙酉十一月十七日，立冬廿一日己丑
 ━━━  庚子十二月初二日，小雪初六日甲辰
艮 ━ ━  乙卯十二月十七日，大雪廿二日庚申
 ━ ━  乙亥正月初七日，冬至
```

大餘十一，小餘八，故第二十六冬至爲乙亥。

第七年

艮

乙亥冬至，正月初七日

庚寅小寒，正月廿二日

坎　乙巳大寒，二月初八日

庚申立春，二月廿三日

乙亥三月初八日，啟蟄初九日丙子

震　庚寅三月廿三日，雨水廿四日辛卯

乙巳四月初九日，春分初十日丙午

庚申四月廿四日，穀雨廿五日辛酉

乾　乙亥五月初九日，清明十一日丁丑

庚寅五月廿四日，立夏廿六日壬辰

乙巳六月初七日，小滿十二日丁未

兌　庚申六月廿五日，芒種廿七日壬戌

乙亥七月初十日，夏至十二日丁丑

庚寅七月廿五日，小暑廿八日癸巳

離　乙巳八月十一日，大暑十四日戊申

庚申八月廿六日，立秋廿九日癸亥

乙亥九月十一日，處暑十四日戊寅

巽　庚寅九月廿六日，白露廿九日癸巳

乙巳十月十二日，秋分十六日己酉

庚申十月廿七日，寒露十一月朔甲子

坤　乙亥十一月十二日，霜降十六日己卯

庚寅十一月廿七日，立冬十二月初二日甲午

乙巳十二月十三日，小雪十八日庚戌

艮　庚申十二月廿八日，大雪正月初三日乙丑

庚辰正月十八日，冬至

大餘十六，小餘十六，故第二十七冬至為庚辰。

第八年

艮 ䷳

庚辰冬至，正月十八日
乙未小寒，二月初四日
坎 庚戌大寒，二月十九日
乙丑三月初四日，立春初五日丙寅
庚辰三月十九日，啓蟄二十日辛巳
震 乙未四月初五日，雨水四月初六日丙申
庚戌四月二十日，春分廿一日辛亥
乙丑五月初五日，穀雨初七日丁卯
乾 庚辰五月二十日，清明廿二日壬午
乙未六月初五日，立夏初七日丁酉
庚戌六月二十日，小滿廿二日壬子
兌 乙丑七月初六日，芒種初八日丁卯
庚辰七月廿一日，夏至廿四日癸未
乙未八月初六日，小暑初九日戊戌
離 庚戌八月廿一日，大暑廿四日癸丑
乙丑九月初七日，立秋初十日戊辰
庚辰九月廿二日，處暑廿六日甲申
巽 乙未十月初七日，白露十一日己亥
庚戌十月廿二日，秋分廿六日甲寅
乙丑十一月初八日，寒露十二日己巳
坤 庚辰十一月廿三日，霜降廿七日甲申
乙未十二月初八日，立冬十三日庚子
庚戌十二月廿三日，小雪廿八日乙卯
艮 乙丑正月初九日，大雪十四日庚午
乙酉正月廿九日，冬至

大餘二十一，小餘二十四，故第二十八冬至爲乙酉。

第九年

艮 ▅▅ ▅ ▅
　　　　▅ ▅　乙酉冬至，正月廿九日
　　　　▅ ▅　庚子小寒，閏月十四日
坎 　▅▅▅▅▅　乙卯閏月廿九日，大寒二月朔丙辰
　　　　▅ ▅　庚午二月十五日，立春十六日辛未
　　　　▅ ▅　乙酉二月三十日，啓蟄三月朔丙戌
震 　▅ ▅　▅　庚子三月十五日，雨水十六日辛丑
　　　▅▅▅▅　乙卯四月初一日，春分初三日丁巳
　　　▅▅▅▅　庚午四月十六日，穀雨十八日壬申
乾 　▅▅▅▅▅　乙酉五月初一日，清明初三日丁亥
　　　▅▅▅▅　庚子五月十六日，立夏十八日壬寅
　　　　▅ ▅　乙卯六月初二日，小滿初四日丁巳
兌 　▅▅▅▅▅　庚午六月十七日，芒種二十日癸酉
　　　▅▅▅▅　乙酉七月初二日，夏至初五日戊子
　　　▅▅▅▅　庚子七月十七日，小暑二十日癸卯
離 　▅ ▅　▅　乙卯八月初二日，大暑初五日戊午
　　　▅▅▅▅　庚午八月十七日，立秋廿一日甲戌
　　　▅▅▅▅　乙酉九月初三日，處暑初七日己丑
巽 　▅▅▅▅▅　庚子九月十八日，白露廿二日甲辰
　　　　▅ ▅　乙卯十月初三日，秋分初七日己未
　　　　▅ ▅　庚午十月十八日，寒露廿二日甲戌
坤 　▅ ▅　▅　乙酉十一月初四日，霜降初九日庚寅
　　　　▅ ▅　庚子十一月十九日，立冬廿四日乙巳
　　　▅▅▅▅　乙卯十二月初四日，小雪初九日庚申
艮 　▅ ▅　▅　庚午十二月十九日，大雪廿四日乙亥
　　　　▅ ▅　辛卯正月十一日，冬至

　　大餘二十七，無小餘，故第二十九冬至爲辛卯。

第十年

艮

　　辛卯冬至，正月十一日
　　丙午小寒，正月廿六日

坎　辛酉大寒，二月十一日
　　丙子立春，二月廿六日
　　辛卯啓蟄，三月十二日

震　丙午三月廿七日，雨水廿八日丁未
　　辛酉四月十二日，春分十三日壬戌
　　丙子四月廿七日，穀雨廿八日丁丑

乾　辛卯五月十三日，清明十四日壬辰
　　丙午五月廿八日，立夏廿九日丁未
　　辛酉六月十三日，小滿十五日癸亥

兌　丙子六月廿八日，芒種七月朔戊寅
　　辛卯七月十四日，夏至十六日癸巳
　　丙午七月廿九日，小暑八月朔戊申

離　辛酉八月十四日，大暑十七日甲子
　　丙子八月廿九日，立秋九月初三日己卯
　　辛卯九月十五日，處暑九月十八日甲午

巽　丙午九月三十日，白露十月三日己酉
　　辛酉十月十五日，秋分十八日甲子
　　丙子十一月一日，寒露初五日庚辰

坤　辛卯十一月十六日，霜降二十日乙未
　　丙午十二月一日，立冬初五日庚戌
　　辛酉十二月十六日，小雪二十日乙丑

艮　丙子正月一日，大雪初六日辛巳
　　丙申正月廿一日冬至

　　大餘三十二，小餘八，故第三十冬至爲丙申。

第十一年

艮
　丙申冬至，正月廿一日
　辛亥小寒，二月初七日
坎　丙寅大寒，二月廿二日
　辛巳立春，三月初七日
　丙申三月廿二日，啓蟄廿三日丁酉
震　辛亥四月初八日，雨水初九日壬子
　丙寅四月廿三日，春分廿四日丁卯
　辛巳五月初八日，穀雨初九日壬午
乾　丙申五月廿三日，淸明廿五日戊戌
　辛亥六月初九日，立夏十一日癸丑
　丙寅六月廿四日，小滿廿六日戊辰
兌　辛巳七月初九日，芒種十一日癸未
　丙申七月廿四日，夏至廿六日戊戌
　辛亥八月初十日，小暑十三日甲寅
離　丙寅八月廿五日，大暑廿八日己巳
　辛巳九月初十日，立秋十三日甲申
　丙申九月廿五日，處暑廿八日己亥
巽　辛亥十月十一日，白露十四日甲寅
　丙寅十月廿六日，秋分三十日庚午
　辛巳閏十月十一日，寒露十五日乙酉
坤　丙申閏十月廿六日，霜降十一月朔庚子
　辛亥十一月十二日，立冬十六日乙卯
　丙寅十一月廿七日，小雪十二月二日辛未
艮　辛巳十二月十二日，大雪十七日丙戌
　辛丑正月初三日，冬至

大餘三十七，小餘十六，故第三十一冬至爲辛丑。

第十二年

艮

辛丑冬至，正月初三日
丙辰小寒，正月十八日
坎　辛未大寒，二月初三日
丙戌二月十八日，立春十九日丁亥
辛丑三月初三日，啓蟄初四日壬寅
震　丙辰三月十八日，雨水十九日丁巳
辛未四月初四日，春分初五日壬申
丙戌四月十九日，穀雨廿一日戊子
乾　辛丑五月初四日，清明初六日癸卯
丙辰五月十九日，立夏廿一日戊午
辛未六月初五日，小滿初七日癸酉
兌　丙戌六月二十日，芒種廿二日戊子
辛丑七月初五日，夏至初八日甲辰
丙辰七月二十日，小暑廿三日己未
離　辛未八月初六日，大暑初九日甲戌
丙戌八月廿一日，立秋廿四日己丑
辛丑九月初六日，處暑初十日，乙巳
巽　丙辰九月廿一日，白露廿五日庚申
辛未十月初七日，秋分十一日乙亥
丙戌十月廿二日，寒露廿六日庚寅
坤　辛丑十一月初七日，霜降十一日乙巳
丙辰十一月廿二日，立冬廿七日辛酉
辛未十二月初八日，小雪十三日丙子
艮　丙戌十二月廿三日，大雪廿八日辛卯
丙午正月十三日，冬至

　　大餘四十二，小餘二十四，故第三十二冬至爲丙午。

－ 59 －　　　　　　　　　　573

第十三年

艮
　　丙午冬至，正月十三日
　　辛酉小寒，正月廿八日
坎　丙子二月十四日，大寒十五日丁丑
　　辛卯二月廿九日，立春三十日壬辰
　　丙午三月十四日，啓蟄十五日丁未
震　辛酉三月廿九日，雨水四月朔壬戌
　　丙子四月十五日，春分十七日戊寅
　　辛卯四月三十日，穀雨五月二日癸巳
乾　丙午五月十五日，清明十七日戊申
　　辛酉六月初一日，立夏初三日癸亥
　　丙子六月十六日，小滿十八日戊寅
兌　辛卯七月初一日，芒種初四日甲午
　　丙午七月十六日，夏至十九日己酉
　　辛酉八月初一日，小暑初四日甲子
離　丙子八月十六日，大暑十九日己卯
　　辛卯九月初二日，立秋初六日乙未
　　丙午九月十七日，處暑廿一日庚戌
巽　辛酉十月初二日，白露初六日乙丑
　　丙子十月十七日，秋分廿一日庚辰
　　辛卯十一月初三日，寒露初七日乙未
坤　丙午十一月十八日，霜降廿三日辛亥
　　辛酉十二月初三日，立冬初八日丙寅
　　丙子十二月十八日，小雪廿三日辛巳
艮　辛卯正月初四日，大雪初九日丙申
　　壬子正月廿五日，冬至

　　大餘四十八，無小餘，故第三十三冬至爲壬子。

第十四年

艮

壬子冬至，正月廿五日
丁卯小寒，二月十日

坎

壬午大寒，二月廿五日
丁酉立春，三月十一日
壬子啓蟄，三月廿六日

震

丁卯四月十一日，雨水十二日戊辰
壬午四月廿六日，春分廿七日癸未
丁酉五月十二日，穀雨十三日戊戌

乾

壬子五月廿七日，清明廿八日癸丑
丁卯六月十二日，立夏十三日戊辰
壬午六月廿七日，小滿廿九日甲申

兌

丁酉七月十三日，芒種十五日己亥
壬子七月廿八日，夏至三十日甲寅
丁卯閏月十三日，小暑十五日己巳

離

壬午閏月廿八日，大暑八月二日乙酉
丁酉八月十四日，立秋十七日庚子
壬子八月廿九日，處暑九月三日乙卯

巽

丁卯九月十四日，白露十七日庚午
壬午九月廿九日，秋分十月三日乙酉
丁酉十月十五日，寒露十九日辛丑

坤

壬子十月三十日，霜降十一月四日丙辰
丁卯十一月十五日，立冬十九日辛未
壬午十一月三十日，小雪十二月四日丙戌

艮

丁酉十二月十五日，大雪二十日壬寅
丁巳正月初六日冬至

大餘五十三，小餘八，故第三十四冬至爲丁巳。

第十五年

艮
丁巳冬至，正月初六日
壬申小寒，正月廿一日
坎
丁亥大寒，二月初六日
壬寅立春，二月廿一日
丁巳三月初七日，啓蟄初八日戊午
震
壬申三月廿二日，雨水廿三日癸酉
丁亥四月初七日，春分初八日戊子
壬寅四月廿二日，穀雨廿三日癸卯
乾
丁巳五月初八日，清明初十日己未
壬申五月廿三日，立夏廿五日甲戌
丁亥六月初八日，小滿初十日己丑
兌
壬寅六月廿三日，芒種廿五日甲辰
丁巳七月初九日，夏至十一日己未
壬申七月廿四日，小暑廿七日乙亥
離
丁亥八月初九日，大暑十二日庚寅
壬寅八月廿四日，立秋廿七日乙巳
丁巳九月初十日，處暑十三日庚申
巽
壬申九月廿五日，白露廿八日乙亥
丁亥十月初十日，秋分十四日辛卯
壬寅十月廿五日，寒露廿九日丙午
坤
丁巳十一月十一日，霜降十五日辛酉
壬申十一月廿六日，立冬三十日丙子
丁亥十二月十一日，小雪十六日壬辰
艮
壬寅十二月廿六日，大雪正月二日丁未
壬戌正月十七日，冬至

大餘五十八，小餘十六，故第三十五冬至爲壬戌。

第十六年

艮

壬戌冬至，正月十七日

丁丑小寒，二月初二日

坎 壬辰大寒，二月十七日

丁未三月初二日，立春初三日戊申

壬戌三月十七日，啓蟄十八日癸亥

震 丁丑四月初三日，雨水初四日戊寅

壬辰四月十八日，春分十九日癸巳

丁未五月初三日，穀雨初五日己酉

乾 壬戌五月十八日，清明二十日甲子

丁丑六月初四日，立夏初六日己卯

壬辰六月十九日，小滿廿一日甲午

兌 丁未七月初四日，芒種初六日己酉

壬戌七月十九日，夏至廿二日乙丑

丁丑八月初五日，小暑初八日庚辰

離 壬辰八月二十日，大暑廿三日乙未

丁未九月初五日，立秋初八日庚戌

壬戌九月二十日，處暑廿四日丙寅

巽 丁丑十月初六日，白露初十日辛巳

壬辰十月廿一日，秋分廿五日丙申

丁未十一月初六日，寒露初十日辛亥

坤 壬戌十一月廿一日，霜降廿五日丙寅

丁丑十二月初七日，立冬十二日壬午

壬辰十二月廿二日，小雪廿七日丁酉

艮 丁未正月初七日，大雪十二日壬子

丁卯正月廿七日冬至

大餘三，小餘二十四，故第三十六冬至爲丁卯。

第十七年

艮
　　丁卯冬至，正月廿七日
　　壬午小寒，二月十三日
坎　丁酉二月廿八日，大寒廿九日戊戌
　　壬子三月十三日，立春十四日癸丑
　　丁卯三月廿八日，啓蟄廿九日戊辰
震　壬午閏月十四日，雨水十五日癸未
　　丁酉閏月廿九日，春分四月朔己亥
　　壬子四月十四日，穀雨十六日甲寅
乾　丁卯四月廿九日，清明五月二日己巳
　　壬午五月十五日，立夏十七日甲申
　　丁酉五月三十日，小滿六月二日己亥
兌　壬子六月十五日，芒種十八日乙卯
　　丁卯六月三十日，夏至七月三日庚午
　　壬午七月十五日，小暑十八日乙酉
離　丁酉八月初一日，大暑初四日庚子
　　壬子八月十六日，立秋二十日丙辰
　　丁卯九月初一日，處暑初五日辛未
巽　壬午九月十六日，白露二十日丙戌
　　丁酉十月初二日，秋分初六日辛丑
　　壬子十月十七日，寒露廿一日丙辰
坤　丁卯十一月初二日，霜降初七日壬申
　　壬午十一月十七日，立冬廿二日丁亥
　　丁酉十二月初三日，小雪初八日壬寅
艮　壬子十二月十八日，大雪廿三日丁巳
　　癸酉正月初九日，冬至

大餘九，無小餘，故第三十七冬至爲癸酉。

第十八年

艮

```
━━ ━━
━━ ━━
━  ━
```
━ ━ 癸酉冬至，正月初九日
━ ━ 戊子小寒，正月廿四日

坎
```
━━━━
━━ ━━
━━  ━
```
━━━━ 癸卯大寒，二月初十日
━ ━ 戊午立春，二月廿五日
━ ━ 癸酉啓蟄，三月初十日

震
```
━━ ━━
━━  ━
━━━━
```
━━ ━━ 戊子三月廿五日，雨水廿六日己巳
━━ ━ 癸卯四月十一日，春分十二日甲辰
━━━━ 戊午四月廿六日，穀雨廿七日己未

乾
```
━━━━
━━━━
━━ ━━
```
━━━━ 癸酉五月十一日，清明十二日甲戌
━━━━ 戊子五月廿六日，立夏廿七日己丑
━━ ━━ 癸卯六月十二日，小滿十四日乙巳

兌
```
━━━━
━━━━
━━ ━━
```
━━━━ 戊午六月廿七日，芒種廿九日庚申
━━━━ 癸酉七月十二日，夏至十四日乙亥
━━ ━━ 戊子七月廿七日，小暑廿九日庚寅

離
```
━━  ━
━━━━
━━  ━
```
━━ ━━ 癸卯八月十三日，大暑十六日丙午
━━━━ 戊午八月廿八日，立秋九月朔辛酉
━━━━ 癸酉九月十三日，處暑十六日丙子

巽
```
━━━━
━━  ━
━━  ━
```
━━━━ 戊子九月廿八日，白露十月朔辛卯
━━ ━━ 癸卯十月十三日，秋分十六日丙午
━━ ━━ 戊午十月廿八日，寒露十一月三日壬戌

坤
```
━━ ━━
━━ ━━
━━  ━
```
━━ ━━ 癸酉十一月十四日，霜降十八日丁丑
━━ ━━ 戊子十一月廿九日，立冬十二月三日壬辰
━━━━ 癸卯十二月十四日，小雪十八日丁未

艮
```
━━  ━
━━ ━━
━━ ━━
```
━ ━ 戊午十二月廿九日，大雪正月五日癸亥
━ ━ 戊寅正月二十日，冬至

　　大餘十四，小餘八，故第三十八冬至為戊寅。

第十九年

艮　　（卦象）

　　　戊寅冬至，正月二十日
　　　癸巳小寒，二月初五日
坎　　戊申大寒，二月二十日
　　　癸亥立春，三月初六日
　　　戊寅三月廿一日，啓蟄廿二日己卯
震　　癸巳四月初六日，雨水初七日甲午
　　　戊申四月廿一日，春分廿二日己酉
　　　癸亥五月初七日，穀雨初八日甲子
乾　　戊寅五月廿二日，清明廿四日庚辰
　　　癸巳六月初七日，立夏初九日乙未
　　　戊申六月廿二日，小滿廿四日庚戌
兌　　癸亥七月初八日，芒種初十日乙丑
　　　戊寅七月廿三日，夏至廿五日庚辰
　　　癸巳八月初八日，小暑十一日丙申
離　　戊申八月廿三日，大暑廿六日辛亥
　　　癸亥九月初九日，立秋十二日丙寅
　　　戊寅九月廿四日，處暑廿七日辛巳
巽　　癸巳十月初九日，白露十二日丙申
　　　戊申十月廿四日，秋分廿八日壬子
　　　癸亥十一月初十日，寒露十四日丁卯
坤　　戊寅十一月廿五日，霜降廿九日壬午
　　　癸巳閏月初十日，立冬十四日丁酉
　　　戊申閏月廿五日，小雪十二月朔壬子
艮　　癸亥十二月十一日，大雪十六日戊辰
　　　癸未正月初一日朔，冬至

二章三十八年之終，共 13879 日又 $\frac{16}{32}$ 日。甲子篇云：大餘十九，小餘十六，故第三十九冬至爲癸未，入於第三章。

580　　　　　－ 66 －

甲子蔀　第三章

甲子蔀　癸未章

第一年　冬至朔　癸未

正月大	四七一分入朔	癸未
二月小	三〇分入朔	癸丑
三月大	五二九分入朔	壬午
四月小	八八分入朔	壬子
五月大	五八七分入朔	辛巳
六月小	一四六分入朔	辛亥
七月大	六四五分入朔	庚辰
八月小	二〇四分入朔	庚戌
九月大	七〇三分入朔	己卯
十月小	二六二分入朔	己酉
十一月大	七六一分入朔	戊寅
十二月小	三二〇分入朔	戊申

十二月共 354 日

大餘十三，小餘八百一十八，故第四十年正月朔爲丁丑。

第二年　正月十二日冬至　戊子

正月大	八一九分入朔	丁丑
二月小	三七八分入朔	丁未
三月大	八七七分入朔	丙子
四月小	四三六分入朔	丙午
五月大	九三五分入朔	乙亥
六月大	四九四分入朔	乙巳
七月小	五三分入朔	乙亥
八月大	五五二分入朔	甲辰
九月小	一一一分入朔	甲戌
十月大	六一〇分入朔	癸卯
十一月小	一六九分入朔	癸酉
十二月大	六六八分入朔	壬寅

十二月 355 日

大餘八，小餘二百二十六，故第四十一年正月朔爲壬申。

第三年　正月廿三日冬至　甲午

正月小	二二七分入朔	壬申
二月大	七二六分入朔	辛丑
三月小	二八五分入朔	辛未
四月大	七八四分入朔	庚子
五月小	三四三分入朔	庚午
六月大	八四二分入朔	己亥
七月小	四〇一分入朔	己巳
八月大	九〇〇分入朔	戊戌
九月大	四五九分入朔	戊辰
閏月小	一八分入朔	戊戌
十月大	五一七分入朔	丁卯
十一月小	七六分入朔	丁酉
十二月大	五七五分入朔	丙寅

十三月共 384 日

大餘三十二，小餘一百三十三，故第四十二年正月朔爲丙申。

第四年　正月初四日冬至　己亥

正月小	一三四分入朔	丙申
二月大	六三三分入朔	乙丑
三月小	一九二分入朔	乙未
四月大	六九一分入朔	甲子
五月小	二五〇分入朔	甲午
六月大	七四九分入朔	癸亥
七月小	三〇八分入朔	癸巳
八月大	八〇七分入朔	壬戌
九月小	三六六分入朔	壬辰
十月大	八六五分入朔	辛酉
十一月小	四二四分入朔	辛卯
十二月大	九二三分入朔	庚申

十二月共 354 日

大餘二十六，小餘四百八十一，故第四十三年正月朔爲庚寅。

— 69 —

第五年　正月十五日冬至　甲辰

正月大	四八二分入朔	庚寅
二月小	四一分入朔	庚申
三月大	五四〇分入朔	己丑
四月小	九九分入朔	己未
五月大	五九八分入朔	戊子
六月小	一五七分入朔	戊午
七月大	六五六分入朔	丁亥
八月小	二一五分入朔	丁巳
九月大	七一四分入朔	丙戌
十月小	二七三分入朔	丙辰
十一月大	七七二分入朔	乙酉
十二月小	三三一分入朔	乙卯

十二月共 354 日

大餘二十，小餘八百二十九，故第四十四年正月朔爲甲申。

第六年　正月廿六日冬至　己酉

正月大	八三〇分入朔	甲申
二月小	三八九分入朔	甲寅
三月大	八八八分入朔	癸未
四月大	四四七分入朔	癸丑
五月小	六分入朔	癸未
六月大	五〇五分入朔	壬子
閏月小	六四分入朔	壬午
七月大	五六三分入朔	辛亥
八月小	一二二分入朔	辛巳
九月大	六二一分入朔	庚戌
十月小	一八〇分入朔	庚辰
十一月大	六七九分入朔	己酉
十二月小	二三八分入朔	己卯

十三月共 384 日

大餘四十四，小餘七百三十六，故第四十五年正月朔爲戊申。

第七年　正月初八日冬至　乙卯

正月大	七三七分入朔	戊申
二月小	二九六分入朔	戊寅
三月大	七九五分入朔	丁未
四月小	三五四分入朔	丁丑
五月大	八五三分入朔	丙午
六月小	四一二分入朔	丙子
七月大	九一一分入朔	乙巳
八月大	四七〇分入朔	乙亥
九月小	二九分入朔	乙巳
十月大	五二八分入朔	甲戌
十一月小	八七分入朔	甲辰
十二月大	五八六分入朔	癸酉

十二月共 355 日

大餘三十九，小餘一百四十四，故第四十六年正月朔為癸卯

第八年　正月十八日冬至　庚申

正月小	一四五分入朔	癸卯
二月大	六四四分入朔	壬申
三月小	二〇三分入朔	壬寅
四月大	七〇二分入朔	辛未
五月小	二六一分入朔	辛丑
六月大	七六〇分入朔	庚午
七月小	三一九分入朔	庚子
八月大	八一八分入朔	己巳
九月小	三七七分入朔	己亥
十月大	八七六分入朔	戊辰
十一月小	四三五分入朔	戊戌
十二月大	九三四分入朔	丁卯

十二月共 354 日

大餘三十三，小餘四百九十二，故第四十七年正月朔為丁酉。

第九年　正月廿九日冬至　乙丑

正月大	四九三分入朔	丁酉
二月小	五二分入朔	丁卯
閏月大	五五一分入朔	丙申
三月小	一一〇分入朔	丙寅
四月大	六〇九分入朔	乙未
五月小	一六八分入朔	乙丑
六月大	六六七分入朔	甲午
七月小	二二六分入朔	甲子
八月大	七二五分入朔	癸巳
九月小	二八四分入朔	癸亥
十月大	七八三分入朔	壬辰
十一月小	三四二分入朔	壬戌
十二月大	八四一分入朔	辛卯

十三月共 384 日

大餘五十七，小餘三百九十九，故第四十八年正月朔為辛酉。

第十年　正月初十日冬至　庚午

正月小	四〇〇分入朔	辛酉
二月大	八九九分入朔	庚寅
三月大	四五八分入朔	庚申
四月小	一七分入朔	庚寅
五月大	五一六分入朔	己未
六月小	七五分入朔	己丑
七月大	五七四分入朔	戊午
八月小	一三三分入朔	戊子
九月大	六三二分入朔	丁巳
十月小	一九一分入朔	丁亥
十一月大	六九〇分入朔	丙辰
十二月小	二四九分入朔	丙戌

十二月共 354 日

大餘五十一，小餘七百四十七，故第四十九年正月朔為乙卯。

第十一年　　正月廿二日冬至　丙子

正月大	七四八分入朔	乙卯
二月小	三〇七分入朔	乙酉
三月大	八〇六分入朔	甲寅
四月小	三六五分入朔	甲申
五月大	八六四分入朔	癸丑
六月小	四二三分入朔	癸未
七月大	九二二分入朔	壬子
八月大	四八一分入朔	壬午
九月小	四〇分入朔	壬子
十月大	五三九分入朔	辛巳
閏月小	九八分入朔	辛亥
十一月大	五九七分入朔	庚辰
十二月小	一五六分入朔	庚戌

十三月共 384 日

大餘十五，小餘六百五十四，故第五十年正月朔爲己卯。

第十二年　　正月初三日冬至　辛巳

正月大	六五五分入朔	己卯
二月小	二一四分入朔	己酉
三月大	七一三分入朔	戊寅
四月小	二七二分入朔	戊申
五月大	七七一分入朔	丁丑
六月小	三三〇分入朔	丁未
七月大	八二九分入朔	丙子
八月小	三八八分入朔	丙午
九月大	八八七分入朔	乙亥
十月大	四四六分入朔	乙巳
十一月小	五分入朔	乙亥
十二月大	五〇四分入朔	甲辰

十二月共 355 日

大餘十，小餘六十二，故第五十一年正月朔爲甲戌。

第十三年　正月十三日冬至　丙戌

正月小	六三分入朔	甲戌
二月大	五六二分入朔	癸卯
三月小	一二一分入朔	癸酉
四月大	六二〇分入朔	壬寅
五月小	一七九分入朔	壬申
六月大	六七八分入朔	辛丑
七月小	二三七分入朔	辛未
八月大	七三六分入朔	庚子
九月小	二九五分入朔	庚午
十月大	七九四分入朔	己亥
十一月小	三五三分入朔	己巳
十二月大	八五二分入朔	戊戌

十二月共 354 日

大餘四，小餘四百一十，故第五十二年正月朔為戊辰。

第十四年　正月廿四日冬至　辛卯

正月小	四一一分入朔	戊辰
二月大	九一〇分入朔	丁酉
三月大	四六九分入朔	丁卯
四月小	二八分入朔	丁酉
五月大	五二七分入朔	丙寅
六月小	八六分入朔	丙申
七月大	五八五分入朔	乙丑
閏月小	一四四分入朔	乙未
八月大	六四三分入朔	甲子
九月小	二〇二分入朔	甲午
十月大	七〇一分入朔	癸亥
十一月小	二六〇分入朔	癸巳
十二月大	七五九分入朔	壬戌

十三月共 384 日

大餘二十八，小餘三百一十七，故第五十三年正月朔為壬辰。

第十五年　正月初六日冬至　丁酉

正月小	三一八分入朔	壬辰
二月大	八一七分入朔	辛酉
三月小	三七六分入朔	辛卯
四月大	八七五分入朔	庚申
五月小	四三四分入朔	庚寅
六月大	九三三分入朔	己未
七月大	四九二分入朔	己丑
八月小	五一分入朔	己未
九月大	五五〇分入朔	戊子
十月小	一〇九分入朔	戊午
十一月大	六〇八分入朔	丁亥
十二月小	一六七分入朔	丁巳

十二月共 354 日

大餘二十二，小餘六百六十五，故第五十四年正月朔爲丙戌。

第十六年　正月十七日冬至　壬寅

正月大	六六六分入朔	丙戌
二月小	二二五分入朔	丙辰
三月大	七二四分入朔	乙酉
四月小	二八三分入朔	乙卯
五月大	七八二分入朔	甲申
六月小	三四一分入朔	甲寅
七月大	八四〇分入朔	癸未
八月小	三九九分入朔	癸丑
九月大	八九八分入朔	壬午
十月大	四五七分入朔	壬子
十一月小	一六分入朔	壬午
十二月大	五一五分入朔	辛亥

十二月共 355 日

大餘十七，小餘七十三，故第五十五年正月朔爲辛巳。

第十七年　　正月廿七日冬至　　丁未

正月小	七四分入朔	辛巳
二月大	五七三分入朔	庚戌
三月小	一三二分入朔	庚辰
四月太	五三一分入朔	己酉
閏月小	一九〇分入朔	己卯
五月大	六八九分入朔	戊申
六月小	二四八分入朔	戊寅
七月大	七四七分入朔	丁未
八月小	三〇六分入朔	丁丑
九月大	八〇五分入朔	丙午
十月小	三六四分入朔	丙子
十一月大	八六三分入朔	乙巳
十二月小	四二二分入朔	乙亥

十三月共 383 日

大餘四十，小餘九百二十，故第五十六年正月朔爲甲辰。

第十八年　　正月初九日冬至　　壬子

正月大	九二一分入朔	甲辰
二月大	四八〇分入朔	甲戌
三月小	三九分入朔	甲辰
四月大	五三八分入朔	癸酉
五月小	九七分入朔	癸卯
六月大	五九六分入朔	壬申
七月小	一五五分入朔	壬寅
八月大	六五四分入朔	辛未
九月小	二一三分入朔	辛丑
十月大	七一二分入朔	庚午
十一月小	二七一分入朔	庚子
十二月大	七七〇分入朔	己巳

十二月共 355 日

大餘三十五，小餘三百二十八，故第五十七年正月朔爲己亥。

第十九年　正月二十日冬至　戊午

正月小	三二九分入朔	己亥
二月大	八二八分入朔	戊辰
三月小	三八七分入朔	戊戌
四月大	八八六分入朔	丁卯
五月大	四四五分入朔	丁酉
六月小	四分入朔	丁卯
七月大	五〇三分入朔	丙申
八月小	六二分入朔	丙寅
九月大	五六一分入朔	乙未
十月小	一二〇分入朔	乙丑
十一月大	六一九分入朔	甲午
十二月小	一七八分入朔	甲子
閏月大	六七七分入朔	癸巳

十三月共 384 日

大餘五十九，小餘二百三十五，故第五十八年正月朔爲癸亥，卽甲子部第四章的章首。

甲子蔀　癸未章

第一年

艮

癸未冬至，正月朔
戊戌小寒，正月十六日

坎

癸丑大寒，二月朔
戊辰二月十六日，立春十七日己巳
癸未三月初二日，啓蟄初三日甲申

震

戊戌三月十七日，雨水十八日己亥
癸丑四月初二日，春分初三日甲寅
戊辰四月十七日，穀雨十九日庚午

乾

癸未五月初三日，清明初五日乙酉
戊戌五月十八日，立夏二十日庚子
癸丑六月初三日，小滿初五日乙卯

兌

戊辰六月十八日，芒種二十日庚午
癸未七月初四日，夏至初七日丙戌
戊戌七月十九日，小暑廿二日辛丑

離

癸丑八月初四日，大暑初七日丙辰
戊辰八月十九日，立秋廿二日辛未
癸未九月初五日，處暑初九日丁亥

巽

戊戌九月二十日，白露廿四日壬寅
癸丑十月初五日，秋分初九日丁巳
戊辰十月二十日，寒露廿四日壬申

坤

癸未十一月初六日，霜降初十日丁亥
戊戌十一月廿一日，立冬廿六日癸卯
癸丑十二月初六日，小雪十一日戊午

艮

戊辰十二月廿一日，大雪廿六日癸酉
戊子正月十二日，冬至

大餘二十四，小餘二十四，故第四十冬至爲戊子。

第二年

艮

戊子冬至，正月十二日
癸卯小寒，正月廿七日

坎　　戊午二月十二日，大寒十三日己未
癸酉二月廿七日，立春廿八日甲戌
戊子三月十三日，啓蟄十四日己丑

震　　癸卯三月廿八日，雨水廿九日甲辰
戊午四月十三日，春分十五日庚申
癸酉四月廿八日，穀雨五月朔乙亥

乾　　戊子五月十四日，清明十六日庚寅
癸卯五月廿九日，立夏六月朔乙巳
戊午六月十四日，小滿十六日庚申

兌　　癸酉六月廿九日，芒種七月二日丙子
戊子七月十四日，夏至十七日辛卯
癸卯七月廿九日，小暑八月三日丙午

離　　戊午八月十五日，大暑十八日辛酉
癸酉八月三十日，立秋九月四日丁丑
戊子九月十五日，處暑十九日壬辰

巽　　癸卯十月初一日，白露初五日丁未
戊午十月十六日，秋分二十日壬戌
癸酉十一月初一日，寒露初五日丁丑

坤　　戊子十一月十六日，霜降廿一日癸巳
癸卯十二月初二日，立冬初七日戊申
戊午十二月十七日，小雪廿二日癸亥

艮　　癸酉正月初二日，大雪初七日戊寅
甲午正月廿三日，冬至

大餘三十，無小餘，故第四十一冬至爲甲午。

第三年

艮
甲午冬至，正月廿三日
己酉小寒，二月初九日

坎
甲子大寒，二月廿四日
己卯立春，三月初九日
甲午啓蟄，三月廿四日

震
己酉四月初十日，雨水十一日庚戌
甲子四月廿五日，春分廿六日乙丑
己卯五月初十日，穀雨十一日庚辰

乾
甲午五月廿五日，清明廿六日乙未
己酉六月十一日，立夏十二日庚戌
甲子六月廿六日，小滿廿八日丙寅

兌
己卯七月十一日，芒種十三日辛巳
甲午七月廿六日，夏至廿八日丙申
己酉八月十二日，小暑十四日辛亥

離
甲子八月廿七日，大暑三十日丁卯
己卯九月十二日，立秋十五日壬午
甲午九月廿七日，處暑三十日丁酉

巽
己酉閏月十二日，白露十五日壬子
甲子閏月廿七日，秋分十月朔丁卯
己卯十月十三日，寒露十七日癸未

坤
甲午十月廿八日，霜降十一月二日戊戌
己酉十一月十三日，立冬十七日癸丑
甲子十一月廿八日，小雪十二月三日戊辰

艮
己卯十二月十四日，大雪十九日甲申
己亥正月初四日，冬至

大餘三十五，小餘八，故第四十二冬至爲己亥。

第四年

艮　　　己亥冬至，正月初四日
　　　　甲寅小寒，正月十九日
坎　　　己巳大寒，二月初五日
　　　　甲申立春，二月二十日
　　　　己亥三月初五日，啓蟄初六日庚子
震　　　甲寅三月二十日，雨水廿一日乙卯
　　　　己巳四月初六日，春分初七日庚午
　　　　甲申四月廿一日，穀雨廿二日乙酉
乾　　　己亥五月初六日，清明初八日辛丑
　　　　甲寅五月廿一日，立夏廿三日丙辰
　　　　己巳六月初七日，小滿初九日辛未
兌　　　甲申六月廿二日，芒種廿四日丙戌
　　　　己亥七月初七日，夏至初九日辛丑
　　　　甲寅七月廿二日，小暑廿五日丁巳
離　　　己巳八月初八日，大暑十一日壬申
　　　　甲申八月廿三日，立秋廿六日丁亥
　　　　己亥九月初八日，處暑十一日壬寅
巽　　　甲寅九月廿三日，白露廿六日丁巳
　　　　己巳十月初九日，秋分十三日癸酉
　　　　甲申十月廿四日，寒露廿八日戊子
坤　　　己亥十一月初九日，霜降十三日癸卯
　　　　甲寅十一月廿四日，立冬廿八日戊午
　　　　己巳十二月初十日，小雪十五日甲戌
艮　　　甲申十二月廿五日，大雪三十日己丑
　　　　甲辰正月十五日，冬至

大餘四十，小餘十六，故第四十三冬至爲甲辰。

第五年

艮
　　　　甲辰冬至，正月十五日
　　　　己未小寒，正月三十日
坎　　　甲戌大寒，二月十五日
　　　　己丑三月初一日，立春初二日庚寅
　　　　甲辰三月十六日，啓蟄十七日乙巳
震　　　己未四月初一日，雨水初二日庚申
　　　　甲戌四月十六日，春分十七日乙亥
　　　　己丑五月初二日，穀雨初四日辛卯
乾　　　甲辰五月十七日，清明十九日丙午
　　　　己未六月初二日，立夏初四日辛酉
　　　　甲戌六月十七日，小滿十九日丙子
兌　　　己丑七月初三日，芒種初五日辛卯
　　　　甲辰七月十八日，夏至廿一日丁未
　　　　己未八月初三日，小暑初六日壬戌
離　　　甲戌八月十八日，大暑廿一日丁丑
　　　　己丑九月初四日，立秋初七日壬辰
　　　　甲辰九月十九日，處暑廿三日戊申
巽　　　己未十月初四日，白露初八日癸亥
　　　　甲戌十月十九日，秋分廿三日戊寅
　　　　己丑十一月初五日，寒露初九日癸巳
坤　　　甲辰十一月二十日，霜降廿四日戊申
　　　　己未十二月初五日，立冬初十日甲子
　　　　甲戌十二月二十日，小雪廿五日己卯
艮　　　己丑正月初六日，大雪十一日甲午
　　　　己酉正月廿六日，冬至

大餘四十五，小餘二十四，故第四十四冬至爲己酉。

第六年

艮 ━ ━ ━
　　 ━ ━　己酉冬至，正月廿六日
　　 ━ ━　甲子小寒，二月十一日
坎 ━━━━　己卯二月廿六日，大寒廿七日庚辰
　　 ━ ━　甲午三月十二日，立春十二日乙未
　　 ━ ━　己酉三月廿七日，啓蟄廿八日庚戌
震 ━━━━　甲子四月十二日，雨水十三日乙丑
　　 ━ ━　己卯四月廿七日，春分廿九日辛巳
　　 ━ ━　甲午五月十二日，穀雨十四日丙申
乾 ━━━━　己酉五月廿七日，清明廿九日辛亥
　　━━━━　甲子六月十三日，立夏十五日丙寅
　　 ━ ━　己卯六月廿八日，小滿三十日辛巳
兌 ━━━━　甲午閏月十三日，芒種十六日丁酉
　　━━━━　己酉閏月廿八日，夏至七月二日壬子
　　 ━ ━　甲子七月十四日，小暑十七日丁卯
離 ━ ━　己卯七月廿九日，大暑八月二日壬午
　　━━━━　甲午八月十四日，立秋十八日戊戌
　　━━━━　己酉八月廿九日，處暑九月四日癸丑
巽 ━━━━　甲子九月十五日，白露十九日戊辰
　　 ━ ━　己卯九月三十日，秋分十月四日癸未
　　 ━ ━　甲午十月十五日，寒露十九日戊戌
坤 ━ ━　己酉十一月初一日，霜降初六日甲寅
　　 ━ ━　甲子十一月十六日，立冬廿一日己巳
　　 ━ ━　己卯十二月初一日，小雪初六日甲申
艮 ━━━━　甲午十二月十六日，大雪廿一日己亥
　　 ━ ━　乙卯正月初八日，冬至

大餘五十一，無小餘，故第四十五冬至爲乙卯。

第七年

艮
　　乙卯冬至，正月初八日
　　庚午小寒，正月廿三日
坎　乙酉大寒，二月初八日
　　庚子立春，二月廿三日
　　乙卯啓蟄，三月初九日
震　庚午三月廿四日，雨水廿五日辛未
　　乙酉四月初九日，春分初十日丙戌
　　庚子四月廿四日，穀雨廿五日辛丑
乾　乙卯五月初十日，清明十一日丙辰
　　庚午五月廿五日，立夏廿六日辛未
　　乙酉六月初十日，小滿十二日丁亥
兌　庚子六月廿五日，芒種廿七日壬寅
　　乙卯七月十一日，夏至十三日丁巳
　　庚午七月廿六日，小暑廿八日壬申
離　乙酉八月十一日，大暑十四日戊子
　　庚子八月廿六日，立秋十九日癸卯
　　乙卯九月十一日，處暑十四日戊午
巽　庚午九月廿六日，白露廿九日癸酉
　　乙酉十月十二日，秋分十五日戊子
　　庚子十月廿七日，寒露十一月朔甲辰
坤　乙卯十一月十二日，霜降十六日己未
　　庚午十一月廿七日，立冬十二月二日甲戌
　　乙酉十二月十三日，小雪十七日己丑
艮　庚子十二月廿八日，大雪正月三日乙巳
　　庚申正月十八日，冬至

　　大餘五十六，小餘八，故第四十六冬至爲庚申。

第八年

艮 ━━ ━━
    ━ ━   庚申冬至，正月十八日
    ━ ━   乙亥小寒，二月初四日
坎 ━━━━   庚寅大寒，二月十九日
    ━ ━   乙巳立春，三月初四日
    ━ ━   庚申三月十九日，啓蟄二十日辛酉
震 ━ ━━   乙亥四月初五日，雨水初六日丙子
    ━━━━   庚寅四月二十日，春分廿一日辛卯
    ━━━━   乙巳五月初五日，穀雨初六日丙午
乾 ━━━━   庚申五月二十日，清明廿二日壬戌
    ━━━━   乙亥六月初六日，立夏初八日丁丑
    ━ ━   庚寅六月廿一日，小滿廿三日壬辰
兌 ━ ━   乙巳七月初六日，芒種初八日丁未
    ━ ━   庚申七月廿一日，夏至廿三日壬戌
    ━━━━   乙亥八月初七日，小暑初十日戊寅
離 ━ ━   庚寅八月廿二日，大暑廿五日癸巳
    ━━━━   乙巳九月初七日，立秋初十日戊申
    ━━━━   庚申九月廿二日，處暑廿五日癸亥
巽 ━ ━   乙亥十月初八日，白露十一日戊寅
    ━ ━   庚寅十月廿三日，秋分廿七日甲午
    ━ ━   乙巳十一月初八日，寒露十二日己酉
坤 ━ ━   庚申十一月廿三日，霜降廿七日甲子
    ━ ━   乙亥十二月初九日，立冬十三日己卯
    ━ ━   庚寅十二月廿四日，小雪廿九日乙未
艮 ━━ ━━   乙巳正月初九日，大雪十四日庚戌
    ━━ ━   乙丑正月廿九日，冬至

    大餘一，小餘十六，故第四十七冬至爲乙丑。

第九年

艮 ▅▅▅▅▅
　　▅▅ ▅▅

　　▅▅ ▅▅　乙丑冬至，正月廿九日
　　▅▅ ▅▅　庚辰小寒，二月十四日
坎 ▅▅▅▅▅　乙未大寒，二月廿九日
　　▅▅ ▅▅　庚戌閏月十五日，立春十六日辛亥
　　▅▅ ▅▅　乙丑閏月三十日，啓蟄三月朔丙寅
震 ▅▅▅▅▅　庚辰三月十五日，雨水十六日辛巳
　　▅▅ ▅▅　乙未四月初一日，春分初二日丙申
　　▅▅▅▅▅　庚戌四月十六日，穀雨十八日壬子
乾 ▅▅▅▅▅　乙丑五月初一日，清明初三日丁卯
　　▅▅▅▅▅　庚辰五月十六日，立夏十八日壬午
　　▅▅ ▅▅　乙未六月初二日，小滿初四日丁酉
兌 ▅▅▅▅▅　庚戌六月十七日，芒種十九日壬子
　　▅▅▅▅▅　乙丑七月初二日，夏至初五日戊辰
　　▅▅▅▅▅　庚辰七月十七日，小暑二十日癸未
離 ▅▅ ▅▅　乙未八月初三日，大暑初六日戊戌
　　▅▅▅▅▅　庚戌八月十八日，立秋廿一日癸丑
　　▅▅▅▅▅　乙丑九月初三日，處暑初七日己巳
巽 ▅▅▅▅▅　庚辰九月十八日，白露廿二日甲申
　　▅▅ ▅▅　乙未十月初四日，秋分初八日己亥
　　▅▅ ▅▅　庚戌十月十九日，寒露廿三日甲寅
坤 ▅▅ ▅▅　乙丑十一月初四日，霜降初八日己巳
　　▅▅ ▅▅　庚辰十一月十九日，立冬廿四日乙酉
　　▅▅▅▅▅　乙未十二月初五日，小雪初十日庚子
艮 ▅▅ ▅▅　庚戌十二月二十日，大雪廿五日乙卯
　　▅▅ ▅▅　庚午正月初十日冬至

大餘六，小餘二十四，故第四十八冬至爲庚午。

第十年

艮 ䷳

　　庚午冬至，正月初十日
　　乙酉小寒，正月廿五日

坎　庚子二月十一日，大寒十二日辛丑
　　乙卯二月廿六日，立春廿七日丙辰
　　庚午三月十一日，啓蟄十二日辛未

震　乙酉三月廿六日，雨水廿七日丙戌
　　庚子四月十一日，春分十三日壬寅
　　乙卯四月廿六日，穀雨廿八日丁巳

乾　庚午五月十二日，清明十四日壬申
　　乙酉五月廿七日，立夏廿九日丁亥
　　庚子六月十二日，小滿十四日壬寅

兌　乙卯六月廿七日，芒種七月朔戊午
　　庚午七月十三日，夏至十六日癸酉
　　乙酉七月廿八日，小暑八月朔戊子

離　庚子八月十三日，大暑十六日癸卯
　　乙卯八月廿八日，立秋九月三日己未
　　庚午九月十四日，處暑十八日甲戌

巽　乙酉九月廿九日，白露十月三日己丑
　　庚子十月十四日，秋分十八日甲辰
　　乙卯十月廿九日，寒露十一月四日己未

坤　庚午十一月十五日，霜降二十日乙亥
　　乙酉十一月三十日，立冬十二月五日庚寅
　　庚子十二月十五日，小雪二十日乙巳

艮　乙卯正月初一日，大雪初六日庚申
　　丙子正月廿二日，冬至

　　大餘十二，無小餘，故第四十九冬至爲丙子。

第十一年

艮
　　　丙子冬至，正月廿二日
　　　辛卯小寒，二月初七日
坎　　丙午大寒，二月廿二日
　　　辛酉立春，三月初八日
　　　丙子啓蟄，三月廿三日
震　　辛卯四月初八日，雨水初九日壬辰
　　　丙午四月廿三日，春分廿四日丁未
　　　辛酉五月初九日，穀雨初十日壬戌
乾　　丙子五月廿四日，清明廿五日丁丑
　　　辛卯六月初九日，立夏初十日壬辰
　　　丙午六月廿四日，小滿廿六日戊申
兌　　辛酉七月初十日，芒種十二日癸亥
　　　丙子七月廿五日，夏至廿七日戊寅
　　　辛卯八月初十日，小暑十二日癸巳
離　　丙午八月廿五日，大暑廿八日己酉
　　　辛酉九月初十日，立秋十三日甲子
　　　丙子九月廿五日，處暑廿八日己卯
巽　　辛卯十月十一日，白露十四日甲午
　　　丙午十月廿六日，秋分廿九日己酉
　　　辛酉閏月十一日，寒露十五日乙丑
坤　　丙子閏月廿六日，霜降十一月朔庚辰
　　　辛卯十一月十二日，立冬十六日乙未
　　　丙午十一月廿七日，小雪十二月朔庚戌
艮　　辛酉十二月十二日，大雪十七日乙丑
　　　辛巳正月初三日，冬至

　　大餘十七，小餘八，故第五十冬至爲辛巳。

第十二年

艮

辛巳冬至，正月初三日
丙申小寒，正月十八日

坎

辛亥大寒，二月初三日
丙寅立春，二月十八日
辛巳三月初四日，啓蟄初五日壬午

震

丙申三月十九日，雨水二十日丁酉
辛亥四月初四日，春分初五日壬子
丙寅四月十九日，穀雨二十日丁卯

乾

辛巳五月初五日，清明初七日癸未
丙申五月二十日，立夏廿二日戊戌
辛亥六月初五日，小滿初七日癸丑

兌

丙寅六月二十日，芒種廿二日戊辰
辛巳七月初六日，夏至初八日癸未
丙申七月廿一日，小暑廿四日己亥

離

辛亥八月初六日，大暑初九日甲寅
丙寅八月廿一日，立秋廿四日己巳
辛巳九月初七日，處暑初十日甲申

巽

丙申九月廿二日，白露廿五日己亥
辛亥十月初七日，秋分十一日乙卯
丙寅十月廿二日，寒露廿六日庚午

坤

辛巳十一月初七日，霜降十一日乙酉
丙申十一月廿二日，立冬廿六日庚子
辛亥十二月初八日，小雪十三日丙辰

艮

丙寅十二月廿三日，大雪廿八日辛未
丙戌正月十三日，冬至

大餘二十二，小餘十六，故第五十一冬至為丙戌。

第十三年

艮 ━━━
　　━ ━
　　━━━　丙戌冬至，正月十三日
　　━ ━　辛丑小寒，正月廿八日
坎 ━━━　丙辰大寒，二月十四日
　　━ ━　辛未二月廿九日，立春三十日壬申
　　━ ━　丙戌三月十四日，啓蟄十五日丁亥
震 ━ ━　辛丑三月廿九日，雨水四月朔壬寅
　　━━━　丙辰四月十五日，春分十六日丁巳
　　━ ━　辛未四月三十日，穀雨五月二日癸酉
乾 ━━━　丙戌五月十五日，清明十七日戊子
　　━━━　辛丑六月初一日，立夏初三日癸卯
　　━ ━　丙辰六月十六日，小滿十八日戊午
兌 ━━━　辛未七月初一日，芒種初三日癸酉
　　━━━　丙戌七月十六日，夏至十九日己丑
　　━ ━　辛丑八月初二日，小暑初五日甲辰
離 ━ ━　丙辰八月十七日，大暑二十日己未
　　━━━　辛未九月初二日，立秋初五日甲戌
　　━━━　丙戌九月十七日，處暑廿一日庚寅
巽 ━━━　辛丑十月初三日，白露初七日乙巳
　　━ ━　丙辰十月十八日，秋分廿二日庚申
　　━ ━　辛未十一月初三日，寒露初七日乙亥
坤 ━ ━　丙戌十一月十八日，霜降廿二日庚寅
　　━ ━　辛丑十二月初四日，立冬初九日丙午
　　━ ━　丙辰十二月十九日，小雪廿四日辛酉
艮 ━ ━　辛未正月初四日，大雪初九日丙子
　　━ ━　辛卯正月廿四日，冬至

　　　　大餘二十七，小餘二十四，故第五十二冬至爲辛卯。

604

第十四年

艮
　　辛卯冬至，正月廿四日
　　丙午小寒，二月初十日
坎　辛酉二月廿五日，大寒廿六日壬戌
　　丙子三月初十日，立春十一日丁丑
　　辛卯三月廿五日，啓蟄廿六日壬辰
震　丙午四月初十日，雨水十一日丁未
　　辛酉四月廿五日，春分廿七日癸亥
　　丙子五月十一日，穀雨十三日戊寅
乾　辛卯五月廿六日，清明廿八日癸巳
　　丙午六月十一日，立夏十三日戊申
　　辛酉六月廿六日，小滿廿八日癸亥
兌　丙子七月十二日，芒種十五日己卯
　　辛卯七月廿七日，夏至三十日甲午
　　丙午閏月十二日，小暑十五日己酉
離　辛酉閏月廿七日，大暑八月朔甲子
　　丙子八月十三日，立秋十七日庚辰
　　辛卯八月廿八日，處暑九月二日乙未
巽　丙午九月十三日，白露十七日庚戌
　　辛酉九月廿八日，秋分十月三日乙丑
　　丙子十月十四日，寒露十八日庚辰
坤　辛卯十月廿九日，霜降十一月四日丙申
　　丙午十一月十四日，立冬十九日辛亥
　　辛酉十一月廿九日，小雪十二月五日丙寅
艮　丙子十二月十五日，大雪二十日辛巳
　　丁酉正月初六日冬至

　　大餘三十三，無小餘，故第五十三冬至爲丁酉。

第十五年

艮
　丁酉冬至，正月初六日
　壬子小寒，正月廿一日
坎
　丁卯大寒，二月初七日
　壬午立春，二月廿二日
　丁酉啓蟄，三月初七日
震
　壬子三月廿二日，雨水廿三日癸丑
　丁卯四月初八日，春分初九日戊辰
　壬午四月廿三日，穀雨廿四日癸未
乾
　丁酉五月初八日，清明初九日戊戌
　壬子五月廿三日，立夏廿四日癸丑
　丁卯六月初九日，小滿十一日己巳
兌
　壬午六月廿四日，芒種廿六日甲申
　丁酉七月初九日，夏至十一日己亥
　壬子七月廿四日，小暑廿六日甲寅
離
　丁卯八月初九日，大暑十二日庚午
　壬午八月廿四日，立秋廿七日乙酉
　丁酉九月初十日，處暑十三日庚子
巽
　壬子九月廿五日，白露廿八日乙卯
　丁卯十月初十日，秋分十三日庚午
　壬午十月廿五日，寒露廿九日丙戌
坤
　丁酉十一月十一日，霜降十五日辛丑
　壬子十一月廿六日，立冬三十日丙辰
　丁卯十二月十一日，小雪十五日辛未
艮
　壬午十二月廿六日，大雪正月二日丁亥
　壬寅正月十七日，冬至

大餘三十八，小餘八，故第五十四冬至爲壬寅。

第十六年

艮
　　　壬寅冬至，正月十七日
　　　丁巳小寒，二月初二日
坎　　　壬申大寒，二月十七日
　　　丁亥立春，三月初三日
　　　壬寅三月十八日，啓蟄十九日癸卯
震　　　丁巳四月初三日，雨水初四日戊午
　　　壬申四月十八日，春分十九日癸酉
　　　丁亥五月初四日，穀雨初五日戊子
乾　　　壬寅五月十九日，清明廿一日甲辰
　　　丁巳六月初四日，立夏初六日己未
　　　壬申六月十九日，小滿廿一日甲戌
兌　　　丁亥七月初五日，芒種初七日己丑
　　　壬寅七月二十日，夏至廿二日甲辰
　　　丁巳八月初五日，小暑初八日庚申
離　　　壬申八月二十日，大暑廿三日乙亥
　　　丁亥九月初六日，立秋初九日庚寅
　　　壬寅九月廿一日，處暑廿四日乙巳
巽　　　丁巳十月初六日，白露初九日庚申
　　　壬申十月廿一日，秋分廿五日丙子
　　　丁亥十一月初六日，寒露初十日辛卯
坤　　　壬寅十一月廿一日，霜降廿五日丙午
　　　丁巳十二月初七日，立冬十一日辛酉
　　　壬申十二月廿二日，小雪廿七日丁丑
艮　　　丁亥正月初七日，大雪十二日壬辰
　　　丁未正月廿七日，冬至

　　　大餘四十三，小餘十六，故第五十五冬至爲丁未。

第十七年

艮　　丁未冬至，正月廿七日

　　壬戌小寒，二月十三日

坎　　丁丑大寒，二月廿八日

　　壬辰三月十三日，立春十四日癸巳

　　丁未三月廿八日，啓蟄廿九日戊申

震　　壬戌四月十四日，雨水十五日癸亥

　　丁丑四月廿九日，春分三十日戊寅

　　壬辰閏月十四日，穀雨十六日甲午

乾　　丁未閏月廿九日，清明五月二日己酉

　　壬戌五月十五日，立夏十七日甲子

　　丁丑五月三十日，小滿六月二日己卯

兌　　壬辰六月十五日，芒種十七日甲午

　　丁未七月初一日，夏至初四日庚戌

　　壬戌七月十六日，小暑十九日乙丑

離　　丁丑八月初一日，大暑初四日庚辰

　　壬辰八月十六日，立秋十九日乙未

　　丁未九月初二日，處暑初六日辛亥

巽　　壬戌九月十七日，白露廿一日丙寅

　　丁丑十月初二日，秋分初六日辛巳

　　壬辰十月十七日，寒露廿一日丙申

坤　　丁未十一月初三日，霜降初七日辛亥

　　壬戌十一月十八日，立冬廿三日丁卯

　　丁丑十二月初三日，小雪初八日壬午

艮　　壬辰十二月十八日，大雪廿三日丁酉

　　壬子正月初九日冬至

大餘四十八，小餘二十四，故第五十六冬至爲壬子。

第十八年

艮
　　壬子冬至，正月初九日
　　丁卯小寒，正月廿四日
坎　壬午二月初九日，大寒初十日癸未
　　丁酉二月廿四日，立春廿五日戊戌
　　壬子三月初九日，啓蟄初十日癸丑
震　丁卯三月廿四日，雨水廿五日戊辰
　　壬午四月初十日，春分十二日甲申
　　丁酉四月廿五日，穀雨廿七日己亥
乾　壬子五月初十日，清明十二日甲寅
　　丁卯五月廿五日，立夏廿七日己巳
　　壬午六月十一日，小滿十三日甲申
兌　丁酉六月廿六日，芒種廿九日庚子
　　壬子七月十一日，夏至十四日乙卯
　　丁卯七月廿六日，小暑廿九日庚午
離　壬午八月十二日，大暑十五日乙酉
　　丁酉八月廿七日，立秋九月朔辛丑
　　壬子九月十二日，處暑十六日丙辰
巽　丁卯九月廿七日，白露十月二日辛未
　　壬午十月十三日，秋分十七日丙戌
　　丁酉十月廿八日，寒露十一月二日辛丑
坤　壬子十一月十三日，霜降十八日丁巳
　　丁卯十一月廿八日，立冬十二月四日壬申
　　壬午十二月十四日，小雪十九日丁亥
艮　丁酉十二月廿九日，大雪正月四日壬寅
　　戊午正月二十日，冬至

大餘五十四，無小餘，故第五十七冬至爲戊午。

第十九年

艮

　　戊午冬至，正月二十日
　　癸酉小寒，二月初六日
坎　戊子大寒，二月廿一日
　　癸卯立春，三月初六日
　　戊午啓蟄，三月廿一日
震　癸酉四月初七日，雨水初八日甲戌
　　戊子四月廿二日，春分廿三日己丑
　　癸卯五月初七日，穀雨初八日甲辰
乾　戊午五月廿二日，清明廿三日己未
　　癸酉六月初七日，立夏初八日甲戌
　　戊子六月廿二日，小滿廿四日庚寅
兌　癸卯七月初八日，芒種初十日乙巳
　　戊午七月廿三日，夏至廿五日庚申
　　癸酉八月初八日，小暑初十日乙亥
離　戊子八月廿三日，大暑廿六日辛卯
　　癸卯九月初九日，立秋十二日丙午
　　戊午九月廿四日，處暑廿七日辛酉
巽　癸酉十月初九日，白露十二日丙子
　　戊子十月廿四日，秋分廿七日辛卯
　　癸卯十一月初十日，寒露十四日丁未
坤　戊午十一月廿五日，霜降廿九日壬戌
　　癸酉十二月初十日，立冬十四日丁丑
　　戊子十二月廿五日，小雪廿九日壬辰
艮　癸卯閏月十一日，大雪十六日丁未
　　癸亥正月朔，冬至

三章五十七年終，共 20819 日又 $\frac{8}{32}$ 日。甲子篇云：「大餘五十九，小餘八」，故第五十八冬至爲癸亥。入第四章。

610 　　　　　　　— 96 —

甲子蔀　　第四章

甲子蔀　癸亥章

第一年　冬至朔　癸亥

正月小	二三六分入朔	癸亥
二月大	七三五分入朔	壬辰
三月小	二九四分入朔	壬戌
四月大	七九三分入朔	辛卯
五月小	三五二分入朔	辛酉
六月大	八五一分朔	庚寅
七月小	四一〇分入朔	庚申
八月大	九〇九分入朔	己丑
九月大	四六八分入朔	己未
十月小	二七分入朔	己丑
十一月大	五二六分入朔	戊午
十二月小	八五分入朔	戊子

十二月共 354 日

甲子篇云：「大餘五十三，小餘五百八十三」，故第五十九年正月朔爲丁巳。

第二年　正月十二日冬至　戊辰

正月大	五八四分入朔	丁巳
二月小	一四三分入朔	丁亥
三月大	六四二分入朔	丙辰
四月小	二〇一分入朔	丙戌
五月大	七〇〇分入朔	乙卯
六月小	二五九分入朔	乙酉
七月大	七五八分入朔	甲寅
八月小	三一七分入朔	甲申
九月大	八一六分入朔	癸丑
十月小	三七五分入朔	癸未
十一月大	八七四分入朔	壬子
十二月小	四三三分入朔	壬午

十二月共 354 日

大餘四十七，小餘九百三十一，故第六十年正月朔爲辛亥。

第三年　正月廿三日冬至　癸酉

正月大	九三二分入朔	辛亥
二月大	四九一分入朔	辛巳
三月小	五〇分入朔	辛亥
四月大	五四九分入朔	庚辰
五月小	一〇八分入朔	庚戌
六月大	六〇七分入朔	己卯
七月小	一六六分入朔	己酉
八月大	六六五分入朔	戊寅
閏月小	二二四分入朔	戊申
九月大	七二三分入朔	丁丑
十月小	二八二分入朔	丁未
十一月大	七八一分入朔	丙子
十二月小	三四〇分入朔	丙午

十三月共 384 日

大餘十一，小餘八百三十八，故第六十一年正月朔爲乙亥。

第四年　正月初五日冬至　己卯

正月大	八三九分入朔	乙亥
二月小	三九八分入朔	乙巳
三月大	八九七分入朔	甲戌
四月大	四五六分入朔	甲辰
五月小	一五分入朔	甲戌
六月大	五一四分入朔	癸卯
七月小	七三分入朔	癸酉
八月大	五七二分入朔	壬寅
九月小	一三一分入朔	壬申
十月大	六三〇分入朔	辛丑
十一月小	一八九分入朔	辛未
十二月大	六八八分入朔	庚子

十二月共 355 日

大餘六，小餘二百四十六，故第六十二年正月朔爲庚午。

第五年　正月十五日冬至　甲申

正月小	二四七分入朔	庚午
二月大	七四六分入朔	己亥
三月小	三〇五分入朔	己巳
四月大	八〇四分入朔	戊戌
五月小	四六三分入朔	戊辰
六月大	八六二分入朔	丁酉
七月小	四二一分入朔	丁卯
八月大	九二〇分入朔	丙申
九月大	四七九分入朔	丙寅
十月小	三八分入朔	丙申
十一月大	五三七分入朔	乙丑
十二月小	九六分入朔	乙未

十二月共 354 日

無大餘，小餘五百九十四，故第六十三年正月朔爲甲子。

第六年　正月廿六日冬至　己丑

正月大	五九五分入朔	甲子
二月小	一五四分入朔	甲午
三月大	六五三分入朔	癸亥
四月小	二一二分入朔	癸巳
五月大	七一一分入朔	壬戌
閏月小	二七〇分入朔	壬辰
六月大	七六九分入朔	辛酉
七月小	三二八分入朔	辛卯
八月大	八二七分入朔	庚申
九月小	三八六分入朔	庚寅
十月大	八八五分入朔	己未
十一月大	四四四分入朔	己丑
十二月小	三分入朔	己未

十三月共 384 日

大餘二十四，小餘五百一，故第六十四年正月朔爲戊子。

第七年　　正月初七日冬至　　甲午

正月大	五〇二分入朔	戊子
二月小	六一分入朔	戊午
三月大	五六〇分入朔	丁亥
四月小	一一九分入朔	丁巳
五月大	六一八分入朔	丙戌
六月小	一七七分入朔	丙辰
七月大	六七六分入朔	乙酉
八月小	二三五分入朔	乙卯
九月大	七三四分入朔	甲申
十月小	二九三分入朔	甲寅
十一月大	七九二分入朔	癸未
十二月小	三五一分入朔	癸丑

十二月共 354 日

大餘十八，小餘八百四十九，故第六十五年正月朔爲壬午。

第八年　　正月十九日冬至　　庚子

正月大	八五〇分入朔	壬午
二月小	四〇九分入朔	壬子
三月大	九〇八分入朔	辛巳
四月大	四六七分入朔	辛亥
五月小	二六分入朔	辛巳
六月大	五二五分入朔	庚戌
七月小	八四分入朔	庚辰
八月大	五八三分入朔	己酉
九月小	一四二分入朔	己卯
十月大	六四一分入朔	戊申
十一月小	二〇〇分入朔	戊寅
十二月大	六九九分入朔	丁未

十二月 355 日

大餘十三，小餘二百五十七，故第六十六年正月朔爲丁丑。

第九年　正月廿九日冬至　乙巳

正月小	二五八分入朔	丁丑
二月大	七五七分入朔	丙午
閏月小	三一六分入朔	丙子
三月大	八一五分入朔	乙巳
四月小	三七四分入朔	乙亥
五月大	八七三分入朔	甲辰
六月小	四三二分入朔	甲戌
七月大	九三一分入朔	癸卯
八月大	四九〇分入朔	癸酉
九月小	四九分入朔	癸卯
十月大	五四八分入朔	壬申
十一月小	一〇七分入朔	壬寅
十二月大	六〇六分入朔	辛未

十三月共 384 日

大餘三十七，小餘一百六十四，故第六十七年正月朔爲辛丑。

第十年　正月初十日冬至　庚戌

正月小	一六五分入朔	辛丑
二月大	六六四分入朔	庚午
三月小	二二三分入朔	庚子
四月大	七二二分入朔	己巳
五月小	二八一分入朔	己亥
六月大	七八〇分入朔	戊辰
七月小	三三九分入朔	戊戌
八月大	八三八分入朔	丁卯
九月小	三九七分入朔	丁酉
十月大	八九六分入朔	丙寅
十一月大	四五五分入朔	丙申
十二月小	一四分入朔	丙寅

十二月共 354 日

大餘三十一，小餘五百一十二，故第六十八年正月朔爲乙未。

第十一年　正月廿一日冬至　乙卯

正月大	五一三分入朔	乙未
二月小	七二分入朔	乙丑
三月大	五七一分入朔	甲午
四月小	一三〇分入朔	甲子
五月大	六二九分入朔	癸巳
六月小	一八八分入朔	癸亥
七月大	六八七分入朔	壬辰
八月小	二四六分入朔	壬戌
九月大	七四五分入朔	辛卯
十月小	三〇四分入朔	辛酉
閏月大	八〇三分入朔	庚寅
十一月小	三六二分入朔	庚申
十二月大	八六一分入朔	己丑

十三月共 384 日

大餘五十五，小餘四百一十九，故第六十九年正月朔爲己未。

第十二年　正月初三日冬至　辛酉

正月小	四二〇分入朔	己未
二月大	九一九分入朔	戊子
三月大	四七八分入朔	戊午
四月小	三七分入朔	戊子
五月大	五三六分入朔	丁巳
六月小	九五分入朔	丁亥
七月大	五九四分入朔	丙辰
八月小	一五三分入朔	丙戌
九月大	六五二分入朔	乙卯
十月小	二一一分入朔	乙酉
十一月大	七一〇分入朔	甲寅
十二月小	二六九分入朔	甲申

十二月共 354 日

大餘四十九，小餘七百六十七，故第七十年正月朔爲癸丑。

－ 103 －

第十三年　正月十四日冬至　丙寅

正月大	七六八分入朔	癸丑
二月小	三二七分入朔	癸未
三月大	八二六分入朔	壬子
四月小	三八五分入朔	壬午
五月大	八八四分入朔	辛亥
六月大	四四三分入朔	辛巳
七月小	二分入朔	辛亥
八月大	五〇一分入朔	庚辰
九月小	六〇分入朔	庚戌
十月大	五五九分入朔	己卯
十一月小	一一八分入朔	己酉
十二月大	六一七分入朔	戊寅

十二月共 355 日

大餘四十四，小餘一百七十五，故第七十一年正月朔爲戊申。

第十四年　正月廿四日冬至　辛未

正月小	一七六分入朔	戊申
二月大	六七五分入朔	丁丑
三月小	二三四分入朔	丁未
四月大	七三三分入朔	丙子
五月小	二九二分入朔	丙午
六月大	七九一分入朔	乙亥
閏月小	三五〇分入朔	乙巳
七月大	八四九分入朔	甲戌
八月小	四〇八分入朔	甲辰
九月大	九〇七分入朔	癸酉
十月大	四六六分入朔	癸卯
十一月小	二五分入朔	癸酉
十二月大	五二四分入朔	壬寅

十三月共 384 日

大餘八，小餘八十二，故第七十二年正月朔爲壬申。

第十五年　正月初五日冬至　丙子

正月小	八三分入朔	壬申
二月大	五八二分入朔	辛丑
三月小	一四一分入朔	辛未
四月大	六四〇分入朔	庚子
五月小	一九九分入朔	庚午
六月大	六九八分入朔	己亥
七月小	二五七分入朔	己巳
八月大	七五六分入朔	戊戌
九月小	三一五分入朔	戊辰
十月大	八一四分入朔	丁酉
十一月小	三七三分入朔	丁卯
十二月大	八七二分入朔	丙申

十二月共 354 日

大餘二，小餘四百三十，故第七十三年正月朔爲丙寅。

第十六年　正月十七日冬至　壬午

正月小	四三一分入朔	丙寅
二月大	九三〇分入朔	乙未
三月大	四八九分入朔	乙丑
四月小	四八八分入朔	乙未
五月大	五四七分入朔	甲子
六月小	一〇六分入朔	甲午
七月大	六〇五分入朔	癸亥
八月小	一六四分入朔	癸巳
九月大	六六三分入朔	壬戌
十月小	二二二分入朔	壬辰
十一月大	七二一分入朔	辛酉
十二月小	二八〇分入朔	辛卯

十二月共 354 日

大餘五十六，小餘七百七十八，故第七十四年正月朔爲庚申。

第十七年　　正月廿八日冬至　　丁亥

正月大	七七九分入朔	庚申
二月小	三三八分入朔	庚寅
三月大	八三七分入朔	己未
閏月小	三九六分入朔	己丑
四月大	八九五分入朔	戊午
五月大	四五四分入朔	戊子
六月小	一三分入朔	戊午
七月大	五一二分入朔	丁亥
八月小	七一分入朔	丁巳
九月大	五七〇分入朔	丙戌
十月小	一二九分入朔	丙辰
十一月大	六二八分入朔	乙酉
十二月小	一八七分入朔	乙卯

十三月共 384 日

大餘二十，小餘六百八十五，故第七十五年正月朔爲甲申。

第十八年　　正月初九日冬至　　壬辰

正月大	六八六分入朔	甲申
二月小	二四五分入朔	甲寅
三月大	七四四分入朔	癸未
四月小	三〇三分入朔	癸丑
五月大	八〇二分入朔	壬午
六月小	三六一分入朔	壬子
七月大	八六〇分入朔	辛巳
八月小	四一九分入朔	辛亥
九月大	九一八分入朔	庚辰
十月大	四七七分入朔	庚戌
十一月小	三六分入朔	庚辰
十二月大	五三五分入朔	己酉

十二月共 355 日

大餘十五，小餘九十三，故第七十六年正月朔爲己卯。

第十九年　正月十九日冬至　丁酉

正月小	九四分入朔	己卯
二月大	五九三分入朔	戊申
三月小	一五二分入朔	戊寅
四月大	六五一分入朔	丁未
五月小	二一〇分入朔	丁丑
六月大	七〇九分入朔	丙午
七月小	二六八分入朔	丙子
八月大	七六七分入朔	乙巳
九月小	三二六分入朔	乙亥
十月大	八二五分入朔	甲辰
十一月小	三八四分入朔	甲戌
十二月大	八八三分入朔	癸卯
閏月大	四四二分入朔	癸酉

十三月共 384 日

甲子篇云：「大餘三十九，無小餘」，故第七十七年正月朔爲癸卯，入第二部。

甲子蔀　癸亥章

第一年

艮
```
━━━
━ ━
━ ━
```
　　　━ ━　癸亥冬至，正月朔
　　　━ ━　戊寅小寒，正月十六日

坎
```
━━━
━ ━
```
　　　癸巳大寒，二月初二日
　　　戊申立春，二月十七日

震
```
━ ━
━━━
━ ━
```
　　　癸亥三月初二日，啟蟄初三日甲子
　　　戊寅三月十七日，雨水十八日己卯
　　　癸巳四月初三日，春分初四日甲午

乾
```
━━━
━━━
━━━
```
　　　戊申四月十八日，穀雨十九日己酉
　　　癸亥五月初三日，清明初五日乙丑
　　　戊寅五月十八日，立夏二十日庚辰

兌
```
━ ━
━━━
━━━
```
　　　癸巳六月初四日，小滿初六日乙未
　　　戊申六月十九日，芒種廿一日庚戌
　　　癸亥七月初四日，夏至初六日乙丑

離
```
━━━
━ ━
━━━
```
　　　戊寅七月十九日，小暑廿二日辛巳
　　　癸巳八月初五日，大暑初八日丙申
　　　戊申八月二十日，立秋廿三日辛亥

巽
```
━━━
━━━
━ ━
```
　　　癸亥九月初五日，處暑初八日丙寅
　　　戊寅九月二十日，白露廿三日辛巳
　　　癸巳十月初五日，秋分初九日丁酉

坤
```
━ ━
━ ━
━ ━
```
　　　戊申十月二十日，寒露廿四日壬子
　　　癸亥十一月初六日，霜降初十日丁卯
　　　戊寅十一月廿一日，立冬廿五日壬午

艮
```
━━━
━ ━
━ ━
```
　　　癸巳十二月初六日，小雪十一日戊戌
　　　戊申十二月廿一日，大雪廿六日癸丑
　　　戊辰正月十二日，冬至

大餘四，小餘十六，故第五十九冬至爲戊辰。

第二年

艮　☰

坎　☵戊辰冬至，正月十二日

癸未小寒，正月廿七日

戊戌大寒，二月十二日

震　☳癸丑二月廿七日，立春廿八日甲寅

戊辰三月十三日，啓蟄十四日己巳

癸未三月廿八日，雨水廿九日甲申

乾　☰戊戌四月十三日，春分十四日己亥

癸丑四月廿八日，穀雨五月朔乙卯

戊辰五月十四日，清明十六日庚午

兌　☱癸未五月廿九日，立夏六月朔乙酉

戊戌六月十四日，小滿十六日庚子

癸丑六月廿九日，芒種七月二日乙卯

離　☲戊辰七月十五日，夏至十八日辛未

癸未七月三十日，小暑八月三日丙戌

戊戌八月十五日，大暑十八日辛丑

巽　☴癸丑九月初一日，立秋初四日丙辰

戊辰九月十六日，處暑二十日壬申

癸未十月初一日，白露初五日丁亥

坤　☷戊戌十月十六日，秋分二十日壬寅

癸丑十一月初二日，寒露初六日丁巳

戊辰十一月十七日，霜降廿一日壬申

艮　☶癸未十二月初二日，立冬初七日戊子

戊戌十二月十七日，小雪廿二日癸卯

癸丑正月初三日，大雪初八日戊午

癸酉正月廿三日，冬至

大餘九，小餘二十四，故第六十冬至爲癸酉。

第三年

艮 ——
　　—— 　癸酉冬至，正月廿三日
　　—— 　戊子小寒，二月初八日
坎 ——　癸卯二月廿三日，大寒廿四日甲辰
　　—— 　戊午三月初八日，立春初九日己未
　　—— 　癸酉三月廿三日，啓蟄廿四日甲戌
震 ——　戊子四月初九日，雨水初十日己丑
　　—— 　癸卯四月廿四日，春分廿六日乙巳
　　—— 　戊午五月初九日，穀雨十一日庚申
乾 ——　癸酉五月廿四日，清明廿六日乙亥
　　—— 　戊子六月初十日，立夏十二日庚寅
　　—— 　癸卯六月廿五日，小滿廿七日乙巳
兌 ——　戊午七月初十日，芒種十三日辛酉
　　—— 　癸酉七月廿五日，夏至廿八日丙子
　　—— 　戊子八月十一日，小暑十四日辛卯
離 ——　癸卯八月廿六日，大暑廿九日丙午
　　—— 　戊午閏月十一日，立秋十五日壬戌
　　—— 　癸酉閏月廿六日，處暑九月朔丁丑
巽 ——　戊子九月十二日，白露十六日壬辰
　　—— 　癸卯九月廿七日，秋分十月朔丁未
　　—— 　戊午十月十二日，寒露十六日壬戌
坤 ——　癸酉十月廿七日，霜降十一月三日戊寅
　　—— 　戊子十一月十三日，立冬十八日癸巳
　　—— 　癸卯十一月廿八日，小雪十二月三日戊申
艮 ——　戊午十二月十三日，大雪十八日癸亥
　　—— 　己卯正月初五日，冬至

　　大餘十五，無小餘，故第六十一冬至爲己卯。

第四年

艮 ▬▬ ▬ ▬
  ▬ ▬ ▬ ▬　己卯冬至，正月初五日
  ▬ ▬ ▬ ▬　甲午小寒，正月二十日
坎 ▬▬ ▬▬▬▬　己酉大寒，二月初五日
  ▬ ▬ ▬ ▬　甲子立春，二月二十日
  ▬ ▬ ▬ ▬　己卯啓蟄，三月初六日
震 ▬▬ ▬ ▬　甲午三月廿一日，雨水廿二日乙未
  ▬▬▬▬▬▬　己酉四月初六日，春分初七日庚戌
  ▬▬▬▬▬▬　甲子四月廿一日，穀雨廿二日乙丑
乾 ▬▬▬▬▬▬　己卯五月初六日，清明初七日庚辰
  ▬▬▬▬▬▬　甲午五月廿一日，立夏廿二日乙未
  ▬ ▬ ▬ ▬　己酉六月初七日，小滿初九日辛亥
兌 ▬▬▬▬▬▬　甲子六月廿二日，芒種廿四日丙寅
  ▬▬▬▬▬▬　己卯七月初七日，夏至初九日辛巳
  ▬▬▬▬▬▬　甲午七月廿二日，小暑廿四日丙申
離 ▬▬ ▬ ▬　己酉八月初八日，大暑十一日壬子
  ▬▬▬▬▬▬　甲子八月廿三日，立秋廿六日丁卯
  ▬▬ ▬ ▬　己卯九月初八日，處暑十一日壬午
巽 ▬▬▬▬▬▬　甲午九月廿三日，白露廿六日丁酉
  ▬ ▬ ▬ ▬　己酉十月初九日，秋分十二日壬子
  ▬ ▬ ▬ ▬　甲子十月廿四日，寒露廿八日戊辰
坤 ▬▬ ▬ ▬　己卯十一月初九日，霜降十三日癸未
  ▬▬ ▬ ▬　甲午十一月廿四日，立冬廿八日戊戌
  ▬▬ ▬ ▬　己酉十二月初十日，小雪十四日癸丑
艮 ▬▬ ▬ ▬　甲子十二月廿五日，大雪三十日己巳
  ▬ ▬ ▬ ▬　甲申正月十五日，冬至

大餘二十，小餘八，故第六十二冬至爲甲申。

第五年

艮

甲申冬至，正月十五日

己亥小寒，二月初一日

坎　　甲寅大寒，二月十六日

己巳立春，三月初一日

甲申三月十六日，啓蟄十七日乙酉

震　　己亥四月初二日，雨水初三日庚子

甲寅四月十七日，春分十八日乙卯

己巳五月初二日，穀雨初三日庚午

乾　　甲申五月十七日，清明十九日丙戌

己亥六月初三日，立夏初五日辛丑

甲寅六月十八日，小滿二十日丙辰

兌　　己巳七月初三日，芒種初五日辛未

甲申七月十八日，夏至二十日丙戌

己亥八月初四日，小暑初七日壬寅

離　　甲寅八月十九日，大暑廿二日丁巳

己巳九月初四日，立秋初七日壬申

甲申九月十九日，處暑廿二日丁亥

巽　　己亥十月初四日，白露初七日壬寅

甲寅十月十九日，秋分廿三日戊午

己巳十一月初五日，寒露初九日癸酉

坤　　甲申十一月二十日，霜降廿四日戊子

己亥十二月初五日，立冬初九日癸卯

甲寅十二月二十日，小雪廿五日己未

艮　　己巳正月初六日，大雪十一日甲戌

己丑正月廿六日，冬至

大餘二十五，小餘十六，故第六十三冬至爲己丑。

626

第六年

艮 　━━ ━━　
　　━━ ━━　己丑冬至，正月廿六日
　　━━ ━━　甲辰小寒，二月十一日
坎 　━━━━　己未大寒，二月廿六日
　　━━ ━━　甲戌三月十二日，立春十三日乙亥
　　━━━━　己丑三月廿七日，啓蟄廿八日庚寅
震 　━━ ━━　甲辰四月十二日，雨水十三日乙巳
　　━━━━　己未四月廿七日，春分廿八日庚申
　　━━━━　甲戌五月十三日，穀雨十五日丙子
乾 　━━━━　己丑五月廿八日，清明三十日辛卯
　　━━━━　甲辰閏月十三日，立夏十五日丙午
　　━━ ━━　己未閏月廿八日，小滿六月朔辛酉
兌 　━━━━　甲戌六月十四日，芒種十六日丙子
　　━━━━　己丑六月廿九日，夏至七月二日壬辰
　　━━━━　甲辰七月十四日，小暑十七日丁未
離 　━━ ━━　己未七月廿九日，大暑八月三日壬戌
　　━━━━　甲戌八月十五日，立秋十八日丁丑
　　━━━━　己丑八月三十日，處暑九月四日癸巳
巽 　━━━━　甲辰九月十五日，白露十九日戊申
　　━━ ━━　己未十月初一日，秋分初五日癸亥
　　━━ ━━　甲戌十月十六日，寒露二十日戊寅
坤 　━━ ━━　己丑十一月初一日，霜降初五日癸巳
　　━━ ━━　甲辰十一月十六日，立冬廿一日己酉
　　━━ ━━　己未十二月初一日，小雪初六日甲子
艮 　━━ ━━　甲戌十二月十六日，大雪廿一日己卯
　　━━ ━━　甲午正月初七日，冬至

大餘三十，小餘二十四，故第六十四冬至爲甲午。

- 113 -

第七年

艮

甲午冬至，正月初七日
己酉小寒，正月廿二日
甲子二月初七日，大寒初八日乙丑

坎

己卯二月廿二日，立春廿三日庚辰
甲午三月初八日，啓蟄初九日乙未

震

己酉三月廿三日，雨水廿四日庚戌
甲子四月初八日，春分初十日丙寅
己卯四月廿三日，穀雨廿五日辛巳

乾

甲午五月初九日，清明十一日丙申
己酉五月廿四日，立夏廿六日辛亥
甲子六月初九日，小滿十一日丙寅

兌

己卯六月廿四日，芒種廿七日壬午
甲午七月初十日，夏至十三日丁酉
己酉七月廿五日，小暑廿八日壬子

離

甲子八月初十日，大暑十三日丁卯
己卯八月廿五日，立秋廿九日癸未
甲午九月十一日，處暑十五日戊戌

巽

己酉九月廿六日，白露三十日癸丑
甲子十月十一日，秋分十五日戊辰
己卯十月廿六日，寒露十一月朔癸未

坤

甲午十一月十二日，霜降十七日己亥
己酉十一月廿七日，立冬十二月二日甲寅
甲子十二月十二日，小雪十七日己巳

艮

己卯十二月廿七日，大雪正月三日甲申
庚子正月十九日，冬至

大餘三十六，無小餘，故第六十五冬至爲庚子。

第八年

艮 ▅▅ ▅▅

   ▅▅ ▅▅ 庚子冬至，正月十九日

   ▅▅ ▅▅ 乙卯小寒，二月初四日

坎 ▅▅▅▅▅ 庚午大寒，二月十九日

   ▅▅ ▅▅ 乙酉立春，三月初五日

   ▅▅ ▅▅ 庚子啓蟄，三月二十日

震 ▅▅ ▅▅ 乙卯四月初五日，雨水初六日丙辰

   ▅▅▅▅▅ 庚午四月二十日，春分廿一日辛未

   ▅▅ ▅▅ 乙酉五月初五日，穀雨初六日丙戌

乾 ▅▅▅▅▅ 庚子五月二十日，清明廿一日辛丑

   ▅▅▅▅▅ 乙卯六月初六日，立夏初七日丙辰

   ▅▅ ▅▅ 庚午六月廿一日，小滿廿三日壬申

兌 ▅▅▅▅▅ 乙酉七月初六日，芒種初八日丁亥

   ▅▅▅▅▅ 庚子七月廿一日，夏至廿三日壬寅

   ▅▅ ▅▅ 乙卯八月初七日，小暑初九日丁巳

離 ▅▅ ▅▅ 庚午八月廿二日，大暑廿五日癸酉

   ▅▅▅▅▅ 乙酉九月初七日，立秋初十日戊子

   ▅▅ ▅▅ 庚子九月廿二日，處暑廿五日癸卯

巽 ▅▅▅▅▅ 乙卯十月初八日，白露十一日戊午

   ▅▅ ▅▅ 庚午十月廿三日，秋分廿六日癸酉

   ▅▅ ▅▅ 乙酉十一月初八日，寒露十二日己丑

坤 ▅▅ ▅▅ 庚子十一月廿三日，霜降廿七日甲辰

   ▅▅ ▅▅ 乙卯十二月初九日，立冬十三日己未

   ▅▅▅▅▅ 庚午十二月廿四日，小雪廿八日甲戌

艮 ▅▅ ▅▅ 乙酉正月初九日，大雪十四日庚寅

   ▅▅ ▅▅ 乙巳正月廿九日，冬至

大餘四十一，小餘八，故第六十六冬至爲乙巳。

— 115 —

629

第九年

```
艮 ━━━━━
    ━ ━    乙巳冬至，正月廿九日
    ━ ━    庚申小寒，二月十五日
坎 ━━━━━   乙亥大寒，二月三十日
    ━ ━    庚寅立春，閏月十五日
    ━ ━    乙巳三月初一日，啓蟄初二日丙午
震 ━ ━    庚申三月十六日，雨水十七日辛酉
    ━ ━    乙亥四月初一日，春分初二日丙子
    ━━━━━   庚寅四月十六日，穀雨十七日辛卯
乾 ━━━━━   乙巳五月初二日，清明初四日丁未
    ━━━━━   庚申五月十七日，立夏十九日壬戌
    ━ ━    乙亥六月初二日，小滿初四日丁丑
兌 ━━━━━   庚寅六月十七日，芒種十九日壬辰
    ━━━━━   乙巳七月初三日，夏至初五日丁未
    ━ ━    庚申七月十八日，小暑廿一日癸亥
離 ━ ━    乙亥八月初三日，大暑初六日戊寅
    ━━━━━   庚寅八月十八日，立秋廿一日癸巳
    ━ ━    乙巳九月初三日，處暑初六日戊申
巽 ━━━━━   庚申九月十八日，白露廿一日癸亥
    ━ ━    乙亥十月初四日，秋分初八日己卯
    ━ ━    庚寅十月十九日，寒露廿三日甲午
坤 ━ ━    乙巳十一月初四日，霜降初八日己酉
    ━ ━    庚申十一月十九日，立冬廿三日甲子
    ━━━━━   乙亥十二月初五日，小雪初十日庚辰
艮 ━ ━    庚寅十二月二十日，大雪廿五日乙未
    ━ ━    庚戌正月初十日，冬至
```

大餘四十六，小餘十六，故第六十七冬至爲庚戌。

第十年

艮 ▬▬
　　▬　▬　庚戌冬至，正月初十日
　　▬　▬　乙丑小寒，正月廿五日
坎 ▬▬　庚辰大寒，二月十一日
　　▬　▬　乙未二月廿六日，立春廿七日丙申
　　▬　▬　庚戌三月十一日，啓蟄十二日辛亥
震 ▬　▬　乙丑三月廿六日，雨水廿七日丙寅
　　▬▬　庚辰四月十二日，春分十三日辛巳
　　▬▬　乙未四月廿七日，穀雨廿九日丁酉
乾 ▬▬　庚戌五月十二日，清明十四日壬子
　　▬▬　乙丑五月廿七日，立夏廿九日丁卯
　　▬　▬　庚辰六月十三日，小滿十五日壬午
兌 ▬▬　乙未六月廿八日，芒種三十日丁酉
　　▬▬　庚戌七月十三日，夏至十六日癸丑
　　▬▬　乙丑七月廿八日，小暑八月二日戊辰
離 ▬　▬　庚辰八月十四日，大暑十七日癸未
　　▬▬　乙未八月廿九日，立秋九月二日戊戌
　　▬▬　庚戌九月十四日，處暑十八日甲寅
巽 ▬▬　乙丑九月廿九日，白露十月四日己巳
　　▬　▬　庚辰十月十五日，秋分十九日甲申
　　▬　▬　乙未十月三十日，寒露十一月四日己亥
坤 ▬　▬　庚戌十一月十五日，霜降十九日甲寅
　　▬　▬　乙丑十一月三十日，立冬十二月五日庚午
　　▬▬　庚辰十二月十五日，小雪二十日乙酉
艮 ▬　▬　乙未正月初一日，大雪初六日庚子
　　▬　▬　乙卯正月廿一日，冬至

大餘五十一，小餘二十四，故第六十八冬至爲乙卯。

第十一年

艮 ▅▅▅▅▅
　　▅▅　▅▅　乙卯冬至，正月廿一日
　　▅▅　▅▅　庚午小寒，二月初六日
坎 ▅▅▅▅▅　乙酉二月廿一日，大寒廿二日丙戌
　　▅▅　▅▅　庚子三月初七日，立春初八日辛丑
　　▅▅　▅▅　乙卯三月廿二日，啓蟄廿三日丙辰
震 ▅▅▅▅▅　庚午四月初七日，雨水初八日辛未
　　▅▅　▅▅　乙酉四月廿二日，春分廿四日丁亥
　　▅▅　▅▅　庚子五月初八日，穀雨初十日壬寅
乾 ▅▅▅▅▅　乙卯五月廿三日，清明廿五日丁巳
　　▅▅▅▅▅　庚午六月初八日，立夏初十日壬申
　　▅▅　▅▅　乙酉六月廿三日，小滿廿五日丁亥
兌 ▅▅▅▅▅　庚子七月初九日，芒種十二日癸卯
　　▅▅▅▅▅　乙卯七月廿四日，夏至廿七日戊午
　　▅▅▅▅▅　庚午八月初九日，小暑十二日癸酉
離 ▅▅　▅▅　乙酉八月廿四日，大暑廿七日戊子
　　▅▅▅▅▅　庚子九月初十日，立秋十四日甲辰
　　▅▅▅▅▅　乙卯九月廿五日，處暑廿九日己未
巽 ▅▅▅▅▅　庚午十月初十日，白露十四日甲戌
　　▅▅　▅▅　乙酉十月廿五日，秋分廿九日己丑
　　▅▅　▅▅　庚子閏月十一日，寒露十五日甲辰
坤 ▅▅　▅▅　乙卯閏月廿六日，霜降十一月朔庚申
　　▅▅　▅▅　庚午十一月十一日，立冬十六日乙亥
　　▅▅▅▅▅　乙酉十一月廿六日，小雪十二月二日庚寅
艮 ▅▅▅▅▅　庚子十二月十二日，大雪十七日乙巳
　　▅▅　▅▅　辛酉正月初三日，冬至

　　大餘五十七，無小餘，故第六十九冬至爲辛酉。

第十二年

艮
　　　辛酉冬至，正月初三日
　　　丙子小寒，正月十八日
坎　　辛卯大寒，二月初四日
　　　丙午立春，二月十九日
　　　辛酉啓蟄，三月初四日
震　　丙子二月十九日，雨水二十日丁丑
　　　辛卯四月初四日，春分初五日壬辰
　　　丙午四月十九日，穀雨二十日丁未
乾　　辛酉五月初五日，清明初六日壬戌
　　　丙子五月二十日，立夏廿一日丁丑
　　　辛卯六月初五日，小滿初七日癸巳
兌　　丙午六月一十日，芒種廿二日戊申
　　　辛酉七月初六日，夏至初八日癸亥
　　　丙子七月廿一日，小暑廿三日戊寅
離　　辛卯八月初六日，大暑初九日甲午
　　　丙午八月廿一日，立秋廿四日己酉
　　　辛酉九月初七日，處暑初十日甲子
巽　　丙子九月廿二日，白露廿五日己卯
　　　辛卯十月初七日，秋分初十日甲午
　　　丙午十月廿二日，寒露廿六日庚戌
坤　　辛酉十一月初八日，霜降十二日乙丑
　　　丙子十一月廿三日，立冬廿七日庚辰
　　　辛卯十二月初八日，小雪十二日乙未
艮　　丙午十二月廿三日，大雪廿八日辛亥
　　　丙寅正月十四日，冬至

大餘二，小餘八，故第七十冬至為丙寅。

第十三年

	———	
艮	— —	
	— —	丙寅冬至，正月十四日
	— —	辛巳小寒，正月廿九日
坎	———	丙申大寒，二月十四日
	— —	辛亥立春，二月廿九日
	— —	丙寅三月十五日，啓蟄十六日丁卯
震	— —	辛巳三月三十日，雨水四月朔壬午
	———	丙申四月十五日，春分十六日丁酉
	———	辛亥五月初一日，穀雨初二日壬子
乾	———	丙寅五月十六日，清明十八日戊辰
	———	辛巳六月初一日，立夏初三日癸未
	— —	丙申六月十六日，小滿十八日戊戌
兌	———	辛亥七月初一日，芒種初三日癸丑
	———	丙寅七月十六日，夏至十八日戊辰
	———	辛巳八月初二日，小暑初五日甲申
離	— —	丙申八月十七日，大暑二十日己亥
	———	辛亥九月初二日，立秋初五日甲寅
	———	丙寅九月十七日，處暑二十日己巳
巽	———	辛己十月初三日，白露初六日甲申
	— —	丙申十月十八日，秋分廿二日庚子
	— —	辛亥十一月初三日，寒露初七日乙卯
坤	— —	丙寅十一月十八日，霜降廿二日庚午
	— —	辛巳十一月初四日，立冬初八日乙酉
	———	丙申十二月十九日，小雪廿四日辛丑
艮	— —	辛亥正月初四日，大雪初十日丙辰
	— —	辛未正月廿四日，冬至

大餘七，小餘十六，故第七十一冬至爲辛未。

第十四年

———
艮 — —
— — 辛未冬至，正月廿四日
— — 丙戌小寒，二月初十日
坎 ——— 辛丑大寒，二月廿五日
— — 丙辰三月初十日，立春十一日丁巳
— — 辛未三月廿五日，啓蟄廿六日壬申
震 — — 丙戌四月十一日，雨水十二日丁亥
——— 辛丑四月廿六日，春分廿七日壬寅
——— 丙辰五月十一日，穀雨十三日戊午
乾 ——— 辛未五月廿六日，清明廿八日癸酉
——— 丙戌六月十二日，立夏十四日戊子
— — 辛丑六月廿七日，小滿廿九日癸卯
兌 ——— 丙辰閏月十二日，芒種十四日戊午
——— 辛未閏月廿七日，夏至七月朔甲戌
——— 丙戌七月十三日，小暑十六日己丑
離 — — 辛丑七月廿八日，大暑八月朔甲辰
——— 丙辰八月十三日，立秋十六日己未
——— 辛未八月廿八日，處暑九月三日乙亥
巽 ——— 丙戌九月十四日，白露十八日庚寅
— — 辛丑九月廿九日，秋分十月三日乙巳
— — 丙辰十月十四日，寒露十八日庚申
坤 — — 辛未十月廿九日，霜降十一月三日乙亥
— — 丙戌十一月十四日，立冬十九日辛卯
——— 辛丑十一月廿九日，小雪十二月五日丙午
艮 — — 丙辰十二月十五日，大雪二十日辛酉
— — 丙子正月初五日，冬至

大餘十二，小餘二十四，故第七十二冬至爲丙子。

第十五年

艮

丙子冬至，正月初五日

辛卯小寒，正月二十日

坎　丙午二月初六日，大寒初七日丁未

辛酉二月廿一日，立春廿二日壬戌

丙子三月初六日，啟蟄初七日丁丑

震　辛卯三月廿一日，雨水廿一日壬辰

丙午四月初七日，春分初九日戊申

辛酉四月廿二日，穀雨廿四日癸亥

乾　丙子五月初七日，清明初九日戊寅

辛卯五月廿二日，立夏廿四日癸巳

丙午六月初八日，小滿初十日戊申

兌　辛酉六月廿三日，芒種廿六日甲子

丙子七月初八日，夏至十一日己卯

辛卯七月廿三日，小暑廿六日甲午

離　丙午八月初九日，大暑十二日己酉

辛酉八月廿四日，立秋廿八日乙丑

丙子九月初九日，處暑十三日庚辰

巽　辛卯九月廿四日，白露廿八日乙未

丙午十月初十日，秋分十四日庚戌

辛酉十月廿五日，寒露廿九日乙丑

坤　丙子十一月初十日，霜降十五日辛巳

辛卯十一月廿五日，立冬十二月朔丙申

丙午十二月十一日，小雪十六日辛亥

艮　辛酉十二月廿六日，大雪正月朔丙寅

壬午正月十七日，冬至

大餘十八，無小餘，故第七十三冬至為壬午。

第十六年

艮 —— ——
   —— —— 壬午冬至，正月十七日
   —— —— 丁酉小寒，二月初三日
坎 —————— 壬子大寒，二月十八日
   —— —— 丁卯立春，三月初三日
   —— —— 壬午啓蟄，三月十八日
震 —— —— 丁酉四月初三日，雨水初四日戊戌
   ———— 壬子四月十八日，春分十九日癸丑
   ———— 丁卯五月初四日，穀雨初五日戊辰
乾 ———— 壬午五月十九日，清明二十日癸未
   ———— 丁酉六月初四日，立夏初五日戊戌
   —— —— 壬子六月十九日，小滿廿一日甲寅
兌 ———— 丁卯七月初五日，芒種初七日己巳
   ———— 壬午七月二十日，夏至廿二日甲申
   ———— 丁酉八月初五日，小暑初七日己亥
離 —— —— 壬子八月二十日，大暑廿三日乙卯
   ———— 丁卯九月初六日，立秋初九日庚午
   ———— 壬午九月廿一日，處暑廿四日乙酉
巽 ———— 丁酉十月初六日，白露初九日庚子
   —— —— 壬子十月廿一日，秋分廿四日乙卯
   —— —— 丁卯十一月初七日，寒露十一日辛未
坤 —— —— 壬午十一月廿二日，霜降廿六日丙戌
   —— —— 丁酉十二月初七日，立冬十一日辛丑
   ———— 壬子十二月廿二日，小雪廿六日丙辰
艮 —— —— 丁卯正月初八日，大雪十三日壬申
   —— —— 丁亥正月廿八日，冬至

大餘二十三，小餘八，故第七十四冬至爲丁亥。

第十七年

艮

丁亥冬至，正月廿八日
壬寅小寒，二月十三日

坎

丁巳大寒，二月廿八日
壬申立春，三月十四日
丁亥三月廿九日，啓蟄三十日戊子

震

壬寅閏月十四日，雨水十五日癸卯
丁巳閏月廿九日，春分四月朔戊午
壬申四月十五日，穀雨十六日癸酉

乾

丁亥四月三十日，清明五月二日己丑
壬寅五月十五日，立夏十七日甲辰
丁巳五月三十日，小滿六月二日己未

兌

壬申六月十五日，芒種十七日甲戌
丁亥七月初一日，夏至初三日己丑
壬寅七月十六日，小暑十九日乙巳

離

丁巳八月初一日，大暑初四日庚申
壬申八月十六日，立秋十九日乙亥
丁亥九月初二日，處暑初五日庚寅

巽

壬寅九月十七日，白露二十日乙巳
丁巳十月初二日，秋分初六日辛酉
壬申十月十七日，寒露廿一日丙子

坤

丁亥十一月初三日，霜降初七日辛卯
壬寅十一月十八日，立冬廿二日丙午
丁巳十二月初三日，小雪初八日壬戌

艮

壬申十二月十八日，大雪廿三日丁丑
壬辰正月初九日，冬至

大餘二十八，小餘十六，故第七十五冬至爲壬辰。

第十八年

艮
　　　壬辰冬至，正月初九日
　　　丁未小寒，正月廿四日
坎　　　壬戌大寒，二月初九日
　　　丁丑二月廿四日，立春廿五日戊寅
　　　壬辰三月初十日，啓蟄十一日癸巳
震　　　丁未三月廿五日，雨水廿六日戊申
　　　壬戌四月初十日，春分十一日癸亥
　　　丁丑四月廿五日，穀雨廿七日己卯
乾　　　壬辰五月十一日，清明十三日甲午
　　　丁未五月廿六日，立夏廿八日己酉
　　　壬戌六月十一日，小滿十三日甲子
兌　　　丁丑六月廿六日，芒種廿八日己卯
　　　壬辰七月十二日，夏至十五日乙未
　　　丁未七月廿七日，小暑三十日庚戌
離　　　壬戌八月十二日，大暑十五日乙丑
　　　丁丑八月廿七日，立秋九月朔庚辰
　　　壬辰九月十三日，處暑十七日丙申
巽　　　丁未九月廿八日，白露十月二日辛亥
　　　壬戌十月十三日，秋分十七日丙寅
　　　丁丑十月廿八日，寒露十一月二日辛巳
坤　　　壬辰十一月十三日，霜降十七日丙申
　　　丁未十一月廿八日，立冬十二月四日壬子
　　　壬戌十二月十四日，小雪十九日丁卯
艮　　　丁丑十二月廿九日，大雪正月四日壬午
　　　丁酉正月十九日，冬至

大餘三十三，小餘二十四，故第七十六冬至爲丁酉。

第十九年

艮

　　丁酉冬至，正月十九日
　　壬子小寒，二月初五日
坎　丁卯二月二十日，大寒廿一日戊辰
　　壬午三月初五日，立春初六日癸未
　　丁酉三月二十日，啓蟄廿一日戊戌
震　壬子四月初六日，雨水初七日癸丑
　　丁卯四月廿一日，春分廿三日己巳
　　壬午五月初六日，穀雨初八日甲申
乾　丁酉五月廿一日，清明廿三日己亥
　　壬子六月初七日，立夏初九日甲寅
　　丁卯六月廿二日，小滿廿四日己巳
兌　壬午七月初七日，芒種初十日乙酉
　　丁酉七月廿二日，夏至廿五日庚子
　　壬子八月初八日，小暑十一日乙卯
離　丁卯八月廿三日，大暑廿六日庚午
　　壬午九月初八日，立秋十二日丙戌
　　丁酉九月廿三日，處暑廿七日辛丑
巽　壬子十月初九日，白露十三日丙辰
　　丁卯十月廿四日，秋分廿八日辛未
　　壬午十一月初九日，寒露十三月丙戌
坤　丁酉十一月廿四日，霜降廿九日壬寅
　　壬子十二月初十日，立冬十五日丁巳
　　丁卯十二月廿五日，小雪三十日壬申
艮　壬午閏月初十日，大雪十五日丁亥
　　癸卯正月初一日，冬至

四章七十六年，共 27759 日。甲子篇云：「大餘三十九，無小餘」，故第七十七冬至朔爲癸卯，入第二部。